上海抗战与世界反法西斯战争系列丛书

淞沪

淞沪抗战史料丛书

第十辑

军中随笔	谢冰莹　著
东战场上	华之国　编
上海前线	李　女　编
大江南线	曹聚仁　著
东线血战记	曹聚仁等　著
别动队在浦东	郭兰馨　著

上海科学技术文献出版社
Shanghai Scientific and Technological Literature Press

图书在版编目（CIP）数据

淞沪抗战史料丛书第 10 辑：军中随笔、东战场上、上海前线、大江南线、东线血战记、别动队在浦东 / 谢冰莹等编著．—上海：上海科学技术文献出版社，2015.4
（上海抗战与世界反法西斯战争系列丛书）
ISBN 978-7-5439-6593-5

Ⅰ．①淞…　Ⅱ．①谢…　Ⅲ．①一·二八事变—史料　Ⅳ．①K264.310.6

中国版本图书馆 CIP 数据核字（2015）第 035662 号

本书由上海文化发展基金会图书出版专项基金
上海市哲学社会科学规划课题资助出版

责任编辑：张　树　　李　莺
封面设计：周　婧

丛书名：上海抗战与世界反法西斯战争系列丛书
书　名：淞沪抗战史料丛书第十辑：军中随笔、东战场上、上海前线、大江南线、东线血战记、别动队在浦东

谢冰莹　华之国　李　女　曹聚仁　郭兰馨　编著
出版发行：上海科学技术文献出版社
地　　址：上海市长乐路 746 号
邮政编码：200040
经　　销：全国新华书店
印　　刷：常熟市人民印刷有限公司
开　　本：889×1194　1/32
印　　张：17.75
版　　次：2015 年 4 月第 1 版　2015 年 4 月第 1 次印刷
书　　号：ISBN 978-7-5439-6593-5
定　　价：138.00 元
http://www.sstlp.com

《上海抗战与世界反法西斯战争》系列丛书总序

徐　麟

伟大的中国抗日战争，是近代中国人民反对帝国主义侵略并且取得第一次完全胜利的民族解放战争，是开展时间最早、持续时间最长的世界反法西斯战争东方主战场。在这场历经十四年之久的抗日战争中，中国各族各界人民同仇敌忾、共赴国难，经过艰苦卓绝的浴血奋战，以巨大的民族牺牲，打败了穷凶极恶的日本法西斯侵略者，取得了辉煌的胜利。正如习近平总书记所指出的，中国抗日战争“为挽救民族危亡、实现民族独立和人民解放，为争取世界和平的伟大事业，作出了彪炳史册的贡献”。中国抗日战争是在中国共产党倡导的以国共合作为基础的抗日民族统一战线旗帜下进行和取得胜利的。以爱国主义为核心的伟大民族精神是中国抗日战争胜利的决定因素，中国共产党的中流砥柱作用是中国抗日战争胜利的根本保证，全民族抗战是中国抗日战争胜利的重要法宝。

上海抗战是中国抗日战争的重要组成部分。在中国抗日战争与世界反法西斯战争中，作为中国共产党的诞生地，上海这座具有反帝反封建光荣革命传统的英雄城市，发挥了独特的重要作用，作出了重大的历史性贡献。

20世纪三四十年代，上海这座国际性的大都市，已经成为中国与世界各国通商贸易的主要港口，成为中国经济、文化中心和政治、外交副中心。同时，上海又是当时中国最大的军港和守卫长江的大门，具有重要的军事战略地位，因而始终成为日本法西斯军国主义觊觎的一个战略要地。1931年九一八事变后，日本法西斯军国主义进而在上海挑起了一·二八事变，发动了对淞沪地区的武装侵略，驻守上海的十九路军和前来增援的第五军与上海人民奋起抵抗，给予日本侵略者以沉重一击，成为中国局部抗战历史进程中承前启后的关键性一役。九一八和一·二八时期的抗日武装斗争和民众抗日救亡运动，在世界上率先举起了反法西斯的旗帜，揭开了中国抗日战争和世界反法西斯战争的序幕。1937年七七事变后仅一个月余，日本法西斯军国主义又把侵略魔爪伸向上海，遭到中国爱国军民的顽强抵抗，形成了以上海为中心的一场气壮山河、震惊中外的八一三淞沪抗战。七七卢沟桥事变和八一三淞沪会战，标志着日本法西斯军国主义全面侵华战争的开始。在中国共产党的积极倡导和推动下，抗日民族统一战线正式形成，揭开了中国全民族全面抗战的序幕，也标志着世界反法西斯的第二次世界大战在亚洲的东方战场正式形成。在八一三淞沪抗战历时一百多天的日日夜夜，中国军队和上海人民以其鲜血和生命，筑成了一座民族自卫的血肉长城，谱写了一曲民族团结、共御外敌的壮丽史诗。上海沦陷后，上海民众在全国人民和全世界爱好和平的各国人民的声援、支持下，面对极其艰辛险恶的环境，仍然以大无畏的英雄气概，坚定不移地继续投身于全民族抗战的洪流，对日伪的法西斯统治进行不屈不挠的斗争。中国共产党始终高举抗日民族统一战线的伟大旗帜，发动民众，团结上海各界人士，从人力、物力、财力等方面支持抗日民主根据地和抗战大后方的斗争，冒着腥风血雨，迎接抗日战争的最后胜利。

两次淞沪抗战及上海民众在十四年中不间断的抗日救亡运动，构成了一幅幅上海抗战英勇悲壮的画卷，也铸就了上海在中国抗日战争和世界反法西斯战争中的重要历史地位：上海不仅是中国对日作战的一个坚强的军事战略重镇，也是中国抗日救亡运动的前期中心和中国抗战文化的发源地；不仅是支援抗战大后方和抗日民主根据地的重要基地，也是世界反战反法西斯人士和中外难民的庇护所，是世界反法西斯舆论战、情报战的东方主要阵地，又是中国联系国际反法西斯阵营的纽带和桥梁。更为重要的是，上海抗日战争凸显了其重要的历史意义：它在外敌入侵、民族危亡的关键时刻，全面地、全方位地弘扬了以爱国主义为核心的民族精神，折射了中华民族有同侵略者血战到底的气概、有在自力更生的基础上光复旧物的决心，有自立于世界民族之林的能力，上海抗日战争在中国抗日战争和世界反法西斯战争历史上树立了一座永不磨灭的丰碑。

今年是中国抗日战争暨世界反法西斯战争胜利七十周年。在中共上海市委的领导和支持下，上海学术界和理论界，经过多年的努力，联合推出了《上海抗战与世界反法西斯战争》系列丛书。这套系列丛书分为三个子系列，**一是上海抗日战争史丛书，**内中包括上海抗战史通论、一·二八淞沪抗战、八一三淞沪抗战、日军在上海的罪行与统治、上海人民抗日救亡运动、上海郊县抗日武装斗争、上海人民支援新四军与抗日根据地、抗战时期的上海经济、抗战时期的上海文化、上海抗战与国际援助等；**二是淞沪抗战史料丛书，**选辑和汇集民国时期有关上海抗战的具有代表性的通讯、纪实、回忆录及报告文学等鲜为人知的孤本、藏本影印重版；**三是上海抗战与世界反法西斯战争研究丛书，**其中包括：资料性著作：如记忆中的淞沪抗战、淞沪抗战中文报刊资料选编、淞沪抗战档案史料选编、上海抗战历史文献选编等；专题性著作：如中国共产党与上海抗战、当代学者论淞沪抗战、国外学者论淞沪抗战、一·二八淞沪抗战画史、八一三淞沪抗战画史等；工具性著作：如上海抗战与世界反法西斯战争大事年表、上海抗战与世界反法西斯战争事件人物录等；通论性著作：在上述论著的基础上完成一部通论性著作，即上海抗战与世界反法西斯战争全史。这三个子系列丛书各有千秋、各具特色，在集结出版后，更能起到互相参照、取长补短的作用。可以说，这套系列丛书是上海学术界和理论界研究上海抗日战争和世界反法西斯战争的一项重大的学术成果，是对上海抗日战争史研究的一个重要总结和一次集中展示，也是向中国抗日战争暨世界反法西斯战争胜利七十周年献上的一份厚礼！

“疑今者，察之古；不知来者，视之往”。历史是最好的教科书。《上海抗战与世界反法西斯战争》系列丛书的出版发行，更是为了向社会提供一部能够弘扬时代正能量、培育与践行社会主义核心价值观的好教材。让我们站在新的历史起点上，进一步铭记历史、缅怀先烈、珍视和平、警示未来，为实现中华民族伟大复兴而奋斗，为促进世界的和平和发展作出我们应有的贡献。

2015 年 3 月

出版说明

《淞沪抗战史料》丛书充分利用上海图书馆馆藏资源，将已见或未见的关于淞沪抗战史料以影印的形式出版，内容涵盖两次淞沪抗战，即一·二八淞沪抗战和八一三淞沪抗战，力求比较全面、翔实和生动地反映淞沪抗战的全貌。

两次淞沪抗战，是中国人民伟大的抗日民族解放战争的重要组成部分，特别是八一三淞沪抗战是在中国共产党的抗日民族统一战线政策的指引下，以国共两党的合作为中心，全国各爱国党派团体、中央和地方各系抗日军队、各界爱国民众以及海内外侨胞，在抗日御侮、共赴国难的基础上发动和进行的，堪称民族自卫战争史上的伟业。它体现了中国人民血洒沙场、拼死抗战的决心和民族团结精神。在抗战胜利 70 周年之际，阅读这些史料，重温那段中华民族优秀儿女面对强敌、誓死抗争的精神，就是最好的爱国主义教育。两次淞沪抗战展示了中华民族奋起改变自己国家命运的伟大信念，爱国主义激发出全体中国人民的巨大力量，这种信念和力量，在今天仍然弥足珍贵，令人心怀激荡。两次淞沪抗战中那些大气磅礴、气壮山河的史诗故事，均在本套丛书资料中有翔实的记录和质朴的史料作为佐证。

由于各种原因，原书中存在着印刷错误，而且有些细节也与史料不符，对书中的一些观点我们也不完全赞同，为了给读者提供最原始的抗战史料，对上述问题未做任何处理，希望读者能够给予理解。

编者

2015 年 3 月

目　录

軍中隨筆

謝冰瑩著

[illegible]題

三載不相親意氣還如
舊殲敵早歸來痛飲
黃龍酒
送冰瑩赴前綫
亞子 廿六年十月三日

目錄

作者近影

不做俘虜的戰士

1

剛替一個炸傷了左大腿的士兵換完藥，又有一個子彈穿過了左手的兄弟在等着，他的名字叫劉叔全，四川人，現在××師××團×營×連充當上士。他在做防禦工事的時候，曾被敵人俘虜過去二十多分鐘。談起那一段短短的生活，他忘記了手上的重傷，津津有味地敘述着：

「他媽的日本鬼眞厲害，他以爲中國人都像漢奸一樣愛錢的，所以把我俘虜過去，首先就從毯子裏抓出一大把鈔票給我，並且要我回來運動全連的弟兄都投降過去。那些紙票上面都有日本兩個字，還印了一個什麼人頭。我全不做聲，只點了點頭，把錢接在手裏。他又給我盛一碗稀飯，但是沒有菜。他說：「你餓了吧，趕快吃完這碗粥。」我起初害怕他放了毒藥不敢吃，後來一想，既然他給了許多錢給我，希望我囘來運動兄弟們投降過去，自然沒有害死我一個人的必要，於是我眞的吃了。」

「你怎麼懂他的話呢？」

旁邊一位醫官問他。

「是呀，起初他們咭咭呱呱，說些什麼，我並不懂，後來有位很高很大的人和我說話，才曉得他也是中國人。不過他和日本鬼說話，我又聽不懂了。」

我已經裹好了他的傷處，就在他旁邊的凳子上坐下來和他談天：「衣服的顏色和我們穿的差不多，但是材料很好，都是呢子的，比這位醫官穿的還要漂亮。」

他指着坐在他右邊的古醫官說着，引得大家都笑了。

「他們也像我們一樣，都把符號藏起來了。」他很有條理地繼續着說，「也許你們還不相信，他們那邊的士兵都穿了皮鞋，走起路來閣閣閣，好像很威風。」

「你看到的恐怕是官長，士兵穿了皮鞋怎麽好打仗呢？」

「很多人都穿皮鞋，難道都是官長嗎？」他反駁着周同志的話：「本來他們就不會打仗，我們的步兵至少一個要打死他拾個。日本鬼最怕我們的手溜彈，一丟過去，常常一排一連的丟了槍就走。但是他們有的是大砲機關槍來掩護。說到機關槍，眞嚇人，他們平均一排人有兩架，而且子彈很多，步槍都是三八式的。子彈一寸多長一顆，是黑顏色。他們一聽到我們的槍聲就開大炮，每次起碼要放二十多門。」

「怪不得我們整天聽到放鞭爆，很熱閙的。」

「但是那些響得最厲害的，是我們這邊的大砲。」

「呵，劉同志，我還忘記了問你，你究竟是怎麼被俘虜過去的？」

我像新聞記者似的，把要問的話一項項寫在紙上。

「我在做工事的時候，發現前面有一個穿便衣的老百姓，我沒有疑心他是漢奸，他突然伸出手槍來向我射擊，就這樣被俘虜過去了。」

「你那時很着急吧？」

「有什麼着急，我打他不死也要打死自己，絕對不做敵人的俘虜。」聽到這裏，誰都興奮起來，對於他的勇敢，表示無限的欽佩與尊敬。

「後來你怎麼逃出來的呢！」

「我首先就準備好了的，把符號和臂章都塞到鞋子底下，他們把我全身搜查，並沒有發現什麼，就笑嘻嘻地對我說：你們那邊的弟兄太苦了，沒有餉發，也沒有好衣服穿，吃的又壞，你們爲什麼不到我們這邊來呢？你看我們每個弟兄都有三四十塊大洋一月，生活多麼舒服。」我裝做聽了很高興似的不住的點頭。於是他就放了我，要我回來把兄弟們都帶了過去。回到自己連上來，首先就將那把鈔票交給我們的連長。背起槍來和弟兄們直衝上前去！」

「呵，那麼你這只手是衝鋒時受傷的吧？」

「是的，這次衝鋒死傷的人很多，我們的×營長也陣亡了！」

靜靜地聽着，每個人的臉上都露出嚴肅悲壯的表情，這時連這位被敵人俘虜過又逃回來殺敵的勇士也停止說話了，大家低下頭來向一切在前線陣線上的將士們默默地致哀。

一九三七，九，二五，下午五時於野戰病院。

前方的漢奸

說出來眞有點令人難以相信，在前方的漢奸，竟比後方的多十倍，要厲害百倍！

他們的種類很多，有大漢奸，小漢奸之別。大漢奸是有組織的有計劃地來破壞我軍進行的。小漢奸，不過是在前線或者後方搗一搗亂，殺幾個徒手士兵，拿去請賞。（每殺一個我方的士兵或政治工作人員就可得伍元獎賞。）或者調查到了什麼地方駐有部隊，什麼地方是野戰病院，去報告敵軍來丟炸彈。他們的暗記號共有四種：（一）貼膏藥在身上。（二）藏火柴（不用盒裝零星的火柴）。（三）藏紅布或紅紙在口袋裏。（四）放手槍。

這裏離戰區雖只有三十多里，但漢奸特別活動，如果不帶槍，簡直不能行走。他們最初參加工作的時候，每人一天五元，不管他報告的消息重要不重要，總有現錢拿，等到三天四天過去了，如果工作沒有什麼特殊的成績表現，於是一手槍就結果了他。

在上海，羅店，嘉定這一帶的漢奸，多半是江北人。他們的工作是向敵人告密。例如我軍駐紮在什麼地方、某地做有防禦工事，新開來的部隊有多少等等。最厲害的，他們把毒藥夾在麵包，紙烟，和大餅裏面，送到前方去慰勢，如果吃了馬上就中毒。其次就是假裝很貧苦可憐的老百姓，替你挑担，做事，夾在隊伍裏刺探軍情。

聽說九月二十一日敵機轟炸我陣地，是中漢奸用一面鏡子照反光惹出來的。

如果是白天敵機來了，他就燒火，烟從屋頂上冒出，這就是他們的標記，表明這裏駐紮有部隊或傷兵。晚上就用手電照出目標給敵人轟炸。

今天在我們房子的附近去下了五個炸彈，敵機共來過十多次，一定又有漢奸去報告了，不然，我們住在這小小的茅屋裡他怎麼知道呢？

目前我們在前方的工作，是一面抗日，一面剷除漢奸，常常一捉就是七八個，眞是多如過江之鯽。自然，這些甘心賣國狼心狗肺的王八們！到了我們手裡，再也不要希望生還，一槍就結果了他的狗命。在後方的羣衆們，希望你們加緊做消滅漢奸的工作，每一個羣衆，都要認淸漢奸就是我們中華民族最大的敵人，不首先消滅他，們的民族革命就不能得着勝利！

偉大的戰士

當我洗完臉跑進醫院的時候，唐醫官又告訴我一個可驚的消息：

「又有一個連長，一個排長陣亡了！」

「什麼時候死的？屍體還在這裏嗎？」

我淒然地問，心頭上籠罩着一種說不出的沉痛和悲哀。

「就在這裏，我帶你去看吧。」

他領我走進那間作官長的病室。這兒我已來過十多次了，有兩次都看到了烈士的遺體，我曾難過了好幾天，想不到今天又有同樣的事發生，我傷心極了，拖着遲緩的步子跨進了正屋。

究竟詠芬比我還勇敢，她把被絮掀開來，一個血跡斑斑的屍體映進我的眼簾，鼻子一酸，淚珠幾乎流下了。

「幾時死的！」詠芬也問着。

「今早五時死的，昨晚十二時抬來醫院，還打兩針，因爲肝臟被大砲打穿了，不能救。」

唐醫官詳細地說着，我細細察看他受傷的部位，是脅下貫通，摸摸他的手，似乎還有點溫意，但脈搏已經停止。

「他是那一連的？什麼地方人？」

「×××團迫擊砲連的連長，他叫劉健，湖南湘潭人。」

一個士兵站着立正的姿勢回答我，接着又加上了一段：

「他最勇敢，最會打仗，凡是屬於他那一連的弟兄都沒有一個怕死的。北伐時帶過很多次花。本來是偵探連連長，現在改爲廹擊炮連，他還是少校連長。」

對着劉連長的遺體靜默了三分鐘致哀，然後轉過身來看　一位排長：「呀！怎麼他的眼睛還沒有閉！」

誰在大聲叫着，我也吃了一驚。

原來死者左眼睜開，像活着的時候一般，右眼也沒有緊閉，開着一條約一分寬的縫，一排潔白的牙齒，緊緊地咬住下唇，表示着恨日本強盜到了極點的樣子。兩膝彎曲着，臉色像生時一般，絲毫不帶死色。

「他並沒有死呢，你們看！」我說着，詠芬連忙去摸他臉部和手。

「死了，是冰冷的。」

唉！完了，還有什麼希望呢，兩個勇敢的戰士，都爲民族解放的鬥爭而光榮地犧牲了！

『有誰知道他是那一連嗎？』我悽咽地問。

『他叫向得標，×××團的代理連長，這回打死了至少有三四十個日本鬼，三天三夜伏在戰壕裡沒有吃飯，拚命地衝鋒。他本來是排長，因爲六連的連長帶花，所以他來代理。唉！他眞是個好人，又勇敢，又和氣，弟兄們都愛他。』

一個士兵含着眼淚，敍述他的簡單歷史，聽衆都低下頭來嘆息。

『日本鬼還沒有完全消滅，所以他死了都不閉眼睛。』

『你看他多麼恨日本鬼，牙齒咬得緊緊的。』

『還有，他的一雙脚，眞像在戰壕裡坐着休息時的姿勢一般。』

弟兄們我一句你一句地在互相談着，我忽然憶起了一句最重要的話問他們：

『他們兩個死的時候有什麼遺囑嗎？』

『那位連長痛得要死，哼都哼不出，還有什麼遺囑？』一位高個子穿着棉背心，左手帶花的士兵回答我。「只有排長在死前大聲喊着：『醫官，快點把我醫好，我要到前線去呵！』

——唉！臨死都不忘殺敵，偉大的戰士呵！

仍然把毯子蓋好，每個人懷着滿腔的哀悼，默默的走出了病房，竹籬外面傳來混雜的脚步聲，又有好幾個受傷的戰士抬來了！……

中國人不打中國人

九月三十號下午一點鐘的時候，×參議帶領了我們一行四個人來到了××師的師部，×軍的×軍長正坐電話機面前，見到我們，就微笑着說：「你們到底來了！」

經過軍長的介紹後，我和佩蘭坐到用兩張方桌拚成的長桌上方去，儼然像當主席似的那麽端端正正地坐在那裏，起初談了些關於前方戰事的消息，後來大家談話的方向轉到我自己身上了。

「你們眞勇敢，居然也跑到最前線來了！」

×師長說着，他們都笑了，我正想說話，却被軍長先搶去了機會：

「她是到火線上來尋找文章材料的。」

「好極了，好極了，這裏有一段好材料，讓我告訴你，希望你宣傳一下。」

×師長一手抓住了那個擺在桌上還沒有被我發現的砲彈給我看，並且首先告訴我這是砲彈的「信管」，是還沒有爆炸的。

「這是從日本軍隊裏，我們的東北人打過來的砲彈。」他開始敍述「信管」的故事：「他們因爲不願轟炸自己本國的弟兄，所以把砲彈帽的螺絲沒有扭緊，因此打過來的一百多枚砲彈，沒有一個是炸的。」

「呵，有這樣的事，是眞的嗎？」

我聽了一面高興，一面還帶着幾分懷疑。

「當然是眞的，這個「信管」，就是在我們師部的門口拾的，如果炸了，我們不都完了嗎？」

正在大家聽了哈哈大笑時，×師長又接下去說：

「唉！東北四省的同胞眞可憐！他們因爲被日本帝國主義者壓迫來當砲灰打中國，其實他們是和我們一樣熱心愛國的。因爲不忍屠殺自己的同胞，所以費盡苦心，想出打砲彈而使牠不炸的方法，來敷衍日本人。誰知道這祕密立刻被發覺了。這兩天愴斃了大批的東北人。此後每三四個東北人，就有一個日本兵監視他們打砲彈，所以今天打過來的都爆炸了。

「還有一次是在夜間放步哨的時候，兩方面的哨兵開始談話了：「喂，弟兄，中國人不打中國人，我們的槍朝天放，你們爲什麼眞的向我們打來。「東北人這樣說。「我們怎麼知道敵人裏面還有自己的弟兄，你們爲什麼不反過來，掉轉槍頭向日本鬼放？」我們的士兵剛說到這裏，東北人忙說：「快不要說了，弟兄！班長來了，班長來了！」那種慌張恐懼的聲調，眞正可憐到極點了。等到班長一走，他們又繼續着談，東北人說：「我們何嘗不願意掉轉槍頭打日本人呢？只是被他們監視，被他們強迫，沒有辦法。我們如果不開槍，他們就在後頭打我們。」「唉！弟兄，你們未免太不行了！」我們的士兵回答他，「幾個人難到還打不死他一個嗎？你們有很多人，早就應該打死他們反正過來。要知道日本鬼最怕死，老是躲在後面驅使你們來打先鋒。你們橫直是死，與其被我們當做敵人打死，不如因愛國而被日本人槍斃的來得光榮，偉大！」剛說到這裏，東北兵又匆忙說：「啊！快不要說了，巡查又來了！」由這些事實證明，可知東北人最大多數都是愛國的，只有少數漢奸甘願被他利用。他們現在都知道日本帝國主義者是世界最凶暴最殘忍的強盜，人類中的劊子手，所以都願意投誠。而我們對於日本的俘虜，都這樣優待，對於東北人，自然更要歡迎他們全體反過來，和我們共同抗日！」

×師長一口氣說到這裏，大家都覺得特別興奮起來，誰說東北人不愛國？他們在敵人的監視，敵人的高壓之下，居然敢違抗命令，不轟炸我們，居然敢反正，他們是愛國的，勇敢的。我們不但要同情他們，敬愛他們，欽佩他們，而且更希望他們全體反過來，和我們英勇抗日的弟兄，站在一條戰線上和敵人拚命，打回老家去，收回中國所有的失地！

我又拿起「信管」來，細細地看了一番，這是一顆能夠打三千六百米達的砲彈，上面刻有「東」「昭」「加修」等字，很重，我想至少有一磅多。

「感謝我們的東北同胞，否則這一百多顆砲彈，不知道要炸毀我們多少房屋，炸死我們多少戰士！」我說着高興得幾乎要大叫起來。

在斜風細雨，砲聲隆隆中，我們辭別了主人，披上偽裝，向××地××師進發。

一九三七，十，一，上午三時於××陣地。

往那裏逃

天還沒有亮，女房主人慌慌張張地扯着我的衣裳問：

『先生，大砲響得厲害了，我們往那裏逃？』

『不要緊的，這是我們開大砲打日本鬼，等一會他們就打敗了，有什麼可逃的？』

我用生硬的上海話安慰她。

『呵，那是我們的大砲，好極了，好極了，有先生在這里，我們也可以不怕了。」

雖然她假裝鎮靜，但臉上的驚惶表情，隨着砲聲的次數，一分鐘比一分鐘地緊張起來。

「先生，我們眞苦，現在米也買不到，鹽也買不到，如果逃到外邊去，我們是都會餓死的！」

「那不要緊，在這裏，我們可以給你飯吃，替你打日本鬼，不要害怕，安靜地住着吧。」

也許她沒有聽懂我的話，只點了點頭又退出房去了。

我把她的睡房仔細地打量了一番。除了兩張床，一張破桌子，兩隻馬桶而外，連一條小凳都尋不出，但亂七八糟的東西却堆積得不能舉步，破碗破罐爛衣裳到處都是。我想她的最大家當，也不過是兩床破絮，補了無數疤疖的棉衣。然而這究竟是她的家，她的歸宿地。誰願意做喪家之犬呢？誰願意跑到外面去吃飢寒交迫顛沛流離的苦呢？

「先生，不得了，不得了，砲聲就在我們的屋子後面響，這所房子不會炸毀吧？」

女主人帶着她最小的女孩又跑來嚕囌了。後面追着進來的是她的丈夫王進德，到底是男人，他似乎懂事一點。

「先生，你們在這裏，我們很放心的，先生，我們要請你們保護。」

×長微笑着點了點頭：

「你們好福氣，我們住在這裏，日本人是不敢來的，不要害怕，我們把日本人打倒，你們就可安居樂業了。」

男的完全聽懂了，從心坎裏發出了放心的微笑。

×

跑去竹林裏散步，四周靜寂地只聽得斷續的蟬鳴，激戰了一夜的砲聲暫時停止了，我想這時忠勇的弟兄們也許正在扛抬受傷的戰士，或者裝子彈，或者吃飯休息，我恨不得立刻跑去看看他們，安慰他們。

『砲片飛到這裏來了！』

一位衛兵拾了許多大砲的砲片在那裏看，我趕快跑去拿了一塊，女房東駭得不住地戰慄：

『先生，大砲打到屋裏了，眞是危險，眞是危險！』

我把昨天一位受傷的營附告訴我前天在姚家宅看到一個婦人被大砲聲音駭死，一歲半的孩子在床上哭個不住的慘事告訴她，要她不要這麼着急，否則也會嚇死的。

『你知道嗎？日本鬼的飛機大砲到處轟炸，無論你走到什麼地方，都有死的可能；光只逃難，決不是辦法，你應該好好地和我們軍隊合作，大家一同去打日本，最要緊的，這一帶的漢奸很多，你們可以幫助我們捉漢奸……』

話太多了，我又說得快，她自然莫明其妙，於是找了上海戰地服務團的周同志來用本地話翻譯給她聽。

唉！可憐的中國老百姓，他們只知道逃難，只知道着急自己的生命和自己的家，他們似乎並不了解沒有國根本就沒有家，就沒有民族，就根本沒有個人的生命。現在整個的中國，到處都成爲日本強盜們的炸彈大砲轟炸的目標了，可憐的老百姓呵，你逃到那裏去呢？

一九三七，九，三十於×××陣地

血的故事

在矮小的平房裏，地上舖滿了稻草，蒼蠅圍着有血跡的地方吮吸着，亂飛着。在房子的東角，躺着一個頭部受傷和左腿貫通的戰士。他傷的太重了，誰都担心他的生命不能挨過今晚。然而他自己却很平靜，嘴裏雖然在不斷地呻吟，但當我們替他洗傷口換藥時，他並不大聲叫痛，只把眉頭縐一縐，說一聲：『快點吧，我要睡去了。』

大約是下午六點鐘的時候，一連來了十二個傷兵，眞湊巧，他們都住在同一間房子裏。因爲有幾個傷輕的喜歡說話（有一個是我的老鄉，長沙人），於是我伴着他們，坐在草堆裏，開始聽着血的故事了。

「你是在什麼地方受傷的？」

我問一位個子矮小，看來有三十多歲的弟兄。

「東林寺。」他回答着，目光烱烱在地向我注視。

「這地名我今天才第一次聽到，你是幾時受傷的？」

「今早四時，天還沒有亮的時候。」

「傷的弟兄不多吧？」

「並不多，只是敵人的損失太大了！」

他帶着幽默的調子說着，我正想問他，繼續躺在他右邊的弟兄，却大罵起來了：

「媽的，你還憐惜敵人死的太多嗎？你準是漢奸！」

聽聲音，他是一個十足的北方老。

「同志！開口就駡人做什麼？你聽我說完再駡不遲。」矮個子是四川人，說話還是那麼一副滑稽的表情，於是有兩位笑了。我也暗暗地欽佩他有資格做蕭伯納的同志。

「對了，等這位同志報告他作戰的經過吧。」我臨時冒充了主席，制止了他們的吵嘴。

「開始和日本鬼打的時候，我們的排長胡玉政用手槍就打死了十多個敵人，後來不知怎的槍機忽然打不響了，他急得要命，連忙舉起鐵鍬來向敵人衝去，這一下，可眞了不得，居然打死了他們的中尉排長。」

「好，痛快，痛快！」

我情不自禁地叫了出來。他連忙接着說：

「且慢一點，痛快的還在後頭呢。我們有一個弟兄，他趕快從那位死排長的身上，把白晃晃的刀抽了出來，亂砍一陣，又砍死了好幾個敵人。他們見我們來勢太猛，於是敗退逃去。不到一刻，突然大砲響起來了，喝，他們打的眞兇，如果是膽小的，嚇都要嚇壞了，一連打了百多砲沒有停過，但我們仍然冒着敵人的砲火衝鋒，這次不幸我們的排長受傷了！」

「唉！」

我輕輕地嘆息，他却並不理會我，只顧滔滔地叙述着：

「我們的班長見形勢太緊張了，於是打電話回團部請示，又調了一連人來。有個傳令兵潘什麼名字的，我一時忘記了，他一個人架了輕機關槍向敵人掃射，他們又死了三十多人。我們的弟兄看到敵人死亡的這麼多，膽子更加大了。於是用手溜彈向敵人陣地的壕溝裏丟去，他們簡直無法抵抗，這一下又完結了他們百多條狗命。所以，我說他們的損失太大了，哈哈哈！」

他笑着，我們也跟笑着，大家都高興得說不出話來，連那兩三位重傷的同志，也停了呻吟，來聽這個勇敢動人的故事了。

「還沒有說完呢。」他要那位坐在他左邊的同志替他點燃了香烟。因爲他的左手被炸傷了，失掉了作用，一縷淺灰的烟，從他的兩隻鼻孔裏出來以後，他又繼續着像說書一般的打開話匣子了：

「大家都知道，日本人是最愛迷信的，他們因爲怕死，什麼人的身上都帶着一道符咒，以爲菩薩會保佑他打勝仗，不會死的，所以他們對於中國的廟宇也特別尊重，從來不敢燒毁，這回在東林寺，他們打了一次大敗仗，日本鬼恨死了我們的菩薩沒有保佑他，一場火就把東林寺燒個精光。」

又是一陣笑聲，把醫務所的人都驚動了，唐醫官走來望了一下，因爲得不着要領，陪着我們笑了一下就走開了。

「還有一次也很有趣味。」這回輪到我的同鄉王金生了。他是×團×營×連的上士，左腿受了傷，血還在流，但他好像一點都不感覺痛的樣子，很興奮地說着：

「前幾天我們攻金家宅的時候，敵人盡用大砲來打，我們一槍也不還，他以爲我們都死光了，就衝了進來。誰知我們都埋伏在戰壕裏，等他們稍爲向我們陣地前進的時候，我們就一齊爬出來用機關槍掃射，一下打死了他們八十多個人。從此再也不敢來打金家宅了。還有一次，他們衝到我們的外壕來了，我們拚命開槍，他嚇得屁滾尿流，連忙鑽到戰壕裏面去。我們趕快用手溜彈打去，三排人全體被我們打死了，得了許多新式步槍。」

「媽的，日本人眞不行，聽到我們的槍聲就嚇得發抖，×××團的工兵營，有次被大砲埋在土裏了，他們爬了出來，臉上都是烏黑的，死了一個，傷了一個，其餘的拿起槍來就向前衝，日本人見了這些黑臉的將軍，嚇都嚇死了，還敢說打？」

又是另一個弟兄說的故事，引得大家都笑了，我笑得特別厲害，要不是在他們的面前，也許會笑得在地上打滾。

「日本人都是不中用的東西，我們一開槍，他丟了槍就往後跑，我們的機關槍有次被敵人的重砲埋進土裏了，敵人非常高興，以為毀掉我們的武器了，誰知我們的弟兄趕快把牠挖了出來又打過去。」

故事越聽越多了，在黯淡的洋燭光下，我在小日記本上，記載着我軍英勇作戰的精神。

「車子來了，趕快走吧！」

担架兵進來抬那個受了重傷的同志，其餘的都掙扎着站了起來，拿了自己的包袱向馬路走去。我送到門口，用親切的聲調歡送他們：

「同志們，趕快把傷口休養好了，好再上火線殺敵！」

「好的，過幾天再來找你們。」

他們走遠了，然而每個人說話的聲音和態度，深深地印在我的腦海中。

血戰三日記

——某副師長談抗戰經過——

正在愁着沒有地方寫文章，想打電話向副官處借一張桌子來，忽然電話鈴響了，聽聲音，這是黃參議打來的。

「喂，謝團長，××師的副師長剛從前線歸來，他有許多新消息供給你寫文章，你有功夫來嗎？」

「好的，我立刻來。」

剛洗過頭髮，還沒有乾，但我等不及了，一聽到有前方的消息，比得着什麼寶貝都高興，就三步跨做一步走，很快地來到了軍部。

黃參議介紹了我們之後，我有點感到侷促不安，因爲自己從沒有當過新聞記者，向一個從不認識的長官詢問前方戰況，不知道究竟要採取什麼樣的談話方式才好。

參謀長望着我笑了一笑，我自己有點不好意思起來，連忙趁機對副師長說：

「請副師長多多告訴我一些前線將士們抗敵的經過吧！」

「沒有什麼特殊的消息報告，所有在前線作戰的隊伍，都是一樣地勇敢的。」

他自謙地說着，聲音像女人似的那麼柔和。

「不要客氣，就立刻講吧！」

黃參謀代我催促，這才開始聽到副師長談他們作戰的經過。

「我帶了×××（旅註：×副師長兼任旅長）由××西門出發到××宅是九一

八的晚上，九點鐘的時候，在朦朦月色中把我軍應守的陣地接收完畢了。在火線上一連會着三個旅長，大家談起敵軍那種偸生畏死狼狽而逃的情形，眞令人發笑。這一晚，敵人沒有來攻。我們嚴守陣地。間或有疏稀的炮聲傳來。走出門外一看，只見星光黯淡，村落荒涼，除了我們的隊伍外，聽不到一點人聲。戰塲的淒涼，原本算不得什麼，但這次敵人的炸彈，大炮，犧牲了無數的老百姓，弄得他們妻離子散，鷄犬不寧，實在太叫人痛心！

「第二天晚上，敵人來猛攻陣地，炮聲隆隆，房子都被震動了。我們的隊伍在昨夜就要衝過去了的，一聽到炮聲，大家就不顧死活的只管向前衝去。有兩排人首先摸了過去，敵人敗退了，其餘兩排又接上去。敵人見我來勢洶洶，拚命加緊大炮攻擊，於是流血的序幕開始了！我方受傷的官兵很多，但誰也不害怕大炮。每個人都在熱血沸騰，摩拳擦掌地願以血和肉來抵抗敵人的飛機大炮，以爭取中華民族的生存。

「這晚正值舊歷中秋節，月色特別清朗。後方的人們這時正在那裏愉快地賞月，而戰地却用大炮代替了鞭爆，用血代替了葡萄酒。弟兄們都忘記了中秋吃月餅，只記得拚命去奪取敵人的頭顱。

「十點以後，炮聲愈加猛烈了。我們陣地的右翼是××行，由××開來的××旅就駐防這裏。這旅的旅長姓×，是湖南郴州人，但他能說一口很流利的廣東話。我們間的電話像炮聲一般，沒有間斷，有時他太忙了，一接上電話筒就說：「快不要和我講話吧，我正在指揮作戰，忙得很呢！」有時他打過來的電話，我也沒有功夫接……

「第二天早晨，我們剛剛開始吃飯，大炮又來光顧了，空隆幾聲，打得屋上的瓦片亂飛，差一點連我們的飯碗也打破了。」

副師長說到這裏，大家都哈哈大笑起來。他說話的本領眞大，不慌不忙，有條有理，而且很能描寫當時的情景，令人一聽如親歷其境似的。

「那時的空氣非常緊張。」他繼續着說，「前方不住地來電話告急：「我們的陣地被大砲衝翻了，弟兄死傷的特別多，怎麼辦？」我回答他們：「死守！衝翻了也得死守陣地！死傷得只剩一個人，也不許後退！死完了，就算盡了我們衛國守土的最後責任！」

——不可抵禦的偉大而壯烈的犧牲精神！

我眞想大聲叫喊出來，但爲了怕打斷了他的話頭，只好讓心的呼聲來代替。

「這天從早晨七點開始，一直到下午五點，砲聲沒有間斷過一分鐘。受傷了的官兵，絡繹不絕地流着血從旅部的門口經過，他們見了我只親切地叫了一聲：「旅長！」不呻吟，也不表示痛苦，只是低下頭來，慢慢地掙扎着走他的路。因爲大砲攻得太厲害了，連担架兵也無從來救護，因此受了重傷的，死了又生，生了又死地，就這樣做了壯烈的犧牲。

「後來實在被大砲迫得太厲害了，死傷的官兵又多，暫時放棄了原來陣地移駐河邊。晚飯後，我軍又增援一營，於是下令奪回陣地。這時敵人僅留少數機關槍在那裏防守，我軍衝過去，他們去了槍就跑。我們不但佔領了原來陣地，而且獲了許多槍炮和子彈。

「第三天，敵人大概是精疲力竭了，所以沒有來攻。我們趁着這時，趕快把被敵人破壞了的工事做好，不料第四天，他們又以大炮飛機坦克車來猛攻了。我軍死傷的更多，我惟恐有士兵後退的。於是下令各團長，營長，我們要死守陣地，不能後退一步。

「在這樣的情形之下，我們血戰了三天三夜，終於把敵人趕到了××宅，雖然敵方犧牲了不少的官兵，但敵方比我們死傷的更要多！」

「報告副師長！請理髮！」

忽然一個會理髮的勤務兵提了小箱子進來，替副師長理髮。我請他一面理髮，一面談話。起初他不肯，勤務兵老站着不動。經我再三要求，他才坐到那張高椅子上去。

『請繼續着說吧！』

我忘記了他已經說了不少的話，茶也沒有喝一口，又在催促他。

『值得我們高興的，是在這次抗戰中，每個官兵都很勇敢，他們負了傷，還不肯退下來，有幾位連排長，左手打斷了，右手還在拿着鎗指揮作戰。我們都把「死」字忘記了，只知道前面有敵人，只知道怎樣去撲滅他們，才算盡了我們對國家民族的責任。』

『這就是鐵軍的精神！』

我說着，心裏燃燒着對於這些英勇將士們的無限欽佩與景仰。

『還有一件很有趣的情事。』他囘憶了一下又微笑着說，『有一天××團的團部移動到旅部的位置，團長對他的部下說：「旅部在這裏的時候，附近中了好幾次砲彈，旅部都沒有打壞，一定是旅長的福氣特別好，我們搬到這裏，也不會有什麼危險的。」話剛說完，他和團附正看地圖的時候，忽然砲聲隆隆，向這邊射擊。團副說：「團長，砲聲打得越來越厲害了，你快到地下室去暫避一下吧，」他們剛下去，空隆一聲，把屋子打壞半邊。電話機也就在這時殉難了。」

哈哈哈，又是一陣笑聲，充滿了整個空間。最後我們談到了伙伕，副師長連忙搶着說：

「唉！伙伕眞偉大！他們挑了飯菜從好幾里路的後方送來，有時被流彈打傷了，有時被炸得粉身碎骨，但他們一點也不怕，仍然挑了飯菜，冒着雨，冒着砲火送來。我們如果沒有他們送飯，都要餓死了，還說什麼和敵人拚命？」

「對了，他們的生活最辛苦，然而工作最重要。每天他們等一切人吃飽了，自己才有一點殘湯剩飯充飢。」我也是第一個同情伙伕的人。

暫時沈默了二三分鐘，副師長突然提出一個問題來問我：

「×團長，我覺得戰爭實在太殘酷了！人爲萬物之靈，應該愛好和平的，爲什麼要有戰爭？什麼時候才能達到眞正和平的目的？」

「人類一天有侵略者存在，戰爭就一天不能免，眞正的和平，是要用無數的頭顱和熱血換取得來。我們明知道戰爭的殘酷，但造成戰爭罪惡的，是少數狼心狗肺，無公理，蔑人道的軍閥，以及帝國主義者。他們是劊子手，是人類的公敵，我們要消滅他，就免不了戰爭。等到把全世界的強盜都打倒了的那一天，就是人類實現眞正和平的日子。」

談話的太多，我似乎有點疲倦了。但副師長究竟不同，他雖然談了一個多鐘頭的話，精神還是那麼好。理髮匠的工作也完成了，勤務兵冲了六杯牛奶來，大家圍在桌子上喝着。緊張了一個多鐘頭的心緒，到這時才輕鬆下來。

一九三七，十，十四黃昏於軍部

戰地情書

又是晴天，眞討厭極了！

以前我最愛太陽，討厭下雨，自從來到戰區，這種心情完全反過來了。因爲晴天是敵機到處轟炸的日子，白天不能燒火煮飯，走路也不自由，如果一發現敵機，你得立刻停住脚，倒臥在稻田或者棉花叢裏。否則，即使只有你一個人，他也會丟下一顆炸彈給你嘗嘗滋味。

很早就有十二架轟炸機從這兒經過，飛得很低，幾乎可以用步槍擊落，我恨自己沒有學航空，否則這囘總可以出一口大氣，把敵機炸個落花流水。

這幾天精神特別興奮，可是身體一天比一天瘦了：「你們覺得我自從出發以來，身體胖了一點嗎？」我故意問她們。

「胖了一點，精神也好多了。」

岑澈先搶着說，我暗暗地笑了，精神好了許是實在的，而身體發胖，恐怕是哄小孩子吧。好在我沒有鏡子，也不高興照她，即使她瘦得只有兩根骨頭了，我也滿不在乎，只要呼吸一天不停止，我總有精神做一天抗敵工作的！

剛寫到這裏，胃又痛了，沒有吃瀉藥，已經三天不大便了，眞可惡得很。

十點半鐘的時候，軍醫處的練處長着人來接我去前方。從這裏到軍部有三十多里，雖然有點担心跑不了這許多路，但爲了要實現上火線的志願，也就忘記了胃痛，很高興地與佩蘭一同出發了。

走出了小小的村莊，就是一片廣漠的田野，白雪似的棉花點綴着秋大的景象，間或有幾個老婦和孩子在那裏採棉，她們的臉上也都表現着驚惶的神色，見到了我們，總要交頭接耳地細說幾聲，自然，對於「女兵」，她們還是初次發見，應該有幾分稀奇感覺的。

向××南站的西邊渡橋，遇着許多抬鐵絲的士兵，他們走路也像衝鋒似的那麼迅速，我總願意躲在一邊，讓他們先走過去再向前行。

沿着碧綠的河流，灣灣曲曲地走着，令人感到漸漸地走進了風景區。真的，這條河實在太美了，河身並不寬，但水很深，因爲水草特別多的原故，活潑的小魚，到處都可看到牠們的倩影，兩岸的樹林，老是這麼交叉着成陰覆在河上，鮮紅的陽光，從樹隙間射過照到水裏的魚身上，呈着點點的金光，別有一番美麗，有時突然來了一隻小船，牠也像魚兒似的把槳一搖，船身就輕輕地流過去了。要不是船上裝着傷兵，誰不說這裡就是世外桃源呢？

一連遇着好幾個受傷的同志，他們因爲沒有担架兵來，就一面流着鮮血，一面佝匐灣着腰前行，我停住脚呆呆地望着他們，很想幫忙他們一下，然而我沒有担架，即有，也抬不起，呆望的結果，只好空嘆幾口冷氣。抱怨我媽爲什麼生女不生男？

一路上都有戰士滴下的血跡，我到如今才深刻地了解踏着先烈的血跡前進那句話的意味，因血跡而聯想到他們那種勇敢殺敵的神精，和受傷後呻吟於血泊裏的痛苦，我沒有心情來欣賞四野的風光了，低下頭來慢慢地踏着血跡前進。

「喂，你是什麼人？」

突然發現有步哨在盤問了。

「我們是戰地服務團的，到軍部去。」

「什麼戰地……？」

他走上前來看我的徽章

「喂，不要嚕哩嚕囌，她們都是軍部的。」

感謝那位傳令兵同志的一句話，那哨兵釋放了我們。

「喝，眞了不得，女人也敢到火線上來。」

很淸晰地聽到那位步哨兵在那裏自言自語。

經過了一條很長的街，也不知叫什麼名字，舖子裏擠滿了我們的兄弟，他們有的在閒談，有的正在抽香烟，有的嘴裏咬着大餅，看他們滿身都是泥漿，可以知道他們是剛做完工事下來休息的。

「喝，有女兵！」

「她們也敢到前線來」

「走得眞快，像衝鋒一般。」

他們向我們笑着，說着，每個人都帶着驚異和愉快的表情。吳軍長曾說過：「你們到軍部中來服務，一定會增加士兵不少勇氣的。」我也相信他們會因我們上火線而增加殺敵的勇氣。

「女人都上火線，我們還怕什麼？」

這樣的話，我已經聽到過兩次了。

拚命地跟着傳令兵跑，僅僅只走了一點鐘零二十分鐘，居然到達了目的地。

「軍部還在前面，你們休息一下，我們就去。」

練處長一面說，一面倒開水給我們喝，我正在渴得要命，一口就吞乾了。

由這裏到軍部大約有三里路，因爲一路談着我軍作戰的情形，不知不覺地就到了軍部。

軍長和韓歐兩師長見了我們，都非常驚異，歐師長正在忙着打電話，大家靜靜地聽着。

「我軍前進了！」

這是個多麼令人興奮的消息，我們都笑了。

「有兩個連長都帶了花，但他們不願下來，仍然在那裏流着血指揮作戰。」

又是另一個消息。

「應該下來的，如果給敵人再打中，豈不糟糕！」

我自動發表意見○軍長點了點頭說：

「是呀，應該下來的，我們的官兵，就因爲太勇敢了，老是帶着傷抗戰，所以這次犧牲的特別多○」

「不過這種犧牲是壯烈的，光榮的，有價値的，他將與中華民族永遠同在，與天地日月同長。」

口裏雖然這樣說着，但總有一種說不出的傷悼壓在心頭，敵人的殘忍凶暴，犧牲了我們不少的勇敢將士。恐怕誰都有一種矛盾的感情吧，一面覺得這偉大的犧牲是光榮，一面又覺得太傷心，太慘酷！

電話停止了，突然「空隆」一聲，炸彈落在我們的屋後，十幾架重轟炸機圍着我們的屋頂低飛。

「來炸我們了！」

我說着，他們都笑了。

「沒有關係的。」

大家仍然在安靜地談着，一會兒飯菜端上來了，六個人開始吃飯。自從出發以來，我感到這頓飯是最爽口的了。菜是由後方羣衆送來的慰勞罐頭，有小蘿蔔，油悶筍，腐乳，皮蛋等，最使我高興的，自然還是那一盤嫩綠的青豆，和那碗青菜湯。

「鐵鳥快下蛋了，我們趕快吃吧。」我故意催促他們，很想早點出發視察。

「下蛋？我們就吃了牠！」

「哈哈，這個蛋就不好吃。」

韓師長接着軍長的說話，大家又笑了一陣。

飯吃完後，因爲大炮打得太厲害了，敵機似乎知道這裏是重要區域似的，老是在我們的屋上盤旋。誰都不敢往外跑，生怕給敵機見到，做了他們轟炸目標。圍着屋前屋後，又一連丟了十多顆炸彈，空氣愈來愈緊張了。我首先提議：

「各位長官趕快把遺書寫好了吧，我們的生命也許五分鐘之內就要完結了！」

他們眞的實行了，軍長第一個寫給他的夫人龍文娛女士。

「我借你的信紙信封，給我的特來一封吧。」

「好的，這還是文娛送我的。」

「那麼，我也來一封。」

歐師長一面說，一面撕下一張紙來坐在靠窗戶的板子上寫着。

三個人都寫完了，歐師長提議要把情書公開。

「這是戰起情書，公開沒有關係。」

我第一個贊成。軍長臉紅紅地也居然答應了。

公開後的結果，三個人的信都大同小異，總括起來，不外乎說：

「飛機大砲在轟炸，我們立刻要上火線了，犧牲的時候大概卽刻要到來。希望你不要爲我的死而悲哀，敵人一天不消滅，你就要踏着我的血跡前進！……」

「韓師長，你爲什麼不寫？」

我發現他只顧一封一封讀我們的信，就這樣問他。

「在長沙，我已把遺書寫給她了。」

也輕輕地笑了笑。

他們在忙着寫信封，左角上還寫下「航快」兩字，我也依樣畫葫蘆，添上了「航快」兩字，還有一封是給美珍的。

「對不起，我要揩「郵」了。我把信交給軍長。又是一聲大炮打來，房子都震

一九三七，十，五於××宅

戰地之夜

一覺醒來，也不知是什麼時候，只聽得「空隆！空隆！」的炮聲，和「拍，拍，拍」的機關鎗聲，像舊歷元旦的編爆聲那麼響得連續不斷。從開着大約有一尺寬的門縫裏，我望見一個衞兵在那兒慢慢地走來走去，有時他也站着仰望一下天空，聽一聽炮聲打來的方向。

從門縫裏射進來的光線，是那麼微弱得可憐，簡直不能說那是光，只是在黑望中閃現出一條灰色的雲，因此當我最初發見那個負着重要使命在門口巡邏的衞兵時，我還以爲在夢中看到了一幕影子戲。

很想偷偷地爬起來，走到外面去瞻仰一下炮火連天的戰場，然而太疲倦了，四肢像被繩子綁住了似的不能動彈，我輕輕地喚了一聲：「佩蘭！」回答我的却是她呼呼的鼾聲。本來也怪不得，年輕人的瞌睡是比較來得大的，何況昨夜又挨到兩點多鐘才睡？我還是把眼睛閉下來靜靜地養一養神吧。

炮聲越來越近了，我聽得很淸楚：那是敵人打來的炮，那時我們發出的炮，房子被打得四面動搖，瓦屋上像下風雹沙雪似的那麼響了幾下。我奇怪大炮的破片已經打進屋子裏來了，軍長爲什麼還那麼睡得安穩？素來勇敢而鎭靜的我。這時也未免有點恐懼起來。我想假若再接連着來幾次和剛才同樣的大炮，房子和我們二十幾個人的生命不都要完了嗎？躺在床上被大炮轟死，埋也無須埋，倒很省事的，但這種犧牲未免太不值得，尤其是軍長和參議，他們這些在前線指揮作戰的長官們，更不能在這嚴重的時候犧牲。

心的跳動也隨着炮聲一分鐘一分鐘地緊張起來，我極力鎮靜，把所有的炮聲，輕機關鎗重機關鎗聲，當做是我們向敵人射擊的，每響一次，我就估計着大約打死了多少敵人。突然，電話鈴叮鐺叮鐺地響了，並沒有看到軍長爬起來，却聽到他的聲音了，原來電話機就在他的床頭。

「喂，那裏？呵，副師長。打得最厲害的是我們的大炮嗎？好極了！好極了！敵人死了兩百多。要小心呵，不要太高興了，提防他們反攻……我們死傷很多嗎？沒有關係，自己不犧牲，怎麼能得着勝利！……」

「軍長，前方的戰事很好吧？方才是那一師長來的電話？」等他把電話筒掛上了，我輕輕地問他。

「很好，今晚我們打死他兩百多了，那些孔孔孔的大炮都是我們這邊打的，你嚇得一夜沒有睡覺嗎？」

聽到最後一句，我忍不住笑了。

「誰說我嚇得一夜沒有睡覺，我是剛才被你的電話吵醒的。」我故意這樣說。

「那麼，對不起，你好好地……」

他的話還沒有說完，電話又來了。

「喂，陳旅長嗎？怎麼？犧牲了這麼多？那麼你就當團長好了！不要緊的，犧牲完了就完了，有什麼關係。我們卽使剩下一個兵，一支槍，也要死守陣地，不許後退的。呵，陶家村奪回來了，好的，多派一排人去守住牠……排長死了嗎？調一個勇敢會作戰的班長去代理排長好了……」

他放下電話筒，輕輕地嘆了一聲。

「我軍死傷了很多吧？」

「是的，今晚打得特別的厲害，你聽電話從沒有間斷過五分鐘的。」

「一夜來都是這麼緊張嗎？」

「可不是？你們都睡覺了，我接了幾十個電話，你們一點也不知道。」末了他又加上一句：「口都說乾了。」

對於這位勞苦了一夜，指揮數萬將士作戰的抗日將軍——錢軍的領袖，我眞不知要說什麼話安慰他才好。

「在火線上過夜，你還是初次吧？你聽大炮和機關槍響得好密，這都是你的文章材料。」

「是的，這就是火線上的音樂，我生平還是第一次聽到呢。」

「你的感想怎樣？」

「在炮聲裏，我感覺世上最偉大的是戰爭，最悲壯的也是戰爭！每一顆大炮，每一排子彈，不知要死傷多少活鮮鮮的生命，然而爲了要消滅我們中華民族的敵人——日本強盜，無論犧牲我們多少勇敢的戰士，我們不覺得可惜，相反地，我覺得這是最壯烈最偉大的犧牲！」

電話鈴又響了，黃參議和佩蘭大概都是被我們的談話吵醒的，黃參議說：

「眞好睡，眞好睡，可惜被電話吵醒了。」

「幸而你醒來了。否則……」

「否則，給大炮轟死了，永遠不會醒來了！哈哈。」

他代我回答着，軍長放下聽筒，就呼呼地打起鼾來。我狠奇怪他怎麼這樣容易睡覺。

「我就是這一點好，閉上眼睛就睡着了，有事，就會立刻醒來，要是像你們一樣睡得像一團泥，那可糟了？」

聽了他的話，連佩蘭都格格地大笑起來，她正是一團名符其實的泥，給大炮轟都轟不醒的。

誰把門關上了，房子裏更黑暗得連一線灰光也看不到，祗有桌子底下那一點像螢火似的紅光，在點綴着黑夜的光明。

正想好好地睡一會，突然聽到有輕微的脚步移動，我驚訝得幾乎要叫出來了。

「起來吧，我們趁早去接×總司令去。」

原來是軍長在喊黃參儀，這才放下了心。

他們燃上臘燭穿好衣服出去了，我也披上衣走出門外一看，只見在西邊的天上，閃灼着幾顆透亮通紅的火星，這就是正在爆炸的彈花。

「你看，炮彈的破片，打進這裏來了。」

衛士拾了兩塊炮片給我，我高興得跳起來。

「怪不得昨晚屋上的瓦都打得像落葉的亂飛」

一九三七，九，二九於××宅陣地

晚間的來客

今晚一點到四點本來是我的夜班，爲了寫完那篇「不願做俘虜的戰士」頭有點暈了，所以躺下來休息，衣服也沒有脫，我是準備半小時以後仍然要去上班的。

「團長，有兩位從上海來的先生要看你。」

喜英推開門進來，這樣輕輕地對我說。

「從上海來的？他們在什麼地方？」

我連忙爬起來坐着，頭還是很重，好像不倒翁似的，身子不由自主地左右搖擺。

「就在門口」

「那麼請他們進來吧！」

伏蜷在馬路旁邊的草堆裏，看臉色，他又並不像受了傷的。

「同志，傷不重吧？你可以爬上汽車嗎？」

「他沒有回答，只是把頭搖了一搖，我再用手電一照，天，這是怎樣回事？一條水晶似的帶子橫在他的肚子上，這難道是——腸子嗎？我當時呆住了！雖然看過不少打得只剩半邊腦袋，一雙手一隻腳的，但腸子流在外邊而又這麼多的，我還是生平第一次看到呢。

「同志，腸子都出來了，你還可以上車嗎？」我心裏想，你的生命還能活上幾分鐘呵，如爬上車來，顛簸幾下，不就完了嗎？

「不要怕，我可以上車的，現在請你們扶我一下好了。」

「聽他說話的精神很好，我們自然不忍把他拋在馬路邊讓他活活地死去，于是我和張同志把他攙了起來，唉唉，眞太慘了，一站起來，腸子就像水銀似的滾出來了，他連忙用手塞進孔裏去，我們看了那種情形，渾身的細胞都發抖了，好

「是的，有許多傷兵，沒有在戰壕打死，躺到救護車上來反而被炸死了，我們紅十字會的工作人員也傷了好幾十個，所以現在運輸傷兵，要到晚上才能動作了。」

話題轉到了傷兵，就有許多新鮮的題材浮在各人的腦海裏，起初我談到那位打斷了右手掌的戰士是如何地勇敢，不但沒有絲毫痛苦的表情，而且說：「斷了右手，還有左手呀，他媽媽的，怕什麼！」董先生連忙接下去說：

「我們還看到一位更勇敢的戰士，說起他，眞太令人感動了！」

「一星期以前，我們在嚴家宅前線，收到了一個古怪的傷兵，他的名字叫做李順恩，是××師長的上士，今年二十歲。」

「怎麼是古怪的傷兵？」

我來不及等他敍述，就這樣性急地問他。

「起初我們只聽到有人在呻吟，並沒有看到人的影子，用手電一照，發現他客人站到我的床前來了，但我還沒有穿鞋子，爲了他們堅持着不願我床下；而我也因頭暈得太厲害，只好坐在床上和客人談天了。

經過他們的自我介紹，一位叫董安民，一位叫張鴻書，兩人都在紅十字會服務，每天晚上來前線運傷兵到上海醫院去，自然，他們負的責任是很重大的，我惟恐他們沒有多的工夫和我談話，要求他們下次再來。

「如果不妨礙先生的睡眠，我們很想在這裏多談一會。」

難得他們這樣熱心，半夜來訪，自然我很高興地接受了他們的要求。

起初談到他們的救護車常常被漢奸搗亂，好幾次把司機打傷了，有時一部空車開過，漢奸也要劈劈拍拍開起槍來。

「那麼，你們應該帶手槍的。」

「我們沒有手槍，而且照規矩是不許帶武器的。」

「漢奸可惡，日本鬼更可惡，他不是常常轟炸救護車嗎？」

容易扶着他爬上了車，許多弟兄們都忘記了自己的創痛代他難過，他反而安慰別人：「你們不要害怕，我不會死的，過一兩個星期傷好了，就要上火線去！」

「老實說，那時誰也不相信他有好的一天，車一開動腸子又滾出來了，他像一個鄉下女人理紗似的用右手把腸子攬在左手上，然後又塞進肚子上的小孔裏，一會兒腸子又流出來了，他仍然不慌不忙地把牠理好再塞到孔裡去，這樣他毫不畏難地一直把腸子塞到了楓林橋中山醫院。」

「他眞的沒有死嗎？」

我有點不相信這是事實，簡直是一篇神話。

「沒有死，前三天我們還去看過，他大概不出兩星期，眞的可以出院。」

「太勇敢了，我們中國有這樣的戰士，中國絕對不會滅亡的！」

我感動得眞的要流下淚珠來，張先生也搶着說：

「最令人感動的是我們起初看到他腸子流出來的一剎那，我們嚇得倒退了一步，他連忙說：「同志，不要害怕，我是活的，腸子流出來了不要緊，把牠塞進去了就完事。」你瞧，他這話多麽勇敢，眞夠我們慚愧死了。」

「走，走，傷兵都裝好了，還不趕快去。」

他們的同伴來催促了，於是我們的說話只得告了結束。

頭，完全不痛了，精神像打了瑪啡那麽興奮，我穿上鞋子，拿了手電，走進換藥處，那裏已擠滿了從前線負傷歸來的戰士。

一九三七，九，廿七夜於野戰病院

附錄：代表前方受傷將士呼籲

親愛的同胞們：

蘆溝橋事變，像一顆炸彈爆發似的，震動了每個中國人的心，燃起了每個中國人愛國的熱情，只要不是甘願做奴隸的人們，統統起來參加偉大的民族解放鬥爭了！不分前方與後方，不分男女與老幼，每一個愛國志士，都願意爲國家爲民族犧牲一切，抗戰到底。因此在前方與敵作戰的將士們，不分日夜地在飛機大砲之下，英勇地作戰，以他們的血肉和頭顱，來粉碎敵人的營壘，來爭取中華民族的生命。他們是勇敢的，堅決的，不達到最後的勝利誓不生還，誓不退讓或屈服。而在後方的羣衆們，也抱了「與國偕亡」的決心，誰也不願做亡國奴，不願中華民國失掉一寸土，不願中國四萬萬五千萬的同胞有一個被敵人壓迫，被敵人視爲奴隷。他們也都勇敢地走上了民族解放鬥爭之路，盤大忙着做救亡工作，組織了千千萬萬的羣衆到前線去服務，募集了各種慰勞品運送到前方給將士們應用。無論在精神上，物質上，他們給與了前方將士以莫大的鼓勵和幫助。

我現在代表一切與敵在前方作戰的將士們，向後方的同胞們呼籲，關於以後捐送慰勞品時，請按照他們的需要募集送去。爲易於明瞭前方的情形起見，我簡單地分別敍述一下：

（一）前方最缺乏的是擔架床和救護人員（包括担架，醫生，看護）。日本帝國主義是慘無人道的，他們用飛機大砲來轟炸我陣地和民房，每日都有無數的士兵和民衆死傷。而陣地離野戰醫院有相當的遠，負重傷的人，當然一步也不能走。前方因爲缺少担架床和擔架兵的原故，有些傷重的都因沒有人抬，自己掙扎起來爬行，因流血過多就死在路上了。目前各地救護會最重要的工作，是組織強壯有力，能夠吃苦耐勞，勇敢犧牲的青年戰士，到前線去抬運傷兵（每兩個人需要帶一張擔架床去）。更要組織有看護經驗的男女護士，到前線去醫治並看護傷兵（曾受過軍事訓練，或在軍隊中服過務的爲最好）。不過入選要特別謹慎嚴格，趁着短時的熱情衝動，而沒有長久在軍隊中服務的決心者不要去！不能睡地下，忍飢受寒與士兵共艱苦者不要去！不能跑遠路跑快跑者不要去！不能在炸彈大炮之下努力工作與兵士共生死者不要去！行爲浪漫不能忠實於職務者不要去！性情暴燥動作遲緩身體衰弱者不要去……！

（二）請多多捐送藥品和醫用器具。例如：紗布，綳帶，藥棉，膠布，三角巾，碘酒，酒精，止血藥，止血針，救護袋，夾子，剪子，鉗子，Lysol，衞生水　洒掃病房用）硼酸等（衞生包也很需要）。

（三）因爲在前方，敵機整天來轟炸，白天不能煮飯，所以在戰壕中的弟兄們，只好吃乾粮，如炒米，大餅之類。希望此後送慰勞食品的同胞，請多送：餅乾，麵包，鹹菜，腐乳，罐頭，牛奶，餅等（前方最缺乏菜吃，有時連鹽都找不到，更不要說油了）。

（四）天氣已近寒冬，請募送棉大衣（以深灰色爲最好），襪子，鞋子，手套（在北方與敵抗戰的將士們，更需要皮大衣和皮帽），棉被，油布，雨衣等。

已經寫了不少了，希望親愛的同胞們盡力做去。第一步，立刻組織擔架隊，多買擔架床，出發前方（每師至少需要十副擔架床），藥品和繃帶，三角巾等也是最迫切需要的，親愛的同胞們，我們幫助前方的將士，就是幫助國家。沒有國家，就根本沒有個人的生命，保衛國家，就是保衛自己。我們要團結四萬萬五千萬顆愛國的赤心，來挽救有五千年攸久歷史的中華民國！

一九三七，十，一日午夜於××宅陣地

著作者　謝冰瑩
編輯者　阿英
出版者　抗戰出版部
經售處　救亡日報社
　　　　財政廳前
　　　　廣州北新書局
售價　實價國幣一角五分
民國廿七年一月再版　二千冊

東戰場上

東戰場 上

華之國編輯

抗戰報告文學選輯之八

目次

紙上談兵錄

上海之戰，現已進入第三階段，日正急激發展。此種發展究能產生如何結果，端在吾人對於過去事實能否正確認識。如其能之，則本此認識以謀把握現在，創造將來，庶幾可於浸溢洪濤中收正本淸源之效。記者因職務關係久在戰區，旣經二月餘之體驗，爰就觀感所及，本研究精神，客觀態度，先舉十個核心問題，略抒所見，以就教於讀者。

一 淸算期的現勢

甲午以還，四十餘年間日本施予我國之壓迫，使吾人忍受至於現在，實已不勝痛苦。盧溝橋事起激成全面抗戰，沿海沿江各省，如非深受敵軍之蹂躪，卽已慘遭敵機之轟炸，海岸線亦被非法封鎖，文化中心，經濟重鎭，均已深入戰爭漩渦。時僅三月，已成泛濫之局。此誠吾國對日之總淸算期。抗戰結果，將來不外兩途，如非打倒強權，重新做人，卽須淪於亡國之悲境。是故戰況之發展，關係吾人以及子孫後世之命運，不能不徹底明瞭，俾國民能盡其應盡之義務。茲爲便於敘述起見，假定揚子江爲界，劃分全國爲南北兩戰場，其中再分若干戰線。此種區劃之理由，歐戰時卽有顯例，以歐戰範圍之大，亦僅劃為東西兩戰場（自波羅的海至黑海為東戰場，自北海至瑪因河為西戰場）。蓋依政略及地理之關係，並就作戰目的而定之也。每一戰場中再劃若干戰線，在北戰場中似可分立冀魯戰線（或稱東戰線）・察綏戰綫（或稱北戰線），晉北戰綫（或稱西戰線）。南戰場中似可分立淞滬戰綫（或稱東戰綫），閩粵戰綫（或稱南戰線），此則純依地理關係而言。舉歐戰之例，則「西格弗里戰綫」是也。該戰線為興登堡所經營，故聯軍又目之為「興登堡戰線」，是則且以人名為名矣。

就全局而言，北戰場為敵主攻之地。此實出中奏章以來之一貫政策，南戰場之事，殆已出敵意料之外。初欲略加威脅卽可使我望而却走者，反致玩火自焚，釀成如此嚴重之局面。吾人推斷南北兩戰場之相互關係，在戰果上言，敵生事南方，原欲牽掣我增援北方之兵力者，因我竭力抗戰，使敵勢成騎虎，不能不分兵南犯，自側北侵之力。我據主動地位，以逸待勞，不獨造就無限光榮之戰蹟，且使敵人疲於奔命，不遑兼顧。可讚南戰場在全面抗戰中所處地位之重要矣。

北戰場之事，本報同人已言之屢屢。茲篇所言，僅為南戰場淞滬戰線之事。簡括而言，自八・一三抗戰以來，我始行運動戰，本成圍攻敵巢之勢，迄至二十二日羅店初失，戰局外延，九・一一始改行陣地戰。十月六日敵大舉偷襲蘊藻濱，經二十日之惡戰，不幸全綫錯鎰之大場，突告失守，二十六日深夜我軍始自動退守第二道防線。現在扼守蘇州河（即吳淞江）沿河東連租界西至姚家宅折向北行以迄瀏河之線。此陣地業已奉命死守，保衞上海之計劃，始終堅定執行，局勢正在急激之發展中。

二　全部敵情

「知己知彼，百戰百勝。」

吾人只知抗戰，而不詳究敵情者，蓋盲目之工作也。茲就各種諜報，綜合編成左表，申明敵所使用之兵力究有若干，而供我應付之策。其間倘無真知，則寧付闕如，以待查明補正。惟軍事一道，瞬息萬態，目下情況或已變化，但信大體尚不差也。

南北戰場敵使用之陸軍，其番號已經發現者計有近衞，一、三、四、五、六、八、九，十、十一、十二、十四、十六、二十等十四個師團，及各種特科部隊，特種部隊，海軍陸戰隊，人數估計至少在五十萬以上。超過其公表之常備兵額一倍有餘。使用於南戰場者約十五萬人，北戰場約三十五萬人。其配備如左；

北戰場

司令官 寺內壽一 前陸相

東戰綫（冀魯）

第八師團長 前田利爲

一七聯隊長 奧鎭六助

三一 阿部規秀

第十師團長 磯谷廉介

三九聯隊長 沼田德重

四〇 長野義雄

一〇 上野勘一郎

六三 中井重義

騎十 恆憲王

十二師團長 山田乙三

一四聯隊長 鈴木貞一

二四 中村明人

4

十六師團長　中島今朝吾

三三聯隊長　野田謙吾

三八　助川靜二

二〇　土橋永逸

西戰線（山西）

第一師團長　河村恭輔

一聯隊長　上川次郎

四九　竹內寬

騎一　中山保留

第五師團長　坂垣征四郎

十一聯隊長　上月良夫

四一　山田鉄二郎

騎五　小堀是繁

一二三　岡本鎮臣
四五　神田正種
騎六　猪本近太
十四師團長　土肥原賢二
二聯隊長　石墨貞藏
五九　坂西一良

以上兩戰綫尚有河邊、高木、川岸、山下、小林等兵團，及野戰砲兩旅團，攻城炮兩大隊。

北戰線（察綏）

司令官　植田謙吉　關東軍長官
第四師團長　松井命
三七聯隊長　武藤桂太郎
六一　倉不忠一郎
第十四師團長　土肥原賢二

十五聯隊長　豐田範正

五〇　遠山登

騎十八　安田兼人

此外尚有酒井、鈴木、千田等兵團，六泉、十河、坂倉、一宮等混合隊，獨立砲兵一大隊，兵兩旅團。

（附記）　北戰場之敵，計共陸軍二十三聯隊，騎兵九聯隊，炮兵兩旅團

又三大隊，混合隊四個，兵團八個，空海兩軍兵力不明。

南戰場

司令官　永野修身　前海相

東戰線（淞滬）

陸軍司令　松井石根

近衛師團長　飯田貞固

近一聯隊長　闊原六

近二　土屋兵馬

近三　森岡皐
近四　原田熊吉
第一團長　河村恭輔
三聯隊長　湯淺政雄
五　山口直人
第三師團長　藤田進
六聯隊長（已陣亡）
六八　長吉澤忠勇
三四　加藤守雄
十八　中澤三夫
騎三　藤田菊治
第五師團長　坂垣征四郎
二一聯隊長　粟飯原秀
四二　天谷直次郎

第六師團長　谷壽夫
四七聯隊長飯塚國之助
十三　岡本保之
第八師團長　前田利爲
五聯隊長　井上貞衛
三一　西原貫治
第九師團長　吉住良輔
七聯隊長　青木重藏
三五　富士井末吉
十九　下枝金之輔
三六　永野信一
騎九　森吾六
山砲三　芹山透
工九　野中利貞

輜九　三田村之助
第十一師團長　多田駿
十二聯隊長　本鄉義夫
二二　田北惟
四三　淺間義雄
四四　和知鷹二
山十一　眞木盛平
工十一　山內章
第十二師團長　山脇乙三
四六聯隊長　藤堂高英
四八　小島三郎
第廿師團長　川岸文三郎
十八聯隊長　鈴木謙二

此外尚有台北守備隊佐村、重沈兩聯隊，及台北倉本砲兵旅團，野砲，山砲各一聯隊，

10

海空司令　長谷川清

轄第十、十一兩戰隊，第五水雷戰隊，艦艇總噸數爲三萬九千六百八十噸，海軍陸戰隊約一萬人，航空母艦有鳳翔，龍驤，神威，能登呂等四艘。

空軍之陸上機約二百一十架，屬第三、第六兩航空兵團。水上機約一百八十架，有木更津、鹿屋、館山等三個航空隊，航空母艦載機各十六架至四十架，飛機總數約三百九十架。

（附記）東戰線之敵，計共陸軍三十聯隊，騎兵兩聯隊，砲兵六聯隊，工兵化學兵，機械化各一聯隊，南戰線（閩粵）情況不明。

綜觀敵軍兵力。似屬南多於北。實際配備於北戰場之兵力殆不止此。且其新編之「兵團」，多轄兩個以上之步兵聯隊，或配合機械化部隊或戰車隊，故其戰鬥力較現役建制部隊爲强，日本竭澤而漁，使用如此之廣大兵力，以侵略我國，經四月之苦戰，局面猶未決定，足證我軍抵抗之力矣。

三　滬戰比較觀

淞滬戰局迄今已歷八十三日，侵入之敵，其正南陣地尙膠着於上海市區之蘇州河沿岸至姚家渡之線，正西陣地仍膠着於北起太倉縣屬之瀏河口，經寶山縣屬之羅店、廣福、嘉定縣屬之南翔，以連上海市區之眞茹，接至姚家渡之橫綫上，其間南北之長不及五十五里，西東之闊不及四十里，總面積不及二千二百平方里，較之九・一一我軍扼守第一道防線之前，敵進展雖將五倍，然以之比較一・二八之役，在時間上我已多抵抗四十八日。被佔面積則僅三分之二（一・二八時我軍曾自動撤至距離租界沿邊二十基羅米達之地）種種得失，由於比較之觀念，即可確證我軍抗戰意志之堅强，戰鬥力量之雄厚。茲以現役為主，分析各次，臚列數字如左。

作戰時間比較

一・二八	三十五天
八・一三（今天止）	八十三天
比較增加	四十八天

現役中我行運動戰時間共三十天，守第一道防線共四十五天，守第二道防線至今日已有八天。

一・二八　三二九七平方里

八・一三　二三〇〇平方里

比較減少　一〇九七平方里

敵使用陸軍數比較

一・二八　七七〇九〇人

八・一三　一五〇〇〇〇人

比較增加　七二九一〇人

（附記）現役中敵軍番號，人數及兵種，已詳上文，一・二八之役敵之陸軍計有一三兩師團，并祇二千三百人；第八師團約一萬人，第九師團（師團長植田謙吉）一萬六千人，十一師團（師團長松井石根）一萬三千人，十二師團三千五百人，十四師團二萬人，海軍陸戰隊一萬二千人。

敵使用空軍數比較

一・二八　二〇〇架

八・一三　三九〇架

比較增加　一九〇架

敵使用海軍數

八・一三　三九六八〇噸

一・二八　（附記）一・二八噸數不明，艦艇總數約三十艘，航空母艦三艘。

比較增加

敵官兵傷亡數比較

一・二八　二四一三人

八・一三　四〇〇〇〇人

比較增加　三七五九七人

（附記）一・二八，數字，係日本政府公佈者，八・一三數字係記者個人估計，此種估計係依敵一再增援數目，以爲判斷之根據，然兩數均不一定可靠。

敵侵華軍費數比較

一・二八　一四百萬元

八・一三　三三九二百萬元

比較增加　三二四四百萬元

（附記）各數均包含整個侵華軍費在內。

綜觀以上數字，足見現役中敵軍使用之力量，實已超出一・二八數倍，而得到之結果，反不及一・二八也。

四　步軍奇蹟

日本此次侵略我國，使用兵力既有五十萬，則已超過其常備兵額一倍有餘。恰如一八一二年拿坡崙征俄之數。我國使用之兵力，爲數雖在百萬以上，但不及常備兵額二分之一。兩軍合計共在一百五十萬以上。較之一九〇四年日俄奉天之戰，超過一倍有餘。然日俄奉天之戰，二十餘日即告結束，現役竟已延至一百二十餘日，反有繼續擴展趨向。足見情勢嚴重之一班。所以能造成此種嚴重情勢，端在我軍抵抗力量之堅强。但我軍在現役使用之兵種，實以步兵爲主體。而步兵之裝備既不完整，兵器亦復缺少，如以此種劣勢軍隊，與敵易地而處早已完全瓦解。然終能表現如此成績者，蓋以我軍，上自統帥，下及兵伕，無不深切認識抗戰工作在歷史上之神聖的意義。衞國軍人，自以保衞國土存續國運爲職志，大義所在，不屑逃死。尤以各級指揮官確能服從領袖，運用部屬，而實踐「精神勝過物質」之教令，全軍將士均持堅定不移之意志，以赴成仁取義之大節。期立功於後世，求無愧於祖宗。人人本此抱負，一往無前，直使世界驚奇；國人愛戴。此種心理戰勝之事跡，頻添歷史之佳話也。

在淞滬戰線上，如上之例，殆已不勝枚舉。記者於滬戰一月記中卽以三事爲證，茲再轉誌本文，以明我步兵作戰之勇：

(一)八月二十二日攻擊匯山碼頭之役，除五輛坦克稍近機械化部隊外，餘爲步兵三營，衝入敵人數年來經營之壁壘，傷亡雖衆，仍攻擊不已。卒將該碼頭一度佔領，殆至敵艦集中火力，封鎖滙山碼頭至天德路華德路一帶連絡線，東西之敵又從兩翼夾擊，我進入之軍在此重大威脅下，猶不肯退。甚至有一連官兵，全被敵之燒夷彈焚死者，此種攻擊精神，宋希濂將軍喻爲歷史有名之日俄奉天會戰中，日人之犧牲精神，亦遠不及此。

(二)九月五日寶山守城之姚子靑將軍，以一營之衆當敵海陸空立體戰術之威脅，苦撐三日之久，乃至全營殉城。此種成仁取義泱泱大國民風度，非有悠久文化及高尚德性所培育之軍人，孰能至此。

(三)九月九日敵以戰車五輛猛衝我春江路陣地時，我軍兵士二名，身裹炸彈，橫臥公路線上，任其爬進，轟然一聲彈爆車裂，我士兵亦以身殉。是役計毀敵戰車二輛，該線竟轉危為安，一·二八敵屢作宣傳之「爆彈三勇士」，視此真瞠乎後矣。

以上三例，一證我軍攻擊精神之旺盛，雖蹈湯赴火在所不辭，一證我軍抱誓死守土之決心，確具「臨難不苟免」之氣節。一証我軍抗戰之英勇，願以血肉之軀吸取敵軍之新兵器。此種步兵之造就，雖翻遍戰史，亦無能望其背項者。

十月二十六日晚，我軍退守第二道防線，閘北担任掩護任務之步兵一營及一機關槍連，奉命扼守四行倉庫，不及退却，遭敵包圍，環攻四日，均拚命抵抗。其間某某方面兩次勸其安全撤退，均被婉辭。苦戰之第二日，在敵軍飛機大砲威脅之下，竟於倉庫屋頂升國旗，佈砲位，尤為英武果毅。四日間斃敵近百，陣地無恙，三十日奉到撤退命令，始全軍而退。其守也，奉命而守，以達成其任務。其退也，奉命而退，不為沽名釣譽而逗留，始終在「軍人以服從命令為天職」的鐵樣紀律下動作，實足為世界軍人之模範。

吾國步兵精神能力之優秀，實為奇蹟。茲篇所舉，不過肼見所及之犖犖大者，可傳之事，必已遺漏甚多。所以言此，一以堅我步兵之自信，一以堅我國人之共信。所信為何，即中華民國之步兵，已足與日本海陸空軍立體戰術之威脅單獨作戰矣。

——楊起——

滬戰前線

二日下午六時，記者得第××師王副官的領導，黑夜到嘉定火線上去，預備去視察一下我軍西撤一千公尺後的陣地。

近來日日奔渡在前線戰地之中，各個師部方面，差不多都已去拜訪過，但是，還沒有到過第××師的師部去，這一次碰得機會，遇到王副官，我要他陪我去，他很高興，王副官到上海來是來買藥品的，有一大堆的東西，裝在紅十字會的救護車裏，我們也就乘這救護車一同出發。

爲避免敵機轟炸，我們擇從下午六時出發，這時租界內正華燈初上的時候，我們就上了這篷車，到租界邊上加了十加侖汽油，衝出蘇格蘭兵所駐防的區域，經過了北新涇，向錫滬公路大道上狂奔起來。

一　黑夜上前綫

大地埋在黑暗裏，公路上沒有一盞路燈，除了來來去去的軍用車放出的燈光之外，一切多是黑暗，情形真有一點恐怖，我們坐在車裏，祇聽得汽車的震動聲，四邊萬籟俱寂，我們靠近一點王副官的地方，我們就談將起來。

王副官是滄州人，我問他是那兒人的時候，他說「是亡了省的人了」，說來非常憤慨，我想來安慰他，又沒有適當的話，「不要緊，現在津浦線上打得很厲害，我們就可把失去的土地完全收復，能够這樣持久打下去，我們不會亡，決不會亡。」我停了一會才這樣的對他說，他沒有響，在黑暗裏我也看不出他的表情，大約這時他的臉上也不過是一個苦笑罷了。

汽車衝過了一次一次的口令聲，向前狂奔，因爲大雨初晴，路上很不平，我們在裏面祇聽得隆隆的馬達聲音，說不來話，顚動得也非常厲害，大家靜默着，誰也沒有說話，各人在想各人的事。

忽然汽車的燈熄了，汽車也在很大的一震之後停住了，汽車夫在說有東洋飛機來了，車子都停着不開，我們也避一避一會兒再開，我從汽車裏下來向上空望望，在黑暗裏一點也看不見，飛機聲音也沒有，車子裏有人在駡東洋鬼。

大家靜靜的坐了一會，一點沒有動彈，去問一問士兵，他說並沒有飛機，原來是一場虛驚惶，眞有草木皆兵之感。

車子再向前開，將近南翔的時候，飛機可眞的來了，祇聽得上空轟轟的聲音，我們也分不出是我們自己的飛機還是敵人的飛機，不要管他，我們還得在旁邊躲一躲才好，否則，倘使被他來一個照明彈，我們這輛大蓬車被他轟炸的目標太大了，我們就在兩旁的棉花田裏，作散兵線的分開來，有嚴陣以待的形勢。

照明彈到沒有，祇聽得「轟」的一下子，離我們前去不遠的地方炸開來，也分析不出是炸彈，還是砲彈，這時飛機已經過去，我立起來活動一下身體四肢；覺得沒有受傷，一會兒他們都來了，大家再上車前行，這時東方突然出現數十道白光，如閃電一般向上空移動，經驗告訴我，這是我方的飛機來夜襲敵艦，敵艦上又在大起恐慌，用探照燈和高射砲在濫放了，不過高射砲的聲音，因爲路遠聽不出，探照燈遠看得見，這時我們明白方才的飛機是我們自己的，大家都覺得很開心。

上車後行約數十丈，發現公路上一個大窟窿，這是剛才轟的一聲的結果，據旁邊一個兵士對我們說，這是方才落下來的砲彈，我們大家爲我們的生命揑一把冷汗，倘使沒有飛機來用我們不躲避的時間來配上去，不正與這炮彈碰在一起嗎，車與人什麼都完了，彼此在黑暗中交換了一個苦笑，大家似乎有生死與共一樣，大家坐緊一點，幾個人像愈加親密了，車度上，情形愈緊張了，東北方面一道一道的紅光，接着轟轟的炮聲，机關槍聲也很清晰聽得出來，愈來愈近，但是車子仍在狂奔，終於在十點鐘到了目的地。

二　廣福鎭上的婦人

在沒有到嘉定之前，離嘉定南面約有五公里的一個小鎭上，我們的車子被一個婦人攔住了，她的一隻手用布條子帶在頸項裏，手上臂上胸前全是血，她要我們救救她，我們是救護車，答應她待我們從嘉定回來的時候送她到上海去醫，——恐怕我們騙她，不肯讓我們過去，我們就叫她上車一同到嘉定兜一轉。

這婦人是一個體力很強壯的人，我們問她的手是如何受傷的，她說：她是廣福鎭附近的人，今日被東洋飛機投炸彈，她是躱在屋子裏的，炸彈却投中了她的房子，她的手被炸傷了，她的婆婆被壓死在房子底下。

她說：她是一個寡婦，男人已經死去，她一個人種十多畝棉花，今年的棉花頂好，棉花的兒子又大，一畝地定可以收個一担多，倘使同去年棉花的價格，每一担有十五六元錢，鄉下人眞要大過年了。

她說：她們村上及附近有錢的人，都已向青浦等方面逃難去了，她們窮的沒有錢的人。

想暫時住着，等到收了棉花換了錢再逃。

但是，她說：東洋飛機天天來投炸彈，一時也不放鬆，飛又飛得低，倘使看見有人在棉花地裏收棉花，東洋飛機就開機關槍，人多的地方投炸彈，嚇得一個人也不敢去收棉花，你看，這棉花地裏的棉花多好，現在，剛好收，都放着不收。

說到棉花，這的確是一個大問題，今年戰區裏面，除在火線上的完全已經被蹂躪了外，即在前線的後方百餘方里的面積之內的棉花多已不好收了，如浦東方面，也是一樣，鄉下人化了本錢拿不回一點利子，數十萬鄉人一個冬天的生活如何過呢？她們窮人沒有錢逃難，即使把棉花收了，能够換多少錢，還成問題，看看是一個小事件，實在是戰事經濟方面的一個大問題，要解決他，還要牽連到我們工廠的遷地開工的問題，問題實在太大了，正不可忽視呀！

三　到了嘉定

車子到了嘉定，第××師部的弟兄，已經在等候接取王副官的東西了，他們分開來拿了就往××方面跑，王副官領我到前線師部去會師長，師部離嘉定還有若干路，黑暗裏高高低低的摸索着向前去，槍砲彈子呼呼的在身旁經過，轉灣抹角之後，到了一個小浜口再搭小船渡河，約莫有一個鐘頭光景，到了××地方，王副官同我走着走着，就到了××師部裏面，師長和副師長剛才到前綫去視察去了沒有回來，經王副官介紹之後，我就和×祕書談起來，他在很忙的幫着師長聽取報告，一面在看着地圖，這時槍聲稍綫一點，砲聲仍舊猛烈得很，×祕書笑着問我「你不怕嗎？」我也笑着回答他說：「我已經聽慣了」。他特地放下了工作和我談論，他說：倭寇多的是炮彈，日日夜夜濫放，「我們就不同了，非要有把握的時候，才轟他一陣，不肯白放。」我和他談話裏，我知道第××師是駐在羅店以西南和劉行以北方面，是日來最吃緊的地方，師部裏的人，從師長以下，都幾日夜沒有睡過一覺，但是仍很興奮，敵人的砲火實在太猛烈了，附近的我們的工事，築成了被他轟壞，再成了又被他破壞，這一夜是我軍按照預定計劃向西撤一千公尺的時候，所以師長等多上火線上指揮去了。

第××師的前師長，是現任軍次陳×將軍，軍名素著，現任師長彭×，他是黃埔軍校第一期畢業生，歷任許多軍事要職，忠勇卓絕，此次由××開抵前線，大敗敵軍，羅店至劉行中間之數十天激戰，我陣地得屹然未動，而予敵以重創者，得力於××師的力量不小，這時王副官不知在那裏聽到了一點消息，他在很憤慨的說：「他媽的，××師打×仗，××師打×仗。」

一會兒，彭師長回來了，他精神很好，×秘書對他說了新聞記者來找他的時候，他就很高興的來和記者談話，他先說幾日來作戰的經過和當日的一切情形，和西撤的情形，（已如電訊）最後他以很堅定的口吻說：「敵方的能力，現在完全顯露出來，亦不過這麼飛機大砲一套，但是，我方也有機械化部隊，他有飛機和大炮，我們也有飛機大砲來對付他，戰事的前途，絕對是有把握的。」彭師長很健強，×秘書幾次請他去休息，他仍和記者談話，末了記者很滿意的得到了消息，謝謝他接見的好意後，相約下次再見，就辭出來，這時已經二點多了，腦子裏又刻劃着一個新中國的軍人。

四　回歸途中

由勤務兵導記者出了師部後，渡回小河，碰到×連長，我就開始視察一番。

在連部的附近已布設立重炮陣地。因爲日間容易被敵機偵察和轟炸，故均在晚上工作，下弦的時候，月亮一點也叨不着，星暗淡得沒有神氣，他們每個弟兄都拿着一個手電筒，靠手電筒的光在佈置，好的是他們在日間已經完全觀測清楚，故非常熟手。

附近有數十輛載重汽車在運輸着這炮位的東西，誰說我們沒有大炮呢？

在連長那裏，沒有甚麼消息，因爲他是衛生連，是辦理傷兵的事的，他在一間民房裏發給受傷戰士的餉，重傷的，有救護隊抬架出去上車，輕的，由他們自己上車，井井有條。

因爲炮兵陣地旁邊，是不合宜駐重兵的，因爲雙方砲戰起來很危險附近的駐軍的，故連部在遷移。

出來仍舊乘坐救護車回滬，途中見我將士在調防，看他們那麼整齊，那麼勇敢，使人肅然起敬，接着有轟轟回聲音，一個兵士說，這是我們的大砲在對付敵人了，連接着十，廿……
……的轟有，我們似乎看見有大隊的敵人被我們的大砲殲滅了，敵兵的司令部，也似乎打中了，在晨光曦微中大家顯露着微笑，就這樣快活下回到了上海。

——匀秋・五日——

走向東戰場

一　第一顆炸彈

正儀怎樣？唯亭怎樣？東戰線序幕之第二天，這問題就普遍地爲蘇州民衆關懷着了。

這樣情形之下，漢奸的造謠更是大好機會，于是正儀車站被炸毀，唯亭車站被毀的謠言替代了「怎樣」的答案。

為了明白這個「怎樣」起見，在秋雨濛濛中，記者趕着×××師開赴前方的便利，跟雄糾糾的隊伍一起踏上征程。

江南的秋天沒有一點肅殺之氣的，給人的感覺眞如春日之一樣溫和，細雨濛濛籠罩了廣漠的原野，將是枯黃的樹葉經過雨絲的濕潤，又似含着一點活意了。生活在黃塵蔽天或風沙遍地裏的官佐們，對着窗外江南秋之美麗，似乎忘記了跋涉的苦痛，行軍之疲勞；帶點欣賞風味，默默的大家把眼光放到天的盡頭凝視着。

車過唯亭，忽然發現飛機一架，在陽城河上空往返盤旋，因飛行過高，而且距離也相當的遠，一時頗不易辨認出是屬於那一方面的。一個部隊在行進之中，對于這種「遭遇」本相當地頭痛的。幸而飛機僅有一架，而目標似並未注意到我們的列車。

飛機，這二個字，給了車中官佐們的不少的興奮，等那個翺翔在天空的灰白點子消失之後，車中開始了議論。

「你說，這個飛機是那方面的？」

「日本的！」

「憑什麼理由說他是日本的？」

「哪里有自己的飛機偵察自己的土地的道理！」

「唔！」

士兵們也在討論適才的事情，那些樸實淳厚的臉孔，却從說話中閃現了他們對於敵人瞭解的程度。

「漢口給他們逃跑了，媽的，這回在上海，才趕上呢！」

另一個士兵一邊在整理他的草綠色綁腿，一邊在咕嚕着。

「同志，爲什麼給他們逃跑呢？」

「沒有種，不打就走了，上頭命令讓他們走，有什麼辦法！」

「有什麼辦法」，最後這句話有點感慨，也有點憤怒。

正儀怎樣？唯亭怎樣？到崑山以後才得到了一個正確的答案，原來敵機在唯亭車站投下的二枚炸彈，一枚落在荒田之中，一枚落在唯亭車站北面二里以外的陽城河中。正儀唯亭依然無恙：而在東線後方首先逃離的，要算陽城河中的一些蝦兵蟹將了。

二　崐蘇道中

爬上了難民列車，難民列車停靠在正儀站上有四個鐘點，從蒼茫的薄暮，至于朦朧的黃昏，向東行的車子雖過了好幾趟，我們的車開行時間，依舊渺渺茫茫，飛機襲擊的危險，料峭秋風之威脅，使每一個人心頭浮起了一點陰影。

「問站長去！」

「問站長去！」──一片問站長去的提議之後，有幾個人走向站長室，但站長的冷漠回答是「前頭路不通」。等到再想追問一句，摸的較清楚一點，而站長却悠然地踱回了臥室。

好容易挨到十二點鐘左右，車才從正儀站開出，那時大家唯一的希望是天明之前，還能回達蘇州，誰知行了一站，到唯亭又停靠下來，一停又是二三個鐘點，從子夜起，天又洒着瀟瀟的秋雨。鐵蓬車沒有客車一樣的設備，一下雨，那就更糟，一大部份人只好讓風雨的欺凌。沒辦法，再去問站長，站長拚命向前一站要路簽，前一站只是支吾其詞。看情形只得在風風雨雨的茫茫之夜，硬併那麼一夜的了。

欲速則不達，眼前的環境不能不叫大家改變了人生觀，于是，能走則走，不能走則睡，這想頭通過了大家。再于是，車中能够隱蔽風雨的就車中打起呼嚕，車中無法可想的，搬到站房裏臥倒身體。讓風雨欺凌着這些破碎的心，擊撞着這些被傷的「喪家之犬」。

朦朧中・忽然聽說外跨塘中了漢奸埋的地雷，叫各處車輛慢慢的開出。急忙跳起來向各方面打聽，結果所謂地雷也者還是車站職員犯了幼稚病所鬧出來的喜劇。原來靠近外跨塘站附近的農家小孩，把幾個作爲玩具的泥像去埋在沿路的泥中，泥像手足伸展在外面，而埋泥像所在又不免有點坟起，這一來，巡道夫把他認作了地雷，而把伸展在外面的泥像手足認爲地雷的藥綫。不敢去碰，又不敢臨近，趕還去一報告，於是這一幕幼稚的喜劇就順利地成長了。幸而經了路警去調看之後，立刻証實，喜劇不致於成爲一幕悲劇。

喜劇的結束時，天色已近於黎明，經站長的幾次交涉，才討到了一支路簽，車開到外跨塘時，站長室畔正圍一堆人，在議論他們夜來的喜劇。

被風雨欺凌了一夜的難民，至此也開始活動了。買炊餅、買粉糕的不一而足，也有些圍在站長室之前，探聽着他們流亡後的家鄉狀況。一個難民偶然踏進了站長室，立刻被路警抓了去。

車近于十時到蘇州。

三　天堂的幻滅

蘇州天天遭受敵機轟炸。那一天早晨還有一點雨意，而到下午天氣忽然特別淸朗起來，眞有一點秋高氣爽的意味了。二點鐘時，敵機二十三架結隊來襲。當時被轟炸的地方是老五關與飛機場二處，一共死傷了三十多人，然而敵人所給付的代價，除了二十多炸彈之外，還有一架飛機，二個戰鬥員。其間一個戰鬥員在危險時用降落傘降落在附近的稻田之中。

一種勝利的興奮使市民暫時忘記了不安，「看飛機去！」一部份愛熱鬧的羣衆大家又踏上了風沙撲面的馬路，被冷落了的盤門，這一天在大家記憶裏忽然活躍起來。

飛機落在距離機場一百碼左右的野原裏，機身大部被燒毀，剩餘只叫是幾根零落不全的殘骸。機上所有的番號，已被警察局方面派人取去。幾個彈下餘生的保安隊士，面上沾滿了泥，向人敘述着投彈之情形及擊落一架的經過。另幾個影子在原野中閃動，他們在找尋着同伴的屍體。

「我們發現敵機的時候，一排人就分散開來，伏在田塍上或溝裏，儘可能的把身體掩護起來。敵機一來就開始投彈，轟！轟！的一下就是七八個，我們伏在地上，動也不動。炸彈那傢伙眞厲害，落在地上，地上就是一個洞，污泥濺的半天高，我們大夥兒的面上，誰不濺沾了泥？媽的！」「後來，我們的一個弟兄，被彈片打死了，想爲他報仇，可是幾支毛瑟槍，那有用？誰知敵機盤旋了幾週，見我們沒有動靜，放大了胆，突然低低飛下來，離開地面只有幾百尺．我們大家暗暗地招呼着戒備。

「後來，有五架敵機又下來投彈，當他們直降下來的時候，有一架連人都給我們看的很清楚，于是我們不約而同的來了一個「齊集射擊」，不知誰的一顆子彈打中了他的汽缸，汽缸破裂了，機中的一個人當場炸死，一個人傷了一條腿，從機上跳到稻田裏，中了兩槍。可是，我們也犧牲了好幾個弟兄！」

靜靜的，在這廣漠的野原之中，許多人都靜靜的聽他報告英勇的戰績 。說到最後的一句，眼中含有晶瑩的淚珠了。

「不要悲傷，死了一個人，我們無數的人會作你們的後盾 ，我們無數的人會爲你們報仇，鬼子的犧牲今天比我們還大！」

羣衆之中，有人答覆了弟兄的說話，眼前的一幅圖畫，又從悲壯而轉到靑珍。這時他們的一個長官也得信，從田塍上迂迴地爬來。

「你們不要灰心，死！一個軍人算得什麼!?能够在這一次爭民族生存的戰爭中死去，應該是光明的，你們要繼續着死去弟兄們的精神，努力下去。」

「是的，隊長！」

弟兄們保持了一個立正的姿勢。

天氣將近蒼茫，大部份人絡續爬上了歸途，忽然嗡嗡之聲，又發現在上空，抬頭一望，糟了，九架敵機又分作三隊來光顧了。大家只得四散的臥在附近的田塍之上。這一次，盤旋有一小時以上，一共投了二十多個炸彈，地面上所受的損失是幾十碼地的青草和一些虫豸，到是善長巷給炸了一家旅館，還傷了幾個人。蘇州這一天晚間警報沒有解除，電廠停止發電，寄託於電氣發動引擎的工業，也連帶停止了，當地幾家較像樣的日報，第二天直到下午三點鐘才出版。

天堂的美麗，在敵機的威脅下而幻滅了。

四　刼後吳門

靜靜的太湖之濱，三十二架飛機一光顧，也捲起了滔天的巨浪。蘇州經着這次的襲擊，不得不變質了。許多紳士淑女，趕快溜之乎也，流連乎靈岩鄧尉之間。一般人民大包小包，扶老攜幼的塞滿了一街。一種流亡離亂的滋味，實在令人覺得悽慘。

敵機七八次的進襲，大小不等的炸彈投了一二百，全蘇州仍找不出幾個地方有被炸的遺跡，一部份市民才感覺到飛機之威脅也不過如此。另一些人，儘有逃難的充分理由，然而逃了出去那裏弄飯吃，也是一個問題。不得不硬着頭皮跑還來了。到目前，白天的觀前街似乎並不荒凉，只是再沒有從從容容的好整以暇，顯然的，人們的步子加大了不少。

這兒孳的救亡運動，因蘇州之變質而高漲了。但是所謂工作，大部份是做在標語口號上的。在蘇州，滿街滿巷全是各種五顏六色千奇百怪的標語口號，舊的未褪色新的加上去。各界抗敵後援會主要的工作，也是在宣傳，最足使人不忘的是發行壁報，這種壁報是每天收聽無綫電報告的幾條戰事消息，抄錄了托印刷所石印，翌晨分貼四處，其實這東西主要的關係還是在表現了抗敵後援會的所謂工作。如果說報道消息，則買幾張當天的日報貼貼，內容一定豐富的多了。人民團體方面，在形式上也是相當熱鬧的。

關於難民收容與傷兵救護這方面，由以紅十字會爲主體的救護委員會負責的。難民收容所中成千成百的難民，毫無秩序生活在一起。既不設法轉送後方生產，又不計劃加以訓練分發服務，人漸漸多，于是把每天規定的兩飯一粥，減作二粥一飯。傷兵救護最熱心的是一班中下階層的民衆及青年知識份子，然而在物質方面還是相當地缺乏。

五　變質了崐山

車到崑山，正逢到了敵機轟炸的時候。

崑山，這是長江流域旁的一個小縣城，介乎太倉・嘉定、青浦、常熟、蘇州的中心。它是歸有光顧亭林兩先生的出生地。

這裏，儘管有閒階級如何逸樂，如何追求物質上的享受，但是詩一樣的環境，他永遠保持了鄉村的優點。市民們永遠在過着他們悠然的生活。「一・二八」時雖然間接的遭受了不少損失，很快就被恢復了過來。誰想得到，這次民族解放戰爭中，他又遭受了空前的刼難，他支出了爭取自由的最大代價。

敵機的不斷地轟炸，使崑山改變了悠然的生活了。平日最熱鬧的南北大街，至此已無一人，城中居民大部遷到四鄉，只有西門東門二處還有一點市面，但只限於早晨，一到下午，街上也會靜靜的不見一人。崑山的郵政局，最初遷到西門，後來不知遷到那一個村中，寄信發電，幾乎全成了問題。

縣長溫崇信先生，是復旦的學生，年紀很青，也很有朝氣，在這樣苦難中的崑山，行政組織還能不十分紊亂。差一點的是民衆組織這方面，城內倘有一些防護團之類，鄉村小鎮之間，根本就不知道民衆組織是什麽東西。

鄉村的民衆組織，接近戰區的各縣，幾乎犯了同樣的症候，不僅談不到組織，連起碼的防毒常識，也都莫明其妙。敵機過境時，聚在一起觀望的也有，拍手狂呼的也有。從都市的人民漸向鄉村遷移之後，鄉村也成了漢奸活動的對象。今天有一個和尚來打聽××的情形，明天有一個乞丐探問××的駐地，幾是不足爲奇的。有些較清醒的人民雖知其來路不正，但一來怕他身邊有武器，二來又覺得事不干己，眼睜睜的看漢奸自由自在地來去。

崑山城中的漢奸問題，也鬧的相當嚴重。記者到崑山的那一天，有一處因敵機投彈而起火延燒，消防人員前往施救時，竟有漢奸混入其中，將水龍的噴射器毀壞。幸經當場發覺，將其捉往。另一個漢奸在大庭廣衆以藥水傾入茶缸，也當場被捕，更有一個用白毛巾指示飛機投彈目標，因當時未發覺，卒被脫逃。當局方面雖在設法使除奸工作有新的發展，但這不僅是技術上的問題，如果不將保甲制度辦好了，收效是相當困難的。

六　太倉的浩刦

上海的戰事向外擴展，敵兵結集於瀏河楊林諸口。瀏河一吃緊，日本的飛機就光顧了太倉城。八月的下旬，太倉的民衆們在倉皇中，被敵人的炸彈趕上了流亡之路。崑太路上，一羣羣男女老幼開始了顚沛的生活。

記者到太倉時，太倉城內除了少數公務人員之外，居民已經逃亡殆盡了。城內，東一處是被炸的陳跡，西一處是被轟炸的陳跡，彈洞與彈痕，到處可見；太倉的縣政府、縣黨部、警察局，都已遭到了敵機的轟炸。

戰爭發生以後，未遭轟炸以前，太倉方面的救亡運動，在黨部的領導之下，表面上也做過不少，但一遭轟炸之後，居民十室十空。對於鄉村的行政，這以後推行，也感受着相當不便，原因是平時的政治組織機構，一直沿襲了老法子，通常推動已經很覺吃力，突然來了一個戰時，老法子那裏會運用得好呢？

太倉的省立師範，那是崑太嘉寶青等八縣的最高學府，在這兒，每年可以訓練一批優秀的師資，延續着這八縣文化的歷史，戰後的這八縣卻首當其衝，直接間的損失受了不少，這個學府的恢復，短期內是相當困難的。

然而敵機的寶貴教訓，也擊破太倉人民不少的迷夢，他們認識了自己的敵人是那一個，在茫茫的流亡途上，記者聽見好幾個太人倉民，在切齒痛恨日本帝國主義！一顆炸彈抵得住一百篇宣傳文章的。

那時在太倉一帶的駐軍是×××部，他們的全部隊伍担任了瀏河的正面守禦。黃昏矇矓中，瀏河方面的砲聲密如聯珠。記者赴×××訪該軍的陶處長，詳談瀏河方面的戰事。

戰區雜寫

——焚戈　十月二十七日補記於上海——

「到前線去不比上海，你們要聽我的話：司機的注意聯絡，但不准亂開電燈；瞭望的注意飛機，並當心車上東西失落。誰滑頭，誰就對不住自己的爺娘！」一位押運大批軍用品，行將重返前綫的黃副官，掃射着光亮的手電燈，很乾脆的對着環立在他旁邊汽車夫說。

「這是國家大事，我們當然絕不會滑頭的！」對方異口同聲地這樣對答，有幾個還挺胸舉手，顯示出他們分外的興奮。

「嘟嘟嘟」的幾聲，這隊滿載軍用品的卡車，便浩浩蕩蕩，奔赴前綫去。記者的車，也伴行其中。另有一位和我搭車的副官陳紹武君，據說：他是由內地開來的某勁旅的一員，昨晚到上海添購電線，正苦深夜無處問津，恰遇一個電話局的工友，欣然願以嚮導自任，東奔西走，替他辦妥此事。今天他又在辣斐德路商店買拍紙簿，不料老闆是位高鼻樑藍眼睛的外國人，問明他是去打洋兵的，「便在瓜瓜叫」的生澀的恭維語之下，出乎意外的贈他幾件慰勞品。

陳君從前聽得上海是最勢利最拗生的地方，但此刻他却處處碰到同情的人，甚且連外國人也會給他一種不可磨滅的鼓勵，眞使他萬分的高興。

他又說：他們在出發之前，曾通統打過思想上的血清針，換句話說，就是平時患有恐日病的，或對抗戰意義模糊不淸的，爲防「一粒老鼠屎，汚了一鍋湯」的流弊，都早令他滾蛋了。現在開前線來作戰的，都一致抱着「不復失地，誓不生還」的決心。前天他們剛增防某地，當有一營敢死隊，不顧重大犧牲，硬把朱家宅重要陣地奪回來，就是這種純潔旺盛的士氣，小試其鋒的表演了。

記者從他的口音，聽出他是某省人，那裏有句「空手出門，寶財歸家」的流行語，在一般征人的腦海中，是非常活躍的；但現在該部遠來征倭的健兒，竟一變而抱「不復失地，誓不生還」的決心，這不能不說也是「最後勝利必屬於我」的一個保證。

陳君中途作別，記者審視外景，頓覺前次所經的危險地：前面有敵、我軍衝鋒機槍掃射聲，後面復有我震天價響的隆隆砲聲，相隔沒有三天砲聲已遠移於前，毫無疑義，這是我們反攻勝利了。然而我們知道「持久抗戰」的里程，是很長遠的，不是隨便打幾仗，就可以打到頭。所以我們對此一類的小勝利，不但不驕，也許意料中的小失敗，接踵而至，我們還更應該鼓起勇氣，和敵人死拚到底，如此最後最大的成功，始能得到把握的呵！

途中軍邁頻繁，車行很費時間，駛到××方面的某地，已是深夜了。那時霧露濃郁，大地芒芒似海。黃副官走過一道哨兵綫，打電話給某軍部副官主任盧先生，約記者天亮相見。那裏有許多同志和伕役，真怕凍壞了他們的老大哥黃副官，好像螞蟻抬食，卽將堆集如山的軍用品片刻的功夫，都卸下車來。

看時間，天不久就要亮了，决在車上坐以待旦，但不知不覺間已疲倦入夢。一會兒忽被强烈的電光，把我驚醒，原來在那裏照料傷兵的童子軍，怕敵機馬上就來「點卯」勸我們應乘黑夜把車隱蔽好，童軍有的還用口琴吹着義勇軍進行曲，當此月斜露潤的秋晨，聞此激昂悲壯的歌聲，心裏眞有一種說不出的心情！

第二天的早飯，承盧主任招待，同席諸君，漫談戰事逸聞如下：

劉河一線的敵軍，因四次上岸，都被我軍迎頭痛擊，使他們立脚不住，便紛紛跳入水晶宮去了！同時，敵海軍炮的射程，祇能打十三四公里，而我們最新式的重炮射程，超出敵炮射程，這實是威脅敵艦的一大制命傷。不過我們的炮手非常愛惜砲彈，每發必須瞄了又瞄，真要百發百中，然後才拎得轟然射去。所以敵軍近來不敢再稱劉河「談虎色變」的理由了。

當戰爭爆發的前夕，我最高軍事領袖，對敵我軍傷亡率的預測，曾有「初戰時一與八之比」之說，但以劉河死傷實情論，敵軍龐大的死傷率，至少亦必三倍於我。又我方在劉河口的守軍，常見滿裝屍匣的敵船，不斷輸運出口，白蘊藻浜劇戰開始後，所見尤多。統計自八一三開戰後所運出的屍匣，至少當在五萬以上。而且此種屍灰，乃係千屍萬骨，集體焚化，後又分置少數之匣內，以運回遮人眼目，故死亡確數尚不止此。

敵軍師出無名，屢戰不利，畏死心理，便日甚一日。士兵知識淺薄，迷信千人縫，或佩小佛像，妄求不死，固勿論已：但他們前次進攻羅店的軍官，居然也有攜帶光怪陸離，神話連篇的護身旗的，眞不怕令世界人士看了，深感到他們所謂光榮尊嚴的皇軍，不過是些「牛鬼蛇神」之類呀！

誰也不會健忘吧：一二八英勇抗戰的十九路軍，苦戰一月零二日，正博得世人高喝采聲熱望益切的時候，突聞晴天霹靂，他們忽退守第二道防線了。不用說，這是受了劉河偷渡上岸的影響了！

反之，此次八一三發動的上海區抗戰，敵軍用最優勢的兵力，海陸空一致向我壓迫，殘暴瘋狂，無所不用其極，八十日來不知付了多少代價，然後才於中央線稍有進展。劉河守軍防綫，固如金湯，使敵軍屢欲抄襲一二八老文章，都歸失敗，這不能不說是劉河守軍的一大功勞吧！

誠然，劉河固守之功，是很值得歌頌的。可惜那裏比較僻遠，往返不易，很少有人去訪問，同時，在那裏負軍事責任，獨當一方的×××先生，他是將門之裔，兼擅詩文，素以「權利看淸，生死看明」八字自矢，遇事尤能埋頭苦幹，不求聞達。於是關於劉河方面光榮的抗戰經過，就極少見到有系統文字發表。

全面抗戰未發生以前，記者在沿途某地訪晤×先生，談到國防問題，他認爲物質精神，均極重要。有時物質建設，恐爲對象所破壞，便須於訓練民衆，組織民衆的精神國防，多所努力，但這絕非一紙標語，便可奏效：因標語如藥方，不經良醫的精密診察，或審察而不實際服用，都是無濟於事的。這話並非無的放矢，目前民衆力量，不能與軍事力量配合，即正坐此弊。但是蘊藏極富的民衆力量，畢竟是支持持久抗戰的最偉大的基石，縱是臨渴掘井，也亟應把它開發使用出來才好。

敵軍有一度由川沙河口乘虛上陸，我軍猛勇將彼擊退，雙方傷亡，各五六百人。近來敵軍雖也不時進犯，但我防禦陣地，固如金湯，且士兵戰鬥經驗，愈打愈豐富，愈打愈起勁，甚至有兩師人，連換防休息都不願，致敵每次來攻，無有不受重創而潰。總計兩日以來，先後斃敵校尉官以下級士兵，確數達二千餘名（跳水死的不在內）。敵之台灣守備隊重藤支隊且全被殲滅，無一生還者。

不過敵人因屢次失敗，竟敢於本月十一日企圖登岸時，施放毒氣。幸因當晚風勢很大，未曾奏效。後在江邊清掃陣地，又得敵軍所遺毒氣彈箱一支，除已施放者外，僅餘一枚。暴敵如此不顧國際公法，實乃自速其亡之兆！

敵軍還有所謂五年計劃，可動員八百萬人的狂論，但據我某軍事家觀察，恐盡彼國所有壯丁，完全驅諸戰場，也絕不能得此鉅數。而況經此戰役之後（浙滬一區，作戰兩月餘彼傷亡卽達六萬以上，華北當較此爲烈），任如何蒐羅罄盡，恐動員一百萬人，也是難乎其難的了。至於我國人數，必愈來愈多，至少可動員一千萬以上。人口壯丁之比較，也是近代作戰軍實估計之重要部門，我優彼劣，最後勝利，自然必屬於我！

記者此次到劉河，承同事黃子鑾君先函介紹，滿望得暢聆×先生抗戰實踐後的高論，可惜×先生因赴某處公幹，緣慳不曾見面，但是「強將之下，那有弱兵」，[illegible]他和他的參謀長××及各弟兄們暢談，所得資料，也是非常可貴的。

該部自八月中旬，奉令担任瀏河方面防務以來，敵人在那裏企圖登陸，先後共四次。每次均以兵艦二十餘艘，運輸艦二三十艘不等，舳艫千里，皆滿載敵兵。另用裝有鋼甲的小汽船帆輪百餘隻，在飛機大炮掩護之下，企圖強行登陸。每次先於上午十時起，開始密集砲轟以破壞我防禦工事。直攻至夜晚潮水上漲時，便想乘勢一擁而上。但我軍沉着應戰，並用猛烈的火力，對準敵人蜂擁而來的汽船帆船，把他們紛紛擊沉江底。

我們英勇抗戰的將士，他們出奇制勝，往往不以戰壕自限。九月十六敵軍大舉進攻的那一天，也是瀏河戰事最烈最危險的一天，在隆隆怒吼的砲聲下，層層密佈的烟幕中，敵軍已如潮似水，蠕蠕上岸了。還有一堡壘不幸中彈轟然倒塌，壓傷了十三個士兵，其餘的便在一聲號令之下，奮勇躍出壕外，衝至江邊，其勢銳不可當。正在江邊立脚未穩，進退維谷的敵軍，突遇蟄蛟出土，猛虎下山般的勁敵，無不倉皇失措，莫知所以：甚有好像驅鴨子似的一羣羣的被驅下水去的，數達一千百數名，眞未免死得太滑稽了！

最近淞滬戰局，因大場失利，放棄閘北江灣，固守蘇州河南及南翔陣線的原故，一般對

「持久抗戰」意義認識不够的人，於是便多方疑慮，妄測戰果：不日大上海之將放棄，就說和平曙光之快到來。我覺得這種不察事理以訛傳訛的話，若不加以指正，是很足以動搖抗戰陣線的。但記者勿須用主觀的立場發論，只稍把前線高級官對上述問題有關的談話，先摘記幾段出來，便可迎刃而解了。

「我們為了要確保國家的生存，為了要爭取民族的自由，為了要拯救國家民族的危亡，為了要痛懲軍閥日本的侵略野心，這一次才決心發動全國一致的抗戰，誓與倭寇拚戰到底，直到我們獲得最後勝利為止！

「大家要知道：我們自九一八失去了東北四省以後，民衆受了苦痛，國家失了土地，我們何嘗一時一刻忘記這種奇恥大辱？這幾年來的忍耐，駡了不還口，打了不還手，我們為的是什麼？實在是想安定內部，完成統一，充實國力，到現在最後關頭來抗戰雪恥！

「現在殺敵報國，雪恥復興的時機既已到來，我們一定要堅毅沉着，忠勇奮鬥，發揮我們革命軍至大無敵的威力，來消滅殘暴野蠻的倭寇，以收復失去的國土，以洗刷我重重的國恥！」

以上是我某最高領袖在一個機會上發表的偉論；而且他還說：「在這舉國一致的抗戰的

陣線上，如果有誰願意中途妥協，委曲求全的，他就是漢奸，我們可以用對付敵人漢奸的手段對付他！」這是如何堅決而有力的偉論！而今剛打了兩個多月的仗，陣地稍有變動，便有人疑神疑鬼，誤信謠言，自紊陣線，寧非一大怪事？

記者在一個水雲鄉中，轉訪着一位短小精幹，神采奕奕的總司令，預約談話時間僅十分鐘，那時案上擺着一份大約剛送到的申報，他竟邊看邊談地多用了些時間，詞意精警，聽着非常興奮！

起初他對這次抗戰下個定義說：「這次我們對暴日之抗戰，不是強國戰強國，也不是弱國戰弱國，而是被壓迫民族，對侵略國的革命戰爭。所謂革命戰爭，物質必遠遜於敵人，但看北伐的成績，世界的歷史，而革命戰又必常博得最後之勝利：此無他，以其具有發乎胸臆充乎天地，任何物質，莫之能禦的革命精神！」

他又說：「抗戰的初期，物質上固不免有所損失，但精神則甚痛快！倭寇初到我內地來作戰，到處地形生疏，到處人民都是我們的同胞，就是他們的仇人，師不直則氣不壯，他們都懷着怕死不肯犧牲的心理，只是使着他們的飛機大砲向我們猛烈轟炸，希望把我們嚇退。

「我們只要深切認識持久戰，消耗戰的意義，臨戰勿慌張，勿忙亂，就是初期受到一些損失、挫折，萬不可稍有『懷疑』『猶豫』的態度，而放棄『始終求勝』的正道，回頭走上『妥協自殺』的絕路。因為我們意料中的這些初期損失和挫折，我們只要能利用倭寇僅憑物質，虛無精神的弱點，從容補救，繼續奮鬥，一定能爭得最後五分鐘的勝利！」

某總司令愈談愈有勁地繼續着說：「我們退一步講，目前雖以戰略關係，對於一二陣地雖略有移動，但就整個抗戰的全局言，並不得認為失敗。此一二陣地之移動似對敵方有利，然以敵方所付重大代價計之，得此一片焦土，究屬得不償失；而況我們還要照既定決心，一年兩年地繼續抗戰下去，縱至如歐戰時法京巴黎之受危迫，比利時全國土地之暫時淪陷，我們也不屈不撓，用盡心思才力，繼續奮鬥下去，不達驅倭復土之目的，誓不終止。」

他又把口氣放和緩些說：「但是果到了此時，也許不到此時，我敢相信，敵人早已軍實耗盡，經濟崩潰，國本動搖，而向我們屈膝了！」

「『上海戰到某種程度時，是否會整個的放棄？』記者在快要興辭時，開門見山的這樣問他。

「除非上海打成可歌可泣，血光永耀千古的寶山，為了調整陣地，也許會談到暫時間的放棄！」接着他又以堅決的態度說：「但事實上決不會輕易如此的，因我源源增加上來的部隊，都一致抱着必死的決心，以求保衛大上海任務之完成。這不是一時的感情衝動，而是根據歷史及中山先生遺留下來的革命精神，所開的花，所結的果！」

我們看了上述兩位高級將領的談話，不怕目前蘇州河岸的砲聲，一時比一時的吃緊，但我們可以堅決信任：大上海是決不會輕易放棄的！同時，凡在中國國土上尚留有敵蹤時，敵方所鼓吹任何和平空氣，是萬不會動搖我們抗戰的決心的！

憶夜戰場

——靡雅——

閘北退兵了！就全戰局說，沒有重要關係。而從前我們不便發表的地區景物，現在已全成過去，可以任情的講了。我們的過去戰場情緒，是不應該敗的！

在制空權喪失了的戰場，西半球對着太陽的時候，才是我們將士飛躍活動時間。我們戰地新聞記者的活動，也不能不是主要的在夜間。飛機啊！最初發明你的萊特弟兄，是打算拿來屠殺人類的呢？還是被不合理的社會錯用了呢？日本飛機每天幾十架在上海附近戰區投炸彈，打機關槍，然而飛機是日本民衆的血汗之積纍，炸彈是日本國民應有的生活享受被剝削的創痕，日本國民果何曾有對中國人民有不可解的寃仇，而忍將其辛苦經營之成果，不用之於自己生活之享受，而用以無情的屠殺中國呢？

屢屢在夜間出入戰場，租界中繁華奢靡的市面和租界外悽涼慘暗的情形，使人發生兩個國度的印象。在一個强有力的國家勢力所及的土地上，那怕是只有一面國旗在那裏，而且不管對于那塊土地的統治權是否來得正當，然而侵略者對於那面國旗後面所代表的力量一加考慮，就不能如對付弱勢國家的爲所欲爲了！

僅僅有少數外國兵崗位的裏外，就是和平與戰場的分野，我們數十萬的將士在這幾個外國兵崗位外面日夜和敵人的飛機大炮鏖戰，我們千千萬萬的人民每天在日本殘暴的轟炸政策下過活。全國戰場上，經過每二十四小時的戰爭，不知道有多少壯烈的傷亡，我們非武裝的城市和鄉村，也不知道有多少被破壞，我們的經濟文化的中心，不能在我們自己力量保護之下，建立在我們的後方，相反的我們的若干重要活動，都是寄託於租界。

謝謝「一二八」的恩賜，我們能建造成功一條閘北和南市聯繫的中山公路，這是我們繞過租界通於上海南北的軍事交通要道。「八一三」以後的軍事運輸，中山路仍然作成功不少的供獻，可惜我們沒有在「一二八」之前，真真實實的把上海附近非常觀的武裝起來，這樣堅固的虬江碼頭，而今作了日軍登陸的便利交通點，市中心區裏而富麗堂皇的大禮堂，和圖書館博物館等輝煌的建築，在百孔千瘡之餘，還作成了方便敵人防禦的據點，就是這條中山路也沒澈底改造，使之配合於大量軍事運輸的需要，上海僅僅兩個多月的戰爭，中山路已經當不起繁重的運輸而凸凹不平了！

話又說遠了，當熱河戰爭之後，塘沽協定已經把河北平原的國防完全撤銷之後，平津實際已經進入敵人的虎口，民國二十二年以後，北平若干高級文化和教育機關，還在那裏大吹大擂的從事於高大洋樓的建造，數百和數千萬之代價一座的新式建築，接二連三的出現於古老的文化城中，其意若曰「加強國防第一綫上的教育設備」，則今天已道道地地的作成了日本軍隊的兵營！

國家在經濟文化各方面，需要不斷的建設，這是一點不錯的，但是建設的目的當然是爲了我們自己國家的利益，當我們處在強鄰環伺、國家生存根本感到威脅的時候，我們最切要的工作，是如何保護我們的生存，就是國防應該是第一，明明知道我們沒有保護力的地方，而復談物質建設，結果不但浪費了艱難的國家財力，麻木了民衆意識，而且在客觀上給予了敵人以便利！

夜間的前方，無論村莊和城鎮都很少見有普通居民的活動。貫如、南翔、閘北、北新涇一帶的一段民房，破敗得零亂不堪，有的是沒有了牆，有的是塌了屋頂，有一天晚上我去看過一所被炸的療養院，這是一所鋼骨水泥建築的近代醫院，日本飛機把他炸得亂七八糟，只剩了片段的牆壁，悽涼兀立在月色濛籠之中。

白晝完全不能活動的戰場，這數十萬英勇將士的攻擊、築工、飲食、運輸、補充等，都全靠着夜間來活動，我們的交通工具太簡單了，很難在一個短短的夜間，能滿足我們戰場上一切的需要，特別是將士們的私生活方面，太沒有照顧的餘裕了。需要刺激了供給，於是在好幾處破爛的村鎮上，發現了軍人或者勇敢的商人在夜間開市的雜貨店，罐頭、香烟、火柴、糖果、肉類、燒餅、花生……凡是足以增加生活興趣的東西，幾無不應有盡有。在壁穿頂漏的破屋中，一枝魚油燭的光輝烘映着這樣雜貨商攤，人影幢幢的都是些衣服汚濁，面目辛勞的士兵和夫役，如果在傷兵轉運站的附近，輕傷的將士，常常是這些商攤的照顧者。

在夜間本是敵人防禦的時間，然而他們的砲兵仍然不完全停止活動，他們估計着我們增援部隊必經的要路，不斷用空炸砲彈射擊過來，希望殺傷我們的人馬，阻滯我們的援軍，所以要路口的上空，總是「轟！……嘩！……」一地經常遭受敵人的炮擊。然而據經驗所得，這樣砲擊的效力太小了，「轟嘩」了半天，只讓日本民衆的血汗，毫無代價的抛擲在中國領土上！

中國人對于「死」的觀念，似因民族革命戰爭之爆發與往昔不同，洛陽橋是我們前線一個夜間運輸聯絡站，在一天晚上因爲汽車擁塞，電光過巨，被日本打中了好幾砲，炸壞了十幾個人，其餘的人仍然很鎮定的安置了傷亡，繼續做轉運、買賣、救濟、分配糧食彈藥等活動。

中國古時用兵，形容夜襲軍隊，往往用「銜枚疾走」這一句話，意思是人不叫馬不嘶的衆裡前進，以襲敵人。這次上海戰塲上我們軍隊的運動，全在夜間，後方到前方的生力軍，和前方回後方休息的辛勞隊伍，沒有不是魚貫而行，了無聲息的。

有一晚，我們去看××先生，他那時的指揮所是在大場南面的孟家木橋，那裏是陶行知張宗麟諸先生所辦工學團的校址，戰爭以前，我在這鄉村裏和幾十個艱苦讀書的少年見過一次面，他們是那樣的天真活潑和健壯，其中有幾位小弟弟，對於較深的政治分析，也能集精會神往下聽，聽到樂觀處，他們是那樣的興奮，聽到困難處，他們是那樣的憂心。然而我第二次到那裏，已經是庭園冷落，人物全非，村口有雄威的哨兵問口令，屋內已掘成高厚的防禦工事，舊日課堂，已成參謀業務室，舊日少年們歌唱之地，而今是赳赳武夫踱步之場！敵人的大炮不斷的在天空中轟轟炸響，機關槍在村外又是咯咯的作聲。

當大場戰局正緊，滬太公路上退下來一些士兵，他們一時脫散了隊伍，然而他們異常安靜的休息在公路旁邊，靜待他們長官的安排。老實平和壯健，情緒上他們是已經進入了近代軍隊的水準，震天的砲火，似乎對他們已經沒有什麼刺激。在沉默中隱然表示着不可侵犯的力量！

中國軍隊的編制裝備訓練，還沒有完全統一，這次在上海作戰的軍隊之複雜，爲中國過去戰爭史上所未曾有，幾乎全國軍隊都混合使用到上海來，然而大家相互間的「同志之愛」是異乎尋常的感動人的。經驗較少，器械較差的部隊，如果調到激烈的戰場上，原來已經撐持正猛烈戰鬥的隊伍，一定告訴後來者以種種實戰經驗，請他們注意，有一次某師接防大場西北，前面已經犧牲很大的部隊，恐怕他們新來的同伴，經不起敵人砲火的恐怖，先請他們在第一戰線後方見習兩天，自己仍然奮撐下去，至到已經有點把握，才把防務交代過去。

傷兵的情緒，仍然很壞，每一個傷兵轉運站都聚集若干數量不等的傷兵，靜候着救護的車輛，救護隊的人員在他中間照料着。他們受傷以後，行動還是有秩序。在前綫最勇敢的救護隊，要算僧侶救護隊，其次要算四川旅滬同鄉會救護隊，他們無聲無息的在前方埋頭工作能深入第一線救護傷兵，得着前綫將士深切的愛戴。只是在十月二十一和二十二兩夜的總退，我們於崩潰日軍之後，自己的傷亡亦大，眞如車站以西至南翔崑山之公路上，幾於每一岔路口，每一村店每一橋頭，皆集結衆多之傷兵！我們救護組織太無力了。實際工作的人沒有多少，車輛也太不夠，於是這大批突然增加的傷兵，擁塞途中而無人救護。三十二十傷兵一堆，十個八個一團，輕傷的帶着鮮紅的血跡，彳亍步行。打傷腿的只剩了一隻脚，有不少是扶着手杖，一跳一蹶的前進。完全不能行動的傷兵，只有躺在大道旁邊無可奈何的呻吟！慘烈的戰鬥受傷之後，又遭受到這樣悽冷的待遇，傷兵們自然不能忍耐了。我們的車在廿二日夜間過南翔赴崑山，沿路皆爲傷兵所阻，他們爭欲登車，然而車上所能容納的人數太過有限，他們於是想爬在車的旁邊和車的前面，然而這輛小車在那樣破爛的路上，如果過份的負担，只有大家不走了。因爲我們事實上不能不婉謝很多勞苦功高的受傷將士，他們於是乎動怒了。幾乎沿途都有傷兵用木棍打我們的汽車，打得我們無限慚愧！無限悽愴！因爲他們這樣英勇的爲國家和敵人拼命，受傷之後，我們不能有完善的救護組織，迅速的把他們救到安全的後方，減輕他們的痛苦，這是我們政府和人民對不起忠勇的將士。在他自己立場上看來，我們爲國家這樣的犧牲，現在弄得生不生死不死的流浪到悽風凉夜的公路上，你們這般坐汽車的人，平日已經够養尊處優的了，到這樣一個悲凉的場合，你們的汽車還不讓我們坐坐，救救我們的痛苦，似乎也太該打了！誠然他們不明白我的車是什麽任務，不原諒我車的容量，然而他們這種棍擊的行爲，是表示抗戰軍人對於後方有救護責任的人們的抗議！

這回眞眞實實算「打死仗」，敵人的砲兵把我們的村莊當銅墻鐵壁來攻擊，一個村莊動輒打幾百砲，他們的「區間射擊」，使我們沒有一塊地方能幸逃敵砲的摧殘，我們前線土木材料簡單作成的工事，被他們打得天翻地覆，然而我們的將士仍本堅定如山之抗敵意志，繼續前進，無窮盡的未死者，很快的補上了已死同志的崗位永遠有新的力量抗戰衝鋒！當敵人猛攻蘊藻濱西南的塘北宅和陳家巷一帶之夜，在洛陽橋附近的×××先生的指揮所裏有幾位年輕活潑而篤實的參謀，異常安詳的和各方用電話連絡。洛陽橋以北的機關槍聲，「咯咯咯……」的組成一種廣大範圍的音樂隊！單拿他直轄的軍隊來說，那時已經一聲不響的補充了三次了。塘北宅本是一連人的陣地，我們在塘北宅犧牲了九連人！一連打完了，再上去一連，直到一團人都完全犧牲在這一小小村莊上，日本的砲彈和炸彈不知在那裏放了多少，我在崑山聽到朋友說，守塘北宅那團的團長原來是舊友許良玉先生．他只剩了一個光棍到蘇州去接收補充兵去了。

打死仗的壯烈現象，幾乎全部戰場以及各部隊都是如此，我們很可以驕傲很可以自信，但是回到××看看後方對於傷兵的待遇，不禁有幾分悄然！傷兵們千辛萬苦的回到××而在××的醫院只有兩個，一個是救濟委員會的第一醫院，由上海東南醫學院師生主持，他們人少傷兵多，整天忙不過來，裏面住滿了傷兵，有些夜間還沒有禦寒的被褥，送給他們的飯菜，上面全佈滿了蒼蠅，手術室內斷脚殘手的慘象，讓人憤怒到帝國主義侵略戰爭的殘忍！我們去那一次，醫院門口還有沒被收容進院的傷兵，有一個是打傷了腹部，衣服褲腰被血水泥土的混合物，膠成了不忍久視的一團：他的全部下身，鞋襪綁腿和灰布褲上，整個的是剛從有水的戰壕和河溝裏面拔出來的模樣，泥水還濕潤糊在下半身，他已經毫無血色和毫無力量的躺臥在牆邊，秋風捲夾着塵土無情地在他臉上吹過，似乎只有慈祥的日光這時才慰勞式地給予他相當的溫煖！很難令人滿意的，是這裏那所官辦醫院的荒唐，他們的規模，遠比這裏爲大，而他們的工作是「韜光隱晦」唯恐傷兵找着了它！一所醫院的後門外，那時正停放着死傷兵的担架一個死屍從蒙蓋他的破軍氈下面，橫伸着一隻緊握拳頭的蒼手，大概對於殺敵未完身先死，表示不甘心，而對於後方救濟機構的腐敗，似亦有無限的憤慨！

——長江——

南翔歸來

一 黑夜兼程

昨天傍晚，氣象突變，烏雲滿佈天空，風勢越來越大。這顯然是大雨欲來的徵候了。我們四個戰地工作者和一個嚮導的民伕，便乘這個敵機不能活動的機會，匆匆出發到上海來。穿過了破碎的南翔，天空漸漸黑暗下來了，我們便開始在棉花田的小路摸索前進，路是一線線的，不是左邊有河浜，就是右邊有小溝，蜿蜒艱難，眞不好走。但是公路已不能通過也只得兜道小路走。左跌右倒的摸索着，越過了許多村莊，但已看不到一條人影了。想找個老百姓問問前面的情況，也不可得，只有靠着民伕，帶引，冒險前進。

走呀走的，夜色漸漸深黑了，斜風帶着細雨，也開始侵襲我們這幾個夜行人，天空沒有一點星光，地面也沒有一點燈火，整個原野好像一片茫茫黑海，只是上海的方面遠遠地露出半天火景，有如一抹殷紅的晚霞。那就是敵人殘暴的兇燄吧？

我們冒着細雨，在這黑海中奔波了許久，走得有點心急了。我便懷疑着民伕走錯了路。我問他：

「路沒有走錯吧？」

他很有把握的回頭來說：「勿錯」。於是我們才安心地走，但是，天越來越黑，雨越來越密，小路上的泥色也糢糊得看不清了，弄到老馬識途的民伕也不敢相信自己，開始遲疑起來。走到一個交叉路，他都停一停，向四周打量一下才向前走。後來他竟回過頭來說：

「先生，路看不清爽了，不曉得對不對。」

糟了！連他也沒有了把握，誤入了火線怎麼辦呢？這時，我們真是陷於前途險惡，後路茫茫的絕境。但是爲了任務，我們不得不前進，于是我竭力鎮定他的心：

「走吧，你認爲那一條路對就走那一條吧！」

我們振作了一下，又邁出我們的步子，因爲恐怕有人落了伍；幾個人便握着一根竹桿像瞎子一般拖着走，前面的民伕一邊走一邊要喊着：「橋」「小溝」或者「轉灣」，使後面的人知道。黑暗中時時有雄壯的「口令」聲音傳過來，我們也時時警戒着豎起耳朵聽，並且給他們一個同聲。有些弟兄還要看一看我們的放行證方准通過。

在黑暗中摸索了半夜才摸到蘇州河岸的平坦大道來，民伕恢復了自信，回過頭來說：

「好，從這里直跑就是××鎮了。」

我們聽了這句話，不禁也覺得有了安慰。

二　雨中渡蘇州河

我們沿着蘇州河岸前進不遠，便到了一個渡頭，我們的民伕停了下來，他說要從這里搖渡過對岸才可以走，但是縱目四顧，沒有一隻船影，只見江水茫茫，凄涼地翻起急激的波浪，這怎麼辦？我們便叫民伕到附近去找找，一會兒他喘息着走回來，失望地說：

「先生，船全跑光啦！」

沒有辦法，于是有人提議游水過去，但是東西沒有辦法帶去，而且民伕不會游水，陌生的我們怎能將他丟掉？這可眞急煞了！

幸而，急中來了救星，一個湖南弟兄聽到我們的聲音，從黑暗中跑了出來，經我們說明了來歷以及去向，並且給他看過放行証，他便叫了幾個弟兄拖着一隻小艇出來。小艇眞是小得像一片葉，而且滿身滑泥要經過這風雨交加的急流，實在有些危險。但是，在這萬不得已的時候，什麼危險也不管了。

弟兄們用手電筒照着我們落船，艱難地撐了我們過去，又很小心地照顧我們上岸，我們在這個難中得到這樣的幫助，心里眞是無限的感激。臨走時我們對那位湖南弟兄說了幾句道謝的話，他不在乎的說：

「不要客氣，大家都是爲國家出力的。」

從這點，可見我們在抗戰中患難相共的精神了。

三　避雨亭畔遇劫

渡過了蘇州河，也是平坦的大道，于是加速步了子走了好幾里，漸漸地我們覺得有點累了，便到路旁一間破舊的避雨亭去休息。

我、麥君、陳君、和民伕四個人躺在亭子里的稻草上，B君嫌稻草臭，一個人坐在亭子外。忽然，不知從那里出現了一個人，看樣子便知道不是好人，我們便在黑暗的亭子里注意着他的行動。他走近來坐在B君的身邊，B君問他是什麼人。他像很可憐的說是虹口做小生意，逃難到這里來的。B君再追問他的時候，說聲未完。那傢伙已動手搶，B君坐着的皮袋子了。

「你動什麼!?」B君喝了他一聲。我們四個人便應聲跳出來，一推把他推落棉田里，我們恐怕他有武器，便拖着民伕急走，一溜烟走了好遠，回過頭來看看，他也沒有追上來，我們鬆了一口氣，繼續便步走。

不久，到了一條公路，而且不時有一兩部汽車馳過。於是有人提議截車，請求載着我們走，但是車子只是隆隆地飛馳，理也不理，還是趕快走了吧。

趕了又趕。到了××鎮。我和麥君曾在此受過兩個月軍訓，對於路途，自己也有點把握了，心里便覺得鬆了一點。

四 也不是好人

雨點越來越密，把我們的衣裳全都濕了，鞋子也裝着水，走起來吱吱地叫。而且有人受了涼，打起噴嚏來了。我們便想法子找個避雨的地方，剛剛路旁有一個小村莊，並且有一點燈火露出來，我們便摸進村莊去。原來這里的人家已逃光了，房子也被炸得七零八落，我們只得到那有火光的小屋去，希望找點暖意。當我們推開了那半掩的木門，一個不像農人的人靜靜地在那里煮南瓜，我們很客氣地叩問他：

「老百姓，我們可以進來避避雨嗎?」

他打量了我們一下，點點頭表示允許，我們便進去；他很悠閒地把鍋子里的南瓜裝進小碗，自言自語的問我們：

「你們到那里去？」

「上海去。」陳君回答他。

「上海路遠了，這樣大的雨，在我這里避避，明天早上走吧？」

「不，我們一定要到上海去的，等雨停了我們就走。」

「也好，從這里到××，再到上海好了。」

「他裝好了南瓜，轉身去找凳子，嘿！他的屁股旁邊的衣角里竟露出半截刺刀來，我們當時給這個印象嚇了一下，但我們立刻力持着鎮定，我想這也不是好人，我便追問他。

「老百姓，你是住在這里的嗎？」

他好像遲疑了一下，一字一頓的說：「我呀？我是從虹口逃出來的，……幾天沒有飯吃，在出里找到一個南瓜……。」

哦！怎麼逃難的人有刺刀呢？越說越不對了。我便對同志們說：

「雨停了沒有？你們出去看看！」

他們會意了，我的意思都走到屋外去，連那不會意的民伕也拖在一道。他也似乎發覺我們要走了，在這一剎那，他那險惡的面目便暴露了出來，有如電影中的科學怪人一樣，他立刻吹滅了火要來動手了。幸而我們走得快，在他吹火的時候，已急抓了篋袋子跳出門外了，我們和剛才脫險一樣的，拚命向公路飛奔，

幸而，公路上有我們的馬隊，他們大概是趕赴前方的，我們便跟着一道走，使那傢伙沒有機會下手，心里才安定了下來。

五　險些誤入火綫

過了×××，我們和馬隊分了路，照原定的路線望着×××走。當時我們還沒有知道火線也拉到了×××，但是越走越不對，大砲彈似乎不時向我們這方面飛過來。

啡……隆！

啡……隆！

這聲音和我們在××前線聽到的一樣，有點像敵人開過來的，但我們還是自慰的說：這是我們的。依然冒險前進。忽然，格格格……格格格……很清晰的機關槍聲也發作了。於是我們才判明火線已離我們不遠了。

這時，一個橋樑上的哨兵向我們問口令，我們回答了之後，便上前去問他；

「同志，請問前面情況怎麼樣？」

他很鎮定地說：「火線已拉到×××來了。」

「那麼×××有沒有敵人？我們要到上海還可以通過嗎？」

「×××是我們的，還沒有敵人，不過你們頂好不要走×××。」替我們打算一下；

「從這里直走，見了公路便轉灣，到了十字路口再找人問問好了。」

最後，他還小心地叫我們要警戒漢奸和敵人的便衣隊，聽到槍聲便臥倒，我們道了謝，便向前進。我們的民伕聽到火線已經拉到×××，已怕得不敢來了，寧願走回頭路，于是我們也只得讓他回去，不過回頭路也多危險，不知他能否安全回去，直使我現在還担着心。

六　同是苦難中人

我們遣回了民伕，便懷着恐怖的心情趕我們的路。我們的衣裳已經幾度雨濕，加以嚴厲的夜寒，不禁使我們為之戰慄。同時我們的腿踝也走得很酸痛了，但惡劣的環境不容我們在路上多休息，只得拚着最後的氣力走。

那條荒草萋萋的公路，似乎是漫漫無盡的，走了又走都不見十字路口。在半途我們遇到一對逃難的夫婦，挑着一家的衣物被服走，那可憐的矮小婦人，一路走，一路泣着，對我們訴苦：

「先生，苦煞了，兒子和娘炸死掉，只剩我們這兩個了！……」

後來，她給那笨重的担子壓得不能走了，向我們哀求着幫忙，我們同是苦難中的人，無論如何不能忍心不理的，于是我替她挑着那担子走，讓他透一口氣。走了一里許，又遇到一堆逃難的人羣，坐在路邊喘息。他們原是和那可憐的夫婦一道逃的，我便把担子還給她，因爲我們要趕路，不能和他們慢慢地捱。

終于走到了一個十字路口，見了一部載重汽車停在那兒，我們便向那司機問路，他知道我們是同志，便叫我們到車上坐坐，等後面的車子來就載我們走。

我們的腿得到救星了。

七　到了大上海

一會兒後頭的車子來了，我們的車子便向前駛，冒着迎面的夜寒，馳過輕沙一般的掛樹上的濃霧，我們的濕衣給涼風吹乾，全身爲之一爽，緊張的心情也爲之鬆散了。

我們幾個夜行人，瑟縮地交談着路上遇到的人們，我們感激那患難相共相助的同志，我們痛恨那些可殺的壞人和漢奸，更痛恨我們殘暴的敵人，你一句我一句，路上也不太寂寞。

車子開足了馬力顛簸中終于到了大上海，似乎很生疎的路燈，疲倦地放着微弱的慘淡的光輝，一閃一閃地從我們頭頂馳，喧囂的都市已沉睡着了。但不知高枕安眠的市民們，會夢到郊外戰場上的弟兄們的辛勞否？

——許華・三十日深夜——

嘉興大日記

抗戰的氣燄既已燃遍了整個中國，祇要是中國的土地，在事實上，所謂後方是與前方完全一樣。

當我的脚步踏進禾城（嘉興）的時候，第一眼給我看到的，就是一排被敵機炸毁了的房屋。正是雨天，那些折斷的柱棟，懸空突出，一陣斜風，一陣急雨，發出剣喙的摩擦聲和淅瀝的滴水聲，有如在嘆息，又如在啜泣。路邊堋塌了殘磚碎瓦，不消說，在這底下，又埋葬了多少條生命！

禾城似乎是多水多雨的地方，我到那裏就遇着下雨，接連四五天，雨並不大，祇是濛濛的細雨，這正合乎一個幽美的稱呼，所謂「煙雨之地」；在過去，憑了它留住了旅行者的興味，總會在這裏勾留一些時候。自從抗戰以後，原有的情狀就走了樣，就是平日生涯很盛的船娘，現在鴛鴦湖裏却是反常的寂寞，祇有三兩隻游艇，閑散地泊在湖邊。禾城本來是個原料交易的市場，主要的產物是絲和米，鴛鴦湖裏的游客，也是商人佔多數，抗戰一開始，到此採辦貨物的商人，日漸減少，於是賴些沾點賞辦餘潤的船娘，祇得擦去脂粉，露了憔悴的臉兒，走上了陸地；往時湖上那種行人的歡笑和歌聲，現已完全消失在凄迷烟雨之中了。

使人詫異的，也似乎是必然的，就是「雨前」和「雨後」的禾城便顯出了兩個世界。論理，應該是天晴市面好，但因爲敵機不斷的侵襲，當太陽照着街道的時候，常有不少的商店僅是開一扇窄門，閑着的夥計們，有的沒精打彩地注視着過路人寂寞的影子，有的在仰望遼遠的天空。可是一到雨天，他們就像是補回日來的空閑，格外感到忙碌。街道上的行人差不多是一手拿着雨具，一手提着充分購置的日用品。這些人大半是由近鄉趕來的，他們知道下雨天進城是安全得多。這裏（包括四鄉）的商情還相當穩定，平時每月二萬元的營業稅，目前不過減低了百分之二十。其中是烟酒糖果一類的消耗品的稅收與戰前相差很遠，典當稅則絲毫未減，這是說明了貧窮的照樣以典質度日，而富有的，連消遣歲月的烟酒糖果也在那裏撙節了。這固然是好現象，祇可惜還是爲自己打算，對於認購救國公債却是躊躇。

城裏有若干比較富有的人家，他們對生命格外愛惜，多數避到鄉間去了，人數可不少，據粗粗的統計，有二三萬之多。但他們似又留戀着城市的安舒，時常差人到城裏打聽上海的消息。他們似以爲禾城不安的原因，完全因爲上海戰爭來的，而未曾想到，這是全面抗戰。任何一塊地方都有成爲焦土的可能，他們對於這次抗戰的意義似缺認識，與其說逃避是他們的一種敏感，倒不如說由於「富有」的累贅，而畫出了他們的臃腫的蠢態。現在惟有「毀家紓難」，才能換得我們永遠安全的生存，否則「難」是永無法「避」掉的。

若以禾城四十萬人口爲比例，這種自私苟安的心理究是極少數人的傾向，大多數都能担負起本分上的責任。最顯明的事實，便是「防護隊」和「義勇警察隊」的組織，不論是日是夜，他們定能準時站到自己的崗位上去，那黃色和黑色的武裝裹着結實的身體，背着新式的槍枝和閃爍的刺刀，時常在深巷中梭巡，他們對於分派着的事，總是忠心盡職的，由於他們有這種服務社會的精神，此後，這裏後方的防務，是可以純由他們去担當了。這兩種部隊的隊員，都是城裏的青年市民，他們完全出於自願而且自動的，並沒有得到官方的津貼，要是各地都能如此，那麼國家的實力將增强幾百千倍，原有的軍隊可以毋須顧慮後方的防務了。

禾城有××多名在鄉的壯丁，這些青年農民服務的精神並不下於市民。有一天，記者親自去鄉間看看他們的工作，那時氣候很冷，必須穿羊毛衫才能保持體溫，可是他們還是單衣，雨水濕透了全身，但他們從沒有說過一句怨言。他們只化了有限的時間，很快就快要完工。那時等在旁邊的，有一個送飯的老農，他說：現在的官兵都很好，先前的官兵好的少，壞的多。」這話正可以代表一般農民的心理，也可以看出農民過去的隱痛。在他們心裏，祇要不擾擾他們的田園，官長是可以親近的，至於供獻人力和物力，他們原是非常甘心的。如果能夠給他們更深一層的軍事訓練和政治訓練，使他們清楚地知道怎樣打敵人，我敢相信，這種潛伏在中國豐沃的疆土上的這種浩大的勢力，將必至成爲一支十分強悍的游擊戰爭中的生力軍。

祇是，有若干細小的地方頗使我們遺憾，在一個鎮上，有個保長私自受了一家幾百塊錢的賄，就去另行抽調別人家的壯丁。有時，他假公濟私，一家有三四個壯丁的他不抽，反去抽只有一個或兩個壯丁的人家。因爲他在鎮上相當有勢力，農民們只能偷偷在背後說：「我們知道有了國才能有家，但是辦法要公平，有錢的不要放掉……」

在×××，有個保長除了尅扣壯丁們應得的工資外，還時向他們勒索，勒索不遂，就有幾個壯丁連作了十七天工而不得替換！

這幾個事實証明了過去保甲制度有多少的缺陷，希望能在不久的將來把它克服過來。

這裏有抗敵後援會的組織，工作人員都很熱心，辦事也非常認眞，對於勸募救國公債，勸捐棉背心等宣傳不遺餘力，尤其是附設的戰時服務團，常常不分晝夜地去慰問並照料過境的傷兵，同時爲了加強自己的修養和增進工作的能力，在訓練班裏還刻苦地自己學習。

聽說最近先後接到了民廳四個由上面頒布的關於民衆救亡團體的組織方案，雖然在原則上沒有什麼差別，但是對於各部門的名稱却略有不同，以致一時不能决定遵照那一個方案辦理。就個人的意見，在民族抗戰英勇地展開的目前，政令最好是統一，我們祇需要在實際工作上能够有很好的表現，而不必斤斤於名字上的考求，固然組織的健全與否能够影響到工作的效能，但那還是在於工作者本身的認識與工作的態度來决定的。

在短短的勾留期中，從各方面調查得來，知道工作者是的確非常努力，可是還不够十分深入，工作還不够十分緊張。記得有一個事實，因爲預防敵機投擲燒夷彈，曾以相當代價購置了好幾担細沙，預備分配到各處去，作爲撲火之用的，可是沙購到後就一直擱置了很久，無人顧問！

曾和來此視察的×××××特派員談起了一些救亡團體的觀感，他很直率地說：「空言多，計劃多，而做事少，主持的地方往往成爲衙門，而主持者往往祇知道做官，以致民衆組織異常鬆懈，民衆認識異常低淺，這全是因爲工作不够刻苦，宣傳不够深入。」還是多麼值得我們記取，值得我們反省的話哪！

一天晚上在民敎館禮堂看第×××軍戰地服務隊公演的戲，當演到「八一三之夜」中受傷歸家的一段，發現坐在我旁邊的一個觀衆隨着劇中人的悲傷而在啜泣了，再是「打漢奸」的場面，所有觀衆都怨恨地一致喊出了：「打倒漢奸！」這個例子正可以說明宣傳的力量，戲劇雖是一種有力的武器。但祇要宣傳的內容爲民衆所要求，或是接觸到他們的生活，任何種宣傳都能得到效果的。有一次，我看到一個學生，跑到一家商店去，發了一張傳單，說一聲，「你們要買救國公債」就走了，像這樣的宣傳方法，誰會相信它能够收到效果！就是標語和口號，現在也該不被認爲是主要的宣傳工具了！

民衆對於抗戰的情緒的參差，這是不能否認的，記不清是那日，在鄉下，遇到一個賣香瓜子的老婦人，偶然談起抗日的事，她說「自從東洋人來打仗以後，我的生意也就大大清淡了，我是靠這過活的，我恨東洋人！如果看到他們，我就也咬也要咬他們一口！」她的乾澁的嘴，那麼有力的緊閉一下，雖是「切齒」到極點，但當我發覺她的牙都已殘缺的時候，更使我深深地感動了！

又有一回，在某鄉鎮，聽到是一個什麼會長的老年人在跟幾個學生講話，我聽到他的結論：「希望今後，你們不必讀別的書，祇要大家專心造槍砲，去把敵人打退了再說。」雖然他的唯武器論，頗有商酌的餘地，但是他的抗戰的目標却已經看得清清楚楚。

光是這兩個老者，已使我們興奮，他們到了幾年，他們的血液還能這樣奔騰，何況其他壯年人和青年人？這，我們不能不感謝敵人的賜與，由他把抗日的種子分散到了人間。

目前迫切需要注意的問題是如何把這些種子好好地培養起來。也就是對民衆的組織，和民衆的教育。對於民衆的組織，我們不妨通過原有的機構而把它的工作加緊起來。然而很可遺憾的是這裏擁有一二千會員的教育會既沒有什麼行動，婦女會祇有寥寥七八十個會員，雖曾一度出動勸募得五六百塊錢慰勞金，開辦過職工婦女班，訓練過船娘和女招待，但因負責者職務羈身和其他原因，到現在還沒有新的開展。漁會雖也有近二千會員，然而到現在還沒有被編制過，施行過教育。還有值得一提的是：禾城的男女工人，雖有四千以上，可是自始至終就沒有個組織。

對於民衆教育的工作，責任是在一般知識青年身上的，這裏共有六個中等的學校，四個男的，兩個女的，計算起來，人數可並不少。此外是所有城鄉小學的小學教師以及許多許多休學後閑居家中的青年，假使把他們統統動員了，我敢相信推動力是非常浩大的，對於救亡運動可以迅速而且無限展開。聽說以後每兩星期，他們預備聯合舉行大規模的宣傳，敬希望這個計劃早日實現！可惋惜的是，禾城智識份子的精神的糧食是十分貧乏的，跑遍每一家書店，竟找不出幾本新版的書，社會科學的書可說是絕無僅有，就是一般青年人所喜歡的文藝小說或是雜誌也是少得可憐。滿眼是一折八扣的標點書，出乎我意外的，和上海那樣接近的城市，會有這樣的情形，這表現出了讀者購買力薄弱？還是書商不會迎合讀者的心理？深究這兩種理由似都不大充分。由此，可見這裏青年精神生活的一斑，也就可以測度到他們的文化水準。

正是，禾城似乎烟雨多；一面能看到開明，一面能看到閉塞；但願此次抗戰或能影響他們！從另一角度看，這裏的民衆對於抗戰已發生某一程度的反應，就是生活漸次檢點。

據法院的統計，刑事已自一二〇起減至四十起，此中多數是在車站碼頭發生的竊盜案，這也許是戰時特有的現象，平日最感繁盛的風化案，是幾乎沒有了。民事早已絕跡，監獄中四百多個犯人。被保釋以後，祇剩了四十，現在法院僅存院長、首席檢察官、推事、主任書記等人，其餘都留職停薪。

最可樂觀的是，開征糧賦十分得手，不過兩個月，已征收到 二十五萬元，比往年超出了六倍。在這個數目上，我們知道今年是豐收的，似乎不但是稻米，蠶絲方面也相當的好，早在七月，浙蠶種場的蠶種已被定了九萬張去——那是秋蠶——雖然，戰事爆發了，但他們並不因此惶恐，未見退回一張，結果秋季出產了七千斤担新繭，本來由統制委員會十足付現收買的，因爲現在要欠三成，於是農民多數在家裏自己製造着土絲來了。

這裏有四家絲廠，每廠每日平均可出十五担絲，戰事發生後，工廠停工，工人都被遣送還鄉，現在一方面接到政府的命令，一方面洋行常來催貨，急於想復工，但工人全已還鄉，他們都是外鄉人，以致不能立即復工。在這些地方，我們知道中國實業家的眼光淺，沒有能力把握營業在時局變化中的妥善的運用，祇以本身的利益爲轉移，一時間的損失固然對他們不會感到什麼，但這三四千女工因此散失他方，陷於失業的苦境中。設有在事先想個較妥善的辦法，留出一個餘地，神經過敏地預感着戰爭來到的威脅，任意把廠門關之大吉，待到有復工必要的時候，這才覺得種種的困惱，損不僅是個人的損失，同時是國家的損失，因爲此地的原料銷售的主要對象，是美法兩國，這樣一來，直接於國民經濟很大的影響。現在禾城工廠的烟囱，靜靜地高昂在空中，可是已看不到往日怒放的叢煙了。

禾城本來是淸靜的，尤其在發出警報以後，特別使人感到淸靜；這點我可要欽佩這裏居民鎭定的功夫。對於空防佈置得很週密，因此敵機來此不致如何放肆，雖然來得很緊，總是高高的飛在雲間，自從幾處被炸後，都起了戒心，家家築起防空壕來。有一天，竟警報了二十次以上，記者適在途中，被一家接待，避進防空壕去，壕很堅固，分上下兩層，看他們毫不感着空襲的恐怖，反都談笑自若。

當我作這篇通訊時，幾乎每間十五分鐘，就得擱筆一次，時續時斷，常將思緒隔散，推開窗門，向外望去，禾城已全浸在黑暗中，祇能聽見屋後的那條古老的運河，緩緩的流水。

——羅　平——

轟炸後的嘉興

記者上次由杭州出發赴浦東上海一帶視察的時候，是十月十二夜，那正是杭州車站被炸之前夜，車站還是很完美，昨夜適爲仲月，記者又由這車站出發，曾幾何時，這裏已成一片瓦礫場，令人不勝感慨。

車於夜色倉茫中前進，車中旅客，尙覺鎭靜，惟車行甚緩，夜半始達嘉興，嘉興車站亦已非復舊觀，前次過嘉興時，車站祇有月台和天棚一部受損，而車站則仍矗立無恙，此次到此，車站全成焦土，僅剩一水塔而已。

城內景象也大不同，前次到嘉興也是這時候，那時還有街燈，旅館吃食店以及雜貨烟紙店還有夜市，雖然戒嚴，但是街上還有黃包車，還有行人，這一切現在都變了，那沒有了，所謂「死城」，也許不是適當的形容詞吧，還令夜行者感覺到恐怖，假若嘉興不是一個舊遊地，假若沒有朋友寄宿處，那可眞糟，也許要長夜做着門外客。

好容易，記者找到了我所要找的地方，他們却還沒有睡，似乎在等些什麽，也像在忙些什麽事，朋友們看了我到了，都很詫然。

我告訴了我的來意和還要到平湖和乍浦去視察的計劃，可是因爲交通上的艱困，一個普通人是不容易達到目的的，終於聽從了朋友們的勸告，決定當晚離開嘉興。

離開車尙有二小時，到此旣屬不易，就乘着這短短的時間，到外面去看看，在嘉興炸得最慘的地方，除了車站外，要算是天主堂，所以我拉了一位朋友先到天主堂去視察，這天主堂，前次記者過嘉興時曾經路過，地點是在嘉興中山紀念堂附近，一所很高大很富麗的羅馬式的建築，一個禮堂可以容千多人，禮堂前有二磚砌高柱，矗揷天空，上懸兩大幅意大利國旗，人們以爲這是嘉興的一個較安全的地方了，不知八號那天，敵機竟不顧一切，在這天主堂的上空瘋狂轟炸，投彈竟至十餘枚之多，天主堂僅僅剩了一個禮堂和那兩個支着意大利國旗的高柱，其餘一切建築都毀了。堂的右側就是靠中山紀念堂的大廣場的一面，有一個收容嘉興孤兒的仁愛堂，也被轟炸了，有七十多個孤兒都慘死在敵人炸彈之下，聽說還有一個法籍神父也被炸死了，又聽說這些孤兒都躲在防空壕裏，因爲敵人將防空壕的門炸壞，這些孤兒大多是活活地埋在壕裏悶死的，這位神父也與這七十多個孤兒同歸於盡。還有一個揷了紅十字旗的醫院也同被毀了，死傷多人。由此我們更足證明敵機唯一能事，就在屠殺平民，轟炸慈善機關，而轟炸紅十字會轟炸第三國旗下之人民，也似乎是敵機的唯一國際信義，這七十多個孤兒的慘死，將是敵人在世界文明史上永遠揩不去的汚點吧。

禾城最熱鬧的北大街，也被光顧了四五個炸彈，高大的三層樓洋房，毀了很多間，聽說商店撳了不少。

縣政府的前進，亦已炸成焦土，跨過運河的百果橋，也被摧毀，甚至僻巷茅房也著了炸了。這證明敵機轟炸嘉興已是毫無目標地亂炸了。

電燈廠被毀，還是前天的事，自前夜起，嘉興已經是沒有電燈的黑暗世界。

在嘉興還聽了平湖一點消息，還是比嘉興還慘的消息，敵機在平湖，在五六七三天之內投了三四百枚炸彈，死了一兩千人，房屋燒了兩三天，往昔「金平湖」現在已是「瓦平湖」了，言之慘然！

幾個重要問題

——劉子潤——

中日全面戰爭之局展開後，北方的戰區包括了四省以上。東戰場呢，僅僅江蘇一隅，而且也只有寶山、嘉定、太倉及上海市之一部。雖然現代的戰爭，因爲空軍的進步，沒有前後方的分別，但是實際上感覺最迫切的還是前方來得厲害。假如平時眞有組織的話，戰時尚可應付裕如，可是平時侈談高論，到戰時倒眞有點手忙脚亂了。當我最初到達戰地的時候，就瞧見一般人對於戰事各項問題的注意，尚以爲未免鰓鰓過慮。近來經過各處的調查，實在覺得有好幾項問題應當特別注意。

先說救護傷兵。本來担架及運輸一層，各國陸軍都有一個簡單的組織。就是我們軍隊也有一個担架隊，可是因爲這次戰爭的猛烈，死傷的員額，不是一個小小的數字，原來的担架隊就有點忙不過來。至於傷兵從火線抬下來運到了後方醫院的問題，就根本沒有想到。上海戰事發生後，因爲上海各界的努力成立了許多的救護團體及傷兵醫院，從事於救護工作，但是因爲組織欠健全，有的固然努力從公，有的也多少含有出風頭的性質。還有救護車的缺乏也使工作受到相當的影響。就拿弘明法師領導的僧侶救護隊來說，自從八・一三抗戰以來，他領導着數十名僧侶，分隊救護，由他們救到後方來的傷兵，眞不知有多少。冒着敵人的砲火飛機在前線工作，雖然他們隊員受傷的不少，汽車夫也殉職了一名，但他們仍然繼續不懈的工作。絕不因受了危險而退却。這種精神，眞値得令人佩服，但是他們因爲車輛太缺乏，工作方面也不勉有點缺憾，假如再有五輛車，那就他們現有的組織，定能够盡更大的責任。其餘各救護隊，大致也有這樣的情形。最困難的，還是從野戰醫院經後方運送的事。現在前方救護傷兵，大致分兩路，一路由上海出發，到前方運載傷兵回上海，這方面比較安全一點，一切大致都不成問題。另一路是由××出發，經過太倉、嘉定等處，往前方救護，因爲路程太遠，每天晚上只能來往兩次。可是傷兵運到××以後，該處只有二個醫院，床位不多，收容有限。每天到那裏的，數目實在不少，而且天天源源而來。假如不往後方送，每堆積那在裏，不但困難叢生，而且也相當危險。敵人的飛機，每天到××轟炸，而且素來不講人道，不管你醫院也好，難民收容所也好，還是同等待遇，一律轟炸。假如每天留幾百傷兵在那裏就沒人敢担保安全了。現在假如組織一隊輸送隊，有三至五輛卡車，每天將前方運回在××醫院包紮後的傷兵，一律運往××，再由××送到後方，從人道責任方面來說，實在是刻不緩容的問題。

至於傷兵醫院，在上海的因爲人力物力的充足，都相當不錯，至於戰區裏的就難說了。在太倉及嘉定都沒有傷兵醫院，在××只有兩所，一所是上海紅十字會主辦的第一傷兵醫院，在八一三戰事發生那天，就成立了。在那裏服務的醫生及看護都是東南醫學院的同事，院長是姚蕊若先生，也是因爲經費及地址的關係，無法擴充，收容的數額，太有限，而且物質方面也太缺乏。一方面固然是運輸困難，一方面來源也有限，上海方面不是買不出，而是不買來。現在冬天快到，天氣是相當的冷了，但是棉衣棉被，還都沒有。因爲這個醫院的重要，他是前方到後方的惟一交通點，傷兵來得太多，假如等運到蘇州再給治療，能活的人，就沒有幾個。聽說上海紅十字會方面，已認識該院地位的重要，也正在積極設法，同時更希望社會各方面人士也給予相當的帮助。

現在××還有一所×××主辦的第二十九臨時醫院，照編制表有五百床位，在×裏領的是五百床位的經費。到××因爲地址關係，能容五百床位的地方實在沒有，所以他只預備了二百五十床位的地方。但是眞能容納二百五十位，到也不無小補，可是實際情形並不然，後來經當地長官知道了，在前幾天，勒令收容，現在情形也稍好一點，但是還希望不是敷衍才對。

記得德名將魯頓道夫將軍在全民族戰爭論上說：「全體性戰爭於開戰之始，應將全部國民力量，由於訓練有素，武器精良與夫組織完善之軍隊集合而成者，交於最高統帥部，聽其指揮調度，而萬不可有多數事項留待開戰後方補救。」這段文裏包括三項：一是民衆訓練，二是武器製造，三是軍隊訓練。關於武器製造及軍隊訓練，我們不應當批評；單就民衆訓練來說，開戰後方補救的問題太多了。我國的民衆訓練，雖然實行已有兩年，但是只能說是才萌芽，還沒有上軌道。江蘇省雖然努力一點，距水準還相差得太遠。平時的訓練，有的固然認眞，有的也不免是敷衍塞責。單拿壯丁訓練來說，報告上總是講多少萬，但是現在召集起來，能够達到報告上的三成，就算成績優良。這也許是戰區各界民衆逃亡過多所致，但我想也不能相差如此之遠。固然我們需要壯丁，並不是希望他們上前線，而是在後方工作，與軍事行動一體，予軍隊以援助。但是戰區各縣殘留的民衆，於軍隊的援助，並不相當熱烈。有人說：還不如北伐的情形，這也未免言之過甚。須知在對外戰爭下，民衆的情緒，只有較革命時好，而不會較革命時壞的。北伐時之所以好，那是訓練得宜，現在之所以壞，那是訓練不適當，組織不得宜，平時太注意皮毛了。現在戰區有幾項要務就得由民衆去做，第一是修路，各處公路壞得不成話，天晴還好，下雨就寸步難行，平時修路由公路局負責，可是他們的修路隊太少，忙不過來。假如民衆有組織的話，甚麼地方壞了，當天民衆就會立刻修復，其便利於軍事方面實在太大。第二是建築工事，還單靠軍隊還不行，非得民衆動員不可。第三是漢奸，戰事發生後，漢奸殊爲活躍，推其原因，一方面是國民教育不發達，一方面還是民衆組織力不够。其次還有運輸問題，江南各地河浜縱橫，農民每家都有一隻小船，其最大用途在運輸糧食至城市出售，用的時間很少，假如能够將這些小船集中一部，交給軍隊應用，以補鐵道汽車之不足，其效力也相當的不淺。可是因爲平時訓練太差，宣傳力量不够，叫他甘心樂意的拿出來，也相當感覺困難。這些問題，平時都沒解決，現在只好急來抱佛脚了。前方各部隊對這問題，都感覺到相當重要，紛紛組織戰地服務團來補救，但是恐怕也來不及，或者力量淺薄，只能做到一部分。還希望政府——尤其是縣當局，能够切實負點責任才好。

目前戰區的農村，還有一點隱患，也是值得研究的。今年各地農田，都很豐收，太嘉兩縣則以棉爲大宗，太倉一縣，每年棉產就有八十萬担左右，嘉定方面詳細數目，雖不知道，但也不在少數。崑山則全產米穀，其運銷全靠上海，現在根本去不了，就是要出境，也得民食調劑會的許可。不出境，不但賣不掉，而且也吃不了，這剩餘的糧食及棉花，究應如何處置，到現在沒有看見政府有辦法宣示。假如長此下去，農民經濟，一定破產，何能談到長期抗戰。

至於接近戰線的棉田及稻田，秋收雖到，但農民實在無法前往收割，只好聽其生長田內，如該項地帶，一旦落在敵人之手，不但農民損失重，而且敵人還可得一票異外收穫。如劉河一帶的棉田及稻田，農人冒險進去收割，敵人不勝歡迎。可是收割完了他却滿載而去，並把農民完全殺掉。這種情形，在劉河已屢見不鮮了。前線部隊裏的服務團，對這問題，也想做一點工作，可是事實上太困難，那只好看努力如何了。

——嘉公·十月二十六日——

我們在火線上

在一個狂風暴雨的午後，得着××師代表梁君的通知後，我們——上海市大學生救亡服務團——八個代表便出發到前線去了！

兩點鐘的時候，汽車已開行了！梁君的精神，始終是異常興奮，態度始終是異常沉着。他很感激我們冒着這樣的暴風雨，到前線去慰勞他們的健兒，但是我們都說：「這是我們後方民衆應盡的責任！」

車中除梁君和 車的嚴阿二外，祇有我們八個代表，和大批的慰勞品，很湊巧的，我們八個伙伴的母校，一個個都被敵人的炮火炸燬了！——陳君的同濟，李君的暨南，劉君和吳君的持志，王君和宋君的復旦，黃君的商船專校，和筆者的滬江。

三點鐘光景，車子已開入華界，一路上經我車不斷的盤問後，便向××前線開去。外面風雨聲和斷續的槍砲聲，接連地送入我們的耳鼓，從車上的空隙窺去，我們忠勇的健兒們，還在風雨中，大踏步開往前綫去。

經過兩點多鐘的路程，我們終於到了××地方，下車後，再步行二十餘分鐘的羊腸小道我們才到了目的地——××軍××師部。這時，雨已停止，但風還在猛烈的呼嘯，它和近在耳邊的步槍聲，機關槍聲，迫擊炮聲，正奏着自然的交響樂。

經過梁君懇切的介紹後，我們才知站在我們面前的，便是經過一個多月苦戰，始終未退的××師長官，他祇有三十歲的樣子，瘦長的個子，英勇的氣概，誠懇的態度，一切都徵他是個久經沙場的將官。

他一手批閱公文，一手接應電話，同時更要傳發命令，忙碌的情形，誠非筆墨所能形容。據說他每天工作至少須十八小時，但他的精神，敵異常振奮，一些也沒有勞倦的樣子！

在地室中，他滔滔地講述三十多天來抗戰的經過和所得的感想。他認為最可痛心的，莫如漢奸的橫行，而最覺快慰的，確是健兒們一致的視死如歸的精神。前者是以亡國而有餘，後者實是復興中國的泉源。

——這次敵軍利用漢奸的伎倆，較之一二八時更為惡毒，甚至無知的老婦和小孩，也被收買，四出活動，以致我們每天的飲水，也須加以特別審慎，因為無論是井水或河水，有的已被放過毒藥，每次敵來，漢奸便立刻發出各種信號，以致我軍工事，頗受影響。現在全村餘留的難民日少，我們自實行堅壁清野的辦法後，漢奸多已絕跡，一星期前所捕獲的首領——

——一個有經驗的老學究，已被槍決，隨從的也被處極刑。前線被捕的漢奸竟達六十多名，而為人師表的學究，竟也在漢奸之列，這是使我們萬分痛心的！

——這次我軍抗戰的精神，遠勝一二八那次的戰爭，這是很可告慰給全國民衆的。例如最近我們的傷兵，有十分之八九，都不願到後方去醫治，有的已負傷三日，還在前線抗戰，不肯退却。全體士兵，聽到衝鋒前進的命令，都極感快活，如叫他們調防時，則都表示不願。某次有一個十八歲的哨兵，在前線殺了十三個敵軍還能安然歸來，一個傷愈重上戰場的排長，在半小時內衝入敵軍的陣營，達五次之多。某夜我們的敢死隊三十八人，向敵營衝鋒時，個個以一當百，奮勇向前，結果雖全體殉國，但敵軍被戮者，竟達五百餘人，我軍因而奪獲坦克車十六輛，機關槍六十餘挺，軍用品三百箱，防毒面具二百多個，這種視死如歸的精神，誠足泣鬼神，動天地，值得在抗戰史上，大書而特書的！

——相反的，日本軍人幾無一不怕死，某次我軍生擒五十多個俘虜，他們每見我們長官時，便叩頭如搗蒜，連頭也不敢抬起來。有很多正規軍隊，聽見我們優待他們的俘虜，便認為是一個救生的好機會，常常半夜裏偷跑過來求救於我軍。總之，敵人怕死的現象，隨處都可發現，他們的什麼大和魂，什麼武士道，現在已不知到那兒去了。

他越說越覺興奮，最後他很誠懇的對我們道：

——我們知道目前的抗戰，所需要的民衆的力量，比軍事力量還大，你們是上海市大學生的代表，熱望你們能喚醒全中國的知識階級，迅速起來領導民衆，從事抗戰，因爲祇有發動廣大的民衆力量，和軍事力量，打成一片，才能迅速地完成抗敵救亡的偉大任務！

最後，他希望我們轉告全上海的大衆：（一）隨時隨地留意漢奸，以全力去撲滅漢奸。（二）儘量組織戰地服務團，因爲現在前方，是異常需要大衆去服務。（三）多多組織掩埋隊，免致戰區發生傳染病，釀成軍隊衛生的嚴重問題。（四）我軍現正需要大批保安袋，棉背心，卡車機器脚踏車，麻袋，電筒，望遠鏡，和大餅，餅乾等。

近五點鐘的時分，我們才辭別出來，和××副官向火綫進發，一路上呈現在我們眼前的是被敵人炸燬了的房屋，被燒過的汽車，腐爛的屍首，殘缺不全的四肢，和頭顱，滿地都是殘碎的槍砲子彈，和一個個被炸彈轟炸的大窟，此外便是一片一片瓦礫場和荒蕪的原野。

在斜風細雨中，我們又繼續前進一里路的光景，槍炮聲較前更密了！「迫迫迫」「嗶喇喇」，和「轟隆隆」的宏大的聲音，震動得每個人們的血液沸騰起來。

在每個戰壕裏，我們看到每個健兒們的精神非常振奮，一些也看不出倦怠的樣子，他們都磨拳擦掌，預備立即能躍出戰壕，衝到敵營裏去！一個不到二十歲的勇士，正在把子彈裝進機關槍裏去，看見我們這時已匍匐而行，不禁微笑起來，但半句鐘後，我們回到那兒時，他已被敵人的槍彈打中要害而畢命在壕裏了！啊！偉大的勇士！偉大的微笑！我永恆也不能忘懷的微笑！

我們在火綫上半點多鐘，祇見一堆一堆的濃烟烈火，四處亂散，密集的火光，充滿着整個的天空，子彈不斷地在耳邊掠過，在地壕裏聽空中的槍砲聲，另有一種奇異的感覺，那焦木和硝磺的氣味，到處都 嗅着，無論是長空和原野，一切都充滿着悽涼的情調。

夜幕已漸漸罩下，週遭更充滿死寂的空氣，縱然這時還有斷續的哨兵的槍聲，傳進我們的耳鼓。據××副官告知，現在前線已全趨平靜了！因為（一）自我軍退入第一道防線後，敵人正待援軍到來，才敢合力攻擊。（二）今天狂風暴雨，氣壓太低，飛機已不能出來轟炸了！

六點鐘光景，我們才循原路歸來，在一條小河中，發現了四五十具的浮屍，河水已完全變成赤色，村邊更有一百多個殉難的難民，聽說都是在昨天被日機炸死的！

——啊！這人類的魔鬼！這狠毒的日本帝國主義者！終有一天你將被我們摧毀的！終有

一天，將和你清算這筆血債的！

在歸途上，風在呼嘯，雨在高歌，大地好像也在咆哮，遠遠還能聽到祖國的兒女們在臨空狂嘯：

——怒吼罷！中國！

浦江行

——泰靜——

淒風苦雨中的雙十節，我正被困在家裏，章君打了一個電話：「要不要到楊樹浦去，上午十點鐘我們公司里的一艘小火輪要開向那邊的。」

接到了這個電話以後，我簡直忘形地鼓舞起來；當然，我不會錯過這個機會，完全答應章君的好意了。

我先到滿將爾登大廈，章君他們已經預備出發了，半小時以後，我們就到了銅人碼頭，在雨中我又重臨黃浦灘碼頭了。黃浦江上今天是例外地感到岑寂，既沒有八一三前帆檣相接的熱鬧，即使是兩個月來我們的浦東陣地跟敵艦炮火的互擊，今天也完全聽不到。

在小火輪的梢尾泛起了白沫，一陣驟雨更瘋狂的侵襲我們，這時候我內心交織着興奮與恐怖的兩重奏。今天可以深入敵軍的陣地，這使我引為快慰的，可是這次的來去終不免帶着危險性，我就存着怯弱的下意識了。

突然接觸到我們那艘小火輪的船梢，翻動着船旗，在我的胸裏不免浮動不快的感覺，我的臉上好像有着羞恥的表情了。

船在我許多心理的交織中駛近外白渡橋，一艘艘灰色的巨獸就像小擺設樣的平舖在我們目前了。首先接觸的，是我們友邦英美的兵艦，旗桿上扯起我們的國旗，在斜風雨中那麽自然的飄動着，象徵着我們這一次為着國旗自由堅苦卓絕的抗戰。

這使我記起今天是我們的國慶日。二十六年前先烈的碧血締造了今日的大中華民國，所以在今天在友邦的兵艦上也懸掛了我們光明燦爛的國旗，來表示慶祝。

我向那幾艘友邦的艦隊報了注目的眼波後，在這次行程中，以後就看到綿亘不絕地散佈在我們領海的敵艦。船梢上飄着黯淡的旭日旗，甲板上時常有疏落的矮兵在瞭望走動，雖然牠也給我一重威脅，可是積壓在我胸口的憤懣也很自然的噴射着牠。這就是恃為侵略我們的武器，牠殘殺了我們英勇的鬥士，也吞沒了我們非武裝的民衆，破壞我們大上海的建設計劃，也把我們的櫛比的市房化成平地。

正在我的瞳孔里着火星的時候，章君走來告訴我：「你不要儘把眼睛釘着岸上，那個英國人通知我，這是太危險了。請你走到我們這一間去。」

我正是有着無限的悲憤，找不到發洩時，竟綿羊一樣地聽從章君的話了。

這時候秋風斜雨來得更緊，在雨中的浦江望到岸上更是一片模糊，靜聽着引擎的發動聲外，我後悔着這一次無代價的旅行。

在秒針的延續下終於到了楊樹浦，我祈禱着上岸後可以多接觸一些事物，可是我尤似禁閉在一層高建築物中，讓章君跟他的同事們料理公事，我偷偷的向章君說：「可以到馬路上去」 嗎？可是那個美國人好像聽得懂我的中國話似地；給我一個狠尷尬的臉孔，我也意會到這事件的嚴重性了。

除了在窗口上偶然望到幾個敵方的哨兵，或者有時候整隊敵軍走過時的步伐聲外，並沒有例外地接觸我理想中楊樹浦的景色。祇是有一次我在窗口上偷瞧一個日本哨兵時，牠也很注意的跑到窗口對我望了望，我祇得把我的態度裝得更鎮靜而外，也就走向牠在窗口上視綫接觸不到的角落去了。

只有二小時，我們就離開楊樹浦了，否則我也會被這種惡劣空氣窒住的。在歸途上，我們像來時的困坐在艙上，靜聽着引擎的發動聲外，我更後悔這一次無聊的旅行。

也不知在什麼時候船駛進匯山碼頭了，那個美國人的喇吧向韋君吹了吹，跟着他的方向，我們看到雨霧中，匯山碼頭的周遭泊着好幾艘敵方的運輸艦，很多的馬匹載着重兵器彈械向前面推進。

從銅人碼頭回到家里不久，聽到又有猛烈的砲擊聲，從兩個月的經驗中，我辨明這又是我們浦東陣地跟敵艦上的互轟，我好像為已離開浦江表示慶幸，同時就想以文字來記錄這一次無代價的旅行。

沒了家的人們

—焦　土—

上海戰事起始後，我曾接連在三個難民收容所裏担任過訓導工作，每天平均有八小時以上，是和難民們處在一起的。這一大夥子人，都是從江灣、閘北、虹口、寶山、吳淞、羅店等處火線中逃出來的，他們的家，都給獸性的日本兵毀滅了；他們的父母妻子兒女，有些給日本兵及浪人殺去，有些是在逃難的時候衝散了；有的難民在逃出時所帶的衣服銀錢等，也給强盜似的日兵搶奪掉。他們原都是善良的，安分的同胞，過去都有着一個骨肉團聚的溫暖的家，而現在則是家破人亡且一無所有，一切的生活需要都要靠别人來救助了。

只剩下了兩個

「先生，你還認得我嗎？」

我剛到第一〇八收容所的那天，在點名時，一個老頭兒輕輕地這麼對我說。

我朝他臉上端詳了好一會，實在已不能記起他是誰了，我對他搖搖頭。

「侯家宅十七號的……………」

他提到了侯家宅，我就猛然想起了。從我們校裏出來一直走，不多遠便是侯家宅，那是個小小的村莊，居民都是務農的和小販之類。去年冬天，我常和幾個朋友在吃過午飯以後休息的時間上那兒去散步，十七號的門前是一片廣場，每天在那個時候，總有好些人搬了小竹凳和長凳等坐在場上，婦人們總是手裏編結着絨綫物一面隨便的談天；小孩們來去的追逐玩耍；一些工作完畢了的男人則是一根旱煙一壺茶，幽閒地架起了腿，在享受這一刻兒淸福。因爲常在那兒散步，與他們熟了，漸漸講起話來。這個老頭兒，是十七號的主人，他會跟我談過兩三次話，然而從前人是那麼胖，臉是那麼豐潤，現在則那麼的瘦，那麼的乾癟，完全是兩個樣子了。

他已將近六十歲，有一個兒子，三個孫子，他的妻也康健的活着。他有幾畝田，是自己種的，妻子和媳婦又替別人洗點衣服及結絨線縫衣等，一家的飽暖差可維持。忙了一年，多天比較空閒的時候，所以他有空提着旱煙桿子，到處找人談天，談鋒而且老是那麼健，想不到他現在已做了難民了。我點過了名，與他一同到他的鋪位去談談。

從前他臉上的那股愉悅達觀的神情現在自然是絲毫無剩了：兩只眼睛疲倦而沒有光彩，聲音是低而且啞的。

他說起初警察叫他逃時，他因捨不得拋棄屋子和傢俱，沒有走。到日本兵衝擊持志大學陣地那天，兒子和大孫子給流彈打死了，近旁的屋子，給日本飛機擲燃燒彈燒了起來，情形是非走不可了，他才捨棄了他賴以活命的一點農具屋子等，繞了大圈子逃出來。

「逃難的人是那麼多，那麼擠：在過蘇州河時，抱着小孫子且還懷了四個月身孕的媳婦，給潮水樣的人羣一擠，撲通，河裏去了，當時我一驚，驚得怔住了好一會，老妻也不知給人羣擠到了那裏去，到現在沒知道下落。」

像黃豆樣的大顆的眼淚落到他的青布褲子上，他把瘦得像雞脚爪樣可怕的手來摸一摸旁邊的他第二個孫子的頭，聲音更低沉地：「一家人就只剩了我們兩個！」

冬天那幅暖和陽光下歡欣的圖畫，立刻在我腦際浮起。如像有塊重重的東西壓到了我的上心，半天半天，連安慰的話也說不出一句來。

坐在太陽光下的廣場上，指手劃脚地談着包龍圖出世的那個圓圓臉的興高彩烈的老人，就是他麼？然而現在是：像只走了汽的皮球那麼乾癟，萎頓地低着頭，成天蜷伏在鋪位上一動也不動。

我們要報仇啊！

擔任警衛的童子軍向我報告，說那個害病的女人，成天老是哭。

這女人叫嚴張氏，三十多歲年紀，黃瘦的臉上滿是病容，是從楊樹浦逃出來的。

我走近她的舖位去，她正在吃粥。自從來到了我們這收容所，她就從未吃過飯，幾次要送她進醫院，她却不肯去。

將一塊髒得不堪的布頭時時揩着眼睛，那對眼睛是哭得紅腫了。

「為什麼你要常常哭呢？有什麼困難儘管告訴我好了。」我在她的對面坐了下來。

她一面在回答我說沒有哭，可是眼淚却從睫毛上流了下來。

我問她的身世，她告訴我說，丈夫做碼頭上的苦力，是個挺結實的中年，自己在高郞橋新第五廠做工，每月可以賺十來塊錢，有兩個兒子，大的已經十歲，每天提了籃子出去賣點油條之類，小的還只得七歲，便是現在坐在她的身傍的那個打赤膊的髒孩子。

「到打了仗，在近的人都逃了，要想逃，可是沒有錢，逃到那裏去呢？弄到後來，簡直就沒有法子可以逃了。

「砲聲震得耳朶要聾，外面子彈也是到處地飛着，那時候我正害着病，躺在牀上，丈夫早已不到碼頭去了，還有一個叔叔也住到了我們家裏，因爲還剩着一點米子，一家子就成天關緊了門一步都不出去。

「一個清早，我與這小的孩子都還沒有醒，兩個穿短衣的漢奸領了四五個東洋兵打破了門進來，說是搜查便衣隊，一見到丈夫和叔叔就用槍柄子亂打，叔叔倒底上了年紀了，給一槍柄子打在腰眼上，便一跤跌了下去，我當時便嚇得暈了過去。

「也不知是什麼時候昏昏沉沉地醒來，地上是三個屍首，丈夫死得頂慘，幾乎渾身都給刀劈過，滿地的血已經變成了紫黑顏色。

「立刻我背起了這個孩子衝出門去，我是決定不想活走了。不多遠一想丈夫的血肉模糊的屍首，眼前一黑，又暈倒在地上。

「醒過來已經在大卡車裏，以後我就便被送到了這裏。」

吃力地講完了這段經歷，這女人索心掩住了面孔大哭起來。

那個七歲的孩子的眼眶裏，也飽飽地含着淚水，我拿起了他的小手，那小手又立卽縮回去了，偎着他的娘，說：

「媽，不要哭，我們要替爸爸哥哥報仇，殺光東洋人，報仇要緊！」

小小的口裏發出的這句話，叫我太感動了。這麼的年紀已經認清了仇敵所在，已經有了報仇的決心，中國的前途眞是無限的光明，我們的無locate深的仇恨，總有一天，會被我們用血來洗得乾乾淨淨的！

我人是發着抖，竭力地忍住那湧出的眼淚，將這可愛的孩子抱起，對他說：

「小弟弟，永遠記住殺你的爸爸哥哥和想殺死我們每個中國人的仇敵，好好的上進，好好的保養，長大了替國家，替父兄報仇，也勸你的娘安息着身子

——徐志麟——

「附錄」

屠殺淞滬的劊子手——松井的輪廓

我們現在來介紹在上海戰線方面敵人的主將——一個屠殺中國人的劊子手松井石根。記者無意中會到一個日本的新聞記者，問他：「松井是上海日軍的最高指揮官，他的能力怎樣呢？」他笑而不答。沉吟了一會，他纔說：「松井是一位老將了。」「老將」，不見得就是「狠將」。我們知道松井統率了二十幾萬的敵軍，擁有海陸空一切精銳的近代的武器，和我們英勇的民族戰士，戰了兩個多月，算起他的「戰績」，也不過爾爾。雖然我們的血肉之軀，有過壯烈的犧牲，可是我們在這一方面的領土，未失一寸一尺。這固然是堅決抗戰的表現；同時對於一般恐日病患者之怎樣怎樣「畏見敵人」的醜態，也是很大的一個暴露。

我們現在正在和這個大敵在血鬥。日本記者說：「在陸軍部內松井是一個中國通。」所謂「中國通」者，只是研究如何實行他們野心的所謂「大陸政策」。他是「大亞細亞協會」的主宰者，每年到中國來妄想遊說，他前年到過華南，會過胡漢民先生，胡先生將他的所謂「大亞細亞主義」駁得體無完膚。使他不得不狼狽而返。要明瞭他的所謂「大亞細亞」主義（？），最便當我以爲是看一看他所主宰的「大亞細亞」上他所發表的文字，他曾經寫過「告支那國民書」，最近在八月份的該誌上，還發表了一篇「救中國之道」，那是什麼道？他說，他「是中國革命領袖的『老友』，他們多是大亞細亞主義者，和他所見相同，所以假使後繼者要繼先人遺忘，就應該繼續與日本共作。」對於日本侵略中國問題，他們說得妙，他說中國「疑心暗鬼」，說日本侵略中國，其實日本從來不會侵略過中國，今後也永不會侵略中國，以前一切「完全爲特殊的歷史之必然所構成」而並非由於日本之侵略，中國假如再不「覺悟」（？）還是以夷制夷，依賴歐美，那麼「中國永無得救之日。這種理論，在我們看來，當然是祇能付之一笑了！關於松井的歷史。他是愛知縣人，在士官學校是與荒木、眞崎、阿部、本莊等同期的第九期生。他在日俄戰爭時，是步兵第六聯隊長，中途離開了陸大而出發侵略的，到了戰地，任第二兵站部副官。陸大畢業後，到過法國，後來，經歷奉天特務機關長，步兵三十九聯隊長，步兵三十五旅團長，參謀本部第二部長，第十一師團長。隨後，出使日內瓦，任軍縮會議代表，歸日本，任日本台灣在奉天特務機關長時代，他佈置了滿洲一切的陰謀鬼計，收買馬賊，收買漢奸，勾結前清遺老，佈置軍事陰謀，的確對日本的大陸政策盡了很多的力量。當時他在奉天的聲勢，據日本人的宣傳，說是可以一手處理滿洲事務，張作霖對他明知於中國不利，也無法反對。

他的所謂「功績」拆穿了說，不過是實行侵略的大陸政策。當田中內閣時，曾開東方會議，當時，他任參謀本部第二部長，他便是推動田中決定侵略的大陸政策的主動力。因爲一方面他是「大陸政策」的忠實的遂行者，他方面又因爲他在陸軍部內是唯一的「支那問題的先輩」，所以他在部內還卵育了大批的青年侵略家，這批青年軍人受了他的薰陶，繼續在中國國內幹了許許多多的工作，這批青年冒險家之內，著名的人物有板垣、土肥原、磯谷、多田、喜多、根本、影佐、和知、永津等等，土肥原可不必多說，板垣現在在晉北，磯谷在津浦線，和知在羅店，都在依承着一貫政策，和我們血戰。

前年八月，永田事件前後，他退去了現役。當日本提出所謂「廣田三原則」時，有叫松井做侵略先鋒任駐中國大使的風傳，結果格以情勢，不曾實現。

在軍事學說，他並沒有什麼了不起的本領，這次派遣他到上海來，一方面爲着他對中國問題比較熟悉，同時據軍部中人的觀察他還有許多中國的朋友（？）；第二，爲着現在軍閥上層所最感棘手的那些少將、佐官階級的少壯侵華派大部分是他的部下，也許講話容易有些控制作用。在出發之前，據確實消息，還因爲和荒木大將爭奪這個職分，有了很大的衝突。當然，他以爲一到上海，就可以將中國軍隊擊敗，直取南京的，那知一敗再敗，形成了不能下台的僵局，我想望着江南的名月，也許有悔不當初之慨了吧。

——端 泉——

抗戰報告文學選輯之九

東戰場上

編纂者　華之國

出版者　時代史料保存社（上海福州路世界里）

總經售　上海雜誌公司

總店：漢口交通路六十二號

支店

上海四馬路　廣州漢民北路　梧州大中路　長沙東長街　武昌胡林翼路

宜昌二馬路　重慶售珠市　成都祠堂街　西安南院門　昆明西華路

代售處　各地各大書店

每冊實價二角二分

（外埠酌加郵寄費）

中華民國廿七年二月五日初版　四〇〇〇冊

上海前線

大時代小叢刊

李女　編

★大時代小叢刊：碧泉主編★

上海前線

李女編

大時代出版社

1937

夏衍主編：抗戰文庫

郭沫若先生歸國後第一部著作

抗戰與覺悟

這是郭沫若先生歸國後第一部著作，內容共分三部：第一部是郭先生的抗戰意見；第二部是郭先生親臨前線視察的報告文學；第三部是有深刻諷喻的雜感。全書都五萬餘言，是當前每一個抗戰救亡的分子必須人手一篇的傑著。卷首還有郭先生親筆詩作的代序，更爲名貴。△三版・二角▽

青紗帳裏（三幕劇）

歐陽予倩作

作者是我們熟知的一位有歷史地位的劇作家。這冊「青紗帳裏」三幕劇，是把幾件發生在不同的地方的事實，拼湊成的一個故事。——敵人在僞組織區域中施行奴化教育及强迫農民遷徙種種殘酷的行經，都作了具體的暴露，而在最後指出唯抗戰方有生存出路的結論。是一部便於上演的救亡脚本，值得每一個救亡劇團採用的。△實價一角▽

假使日本受了經濟封鎖

石決明著

全面抗戰發動後，列强對日態度，較之九一八强硬得多。中蘇訂約於前，英美法合作加緊於後，頗有引起時日經濟封鎖的可能。本書對於對日經濟封鎖之可能性，封鎖後日本國民經濟和軍需品所受打擊，和封鎖中我國應取手段等，討論甚詳。對於暴日國力，不作過小估計，不作過大估計，尤爲特點。△再版・一角▽

目錄

在前方——不朽的一夜

徐遲

他開始告訴我那一夜的經過時，隨手在桌上拿起了白色的皮帶，火柴匣，紙烟罐，剪子，眼藥水，墨水瓶，和一杯茶；又隨手的把滬戰的前方擺設起來。這是揚子江（白皮帶）這是獅子林（火柴匣，）寶山（烟罐，）楊行（剪子，）劉行（眼藥水，）羅店（墨水瓶，）月浦（一杯茶。）於是他又從衣袋裏掏出幾個鎳幣來，放在桌子的一邊，說，這是大場。

「這一帶戰區裏（手指了指桌子上的雜物，）有許多是軍事上的祕密，我答應過守口如瓶，所以不怕掃你的興，我不能不隱去許多我知道的事實，不告訴你了。

「現在這一帶戰區（手又指了指桌上的雜物，）已經沒有新聞記者能趨前視察的了。所以現在這一帶戰區裏的情形，差不多沒有人知道；我能夠去一次，完全是我的幸運。經過了兩個要人的連環保證，經過我自己的指天誓日，他們爲了某種關係，不能不讓我去。這「某種關係」是前方因需要防禦工程中最要緊的蔴袋，敝公司裏揹了十萬隻而公司的棧房，是在戰區中，所以我能夠去了。本來也只是到了公司的棧房就不能再深入的，因爲到了那兒已經是夜深，他們爲了我的生命的安全，才叫我跟着他們一起跑。於是我在夜的前方遊歷了五個小時。

「把十萬隻蔴袋分裝了十輛運貨汽車，這些汽車的外表是破舊不堪的，有的地方甚至是故意弄得牠骯髒非凡，看看眞以爲是些一九二七的老爺車，其實牠們都配着一九三七的最新的機件。

「每一輛車四個士兵，我坐在第一輛，汽車夫的旁邊。在我的旁邊，立着的，是一個姓×的團附。×團附保證我一路上生命的安全，我也自信還有一些膽量，便奮勇的跟他們沿滬太路如飛的前去。我們將經過大場，經過劉行，到楊行，把蔴袋卸在楊行之後，再打原路回來。

『我不描寫夜是如何如何的美麗了。因爲晚上沒有月亮，我看不見四繞的景色；汽車自然不開亮燈，因爲怕飛機。可是耳朵很享受一些清福，這些秋蟲，蟋蟀，紡織娘，金鈴子叫得很勁。

『過了大場便聽見槍炮聲，接近地平線的遠處，每隔一分鐘便閃電一樣的亮一下，亮一下。經過一小時的默默的旅程，忽然我和這位×團附之間，起了同情手足的幻異的感情，我們開始了談話：

『——×長看見做生意人肯捐出十萬隻蔴袋來，一定很歡喜，停一會，我給你介紹×長好不好？

『車子顛簸得很厲害，×團附接着讚美我們公司的蔴袋的細而堅固，又嘲笑我穿的一套白嗶嘰西裝，這套西裝，我在大場時已借了一套藍衣大掛換去了。秋蟲的聲音繼續的鳴叫，草裏彷彿還有響尾蛇的「嘶——嘶——」的悠長的聲音。

「——口令！

「突然在黑暗中爆炸出震人的聲音來，團附也大聲的叫回去——「×。」經過哨崗時，有手電燈亮了一亮，照見幾個士兵，荷着槍，那種印象，是我永遠不會遺忘的。

「我好奇地問×團附——這就是前方了嗎？團附哈哈的笑了，說這自然是前方，不過還沒有過劉行。過了劉行，可以聽機關鎗的密集的掃射聲；迫行楊行時，可以看見大砲。過了楊行，便是今天夜裏的兩軍爭持的「無人區」了。

「——口令！

「——×！於是汽車又駛過去。可是，路前面彷彿有着一堆黑影子，這便是疊着砂包的一個戰巷。汽車夫都是受過訓練的，他冷靜的飛駛，現在却慢了。他在第一輛車，要指揮後面九輛車的，他們有暗號。砂包的戰巷是疊得彎彎曲曲的，車前的燈亮了，依着彎彎曲曲的路前進。

「——媽的！有一個沙包旁邊的兵罵了，「開什麼燈，不怕死嗎？」事實上他們不怕死，倒怕飛機！

「團附和汽車夫立刻解釋，不開燈，這彎彎曲曲的路怎末能走。「那末！」那個兵叫，「快走！快走！」片刻後，車出了砂包巷，又飛駛了，不過現在的速率已比較減少了不少。

「過劉行後，果然機關槍聲大起。而蟋蟀，紡織娘，金鈴子却依舊這末鳴叫，還有響尾蛇。

「我告訴團附口渴了。

「團附突然特別的不豪爽，他忸怩了半天，才從他自己的熱水瓶裏倒出一杯茶來，他說：「你別小視這一杯茶。在前線，這一杯子茶比什麼還值錢。你們不知道在前線，一杯水是多末寶貝。兵士肚子餓了，不怕沒有乾糧吃，可是沒有水，那就是沒有水，而且等於是沒有了一切。譬如肚子餓了，而你沒有水，那末只好有乾糧也不吃，乾着挨餓。一等到有一杯子水，那時，才能吃乾糧。」我把這半杯子茶一口吞下，覺得不能熄滅我的口渴，可是我不好意思，也不敢再要。

『「蓬！」這是排炮，從月浦一帶射出。拋物線地，一個火球，震動了大地，震動了我們的汽車，從我們頭頂，嘍嘍地作聲，過去了。我的心直沉下去。×團附泰然自若的笑了。

『「團附，」我說，「我不上前了，我要囘去。」

『「別怕！啊——你瞧！有好玩兒東西可看了。」我順着他的手指望去，天空中不知何時已懸掛了兩盞小燈，一紅一黃，團附解釋這是砲兵的信號彈，你看了不懂什麼意思，可是炮兵一看，就知道他該怎末樣放射了。蓬！蓬！火球，震動了大地，連我們的車都跳了一跳（這不是修辭學或文章病，這是事實，）從我們頭頂嘍嘍地作聲，飛快地過去。

機關槍聲密極了。蟋蟀，紡織娘，金鈴子却還是這樣鳴叫，還有響尾蛇。

「我又安下心來，團附高興的說，「你膽子大，有種，一忽兒，我給你介紹×長，×長見做生意人肯捐十萬隻上好蔴袋，又膽子這末大，一定喜歡。」片刻，他忽然高興地說：

「：你要看看中國軍隊的行軍嗎？」

「我自然要；「可是，」我說，「在那裏可以看到呢？」

「回答說，「就在我們車的兩旁！」

「我嚇了一跳，這末神秘的事情！眞在我車的兩旁嗎？我望了一望，望不見。×團附說，「可以讓你看看，不過會挨罵的。好！這是難得的機會，也讓你見識見識。車夫，開燈。」

車夫奉命開了燈。

「燦爛的燈光裏，兩旁都是兵，默默的，堅忍的負槍荷彈，一些聲音也沒有地在前進。

『我想起了古人所謂「啣枚疾走」的景像。約模兩分種的樣子，有一個營長駡了，「操的，什麽時候！開燈！」果然，挨駡了，燈立刻滅了，車又在黑暗中緩緩的移動。

『慚愧，我又口渴得忍不下了。挨了半天，我告訴了團附。團附乾脆的回答，「忍着到楊行再給你水渴。」我已默然忍下來了，可是團附拍拍我的肩膀笑了，「後方給×長送了兩大箱金山桔子，比我拳頭還大的鮮桔子，我去偷一隻給你。」

『吃了桔子，團附又來讚美我了，「好像伙，你膽子大。」

『我說，「沒有什麽啊，大砲在頭頂飛，機關槍老遠的，沒有流彈，怕什麽？」

『「誰說沒有流彈？你聽那些嘶嘶的步槍，就在我們車前車後。」

『啊，這就是我錯認的響尾蛇的聲音！立刻，我膽子寒了。嘴裏流出清水來了，我告訴團附，我不上前了。可是楊行到了。

『×長在午夜三時半，正伏几安息；想一想這幅畫！「×長因爲勞了大半夜，現在正在桌上靠一靠，」他們說。

「如果是冬天，那些將軍「靠一靠」醒來，挺一挺胸，甲上的冰柱迸落，鏘然有聲——像古代的行軍紀上描寫的——這些抗戰的英雄啊！一幅何等英勇的畫！

「團附進去的時候，我和一個士兵談天，有一句話，聽得我懍然。他說「鬼子（他們稱日本兵鬼子）的槍打二千米，我們的槍打一千五百米，那怕什麽，我們跑上五百米再打啊！」這就是我從前方走了一趟，帶回來的關於士氣的一句話。

「我沒有和×長見面，就回來了。歸途上，團附答應送我兩枚日本霤霰彈，我答應他用紅木或紫檀做成木架，將來戰後可供作不朽的紀念品。

「過了大場，快天亮了。最精采的事在這裏，我沒有想到我們的軍隊裏連幾個汽車夫都訓練得這末好。

「遠處的灌木叢中，突然一條紅線，冲天而起。這好像過舊歷年時，小孩子放的蘭花條。

『團附告訴我：這是漢奸的信號。車立刻徐緩起來。

『差不多立刻的，在車的正前面的高空中，撲撲兩個照明彈，六地倏然亮了起來。

『車夫做了一個暗號，傳到後面，於是迅疾的車急轉四十五度，斜刺裏往路旁的一排大樹中插過去，停了。我們立刻下車，啊，如果有福氣看到十輛汽車，整齊地，用同樣的急轉四十五度，而且同時的，往樹的行列中插入，同時停住。那末迅速！那末敏捷！眞像電影一樣！便是那時我望到這十輛車，停得這樣整齊，距離這樣精確，而且剛好把十輛車都蔽掩在樹葉底下，已經使我驚叫了。

『每輛車點過人數，便各人在田野中分散，稻已經結了穗，團附牽着我的手，奔入田裏，撲下，立刻泥土的熟悉的氣息浮入鼻孔。

『遠處有炸彈的爆烈聲，飛機在天頂盤旋。

「車再駛動時，天已昧爽了。我們用了七十哩的速度，開回上海。

「這就是我遊歷這一帶戰區（手指了指桌上的雜物）的一夜經過。這是不朽的一夜，團附也一付笑臉說：「這種風景，出了錢也買不到；你眞有膽子。」我回想這一夜，也覺得我是過了一生中最有意義的幾小時。我很抱歉，有許多事牽涉軍事祕密，只好不告訴你了。」

始信人間有鐵軍

——張向華將軍會見記

夏衍

北伐戰爭中叱咤風雲的虎將，「中國鐵軍」第四軍的創立者，指揮官，××總司令，陸軍上將，——從這些聲威，經歷，和職位，我很奇妙地聯想到一位張桓侯式的豹額虬髯的將軍，可是，當他出現在我們的前面，殷勤而熱烈地握着手的時候，他却是一個身材和我們差彷，具有一雙善良而常常湛着笑的眼睛的智識階級。這意外的印象，正和我第一次遇見葉挺先生的時候一樣，十年前，當他的名字和賀龍先生聯在一起而轉戰贛粵的當時，說起他的名字也可以嚇止一個啼哭的嬰兒，可是，一個月之前遇見了他，我覺得，他還是一個好像剛從大學畢業，天眞好動，而又多少的帶着些羞態的青年。

我這樣寫，並不想將張向華先生描寫成一個溫文的「儒將，」恰恰相反，我明白地看出，在他那結實的身體裏面，包藏着無限的精力，在他那緊張的眉宇中間，盪漾着異樣的慓悍！

和兵士們完全一樣的草綠色的布質軍服，平頂頭，大約有個把禮拜不曾修剃過的口鬚，假使要找出一點和士兵們不同的記號，那恐怕祇有刻在藍琺瑯質徽章中間的一個亞拉伯式的1字。

他辦公的地方倒像一間整潔而簡單的書房，兩尺闊的小行軍床，寫字桌，書架，窗明几淨，這都不像一個總司令部。祇是四周的牆上，却貼滿了壁畫一般大小的輿圖。紅的藍的鉛筆這兒那兒的畫着許多我們看不懂的標記，對着這些樹葉紋絡一般細微的地圖，看着在我們談話中間間斷地進來請示的軍佐，我總意識到這間我們對坐着的房間，正就是指揮着×多萬健兒在和我們的民族敵人作戰的中樞！

在這房間裏，除出主人之外，是郭沫若先生，壽昌兄，和我。

壽昌代表我們對於他的爲國宣勞表示了敬意，而希望他發表一點對於抗戰的感想的時候，他笑着說：

『不，不，我不會講話，我不能發表談話，打仗才開始，打完了再說，打完了再說！』

最後的一句，除出謙虛之外，我感覺到一種虹一般的氣焰，鐵一般的決心！

『我知道我的長處和缺點，』他說『提一師之衆，衝鋒陷陣，我可以做；可是對於戰局全般的估斷，和政治上的問題，正是我的弱點！軍人，不懂政治就是時代落伍！』在他多細紋的眼梢，堆着溫文的笑。

『你不是落伍，是超過時代！』沫若說：

可是間不容髮地他接着說：

『過猶不及，超時代和落伍一樣，』這對話犀利而又幽默，大家笑了。

對於華北戰事，他一點也不悲觀，從他偶爾流露出來的一些簡單而辛辣的對話，使我認識了張向華不像他自謙一樣地單是一個祇能衝鋒陷陣的將軍。

是天高氣朗的秋天；透過窗，可以看見蔚藍色的天，黃褐色的野，農婦悠閑地在阡陌間走，小羊在遠遠的地平線上顯出了很鮮明的幾顆白點，沒有飛機，沒有砲響，也看不出戰時的情景。但是望着這「和平」的圖畫，一個鉛一般重的意念壓住了我們的心頭。

『這兒有漢奸活動嗎？』我問：

『豈止有，很多！』他回答，『殺不完，殺也不是好辦法！』據說，當漢奸的沒有一個年壯力强的男子，不是蹺脚，駝背，啞吧，六十幾歲的殘廢，就是十五六歲的兒童，他們沒有智識，當然也不知道這種行爲客觀地會有什麼作用。

『殘廢老朽，祇要證據確鑿，就處決了，這些人，對於國家民族不會再有好處，可是十四五歲的孩子，……』他斂了笑容，『可以殺嗎！我祇能將他們關了起來，……』

一抹憐憫的表情從他臉上掠過，我們這位叱吒三軍，威懾敵胆的將軍，在這兒竟是一位藹然的仁者！

留：飯，領略了他不辭斗酒的豪情，到上海的連絡車快要開了，我們一起走出了司令部，沿途的老百姓，兵士，壯丁，都帶着微笑望着他，不像對一個指揮十萬人的將軍，而像對一個親愛的家長，保護者。

『這樣平靜，敵人會放棄他攻浦東的企圖嗎？』我們問，他搖了搖頭，『不會，不過來攻，他們會有什麽好處？第一他們怕死，不敢登岸；退一萬步說，登了岸，依舊像江左一樣的持久的陣地戰，試問他準備犧牲多少人，才能突破我們的封鎖線。』

是斬釘，是截鐵，我們謹將這鐵一般的自信，傳告給後方的朋友。

汽車在敵機轟炸過的彈穴間繞着，已經近上海了。

月夜訪大場戰線

田漢

戰士軍前半死生；美人帳下猶歌舞！

一帶紅光燭碧空，驅車直過大場東。礮聲如吼槍如沸，全線今宵又總攻。

謝家才調經縱橫，屢向槍林策杖行。應爲江南添壯氣，湖南新到女兒兵。（冰瑩談前線生活甚興奮。）

寸土安能委虎狼，拚將血肉作鋼牆，月明露冷啣枚走，無限森嚴壓戰場。（歸途見無數援兵啣枚疾過。）

因爲大場之綫一時頗爲吃緊，爲着理解前方實際情形，我們在參加了一個戰時風景線之一的結婚宴之後，上了友人××君豫備好的車。到前綫去視察是朋友們共同的要求。因此想去的，當時有八人之多，但車子實在無法容納，結果去的是謝冰瑩，熊嶽蘭，胡萍三女士，劉保羅，蔣先啓，范長江諸先生和我。（冰瑩在前綫服務，以患喉疾暫時到後方休養。）

送亞子先生歸寓後車子出了租界就直開戰地。沿途從美麗的近代住宅到農民的竹籬茅舍，多被敵機轟炸得樑摧棟折，瓦爍成堆。××路一帶在若干年前也曾偕友人們驅車納凉繞過這兒，現在夾路楊柳在戰火中也憔悴得可憐了。過某地後的公路的一段也被破壞了，車子得繞小路，我們都被簸起一兩尺高。感謝「名車夫」阿福先生的神技，我們沒有演覆車之禍。至某地戰壘相環，皎潔月色中隱約見我守土戰士銀色的鎗尖，和嚴毅的臉色；遙望東方天空火柱高數十丈，紅碧相映：當是我民房中敵彈燃燒，路上有許多運輸兵，匆匆走過。有的沒有戴帽子，天寒露重，弟兄們的辛苦可想。車子在進行中已可聞更清晰的砲聲，先啓告訴我們回頭車子得經過一段公路，適在敵人彈火距離以內。這使我們緊張但也使我們高興，胡萍女士高唱起「義勇軍進行曲」起來。

「……我們萬衆一心，
冒着敵人的砲火前進。」

同車的人也熱烈地應和起來，我們雄壯的歌聲衝破了這嚴冷的沉寂。進行着的增援的弟兄們不免掉轉頭來注意我們。當日替電通公司寫『風雲兒女』的劇本，丟下了半支『義勇軍進行曲』連『鐵蹄下的歌女』也來不及自己作（後來是許幸之兄代作的）就入獄了。在金陵獄中讀友人送來電通畫報纔知『風雲兒女』已開映，但竟沒有想到那支破碎的歌到今日已爲全國抗戰學生青年和士兵同胞傳唱，成爲一種『具體的力。』這雖主要的在於聶耳先生優秀的作曲，自己也覺得對於鼓動抗戰做了一點小小工作，頗爲安慰。冰瑩告訴我們，前綫士兵極歡喜救亡歌曲，他們每學會了一支歌就非常高興，希望我們有人到前線去教他們。特別是在他們退下來休息的時候，一支雄壯的歌可以恢復他們的疲勞，鼓起他們再戰的勇氣。

和我們同鄉××長握見的時候，前線的砲火正是非常緊密。地面是那樣震動着，簷灰是那樣落着，但是黃昏的燭影中我們這青年將軍却眞是孫武子說的『其靜如林，不動如山。』我們問大場的情勢如何，他微笑着對我們說：

——你聽，今晚我們全線反攻了。

×將軍是我們湖南湘鄉人，承受着曾滌生以來沉毅的傳統。但他却并非木訥一流；他很明快地而誠厚地解答了我所提出的一些問題。他首先說敵人的戰略在北方企圖以一切力量攻下山西，完成囊括華北的計劃，在上海是攻下大場，壓迫閘北各線我軍後撤，他可以對國際宣傳『佔領了上海』然後和我們講條件。但很抱歉的，我們不能使他如願。某路軍在山西已經立了許多戰蹟了。我們以地勢不同，雖不便於運用游擊戰術，却是用全力堵住敵人的進攻，決不輕易放棄一寸土。他非常正確的說：『打仗不決定在地形而決定在戰鬥意志，有鬥志則任何地方都可戰可守，無鬥志則天險也不能守。』因此他堅決否認我軍會輕易放棄上海另覓更堅固陣地的謠傳。

不過他也做了一個强有力的警告，他以爲若不迅速動員廣大民衆，上海戰線能支持到何時却是一個問題；最具體的是戰鬥員補充的問題，照他的估計八一三以來敵人死數當在三萬以上，最近十日間的惡戰敵人傷亡至少有一萬六七千。但因火力關係我們當然也有壯烈的犧牲。我們希望的是各地壯丁不斷的來，經我們三兩月的訓練可以使他們迅速地成爲民族戰士，他也希望全國文化人能多多幫助這一動員民衆的工作。

因爲戰事是那樣的緊張，我們不敢多談，就匆匆地辭出了。因爲要送先啓回××處，我們繞道××，在月光中看見「那破碎了的學府××大學愈益增加了我的信念：教育是得和國防聯繫得更緊的。漂亮的黌舍徒然做了敵機轟炸的目標，我們應迅速建立幷開展不可轟炸，不可擊敗的精神教育！

我們的車子所經，有時雖在敵人大砲射程以內却沒有遭受射擊。沿途看見許多由火線上抬回的傷兵，有的血還從抬架上流着。我們恨不得去招呼我們戰士的創傷，最使人血肉飛舞的却是那整千整萬絡繹於途的援兵，他們那種英勇沉毅的姿態使我們忍不住向他們歡呼，女士們甚至從車子裏站起來，唱着『送勇士出征歌』；胡小姐更從車窗裏揚着巾子叫着『祝你們勝利！』冰瑩說『祝勝利他們或者不大懂，你該說打勝仗。』於是胡小姐說叫着：『弟兄們，我們全線反攻了，祝你們打勝仗！打勝仗！』他們有的也揚手回答『打勝仗！』但大部份都給一種『神聖的森嚴』壓住了。一個個的『啣枚疾走。』這使我們得了更深刻的印象。我心裏說：『抗敵救亡眞不是兒戲的！』這是一個嚴肅的死活鬥爭！

長江約我們去看××，我們因爲時間不夠，婉謝了，回到租界，只囉唆一道也通過了。下車後我忽憶××君之約，赴××飯店去會他，那時舞廳的霓虹燈還沒有熄，舞場內正奏着醉人的音樂，一些青年男女們在『火山』上跳得正起勁。使我深深地感覺得租界的寓公生活與『民族的感覺』不併立！

陳銘樞將軍談戰局

碧泉

上海和上海四郊的人們，一提到這一次「八一三」的抗戰，誰也不會忘記五年前「一二八」的烽火；記起「一二八」當時第十九路軍英勇的抗日戰，我們更忘記不了領導十九路軍堅決抗戰的那些將官們。——他們咤叱三軍，站在爲爭取民族解放的戰爭的前線，由於那一次壯烈的浴血抗戰，不僅使全世界認識了這老大民族睡獅怒吼的精神，不僅答復了頑寇的侵略，不僅堅定了全民族唯抗戰才得生存的意志；而特別是基於這些先導的條件，終於實現了今日全民抗戰的要求。所以，我們此時囘憶到十九路軍的光榮，我們對於領導十九路軍的將官們，祇有無限的欽敬，祇有無限的感奮！因爲他們的光榮，便是我們的光榮，是我們全民族的光榮。

昨天，記者在前線的某處，偶然獲知陳銘樞將軍偕蔣光鼐將軍也在前線視察陣地的消息，卽時感到莫大的興奮！陳眞如先生不就是舊十九路軍的最高領導者之一嗎？是的；他不但是一個親身參與北伐的革命軍人，並且因爲他在思想學問上都有很深的素養，又曾親秉過政務，所以他還是一位儒將，是一位開明進步的政治家。

『陳先生視察前線後的觀感怎樣？』記者見到他的時候，劈頭就開始了訪問。

他對記者笑了笑。他說：前線將領抗戰精神的沉着勇敢，精誠團結，都表現了最高的一致。——『在作戰上，我們的陣地，現在眞如銅壁鐵牆一樣的堅固，一村落，一河溝的佈置，我們都進守有方，敵方的企圖，終要成爲畫餅的。』

關於戰略上的問題，我們自然不便多問。我們祇廣汎的提出了抗戰前途的問題，請他告訴一些他的意見。他很遲疑的說：

『所謂全面抗戰，當然不單是軍事上的抗戰；當是指全般的政治、經濟、外交、羣衆運動等一切方面的抗戰問題而言的。要談這些總的整個的問題，中央當然有部署而且也都繼續在部署中的，我在這裏不能發表什麽個人的意見。』

他雖然對記者很和藹的接待着，但他反覆的表示：『他是軍人！』——他不能隨便發表談話。多少年來，大家祇有一個志願，就是要抗日——要把在祖國的領土內所有日本帝國主義的軍隊，一個都不遺留的都打牠出去！既然有了實踐這志願的機會，一切都應該無話可說。所以他果敢沉毅的告訴記者：

『這一個全面抗戰的最後勝利，我們必須要一心一德的，克服一切困難，堅苦的去爭取。我們要持久戰，我們要持久戰的決心，在戰爭的進行中，悲壯的犧牲，必不可免。但是勝利要從犧牲中求得，我們決不能因犧牲而動搖。就上海這一方面的戰事，我們已有過相當的犧牲了，可是我們要知道敵人比我們的犧牲更大。現在我可以告訴你：上海由我軍的配備，可以絕對持久的和敵人拚下去，敵人再休想進攻；固然戰略上的進退是另一問題，但試問敵人方面，究有多少把握？能「持久」到幾時呢？』

對於上海的抗戰，他是百分之百的表示樂觀的。記者就問他華北方面的情況了。的確，華北方面，津浦，平漢兩線，日前曾有若干的不順利，但這不足為慮。山西已有生力軍加上前線，且已獲了空前的大捷，敵人精銳的坂垣部隊已受了我軍最嚴重的打擊，也一樣是樂觀的。山東我們也早已部置好了。敵人因為單純武力的進攻，受了挫折，所以又想以素來慣用的謠言手段，來動搖我們的陣線，誣蔑我們的少數有封疆之任的將領。平型關捷報傳來的同時，也傳來了綏晉的謠言，這都是敵人技窮了的表示。

偶然會到陳將軍，談南北抗戰的局勢，他的給論，都是樂觀。這篇記事刊出，他已回到南京了。我們還知道和他同行晉京的李濟琛將軍現在也出發到華北去視察去了。

上海人不忘記舊十九路軍，我在現在上海的戰線上又會到舊十九路軍的將領：這是表示什麼呢？——全中國四萬萬五千萬人，變成為一個偉大的巨人了，全中國的所有一切車人，都是像鐵一樣的團聚在一條戰線上當着每一個抗戰的細胞了！

火線上的雙十節

胡蘭畦

——農民露天大會

『中國的老百姓呀，大家一條心！』鄭蕙珍，李慧英和任秀棠三個人唱得牛生不熟地在那兒練習着『保衛大上海』歌；亞芬和定寶兩個小妹妹在另一個角落裏，咭咭咕咕地編劇本；瑞英和敏玉兩個人也在自己編戲，一面在做表情，一面在想，她們兩個人要互相導演一幕『活捉東洋兵』；琦偉，秀娟也忙着在清理宣傳品；歌聲和人聲，把一間農民的小屋弄得像辦喜事的一樣，眞是熱鬧極了。放牛的小孩子，刈草的女娃，都擁起來看熱鬧，門口擠了一大堆赤着脚板，雨水淋淋的鄉窩人。

在百忙中，我忽然發現了烟橋給我畫的宣傳圖畫上，一張都找不出一個女人來。『糟糕，糟糕！』我說：『勞動婦女戰地服務團印發的抗日圖畫內面，連一個婦女的影子都沒有，怪難爲情啊！』

『怎麽好呢？』亞芬比旁人都着急。於是我打個電話到市鎮上去問烟橋。在電話上，他說：『呵，呵，呵！』我說：『呵，呵，呵，怎麽可以呀，現在罰你再畫一張大的，而且要多畫女人，而且要在十一點鐘派人送來！』

『好，好好！』烟橋笑着答應我了。

果然，十一點鐘時，他派人把圖畫送來了。一張大圖，上面畫的盡是女人，好像是女兒國一樣：種田的是女人，織布的是女人，賣菜的是女人，修路的是女人，搖船的是女人，捉漢奸的是女人，連那一個被捉漢奸的也是女人，一個男人都沒有。我的小妹妹們說：『陳先生的圖畫眞是男女有別呵！』

在十二點鐘時，秦隊長已把大會的程序寫好，但是屋簷上的水，沿着芳草滴滴達達不斷地流，而從天空中就像漏了籮篩的粉子一樣，密密麻麻地直洒下來。

『這樣大的雨，還有人來開會嗎？』一定有人在這樣想。或者就是我們的小妹妹中間，也有人担着一把汗，然而也有幾個小妹妹，並不因這連綿的雨水而減低她們高興的程度，因爲她們在頭一天已經把農民們邀約好了，並且給他們說了：『風雨不改！』所以她們很有把握地以爲農民們一定要來；而且糾察隊員胡瑞英，任秀棠，柳秀娟三人已經把宣傳圖畫挾在手腕下面穿起草鞋，戴上斗笠預先出發了。爲的是要先去佈置會場。

中國的人民尤其是農民，他們生成就有一種必信必忠的個性，你說風雨不改，他就風雨不改，在約定的時間中，他們就像隊伍一樣開起出來了。在遠處的田邊，在近處的屋角，有許多的農民，披着簑衣，戴着斗笠，有的還打着雨傘成羣結隊，像牽成的線子一樣都向着開會的場所前去。

『快呀，老百姓都去了，我們還在家裏！』我急急地催促她們，同時我也把褲管捲得很高，穿上草鞋，跳出屋子去了，李亞芬比我更快，她經嗶嗶泊泊地踏着水塘塘跑得很遠了。

秦隊長的胆子似乎小一些，她還有點顧惜的樣子，她的一雙雪白的脚板套在草鞋中間一步一步地在泥垢中走，把泥漿踏得吱、吱、吱地響，我看着她笑了，但是她不曉得我笑什麽。

我們到了會場，大家就忙着把宣傳圖畫在壁頭上張貼起來；陸陸續續來的農民，都圍着來看圖畫了，我們請的×部的楊祕書也從鎮上趕來了。

在平常天下雨的時候，一定會將大會移到室內去開，而現在却是恰恰相反，天晴時，我們才要到室內開會，正因爲天落大雨，我們的農民大會到要在露天之下舉行。這豈不是很奇怪的事嗎？如果我們用心一想，就會曉得是什麽緣故。如果還不明白的話，你們就想一想，現在的事情是反的，比如中國是素愛和平的，從沒有要損人利己地去侵害別的國家，但是硬有人要說它是落後，天天用飛機大砲來轟呀，炸呀，轟塌無數的房屋，炸死無數的人命，這叫做『親善！』反過來像日本那樣的國家，天天用飛機轟炸中國，無論是手無寸鐵的老百姓，無論是帶了重傷的士兵，無論是鄉村裏的婦女兒童，日本人像野獸一樣，硬要害死他們，像這樣殘酷的行爲，像這樣殘酷的國家，可是硬還有人說他是進步，是文明。

會開了，到會的農民竟有百數十人，連小孩已過二百數十人的光景。全體肅立在大雨之下，秦隊長任司儀，因爲在鄉下，我們沒有國旗，黨旗，也沒有總理遺像，所以秦隊長宣佈唱黨歌。雖然鄉民們沒有這種修養，而我們的隊員和楊祕書等十幾個人合唱的聲音也就很夠雄壯了。歌聲很嚴肅地傳播到空中，也很嚴肅地打在每個農民的心上；在向死難的將士和先烈們以及在抗戰中死難的民衆們靜默致敬的時候，我們聽不出一絲的聲息，雖然有幾十個小孩們在這一羣當中。

主席金敏玉，她一向是很莊重的，雖然她的年紀很輕，然而擔當起工作來，確是一把能手，她簡單地致了開會詞，報告了今年雙十節的意義之後，秦隊長就請×部代表楊祕書講演，楊祕書擺開八字脚站在水泥塘當中，因爲他的身材很大，鄉民們很多都以爲他是個大軍官，所以他說話的時候，大家都現出那種洗耳恭聽的樣子。

雨越下越大，風越吹越凶，幾百人站在風雨之中打着傘，戴着斗笠，靜靜地聽。楊祕書講演到我們將士悲壯犧牲的時候，有的人流下淚來了。當他講到什麼人的飛機天天在轟炸我們的時候，羣衆中就答應說：

「東洋赤佬！」

這時，羣衆中高喊着！

「打倒日本帝國主義！」

「趕走東洋赤佬！」

雨打在每個人的臉上，淋在每個人的身上，漸漸地濕透了每個人的衣服；秦隊長在給楊祕書當翻譯，把他的土話翻成蘇州話，雨點滴在她的臉上好像珍珠一樣，一顆一顆地。

大衆並不因爲狂風大雨，就減低了熱情，却正因爲一大羣人站在這裏開會，正因爲這班人的歌聲，演說聲，引起更多的遠方的農民來了。他們從溪邊踏水過來，從會場的四面不斷地冒着雨過來，到的羣衆已經將近三百人了。到演說完了的時候，大家高喊打倒日本帝國主義！趕走東洋赤佬！中華民國萬歲！中華民國萬歲！因爲在雨地裏太久，我怕他們受病。所以游藝會就移到室內去開。

居民自動地把他們的門板抬下來搭了一個小檯子。我們的隊員一齊上去全體合唱了一首『打倒東洋』，其次唱『軍民聯合歌』，唱過後，羣衆喊：『再唱！』她們又唱了一首『保衞大上海』，唱畢時羣衆的情緒高漲極了。

在熱烈的掌聲中，定寶扮着難民走到檯上來，她張慌的表情，和淒楚的叫聲，使得羣衆都緊張地望着檯上，好像那檯上立刻要發生一件什麼事情一樣。

『啊喲，怎麼了啊！家人都給炸彈轟散了，啊喲，怎麼了啊』！

這時，亞芬也扮着難民出來，她揹着包袱直往前奔，忽然聽着這婦人的哭聲，她就來慰問她，在她們的對話中，詞句和表情都非常動人，羣衆中很多人都哭起來了，我一面緊張地看她們的表演，一面驚嘆她們的努力和天才，眞是高興極了！

散會的時候，大家又再唱歌，羣衆也跟唱，而且繼續不斷地連唱幾次『打倒東洋，』因爲這個歌譜很簡單，不一會羣衆都學會了；在大衆的『打倒東洋』的歌聲中，我們舉行了大會閉幕式。回家的時候，小孩子們都沿途唱起走。歌聲和雨聲，演奏出另一副的音樂。這時秦隊長在泥漿中，已經比來時走得起勁多，羣衆的熱情，鼓勵着她忘記了泥濘道路的困難，秦隊長又有了新的進步！

★大時代小叢刊★

—救亡知識的寶庫 大衆文化的課本—

提供正確報導：解剖時事問題

血洗大上海 祖澄編
孤軍八百 祖澄著
九國公約和比京會議 惲逸羣著
日本的崩潰 祖澄著
北戰場 彭啓一編
日本的逆流 碧泉著
抗戰宣傳教程 惲涵之著
對日絕交論 鋼鳴編
毒氣戰與防禦 鍾強譯

抗戰民運教程 惲涵之著
抗戰演劇教程 尤兢著
抗戰歌詠教程 孫愼著
抗戰婦女教程 關露著
抗戰先烈傳 陳憲章編
民族英雄點將錄 陳憲章編
漢奸羣像 吉誠編
在上海的日本人 谷本艮平
俘虜的供詞 夏衍編

□十一月起陸續出版一律五分□

徵求基本讀者

請向本社直接預定本刊五十冊連郵祇收一元八角廿五冊一元（國外及香港澳門加倍）

上海前線

民國二十六年十一月初版

—實價國幣五分—

編著者 李女
主編者 碧泉
出版者 大時代出版社 上海新聞路一五一六號
總經售 大公報代辦部 上海四馬路第四三六號
特約經售 生活書店 五洲書報社

大時代

大江南綫

曹聚仁著

目次

滬版前記

三十一年夏間，敵軍流竄浙東、贛東，上饒淪陷；戰地圖書出版社的業務，受了最慘重的打擊：大江南綫再版本也就在動亂中流產。現在，抗戰已經勝利了，戰場舊事，都成陳跡，這本戰事報告、似乎不必重新出版；可是重讀舊文，感慨甚多，這份感慨，並不是屬於個人的，而是家國之感使我不能已於言。抗戰八年，是多麼重大的變動，多麼深切的教訓，環顧社羣，蚩蚩者氓，對這教訓究竟領會得到什麼程度？覆轍不尋，將何以立身於世界？風雨如晦，鷄鳴不已，我還該嘶喊下去……！

這本小冊子所記的，從武漢會戰前後起，到太平洋戰爭前夜爲止；這一時期，說是中國抗戰最重要的時期。那時候，我國眞的孤軍作戰，國際間或友或敵，都對於我們的抗戰表示絕望；國內各階層瀰漫着失敗主義的空氣。武漢陷落以後，若干人士對於軍事表示絕望，竟乃脫離了陣綫，走向投降的路。究竟這惡劣的情勢如何轉變過來？我們的當局如何支撑這艱苦的局面？我的新聞報道中，有着蛛絲馬跡可尋。記者個人也曾立願，放下筆桿去揭鎗砲，新的情勢誘起我的希望，鼓起勇氣在戰場上奔走着。我看了前綫的實情，研究了敵人的文件，使我永遠對於抗戰前途樂觀下去。我所有報道，决沒有誇張的成分；「時間」是最好的證明，直到今日，這本冊子的眞實性並未減低，這是我自問對得起社會之處。

我的中日戰史，已經着手寫述了。在戰事行進中，當然保有若干軍事祕密；我希望環境能允許我紀述得眞實些，那就可以把「大江南綫」中若干暗示性的話都揭開來了。假使讀者要替「大江南綫」找註釋，那就請看我的戰史好了。

三十四年十月下旬在上海

前記

我做戰地新聞記者，算來已經三年了。這三年間，寫了近百萬字的新聞報導，戰地雜感和人物志，積稿盈篋，一直不曾整理過。假使有整理的餘閒，我首先該編定中日戰役史論，其次該把預定的五連長篇小說，燈——劍火獄廢——墟火獄——紫金山之春和一部佈就了輪廓的三幕劇，枯嶺鬼屋寫起來，再其次我必須寫定亂世人生哲學；可奈飄浮往來，日無寧處，一切都是事與願違。

現在且把一些通訊稿整理起來，彙成一册，題名大江南綫；起自前年（民國二十七年）夏間由洛南歸，以迄今年（民國二十九年）春夏間的居贛，先後凡經二年。此外，凡淞滬皖南隨軍及汴鄭洛間巡行種種，別成一册，題名火網中，還有一些隨筆雜感，也想以類編次，題名「凱言」。假使這些紙片上的記載，還有一些兒社會或時代的意義，就讓我這樣保留起來吧。

彙集在大江南綫這一册中的，約十八萬字，依時序先後，共分八章；中以記敍戰場實況、軍事行程、軍事家論斷爲多，戰時社會經濟及政治動態次之，至人情風物山川勝蹟所載甚少；嗚呼，强寇侵迫，烽火瀰天，家深毀室取子之痛，人懷薪靡火絕之危，什麼個人情調閒適筆致，都不容筆尖漏下來的了。或者說，我們認清新聞之筆乃是社會的工具，勉力來做到「言不及已」，乃可告無罪於社會了！

是爲記。

民國二十九年十二月

新聞文藝論

一　引子

不久以前，我在曲江曾做了一件傻事；一位年青的朋友向某書店買一本題名爲「新聞記者工作入門」的書，那書定價很高，那青年又珍愛又躊躇，從他的動作上看出他心頭的「鄭重其事」。我就很冒昧地對他說：「當作隨意瀏覽，你也不必躊躇，若認眞以爲讀了這小書，就可以進入新聞記者工作的門閾，那又把這小書看得太珍重了。這也不過是幾個新聞從業人的生活報道，算不上指引初學的入門書」。我後來一想，這話說得很稜，不僅打破了一注別人的買賣，而且辜負了編者「寶筏渡人」的至意；再者，那青年若進問一句：「要從事於新聞記者的工作，究竟從何入門」？我又將怎樣答復他呢？

近年來，中國新聞界顯然青黃不接，前後脫了節似的，有採訪經驗的熟手記者，大都生活富裕，留戀都市，已經擱下他那枝精練的筆；那些上戰場去的，又都是熱血青年，愛寫作而缺少採訪經驗，所寫作的多係小品文而非新聞文藝；還有許多有志新聞記者的青年，彷徨歧途，摸不着門徑，承先啓後，替後來人鋪橋樑，指示青年記者以入門的途徑，也是一件當前的切要工作。（我所不曾對那青年作答復的答案，事實上原是非作答不可的。）

如李却特·波里士拉夫斯基（Richard Baleolusky）所作「演技六講」那樣的入門書，應當早日編起來的，還是一切有採訪經驗的熟手記者們的責任。

二　什麼是新聞文藝？

什麼叫做新聞文藝呢？（新聞文藝或稱報告文學。——Reportage）

牠，並不是純文藝，乃是史筆；牠的成分，要讓「新聞」佔得多，那藝術性的描寫，只有加强對讀者誘導的作用，並不能代替新聞的重要地位。換言之，不管用文藝手法描寫得怎樣高明，只要那新聞本身缺乏眞實性，那篇通訊即失了意義。

有人以爲「特寫」，便是「新聞文藝」，那也是錯誤的；「特寫」乃是一切藝術作者處理事件的一種技術，一種誇張的手法，凡電影、劇曲、小說、漫畫，當作者認爲某細小事件足以做某類社會現象的徵象，就用誇張的筆法來渲染起來。新聞文藝中，也有用着「特寫」的地方，並不是「特寫」便是「新聞文藝」。

有人以爲身邊瑣事，便是「新聞」，於是喝茶鬧酒，都當作新聞來報道，這也是極大的錯誤。「記者」本人除用以標示「時」「地」「關係」以外，原不必在通訊裏出現，「記者」的私生活，絕沒有新聞的意義，更不必寫入通訊中去。——「記者」更不應該把寫通訊當作自我宣傳的工作。

我們要了解新聞文藝的含義，必須掃去主觀上的文藝看法。新聞記者並不是文藝作家的兼差，並不是能寫文藝作品的，便可寫出優秀的新聞文藝來。歷史上，許多文學家編史書，編得非常拙劣；文人寫新聞，每每寫得很壞，這個理由是相同的。

讓我舉個例吧！英記者勃脫蘭的華北前綫，楔子第二節，開場寫道：

「山邊的小河，流過了擁有叢林的兩岸，河水澄澈而陰涼。我們的船夫是赤黑而壯實的漁人，他**們把那隻平底船緩緩地向着逆流上駛。眼前的風景也正像一幅着色的圖畫，它有着星羅棋佈的小丘和整潔的木屋。天空是像陣雨後的澄澈。**

在我們船的前頭，兩個人涉足在河流當中，手裏拿着漁網。另一人攜着一隻鸕鷀，牠是替我們捉魚的。當漁網撒下去的時候，那鸕鷀就奮身躍入水中，動作很是敏捷，並不需要漁人去指使。牠貪饞地吞着，吞着嘴裏不時翻出銀色的閃光。漁人敏捷地把魚從牠喉嚨中取出來，再把牠拋到魚籃裏去。那鸕鷀一次復一次地沒水和出水，一次復一次地被強迫着吐出。牠似乎永不會饜足似的。」

這段秀美的描寫，我們彷彿在讀屠格涅夫的小說，但這段描寫所以有意義，並不在於他的秀美字句；他的主要目的，不在景物的描寫而在下文所指出的象徵意味。他接着寫道：

「「這正是一個象徵日本工業的日本寓言」，我這樣想着，很悠閒地注視着這個過程無止境地在重複表現。「那鸕鷀是否知道牠是受騙了的？是否知道牠是在為人作嫁？為什麼牠不繼續罷工呢？然而果如這樣，牠的主人就會把牠餓起來，直至牠再願意作工。」」

這麼一來，便成為一篇好的新聞文藝了。他所以那麼誇張描寫，正在說明日本社會內的矛盾。可是他的傑出手法，還在下面，讀者請再看下去，他寫道：

「「這是很美麗的，坐着看流水的悠逝」。一個曼美的聲調打斷了我的思路。說話的人是我在東京邂逅而遇的一個醫院裏的醫生。他很為我所敬佩，認為足以代表自由職業家的效能和尊嚴的一個模範人物。他舒適地躺着，他的草帽掩蓋着他的前額。他繼續肯定說：「日本人愛自然，是你所知道的，因為每一個日本人都有詩人的心情。」

有一件事是確實的，日本人有時具有像少年維特那樣的感情，經過大戰而漸滅了的歐洲人的多情善感性，都在日本復活了。」」

這樣，他有了極有價值的另一面的成就了；原來，他是身處在中日戰事爆發的前夜，要從日本的民族性的根柢上來解釋這侵略戰的成因；這是一段好的新聞文藝，不僅是一段好的描寫。

我們要說勃脫蘭華北前綫那個新聞文藝集子的優點，先要說起他的透闢觀察力，其次再說及他的井然的材料處置，再次方說及他的秀美描寫，這是構成新聞文藝的幾個基本條件。

三　新聞眼

因此，我們先來談談一個記者所必須養成的透闢觀察力——新聞眼。

我們每個人每小時間所聞所見的事物，若全部絲毫不遺地記述下來，至少可以印成三百頁的冊子，當然誰也不會這麼傻，把所聞所見的都保留着；各人都加以主觀的選擇，大部分「聽而不聞視而不見」讓牠忽略過去。因此，吾人對這個現實的世界，所知實在有限得很；除了和自我利害有關涉的，其餘一切，可說是矇然無所知。我們不妨說，每個人若非經過相當訓練，不會有觀察事物的能力；正如每個人入水必沉沒下去，除非學習過游泳的技能，纔能從水中浮起來。

一個新聞記者，他就首先要脫去以「自我」為中心的世界觀。學習着觀察這個客觀的社會和世界。客觀現象是變動不居的，在我們心胸中先要從變動中構成一個鳥瞰式的輪廓和波浪式的史的概念；申言之，一事件的發生，有其來龍，也有其去脈，把每一事件放到一串事件的發展過程中去看，才可以明瞭其正確的意義。例如吳佩孚將軍逝世了，我們非有北洋派發展過程及中華民國政治社會的輪廓，即無從估量他的事業和人格；而他晚年言行的估價，也非把他放在中日政治活動的過程中去看不可。孟子所謂知人論世，即是養成透闢觀察力的第一步。

橫的方面，世間也決無孤立的事件；一件眞的新聞，若只是一件孤立的或片面的新聞，並不一定是正確的新聞。我們在戰地上，訪問一個親身作戰的士兵；我們若不明瞭那一戰役的整個陣綫的配置，不明瞭那士兵個人的任務是什麼；單把他所敘述的所批評的記載下來，我敢說這節新聞的正確性一定很低。以我個人的經驗來說，每覺得愈接近戰綫，所得的消息愈零碎，愈眞實，但未必正確；而能設法接近高級指揮部、所得的消息愈是綜合的愈增加正確性。例如時人愛談台兒莊的勝利；但當時究竟如何勝利，我們在台兒莊正面陣地的一羣記者，並不十分明瞭。因爲四月六日那天，正面孫總司令部和側翼湯軍團部失去了情報上的聯絡；單就正面陣地來說，台兒莊的五分之四陣地已被敵軍所攻佔，只留下了河邊五分之一的陣地。孫軍雖有死守的决心，尙無必勝的把握。那天晚上，我向徐州中央社報告反攻台兒莊已經得手的消息；指揮作戰的田鎭南軍長，尙以「發表過早」爲言。可是在徐州的胡定芬兄從司令長官部得到側翼的消息，便確然斷定已經獲得了大勝利，比我們在正面上的記者正確得多了。這便是使用顯微鏡與使用望遠鏡的不同之處，一個新聞記者必須學習使用望遠鏡。

初做新聞記者的朋友，和各方面的人物相接觸，或搜集了每事件的各方面材料；每撫掌興嘆，以爲每個人的談話都不可信；各方面的材料都相互矛盾，消息太不容易正確了。（歷史家也說一切口頭或紙面上的史料，都缺少正確性。）在這些缺少正確性的新聞原料上，我們怎樣去整理，才能成爲正確的新聞呢？這便是養成新聞的第三步。不錯，每個人的談話都有點歪曲事實或誇張手法來敍述；但一事件所關連的各方面人物，他們所歪曲的所誇張的並不相同。所歪曲與誇張何以不相同呢？此中有各人的主觀色彩存在的，我們看清楚這主觀色彩的成分，推求其所以不同的原因，就可以構成一個眞實的對象，——三個「謊言」，便可以構成一個「眞實」，編輯室的編輯也是如此，他接受了許多方面的新聞報道，有的相互矛盾，有的時序顚倒，有的先後重複，就撰各方面的「情」，度「必然」「成然」的「理」，一一加以鑑別，便重新組成一件正確的新聞出來了。

五

「新聞眼」的最大障翳，還是我們自已心理上的幾種弱點。第一，我們不免爲好奇心所激動，一個事件，只要牠刺激了一般人的視聽，合了我們的好奇口味，就不估計這事件的社會意義，當作一件重要新聞來記述。第二，我們一半受社羣心理的影響，一半受文藝描述習慣的影響，當執筆時，每不能保持客觀的冷靜態度。把强烈的情感注入文句，乃成爲誇張式的記述，因而失去了全部正確性。第三，我們每相信自已的記憶力，以爲親聞眼見必十分可靠；其實記憶是不可靠的，在回憶中所能喚起的印象都是渺茫的。（

據可靠的研究，至多只有百分二十的可靠性）每當執筆時，我們容易和一般人一樣，當記憶不眞時，加以主觀的修正和補充。第四、我們所使用的語言文字，意義是非常曖昧的；「普通習用的字眼，特別是形容字，常不免與實物相去甚遠」。但我們執筆以前，並不會受嚴格的訓練，以至我們的報道，也和一般人一樣的意義曖昧。

以我看來，「新聞眼」是必須養成的，却非一朝一夕所能養成的。我們知道打彈子、打網球、打檯球這類小游戲，得費很多次的練習，長期間不斷的練習，才會打得很正確；「觀察力」之養成，該比這類小游戲更艱難些；我希望一個初染筆的靑年朋友，不要過於相信自己的判斷力。

四　材料處理

假若有人問我：民國以來，中國新聞記者那一個最成功？我應該舉出黃遠庸來。何以故？因爲他善於處理材料。假若有人問我：戰事報道，那一種寫得最成功？我應該舉出興登堡自傳來。何以故？因爲他善於處理材料。假若有人問我：我們應該向那一個去學習？我應該舉出司馬遷來。何以故？因爲他善於處理材料。處理材料乃是新聞技術的中心，（所謂史才）一個新聞記者的成功和失敗，就從這方面表現出來。

一事件的發展。有似一顆大樹的成長；我們怎樣來處理牠呢？固然可以順着萌芽、抽枝、開花、結果的時序看去，也可以截斷樹幹，看牠的年齡；原不妨到樹下去看那枝葉花果的分布狀態，也可登高崗遠望，看那顆大樹在原野村落中的位置。司馬遷之作史記，拆開來是一段一節的記錄，合攏來便是一件完整的製作。其中有「縱」的敍述，則爲本紀與年表，有「橫」的敍述。則有以人物爲中心的世家和列傳，還有「綜合」的敍述，則有以制度爲中心的八書。明白了這個道理，就可以知道處理新聞材料，用之以作縱的，橫的，或綜合的敍述，其方法原各不同，而有「相得益彰」之妙。（報館中朋友，常以寫通信者，不善處理材料爲嘆；所舉通病有五：（一）述戰事必從「蘆溝橋事變以來」開端，閒話說了許許多多。（二）

個人的生活起居寫了一大堆，落到正題，便草草了事。（三）輕重詳略安排得不妥當；每每詳其所略而略其所詳，弄得頭重脚輕。（四）前後不相照應，使讀者摸不着頭腦。（五）頭緒紛紜，東說一句西說一句、沒有一貫的綫索。這些毛病，皆由不知剪裁組織之故。）

前人愛提及史記的廉頗藺相如列傳，這篇列傳寫藺相如的事功，把完璧歸趙和澠池之會兩件大事寫得有聲有色；而寫那位疆場立功身經數十戰的勇將廉頗，並不寫他在戰場的事蹟，只說他老年時，趙王派人看他還能不能作戰，他自示不老，「一飯斗米肉十斤，披甲上馬」的情況，以及他對藺相如負荆請罪的情況。司馬遷何以這麼來寫呢？因為單把戰場的勇戰，不足以寫廉頗的忠勇人格，所以他從小處着筆；而藺相如的經綸却從兩件外交大事表現出中，所以他從大處落墨；一詳一略，一正面，一側面，他把材料處理得非常得當。又如李廣列傳；寫性格處比寫事功處為詳；寫事功，大抵綜敘幾筆，偶有鋪敘，也多以側筆來陪襯；其寫性格，無論寫他的騎射、應戰、料敵、及處衆應世，都活龍活現，一幅有一幅的妙境。而項羽本紀，則寫事功處比寫性格為詳，其寫性格常見之於其應對吐屬之中，不用「特寫」之筆；寫事功，則鉅鹿之戰，鴻門之會、楚漢戰爭、垓下之圍、各有各的鋪敘法，千頭萬緒中有一很清晰的系統。司馬遷若來做戰地記者，他定用項羽本紀的手法來敘述淞滬戰役、魯南戰役、武漢戰役，至於張自忠將軍作傳，定用李廣列傳的筆法；關於格局的安排，材料的棄取，都得有一番考校的。我們在魯南隨軍那麼多的新聞記者，應該自已抱愧的，就是那麼多的通信，不僅沒有一篇及得上陳辭修將軍的談話；而且綜合敘述那麼少，以至讀者看了我們的通信，看不清戰局的輪廓。

我們再來看興登堡的自傳，全書二十萬字中，記自已個人生活不及二十分之一。第三卷中，有一節記大本營生活，僅四千餘字；可是他在引端中說：『在巨大世界事件中，是有些人不願注意這些小事的，我請他們把下列數頁翻過不看。知道這些事於了解大時代是不必需的。』這正是他的取材審愼處。他的取材原以使讀者能了解大時代的動態為主。興登堡將軍，他是造成坦能堡勝利的主角，我們且看他筆下的「松山戰役」。（卽坦能堡戰役）全文約七千字；先寫敵情判斷，約一千字，寫德方應付策略約一千五百字，寫戰鬥經過，約四千餘字；寫大勝利收場，只用五百字的簡筆，其中除錄了一份向皇帝報告的電文，只有下文一段有力的字句：

『我在阿倫斯泰因本路軍新指揮部，踏進古騎士宮殿附近教堂裏，時正舉行祈禱。教士說了最後祈禱時，所有在座的人，少年兵和老年國民軍統統在所經的巨大印象之下跪着。這是他們勇敢行爲一個可敬的結局。』

他這七千字的戰役記載，幾乎不可增刪一字，可謂剪裁得其至當。

五　藝術筆觸——特寫

用藝術的筆觸來作「特寫」，那是屬於新聞報道中一種輔助之筆。我在前面已經提過了。（中國新文學運動，只有短短二十年歷史；所有文學部門作品，戲曲、詩歌、小說都沒有什麼成就，民國二十一年以後興起的小品文，也只是文學作品的初步練習，不能算作文學作品。許多人把「特寫」當作新聞文藝，蓋由小品文流行所造成的錯誤觀念。）我們作新聞報道，究竟在怎樣情形之下得用藝術之筆來作特寫呢？約略說來，用特寫的地方都是加强力量提示讀者注意的地方。我們敍述一件事故，無論多少頭緒，必有一個中心；枝枝葉葉，常用簡括的敍述，入到中心，就得渲染一番，渲染處即可作一「特寫」。許多事件，從正面着筆；每易枯窘難於舒展，就改從側面着筆，作側筆時，我們也愛用「特寫」。又當主題未出，我們已安排牠的背景，用陰影來襯托主題；大抵作陰影時，也常用「特寫」。一切藝術的筆觸都有誘導的意味，所謂引人入勝；但新聞中的特寫，當以完成誘導作用爲限度，過了這個限度，卽失了作「特寫」的本意。

再引勃脫蘭的華北前綫來作來例子，楔子第一段，島國的人民，開端那小節記他自己和日本人警察的談話是一個特寫，這一特寫卽以襯出日本人對中國國情的不了解，這不了解由於日本人的自大性所造成。第二小節敍述他所見所聞中日戰爭前夜的明波暗流，從正面着筆。第三節又轉入側筆，寫他和一位經濟教授的談話，也是一個特寫；他要用這位經濟教授的議論來解釋日本社會的矛盾。看是最不經意之處，却正是筋絡所在處。我們試讀下面一段記載：

「『很可惜』，我的同伴一心牽記着花的話題上，便對我說，『你錯過了春天的花。但你倘可看到鳶尾花。』『日本』——他對這本國的英文名字，雖然說來是不甚純熟，但說得也像一個很可撫愛的東西——『是一個花國喲。這裏的景色是常青的，不像中國那樣，那裏是沒有樹木的。』

對於這最後怪異的議論，我不贊一詞地讓它過去了。日本的人民對於中國究竟是怎樣看法呢？

他深深地嘆了一口氣，宛如我提出了一個使他沉痛的問題似的。『我們能怎麼辦呢？日本願意做中國的朋友，可是中國人不瞭解。他們時常同我們鬧別扭。……』從他想像中的中國，我很快的得了個影象：似乎一個廣大無垠的大地，黑沉沉罩着雲霧。沒有樹木，却滿地擁擠着鬼怪似的東西，個個對太陽旗作粗旁無禮的姿勢。『我們祇是要幫助中國，可是中國却毫無誠意，這就很難了。……』」

我們說這段特寫很成功，就因爲他無意之中把主題烘托出來了。

關於新聞寫作的話，我想停在這兒，不再寫下去了；寫作技術的種種，原非三言兩語所能說盡，且等有機會再來有系統地說一說。

七月一日

第一分　大武漢的命運

大江南綫

一　杞人羣中

一九三八年七月二十九日，記者由北戰場南歸，一夜之間，穩快的藍鋼皮車把記者從鄭州送到武勝關內，相當於平時的旅行。沿途新黍抽穗，早禾澄黃。從莊稼人的笑容上泛出田野間的平和氣象。三十日下午，到了武漢，長江北岸戰事轉緊，憂鬱性的空氣，迫得人喘不過氣來；許多朋友都已經走了，人們見面，總彼此詢問行期或走避的去處。八月一日，申報漢口版停版；二日，時代日報新中國日報停刊；三日晚間，記者往文藝協會訪友，但見杯殘咖啡，席横方塊，燈暗人靜，殆有此樓將空的徵象；杞人所憂的天，看來眞會倒坍下來了！

那幾天，市場上傳說很多，甚囂塵上，說是敵方已提出和議條件；其內容有：一、劃上海、南北、江灣、南市爲日租界，二、承認滿洲國，三、加入「防共協定」，四、某某等地常川駐兵……等款目，仍未脫三原則六條件舊面目。

又傳：我軍事首腦部分，表示守衞武漢，有破釜沉舟的決心：最高軍事當局在會議席上，自誓與武漢共存亡，令上下各級人員各自選擇報國的地點。其說與和議的風傳恰正相反。

葉劍英氏在新華日報刊佈「論目前戰局」評論，（八月一日）其主旨叫國人注意敵人的「沿江躍進」，依他的看法，敵人的企圖已有改變，把主力決戰放在第二步；首先要集中力量，「以多數空軍掩護海軍，以海軍掩護陸軍，沿江躍進　企圖迅速奪取武漢，控制長江天塹，橫切中原以遂其切斷我南北交通的毒計」。他本想喚起武漢人士去做保衞的工作，可是憂鬱性太重的人們，見風便是雨，以爲武漢朝夕即不可保，只能「三十六計，走爲上計」。他的文章，極引起武漢人士的注意，可是武漢人士的反映姿態，大出葉氏的預想之外。

記者碰來碰去，都是這樣的神經過敏的人：若非黃梅廣濟間的大決潰，擋住了敵騎，日蘇間突發的張高峯大衝突，給他們一些興奮；他們也許會變成了瘋子。

記者個人對於武漢戰局的看法。稍微有點不同。八月二日晚出席編輯人座談會，提出三點來研究：「甲、我們的主力部隊正在調遣出動中，主力部隊未參加作戰以前，論斷武漢的命運是否過早？乙、敵軍要調五個師團來增援，在增援部隊未到達以前，是否有躍進的能力？丙、主力決戰的樞紐是否完全由敵方來決定？」記者認爲當時的武漢，尚說不上危險，不必神經過敏。當晚，葉劍英氏亦出席演說，語詞較那篇評論有彈性 不過武漢人士仍相信他的沿江躍進看法。

× × × × ×

八月九日，記者趁了怡和公司的江和輪從漢口到長沙去。動身前，朋友都替我担慮戰時船客擁擠，催我趕早下船；誰知船客稀少，江流寧靜；憑欄張椅高臥，迎朝霞，送落日 呼吸大地灝氣，倒成爲一個優遊的遊客，胸中所帶的武漢的緊張空氣，到此都化作曉烟野霧，付之茶餘一笑。

輪中有許多下江人，（武漢人稱我們江浙人爲下江人。）攜老扶幼，從武漢到湘中去試他們的命運；他們自已也知道到了長沙也和在武漢差不多；離去了武漢，更覺得四顧茫茫，無所寄托。他們向記者詢問：「武漢會不會陷落」？語氣之間，非常滯重，帶着極深沉的憂慮。他們向記者說述一件新近的悲劇，一家難民趁某輪從漢口轉往長沙，輪中天熱人多，乾渴不可久耐：懷中嬰孩，儘是啼哭不甯；無奈輪中茶役心腸冷酷，任何哀懇的話都不能打動他們的心：那孩子的父親，只得用弔桶扶欄向江中取水，手軟浪高，不一小心，連人帶桶捲入江濤去了。那難婦狂呼長號，難童嗚咽哀嘶，茶役們行若無事，漠不動心。這同甚於敵國的情況，在難民心頭眞是一種異味的刺激。他們以爲武漢萬一陷落，在千百萬難民的心理上，將有一度激變，言詞哀切，爲之凄然。

輪駛過了城陵磯卽折入洞庭湖，萬頃浩波，月光輕籠，一片銀色的世界。記者和幾個軍中友人細談戰局；厲君認爲武漢外圍戰的關鍵在十月底；過了十月底，無重大變化，就可以延挨至來年三四月間。他說「敵軍主力正在陸續增加，日蘇戰事若不再擴大，關東軍又將有一部分抽調入關；雙方主力戰約在八九兩月，十月間卽可判明雙方實力的消長。十月底，敵軍若不能進陷武漢，卽須重行調遣部隊，經營第二次會戰，那就得再拖延半年以上。」記者曾提出這樣的問題：「敵閥已向其國人及士兵保證攻下了武漢卽可以結束戰事；這個保證，可以兌現嗎？敵我經過一場主力戰擊破了我們的主力軍，而後攻佔了武漢這據點，與閃避主力決戰，先用奇兵奪取武漢這據點，其作用是否相同？」他們一致的答案，以爲：「前者會有短期休戰的成果，後者則依然爲戰事的連續，閃逃主力決戰，依賴海空協助，先奪取武漢那據點，敵閥那張結束戰事的預約券是無法兌現的。」這一晚的細談，記者找到了許多正確的判斷。

二　長沙——南昌

記者離開武漢以後那一週間，長江兩岸戰事，有如湖水那麼平靜；從南昌歸來的記者，要想轉到長江北岸去，而從田家鎮歸來的記者，却準備到長江南岸去；其實兩岸都陷入不進不退的相持局面，並不十分緊張。在這相當平靜的情況中，記者到了相當平靜，繁榮的長沙，其時正當「八一三」紀念日的前夕。

主持湖南省政的張治中，原係指揮淞滬近郊作戰的總司令，他在八一三紀念日對記者發表談話，申敍淞滬近郊的戰士，卽係一二八戰役喋血江灣廟行的舊袍澤，以英勇自衞之決心，沉着持久之姿態，和敵軍周旋了幾個月，達到消耗敵軍實力的目的。他鄭重地說：「淞滬三個月之撑持得力於士氣者半，得力於民氣者亦半；民氣士氣相激相盪，是卽旺盛精神之主要條件，民氣士氣交相爲用，是卽軍民合作之澈底成功』他要把洞庭湖成爲敵人的攻墓，在紀念大會上說了一句很有力的話：『大家已充分準備了麼？』軍人對於戰局，看得比較樂觀；記者到了長沙，覺得憂鬱氣息稀淡得多了。

三湘人士的性格，本來愛走極端；新或舊，青年人或老年人的世界，抗戰以後，又由老年人世界轉到青年人的世界去，青年愛新奇，愛活動，極端性格加重這偏愛的成分。記者有一晚和舊友夏閉欉先生談了許久，他是主持教育事業的；但是他鄭重地說：『只要有辦法，破壞，澈底破壞，不要緊！破壞才有新機』。這是極端性格的人的口吻。湖南人保留着農村社會的「不信邪」的氣度，頗有向敵人挑戰，讓他到湖南來試試看的意味。

× × × × ×

八月十六日，記者由長沙南行，在株州（浙贛綫粵漢綫的交叉點上）住了兩天；從各方面找到一些更正確的情報，心中逐漸構成比較明豁的戰局輪廓。敵軍自六月中旬發動長江沿岸戰事，十三日敵軍在安慶登陸，廿四日，又在香口附近登陸，二十八日馬當陷落；我軍事當局已凝視敵軍的主要企圖，判斷敵軍即將有事於鄱陽湖東北盆地，由馬當彭澤南攻浮梁，再進截浙贛綫以迂迴攻南昌之右。乃由L軍防守浮梁鄱陽一帶爲第一綫，由T軍警戒樟樹清江一帶爲第二線，準備一場野戰軍的主力會戰。七月間，敵軍沿江西攻甚急，三日彭澤失守，五日湖口失守，二十四日敵在姑塘登陸，二十六日九江陷落，戰事重心移至南潯綫上。至此，敵軍的主要企圖始全部判明：敵軍着急於西進，僅以保持長江水面運輸爲已足，沿江據點並不堅守，亦無意於野戰軍的主力決戰，並不針對我主力軍來進攻。七月底爲止，敵我主力軍均在移調中，尚未參加作戰。記者到株州那天，T軍正由贛移往鄂南，運輸尚未終了。L軍則奉令守衛武漢，剛移調至南昌近郊，尚未西行。厲君所下武漢戰局須十月底邊方能決定的判斷，記者益信其極富正確性。

八月十八日，記者由株州東行，軍事運輸已較鬆弛，浙贛綫交通漸復原狀；一路極少滯阻，八月十九下午，已到了南昌。其時南潯線戰事或張或弛。記者隨即根據軍事觀察家G氏的判斷，（氏自大江南岸右翼歸至某地，記者請其就實地戰情作進一步的透視）。向中央社作如此的報告：

『氏謂敵軍進攻武漢戰略，仍本其一貫的分竄合擊戰法，即如土肥原試用於豫東的先例，以少數兵力分頭試探，而以相當雄厚的主力待機突進，迅速奪取據點。目下用於大江兩岸，分頭試探的兵力，北岸不過三個師團，南岸不過二個師團，仍保留主力於某一點上，將待機而動。氏斷言敵軍非待試探部分已經成功，其主力決不發動。目下尚無人能斷言敵人在某線有試探成功之可能，亦無人能斷言敵軍主力將向何處突進。過去大江兩岸此張彼弛，談者議論紛紜；今後張弛之勢仍多變化；就一地戰情來下全局判斷未必能十分正確，氏又判斷敵我相持之局，可延至十月月底、十一月以後，或有新的變化，亦未可知』。

× × × × ×

離南昌城西不遠，越過贛江，遠望一處林木深茂邱陵環抱的所在，那便是當時最重要的軍事重心，烏石橋；其地本爲南昌要人們的別墅區，當初，要人們只提防敵機到南昌來轟炸，分別在這幽遠的去處建造洋樓，山水之樂，可以忘『機』。不料敵人的炮火，日迫日近，只好拋下這山水之樂了。薛伯陵將軍指揮軍事，駐節其地，突然成爲軍事行政的重心。長江南岸軍事，本來由張發奎將軍指揮作戰；順着戰局的發轉，擴充建制，劃分指揮，瑞昌以西。仍由張將軍指揮，南潯路一綫即由薛將軍來負指揮的全責，薛將軍係沉着苦幹的人物，在淞滬近郊，在皖南，在隴海綫，都担負最吃重的任務。記者剛在蘭封開封之間看見他的旗旗幟現在又在南潯綫上相見了。中央社社友隨着薛總部在南昌的記者羣，就和烏石橋這秀美的去處有了深切的因緣。或者不妨這麼說：武漢的命運，也和這秀美去處的有着緊密的連繫！

三　主力戰的輪廓

——八月二十四日宜春通訊

八月初旬，記者曾判斷武漢外衛線上的戰事，將漸次陷於僵持的局勢，這個局勢，如今已判分明。這個徵候，在敵人方面，稱之爲「鄱陽湖的煩惱」。鄱陽湖的四圍，山嶺綿亘，太多又太高，無論那個方向，都過於費氣力，這是煩惱的根源。七月半以前，敵人的軍事配備，以海軍爲基幹，以陸軍爲輔助，也頗有點收穫；爲實現坂垣的速戰企圖，後在改以陸軍爲基幹，以海軍爲輔助，乃有西姑塘黃梅瑞昌諸戰役收穫之少，太出乎意料，尤以擅長山陵戰的波田部隊的慘敗，打碎了他們的企圖；因此又改變方針，仍以海軍爲主體，以陸軍爲輔助，再來一度「鄱陽湖的煩惱」。八月十八日以後，敵軍艦在鄱陽湖狹長湖灣對東西兩岸的動作卽反映着煩惱的姿態。近據可信的情報，敵大小軍艦，集合在蕪湖安慶江面，共二百餘艘，陸軍亦集有四萬之數。又據可信的綜合判斷，敵於北岸，已將黃梅、宿松太湖一綫的兵力向六安移動，想吸收我軍一部主力向那方面去。於南岸，則以小型艦向鄱陽湖遊竄，吸引我軍另一部份主力於南潯綫的正面；然後蕪湖方面的艦隊，乘機冒險西進。推其用意，敵方蓋已鼓起三分拚一拚的勇氣，要找尋他的最後的命運了。

×　×　×　×　×

——九月一日萬家嶺通信

八月二十七日以後，關麟徵將軍部隊到達瑞昌前綫，和敵軍相接觸：從某一種意義說，這可以算是主力戰的序幕。敵人幾次三番要想避開我們的主力，事實打破他們的迷夢，只能找向我們的主力；今後的砲火，不僅是熱鬧，定是驚人。主力戰的主陣地，大概在瑞昌以西田家鎮以東一綫，輔陣地則在沙河德安一綫。就整個戰局來看，常山之蛇，首尾俱動，節節跳躍，已經到了最嚴重的階段。黃河北岸，敵軍佯攻的姿態，演得頗爲出色。長江北岸，敵軍對六安霍山一綫的突擊，至少有重截平漢綫的企圖；黃梅宿松間的敵軍，也時時取攻擊的姿態。長江南岸敵主力雖側重在瑞昌線，亦不放鬆南潯線正面的經營，再加以貴池登陸，其野心也頗不小。敵人的全面活動，自開戰以來，以此次爲達最高峯；我軍的全面迎戰、也南北東西，相爲呼應，達到自由運用的最高峯。「九月」這一月，將爲關係兩軍命運的搏鬥期。

同行的外藉軍事家W氏，他輕裝躍馬，活潑的身段，明朗的胸懷，常使記者奮然興起。他認爲我軍武器不及敵人，不必憂慮：就現有的武器，充量發揮其威力，這就是制勝的方術。他不相信艦砲的威力可以轟燬整個陣地，若有其事，定是陣地構築上有什麼缺點。(他舉出正確的試驗爲證。)他到瑞昌去，就要看看那一帶的陣地構築。他告訴記者，長江沿岸有三個陣地非常重要。第一，長江南岸的主力決戰陣地；這個陣地憑山臨湖，非常險要，火力雖稍遜於敵人，可以長期從容應付。第二，應付敵軍對武漢作最小包圍圈(南岸經陽新向咸寧賀勝橋，北岸經廣濟向蘄水黃岡的)固守陣地；在這陣地，我們的現代武器可以幫助「託其卡」發揮性的威力。第三，應付敵軍「海主陸從」沿江錐形突入戰法，在武漢三鎭所經營的街市戰陣地；無論武漢的最後命運如何，這些陣地必須達成消耗敵軍實力的成果。他說：他相信中國的將領定能勝任這個任務。

四　軍事家的判斷

九月十七日浮梁通訊

「昔日空言「今」後事．而今都到眼前來。」這是一位富於政治思想的軍事家，王東原將軍響到我耳邊來的警句。來某個村落的大廈中，我們披襟暢懷談了幾個小時，我們對於這位並非空想的樂觀軍人，有了相當理解和認識。

王將軍身材碩長，兩頰削瘦，時常用他那兩眼的光來幫助他所說的辭氣的堅決，也用他那兩眼的光來表示對於這些往訪者的懇切。他把抗戰的樂觀基礎用建築在「預想的實現」上；他說「一年以前，我們說「以抗戰求統一、以抗戰來建國」；我們說「抗戰愈持久，勝利愈有把握。」我們說「以時間空間來換替武器的劣勢。」現在看來，這都變成了事實，並非空口說白。現在軍事上的缺點自然不少，武器配備還是劣勢，但敵愈打愈弱，我愈打愈强，對於最後勝利的把握，我們更拿得穩了。」

關於敵軍的戰略、王將軍認爲敵人一貫地使用變相的威力搜索的策略。他說：『威力搜索本來是作戰時偶而用之的作戰技術，敵人却普遍地使用成爲對我作戰的戰略，其法即以小部隊進行威力搜索，待其有相當進展，即以主力擴大進攻。目前長江南北兩岸的敵軍動作，還是分頭威力搜索，其主力正集中一處待機。』語至此，他轉向記者詢問：『以君判斷、敵主力集中在何處？』記者答以南岸在蕪湖、北岸在安慶合肥一帶，他點頭表示同意。

——九月二十五日屯溪通訊

幾株高大的櫟樹底下，有幾間新修的紮成綠色的長方形板屋橫在那邊；屋外長方形的草坪，正搭架着網球的長網。樹高風動，葉子沙沙地響着。在這幽靜悠閑的櫟下板屋的客廳中，我們和顧祝同將軍上官雲相將軍握手相見；他們剛放下了網球拍，臉上掛着輕快的微笑。板屋的門聯，用陶侃運甓的故典，他們的作風有點近於陶侃。

話題先從第×戰區的局勢開場，顧將軍先解釋軍事上的牽制作用。他說：『敵人的主力已經沿南北兩岸向西推進，我們的精銳部隊應付這個局勢，也沿岸分頭迎擊；戰事的重心既集中在一點，其他各綫，無論敵軍或我軍，一切動作，只都是牽制作用。以本戰區論，七月以來，正規軍和游擊隊配合作戰，隨時隨地，不能說是沒有成績。不過國人雖知道一點半點成績，並不能解決全局；即以杭州而論，未始不可收復；但從全局着眼，即算付一筆代價，收復了這樣一個據點，未必有什麼重大影響。目前工作還在於如何發揮牽制的力量』。他認爲最近一個月，沿江砲隊逐日傷燬敵艦，截斷敵軍的運輸，其作用比一切都重大些。他對於敵軍的作能力，作敵如次的判斷『一、敵軍戰鬥力遠遜於淞滬作戰時，因爲士氣不振，只好放毒氣來掩護自己的弱點；正惟這樣，暴露其戰鬥力的衰退。二、敵軍雖亦運用機械化兵器，但機械化兵器的優越性能，並不會發揮出來。飛機的運用，究竟簡單得多；敵人還只能以軍艦飛機掩護陸軍；一到登陸深入，就難開展了』。他判斷本戰區敵軍不至有什麼大企圖，南潯路正面的敵軍也不至深入南昌。同行的彭[illegible]應兄又以莊重的口轉述某外國記者的諷刺語，就從那外人的話起：『中國人只作如何保衞武漢的想念，爲什麼不作如何收復南京的想念呢？』顧將軍即莊詞作答：『軍事上的轉變，常如巨石滾下峻坂，非常迅速的。在表面上，敵軍像是時時勝利，處處進展；一旦局勢轉變，就會全部解體，那時候，僅僅是收復南京嗎？』顧將軍語時，緊緊地握着拳頭，表示對於最後勝利的把握。

五　大幕降落

十月二十七日金華通訊

過去三個月間，戰局之擴大、緊張、激烈，變化之迅速，複雜，爲先前所未有；記者片段的記述，決不足以盡壯闊的波瀾。當此大幕將落之際，且迴溯歷程，作簡單的綜述。七月間，敵軍越過馬當、香山，進陷九江，戰事焦點由鄱陽湖東岸移至西岸，南潯綫每個據點都經過幾度進出。那時候，敵軍的意向已判明並無在鄱陽湖地找尋我們的野戰軍來一度決戰的野心；而敵軍主力是否由德安西進或南昌？尚未可測。七月底邊，敵又把戰事重心放在黃梅廣濟的綫上，這才搖動了武漢人心。可是八月間的重心又北岸移南岸，敵軍對於瑞昌的攻擊，猛烈而且堅韌（現在判明那是敵軍的副主力）一般頗掛心敵軍由武寗攻咸寗的企圖；尤其當瑞昌右邊潰敗之際，只怕牽動了南潯綫全局。九月間，敵軍的正主力。由合肥向潢川光山出動，平漢綫才受到重大脅迫，北岸田家鎮蘄春也終於不守。南岸敵軍以同樣姿態向陽新大冶方面推進，恰和北岸同一步伐。最近這一個月（十月）。信陽失守以後，敵軍居然鑽入大別山脈，叩武勝關的正門，因此武漢的北面，比東岸更爲吃重了。到了這幾天，敵軍由平靖關向應山，由沙窩向麻城，由黃岡向黃陂，由鄂城向葛店，由金牛向賀勝橋，五路構成大半圓形的包圍圈，武漢守衞已到了最嚴重的關頭了。到了現在，再回看敵人的戰略，我們可以明白敵軍在長江兩岸的每一個動作，都有其中心作用——刺激、吸引我軍的主力以待我軍的疲憊。擇我軍比較稀薄處。從正面來攻堅。總括一句話：敵軍的基本戰略，只要佔得據點，卻不計戰果之生熟了。

如上所述，敵軍安排實力，北綫重於南綫，其意在取巧。我軍應付這局面，則南綫重於北綫、其意在留有餘以相待；國人對於當局的苦心，怎可不曲加原諒？而軍人在各綫應戰之堅苦卓絕，更不可不贊嘆欽佩。

——十一月五日南昌通信

從上月二十六日，我軍事當局宣告放棄武漢三鎭，迄今已將旬日；這十天間雙方軍事行動，還不足以判斷今後戰局的歸向。記者且把一些側面的軍政消息綜合一下，用作盱衡全局的依據。

首先要提到所謂和平的接觸：當武漢放棄前後，英大使繞道往來漢滬，蛛絲馬跡，不無相當關係，而英大使則已鄭重聲明，說外間所傳英德出面調停完全無稽。與此消息相關聯的，有上月十九日汪精衞氏對海通社記者的談話，二十一日，又和路透社記者有一番談話：他表示中國未關閉第三者調解之門。那時，還有離奇可笑的消息，敵軍事發言人，說蔣委員長辭職下野，漢口我軍事當局曾加以駁斥。到了上月二十五，重慶中央日報以半官地位發出「國策不變，信念不變」的言論，二十六日我軍退出武漢，又以非常堅決的姿態堅壁淸野，所謂和平接觸，乃告終結。

此次和平接觸，比以往更短促簡單得多，半由於我方對於持久抗戰意志的堅決，半由於敵方有了另一種幻想。漢奸南北機關報如新申報庸報之類，上月間已發表盧僞的和平論調；本月二日，傀儡首領王克敏也發表虛僞的和平聲明。敵方要叫傀儡漢奸這樣叫號和平，有他那一套戲法在演出。據某方情報，敵已開出所謂和平條件，將由他所率引的傀儡去承認；再利誘德意二國威脅某某等國承認傀儡的合法地位，再來獲得這和平條件的合法根據。聞和平條件中包含土地租借、軍事、經濟、教育文化事業代管及重要據點駐兵等條款，傀儡將一一加以承認云。

我方的和戰大計，在七月間已有相當決定；其正面文章，尙無從探知，只知道與會的我方軍事指揮人，公認武漢外衛線上尙不適於最後決戰，要保留三十五師至五十師之間的實力，到最後決戰時去使用。「放棄武漢」這一個策劃，據某外籍軍事家估計，說是可以節省十萬至十五萬的兵力消耗，此於最後決戰大爲有利；無怪敵軍事發言人要說似誇大而實焦急的話了。

× × × × ×

敵人佔領了武漢以後，他的軍事動作有如次幾種企圖：第一、南岸的主力，由咸寧向蒲圻，由陽新向通城，由武寧向修水，三路同趨攻岳陽長沙的側面，再經以衡陽爲中心的一度會戰，實現打通粵漢綫貫通南北的企圖。第二、北岸的主力，由信陽向方城南陽，再北攻鄭、鞏、洛、陝一綫，經豫西一度會戰，實現打通黃河南北岸以穩定山西局面的企圖。第三、南岸主力轉向皖南贛東積極擴展，仍由鄱陽湖盆地南攻南昌，切斷浙贛路，作掃蕩江南我方游擊勢力的打算。第四、敵海軍與少數陸軍協同動作，如佔厦門廣州故事，將浙閩粵沿海重要島嶼及商埠分別佔領，作進一步的封鎖打算。上述四種企圖，按之敵軍近日行動，都有幾分近似。從表面上看，第一個企圖，看起來最爲積極。據個中人觀察，敵實力有限，至多想佔領岳陽以控制我方的交通綫，積極南進的動作，不久就會弛緩下去。以敵軍江上運輸艦之數目測之，此種觀察，頗爲可信。所可慮者，還在敵軍的北進攻敵第一個主力，本在長江北岸約七個半師團；近日平漢綫敵軍動作最少，或正是積極動作前之暫時沉靜。南潯綫上敵兵近旬大減，由德安前進之敵不過一千餘人，隔修水偶發砲聲，間以機槍，我軍隔河對峙；這一綫看來一時不會有大變化的。

目前，南昌、岳陽、長沙、洛陽這四個城市的恐慌空氣，大致相似：究竟何處可保平安？何處不免陷落？尚難預言。惟岳陽的危險性較多，市面也最冷落，則爲大家所公認。南昌自上月三十一日被敵機大轟炸以後，十店九關，行人稀少；記者作此通信時，也經了三次警報的間隔，不能靜心作事；一般人的恐怖，自在意想中了。長沙亦到了坐無車，宿無店，食無炊的程度，長沙的新市民，很多是蘇常無錫南京遠道避難而往的難民，初經暴風雨，把小巢摧毀得乾乾淨淨，在他鄉重新辛苦地建築起來；不料再度狂風暴雨又吹打過來，重上流離轉徙之途，這況味眞够受呢！

——十一月六日南昌通訊

記者剛發出上一封通信，手邊又得了新的情報，證明敵軍將對於鄭洛一帶攻擊的姿態；而且敵軍發言人公開聲言，第四期的戰鬥目標在蘭州。今後戰局，西北重於西；記者南上回的推測，大致不甚差誤的。

敵軍對於長江南岸的局面，將如何支持呢？據說他們所取的戰略，將以分段切斷交通綫爲主，達到此目的以後，即頓兵不進，再去經營他的新决定的目標。以往事爲例，敵軍由國內運送一個師團到長江，約三星期可以完事；我軍由湘贛一帶，運送一個軍往黃河南岸，亦須二星期至三星期左右；自武漢失陷，岳陽又很危急，今後我方部隊運輸，勢必增加困難。應付黃河南岸的作戰，我方自必以陝甘及南陽二部爲輸送根據地。而南陽迄沙市宜昌一綫，還須防敵軍的西進，部隊大概不必移動；今後豫西與陝甘關係更爲密切，自當成爲獨立作戰的地段，與長江南岸相呼應，而不必相聯絡。（豫西民間武力約在三十萬至五十萬之間，民間槍枝約五十萬枝，最精良的有三十萬枝，如能善爲領導，可與山西民間武力協同動作，發揮極大的效力。）湘西湘南贛西爲我軍的主力集散場所，無論敵軍是否有意找尋我們的野戰軍，我軍自必以主動的地位獨立作戰，且時時要策應其他戰區的動作。假使敵軍必須進攻南昌來切斷浙贛綫，則浙贛閩皖的鄰接地也將成爲獨立作戰的地帶。由此推想，今後戰局，將成爲三個獨立作戰的地區；敵軍的總姿態，大抵西北取攻，西南取守，東南半放棄；我軍則西北東南同取攻勢，西南則以守爲攻，儘可能支持下去。

敵近日忙於華中的傀儡組織，據傳佛學名家歐陽竟無先生曾一度被敵方間諜假托家電騙至香港，再三威脅其出面主政。歐陽先生持正不阿，幾遭不測，眞是惡魔出世，菩薩受難，苦哉苦哉！聞推薦歐陽氏者，係浙江僞省長汪瑞闓，其人年已七十有餘，曾在江西做過省長，附逆以後，還要拖正人君子下水，令人齒冷。或問歐陽氏作何感想？他說：「有九江的縣長先例在，省長縣長原是旅館老闆剃頭師父一流人做的！」其語冷雋有味！

第二分　贛東行往

一

贛江暮雲

——十一月十二日貴溪通訊

一昨，記者決意離去南昌；離別的前一天，應幾位朋友之約，在贛江上試泛小舟，碧霎天，黃粟地，再滲上一點訣別的成分；遠波映日，相視黯然，酸味中還帶着苦味！談話中，徐君忽作自問自答語道：「我們什麼時候重來南昌呢？」我們這一羣人，本來是到處爲家的，聽了他的問語，也不能不引起種種慨觸，有的想起去年秋天的太原，有的追懷去冬在蘇堤白堤上的踽步，有的回念着安慶九江間的元宵夜月；好像對這「重來」的答語頗有點渺茫似的。

南昌自經上月卅一日的敵機大轟炸以後，市面格外來得蕭條；連日又是每天三五次警報，有路可走的自然都已打算離開這魔影下的城市；我們想起一月前的德安城面貌，覺得市民離開了南昌，或不免流離之苦，總比殘肢橫屍，作無謂犧牲的好一點。小舟從中正橋下划過，靠近埠頭的船隻正在裝運傢具箱籠之類，每個人的臉上都刻劃着焦慮的神情。徐君所提的「我們」，若僅指記者羣這小圈子的人而言，「重來」還不成問題的；若指「全市市民」而言；答語更有些茫然了。家國興亡之感，箭一般刺到每個人的心頭。

不過，記者所身味嘗到的黯然意緒，並不足爲流傳於浙贛綫上大小城市間的流言作註解；南潯綫的眞正危險期早已過去了，今後的南昌，即戰事迫近城郊。也還得依贛江爲深塹據守下去。何以呢？因爲我方重視南昌遠過於敵人，涂家埠和張家渡一線的敵軍，總計不過一千餘人，要敵人化更大的本錢來爭南昌，他們是不願意的：我軍則爲了保守南昌，準備付很大的代價，這樣；南昌的命運顯然和武漢三鎭有點不相同了。

前日，黃昏時分，人力車載記者出城向南站去，沿途所見，很多人家正在用石磚砌掉那向外的門窗，不覺爲之撫然。假使一個城市淪入於街市戰，正得把門窗用磚石或沙袋砌掉，他們想不到他們的平安打算，恰正是作戰的準備。

東行的車，在意想之中的邦常擁擠。從向塘登車的旅客，很多是男女老幼一大羣；他們去冬從浙西遠出避難，避到萍鄉長沙宜春萬載一帶去找安樂窩的，現在又從湘贛各地逃回浙東去。車行和記者交談，記者告訴他們一點大勢，他們若信若疑地不能了然。

二　浙贛綫

——十一月十五日上饒通訊

浙贛路，東起蕭山江邊，西盡株州，與粵漢線相銜接，凡一千餘公里。株州車站及小鎮上的店肆，當廣州戰事正劇時，先後被狂炸多次，已經蕩然無餘。過往的客商，露野待車，吃冷糭熟蛋飽腹，提心吊胆的挨延時刻。近月軍事，焦點在岳陽以北，敵機雖不時來往經過，投彈的次數極少。株州以東，自醴陵萍鄉宜春清江以達樟樹，在第二期抗戰中，將佔最重要的軍事地位；和浙贛線相平行的南長公路上的大小城市，如萬載上高高安等城，也佔同樣的地位，因此敵機在本月初曾濫行轟炸，尤以萬載全城被炸最慘。不過這一帶的軍事行動，要到明年三四月間才會緊張起來；目前的紛擾，乃由於不安的民衆心理，與戰事本身無關。

由南昌、向塘、溫家圳、進賢、東鄉至貴溪一段，在我方爲東西交通樞紐，敵機要想遮隔我方的交通運輸，連旬不時投彈轟炸，三五小時的阻隔原是有的，惟於全局無關。今後南昌、向塘間的路軌或許全部拆毀；惟於東西交通絕無影響。向塘那個小鎮，其地位之重要，將與株州相等。

貴溪以東，自弋陽、上饒、玉山、江山、衢縣、以達龍游，爲浙贛路最平安的段落，半年以來，罕聞警報。在持久抗戰上，這一個區域關係却非常重大。將閩北區浙東區贛東區皖南區綜合起來，這是一個最適合於保存實力的山陵區。東西交通一旦隔絕，這一個山陵區將成爲一個獨立的行政區域。

由金華沿幹線經義烏至諸暨，沿支線至蘭溪，爲浙贛線的商業段，其由溫州、海門、寧波進出口的貨物，皆集合於金華蘭溪二城，由此分散往皖南贛省及湘鄂各地。今年三月以來，金蘭二城市面之繁榮，爲前此所未有。杭州高義泰布莊，金蘭二地均設分店，每日營業在一萬元以上，可見胃口的闊大。浙贛路自九月間，將金華諸暨間的交通車延伸至湄池間，對於寧波紹興間的運輸大有便利。浙西各部游擊隊的活動，日益加强，範圍日益加廣，錢塘江南岸防綫日益堅固，也許浙贛綫的東端還要延伸下去呢！

× × × × ×

——十月十六上饒通訊

就今後東南的軍事政治來說，記者日前暫住的上饒，突然擠上了最重要的地位；其地在信江之北（舊廣信府治），太平軍劇戰時，沈葆楨曾駐旌於此。由此往東南，入福建境，可達浦城；往東北，經玉山入浙江境，即達江山；西北經婺源至祁門，即爲皖南；在黃山、仙霞嶺、武夷山的環抱中，上饒正是個中樞。當上饒人正在搓眼睛的時候，我們已經來到他們的面前了！

上饒縣境，四境多崇峻山嶺；南北兩方，尤多高山；北有浮竹嶺、黃土嶺、銀嶺及西嶺湖；西北有靈山，綿亘數十里；南有焦嶺湖、陽嶺湖、寮竹翻及封景山山峯高矗入雲，都極險要。不過記者現在提及險要的山嶺情況，還嫌過早，讀者只要迴想往年方志敏在這一帶橫行的情況，就可以明白這個區域的重要性丁。

昨日傍晚，記者孑然地出北門，登城樓俯觀全城，三面環山，一面臨江，單就這城市的本身，也就險要得很！在萬一的情況之下，這一帶該可以固守經時。北門外小阜上有茶山古寺，爲陸羽隱居之地，烽烟遍地，他却在此品茶度日，可惜我們同處類似的環境，却無此種閒情呢！

× × × × ×

——十一月二十三日金華通訊

今天微明，又來到了金華。

金華的面貌，若配上一個西湖，就變成十足的杭州城；街頭偶步，目之所見，耳之所聞，全是蘇小小的鄉親。樓外樓，天香樓，西泠飯店，願香齋的招幌，格外使浙西人士引起鄉思。南宋之際，汴都南遷，整個杭州，變成了開封風味，由今思之，眼前景物，與古無殊。其中有一家粵中人的菜館，名廣州酒家，亦仿傚滬杭格式。開張於廣州陷落前夕，中懸粵中軍人賀聯，句云：「嶺表正烽烟，願諸君酒飲葡萄，快活沙場拚一醉。天涯同敵愾，看滿座氣吞胡虜，軒昂眉宇奪三軍。」想南島人士，讀此聯必爲神馳。整個市面，因爲浙西人全力支撑，在狂炸後依然熱鬧非常，他們說：「反正是無家可歸，拚着死了也就算了」。這便是犧牲的決心的具體表白。

三　南昌重到

——十二月三日南昌通訊

過去半個月的戰局，以岳陽陷落爲重要關鍵；接着就因風聲鶴唳而有長沙南昌兩大城市的堅壁清野。長沙以大火清野而惹出鎗决酆悌等三要人的大案件；戰局却在大案件以後轉好，敵軍止於汨羅以北，並不能前進，南昌則事事準備就緒，大致已向後撤退，所差者一把大火，也算做了七八成的清野。這半月間，南潯綫的戰事異常沉寂，南昌人已打算在城中過年了。

記者隨着某軍事家沿浙贛線於前日傍晚重歸南昌，火車止於向塘車站；由向塘往蓮塘，間或有交通車可趁；由蓮塘往南昌的一段，仍有公路可通；趁人力車得費法幣一元左右。我們的汽車仍由汽車總站向北進城，路邊沒有路燈，黑洞洞地看不見什麼，只覺得南站一帶意外的靜寂，連小吃食館都停爐了。城中也沒有路燈，家家門窗給磚石堵住掉了，彷彿在叢塚中行，聽不見一點人聲。前進到了中正路中山路的交叉處，漸漸熱鬧起來；其間有幾盞耀眼的汽油燈，格外使這一段有點生氣。大小商店都已關了堵了，吃食店還是生意鼎盛，一串抹了嘴出門，一串又擠了進去。沿街有很多澄黃的南豐橘攤子，今年價格低賤，來來往往的行人多少都交易一點；此外只有油布網籃一類的小生意了。意外的在街的一端，有一家茶居，很熱鬧地在羣芳會唱，弦急聲高，在打破這滿城的空寂。

茶客們的議論很多，尤其是長沙大火的論題商人們似猶太富人頭腦的那一羣，把「汪××」的談話當作經典，言外之意，即巴望在淪陷的最後一刹那也算要清野，好像他們在鄉間躲一時，就回到城中來做買賣。長沙大火，在他們是一個最大的打擊；他們喘喘於苟安主意的幻滅了。沒有國家觀念的商人會把「汪××」的話當作救星。南昌城中的初步清野工作做得不錯，每家門口的鐵欄干和銅把手都卸運開去了；外貌看去，像是給敵人扮的一個鬼臉。

中正橋並未炸燬，我們在森肅的戒嚴空氣中，通過了長橋，又向修河前進。夜半時分，到了張公渡的南岸，在前衛線的一個小據點停車；由軍部W參謀引導到尖兵的崗位上，映着淡淡的月光可以看修河的對岸。敵方尖兵崗位上伏着極少的士兵，也沒有什麼動作，夜間太靜寂了，我們輕微的步聲驚動了北岸的敵兵，格格格響了三五十下機槍，像是威脅我軍的偷襲。由白槎沿河經張公渡至涂家埠，這百數十里的防地上，敵軍總計不過二千餘人，看來不會作南攻南昌的打算，修河水靜波微，牠也頗有點兒倦意了！

由張公渡到修水的通路，由於軍事上的關係完全斷絕；我們就回車南歸，宿於南昌。鷄鳴日出，陽光依舊照耀在這廣大城市之上，我揩開睡眼，眼前的南昌還是舊時的南昌，戰神停住牠的脚步了。」

× × × × ×

——十二月十日東鄉通訊

「廬山上頭結了冰了，下了霜，快要下雪了！」江西遊擊隊總指揮熊氏以嚴肅的口吻對我們說了又說。是的，天氣冷了，全國民衆每個人應該關懷扼守牯嶺的數千孤軍的飢寒。

以牯嶺爲中心的那方百里的山陵地帶，現在爲江西遊擊隊副總指揮楊遇春氏所率領的數千勇士，縱橫出沒之所；今年七月間，已依懸巖絕谷佈成了一個絕大的遊擊營壘，每一條出徑鳥道，都分配着扼守的兵力和火力；而以××部隊，分組若干遊擊支隊，找尋機會向敵人後方去襲擊；截取敵人的輜重，破壞敵人的交通綫，消滅敵人的少數部隊，給修河以北的敵軍以極大的威脅。楊遇春氏，本來對於遊擊有極豐富的經驗，時常演出神出鬼沒使敵人胆寒的妙計。事前周密的佈置，在事後收得了遊办有餘的佳果。

據江西遊擊隊政治部主任陳洪時氏最近從牯嶺回來說：「敵人供給我們的軍實眞不算少；我們已借敵人的光組成了一個輕機關；鎗連我們的士兵戴了敵人的鋼盔，穿了敵人的外套，掛了敵人的手錶，快要裝成很像樣的「皇軍」了！」敵人對於這個事實上的小玩笑，覺得束手無策；最近在牯嶺的四周，蓮花洞，海會寺，沙河，隘口街，馬迴嶺，黃老門等大小據點，佈成一個包圍線；可是這個包圍線，自敵軍前進至張家渡、涂家埠以後，更是脆弱得很。我們的交通線，全不受這個包圍線的影響；陳氏往來其間，平安無事，給以事實的證明。不多日以前敵人曾試向五老峯一帶作短期間的殲滅炮射；除了崖石以外，什麼也沒有遭殃；他們自知這辦法也很蠢，當天就停止了。後來又曾試用火焚的辦法、地段太廣大，也絲毫不能收效。最近又用軟的手段來試探了，由僞軍出面散發一種傳單，也說「中國兵不打中國兵，我們要打的是蔣

×××」，這話真有點滑稽！

四　鷹潭——上清宮

——十二月十六日鷹潭通訊

記者所停留這個小鎮（鷹潭），從早晨到傍晚，終日在黃石鋪成的小道中，蜿蜒着小車長蛇陣；推出來的是食鹽，——由火車卸下，經小鎮而分往各鄉村市鎮；推進去的是米，——由四鄉薈集，經小鎮而裝上貨車；沿河連檣千百艘民船，全部是由浮梁運來的瓷器，河岸一二里長的瓷器堆，砌成稻草包的小城；這是抗戰陣線後面的經濟陣線。

江西食鹽，本來專銷淮鹽，這一大批食鹽，乃是從浙東餘姚來的浙鹽。餘姚鹽場爲浙東產鹽最多的鹽場前年年邊，該鹽場除了供給原有的銷數以外，還積存了三百萬担以上的食鹽。這批食鹽，去年這一年，就成爲供給皖南及江西各地食鹽的唯一來源。據浙區戰時食鹽收運處當局的報告，（去年二月間，浙江省政府曾在金華成立「戰時食鹽運銷處」，七月間改由財政部合辦，改稱今名。）在運銷處的四個半月中，共運出四十七萬担，收運處於五個月間，共運出二百〇八萬担；再加餘姚及溫台的一百萬担，十個月間共運出三百八十二萬担。省庫多了一百數十萬元的收入，國庫增加了三千八百多萬的鹽稅，鹽民生計、得了很妥當的解決，這是抗戰經濟上的最大助力。

沿浙贛線，江西各城鎮產米之區甚多，去年又是大量豐收，專就軍米這一項，江西省府担任了四百萬担至六百萬担的供給；（贛東北沿鄱陽湖東岸各縣因交通關係，不能大量運出的存米尚不在其內。）浙江江西的省際，食米換食鹽，物物交換，雙方民食問題與省庫收入，均得了實際的解決。據當局相告，去年與這一年的米糧輸出，約在三千萬元至五千萬元之間，也是一份抗戰經濟力。

記者於八月間至浮梁時，浮梁的瓷窰百餘家，僅有六處舉火，窰工數萬人，大部分失業。這情形，十月間卽已轉好；由水路轉經浙贛路輸出的瓷器，由十月份的十餘萬元增至十二月份的三十餘萬元，目下還可向上望好。浙贛路在抗戰中的供獻，眞不是用數字所能說明的。浙贛路本身上的收入，由去年十月份的四十餘萬元，升至十二月份的一百五十餘萬元，也可作經濟活流的測量器來看的。

× × × × ×

記者逗留在浙東的一小鎭上，在等待也可說是選擇一個機會，在那機會中，可以比較盱衡這戰事的全局。這個機會還未到來，僅僅露有某種朕兆。

——十二月十八日鷹潭通訊

這兒有一齣趣劇，幾個軍事指揮人，前天，乘車到龍虎山上清宮去，是恭迎候的張天師安排迎貴這一套玩意是很熟練的，最後很誠意獻贈一道很寶貴的神符；平常老百姓求買這道符時，據說得化四十二元。這時，每個軍事家從身邊掏出一張從敵人屍邊得來的；血漬的神符、大家相視大笑，弄得張天師很不好意思。大家的公意，張天師應該多畫幾張，賣給杉山，松井，畑俊六，土肥原，坂垣那些傢伙，撈他個一百日金一張也不錯。日本軍人的頭腦和中國軍人的頭腦，在這兒看出了時代的分水綫。

這幾位遊上清宮的軍事指揮人，不久都將有他們的前綫任務。閒說之中，因爲記者在職務上不許三句離本行，就挑動他們談到敵軍新步伐這問題上去。W氏突然閑玩笑似道：『張天師還缺少兩種符，一種治日本軍閥的瘋狂病，一種治……，（這種是說笑話）他說捉了兩個妖怪，可不會捉了那幾個瘋狂的日本軍閥。』他們以爲敵軍是很狡猾的，他們正在作種種方面的試探，把他們的主力準備在一處，再等機會來一個會戰。不過杉山出來主持華北的軍事，這就暗示敵方軍事企圖的方向。杉山一向主張穩定華北全局以守爲攻的；他們的主力，一定在打通平漢綫上綫主意；打通平漢綫，並不一定西侵入豫西，敵人還是發揮他們平原戰的特長。大體看來，由信陽小迂迴攻方城，由扶溝鄢陵攻許昌，這個路綫是相當顯露的：所以說今後敵軍的目標在「西安」，還不如說在洛陽鄭州。

手中的報紙，引導我們談到平沼組閣後的日本軍閥更積極的行動；C氏以爲敵海軍在沿海一帶將有新的動作。他說：「作戰有時並不含軍事上的意義，純是經濟上的意義。敵軍固然說佔據了杭嘉湖一帶。兵力的逐日消耗很大（每天平均消耗三十人），但他們自以爲佔了一個好倉庫。這意義於其佔蕪湖灣沚亦可見了，他們也只需要一個好倉庫就行了。從這個意義來觀察，今後閩粵沿海怕要多事，雖未必深入。」

不過樂觀看法的軍事轉機却不在這幾個方向；新的傑作將出現於山海關內外，用兵之道在乎神妙，即龍虎山的張天師也莫測高深的！

五　訪王敬久將軍

——二十八年元旦鷹潭通訊

除夕午刻，背負着煦和的陽光，記者在鄉婦期期艾艾指點之下，走上低矮平衍的小山岡；沿途小松林，松幹如拳，松枝如傘，襯着山岡的黃色泥石，雖是冬令，也不見肅殺氣象。平衍的山岡迴旋處，便到了桂家塘，如浙東一切小村落一樣平靜悠閒，母鷄在草堆邊晒太陽，黃狗也躺着伸懶腰，鄉農用木耙梳動廣場上的籮蔔絲，發出極低碎的聲音。

在這樣閒靜的空氣中，記者重又晤見轉戰南北，剛從南潯線回到後方來整理的王敬久將軍。記者初見王將軍，在炮火喧天的江灣葉家花園；一年多不相見了，還是奕奕有神的舊風度。將軍徐州人氏，具有北方伉爽豪放的性格，覺得事事都有辦法；這一回他對於第二期抗戰的前途，更表示有辦法；他的兩眼，彷彿看見了勝利的成果！

記者和將軍之間的話題，由淞滬戰綫和南潯戰綫的敵軍實力强弱對比上轉入；淞滬戰綫，王將軍担任江灣左翼防綫；敵軍不斷右翼延伸，八十七師（將軍其時任師長）正當敵軍攻擊的正面；南潯戰線，王將軍所指揮的××軍團，擔任星德公路的防務，先後支持了四個多月，也擋着敵軍攻擊的正面；這一對比，由身在戰場的指揮官說來，值得我們注意的。他直截了當的說：

「我們士兵的素質比上海作戰時差得遠，但敵人的素質更差得遠；今後我們作戰，比從前要艱苦得多，敵人比從前也更是困難！敵人已經到了勝利的頂尖，正在下坡；我們到了艱苦的底層，正在上坡！今後會有辦法些了。」

「在南潯綫上作戰的聽說很多是新兵，新兵的戰鬥力怎樣？」

「行，打得！我這一軍帶領的就是兩個新編師，一直就在星德公路上支持下來！」

「八十七師的舊幹部，這一年來犧牲得很光榮，可是也很大了！記者在洛陽、蘭封那邊碰到過一些，在北綫上又犧牲得很不少了吧？」

「犧牲得很不小了！這兒還有許多傷愈歸隊的官兵，還是從前的老幹部。不過，打了一年多仗，精銳的部隊，固然犧牲得很多了，可是許多差一點的部隊都趕上水準了，這是越打越堅强的鐵證！」

「將軍在這兒想必還有些時休養吧？」

「不，不久就要到蘇南去；或者是我帶隊前去；爲了國家，活着一日，總得向敵人炮火中討生活去！」

他這一句話，忽使記者覺得四圍的靜肅，正襯出戰將風度的莊嚴。其後，彼此還談許多還未到發表時機的雜話，又從今後抗戰防務談到發揮已有武器的威力上去。記者近三個月，時常聽到許多有經驗的軍事家，提到我軍使用已有武器，因技術不熟，不能發揮更大威力的缺憾。王將軍也正說了相同的話：

「我軍的威器比敵人差，不錯；但是把我們部隊中，各色各樣的大小炮集合起來，只要運用得好，不愁不能發揮威力！我們就要利用這些武器來打勝仗！」

他在補充訓練中，就着眼這一件重要的工作。

記者走出王將軍的辦公室，抬頭看那在樹蔭下的一字成排的平屋，這情況都有點像松山之戰以後與登堡將軍所居的羅村。

最後，記者不能忽略在王將軍司令部和張參謀處長晤見時的一番談話。張處長於淞滬戰役蘭封戰役南潯戰役，皆身與各役，他用事實來補充王將軍所說敵軍戰鬥力比上海作戰時差得多的論斷。他說：

「第一、在上海作戰時，敵軍佔據了一個據點，我們就很少機會來打開；在南潯線，敵軍好多次登陸，都被我們打回去。

第二、在上海作戰時，敵軍的武器，我們很難得奪回來；這一回在南潯綫，時常可以繳奪整大批槍枝彈藥，有時還可以搜獲整批文件。

第三、敵軍以繼續追擊爲保持其新得據點的手段；這一回，敵人佔了我們的武漢，一般推測，以爲敵人要發動南潯綫的戰事，進襲南昌了；敵人却並不敢進襲南昌，可見其氣餒力弱。

第四、南潯綫戰役，單以本軍正面所當的敵軍而論，一〇一師團那兩個聯隊，打到隘口街時，已補充了五次，可說全隊已被我先後殲滅過幾次了。」

現在我漸强，敵漸弱，已到了敵我勝利轉捩綫上了。」

六　湖濱一夕談

——一月二十六日贛東通訊

戰場上的朋友，眞有點像水上浮萍，一回兒飄在一起，一回兒又各自東西，誰也不知道誰的蹤跡，也沒有人敢預言下一天在何時，何地遇見什麼人。記者於前晚忽在贛東北靠近鄱陽湖的一個小村落，在某團部和一些朋友披懷暢談；這些朋友中，有一位係担任浙西游擊作戰的指揮人（m）還有一位和貝胍孚將軍有過密切關係的直系軍人（E），有一位係兵器學家（J），他剛從長沙過來，還有一位經濟學家（C），一位正準備往皖南的中級指揮官（S）：記者以半局外的忙人廁身其間，彼此談得那麼傾心。S君忽提醒記者「你可不能公開發表出來。」但是怎可以辜負這些珍貴材料呢！

一　煑酒論英雄

m——老E也眞難得，大帥那邊還有什麼消息嗎？

E——也老就擱在南邊，北邊的情形久隔膜了；昨天，老孫倒有信來。他說：「吳大帥還是在老地方，包圍他的人可不少；不過大帥的脾氣，你是知道的，有他那股硬勁，傀儡是一定不會做的。」我也相信吳大帥不會到老又變了脾氣的！

m——我是看見漢奸報紙上那麼說，見了你，所以問問看，我也想大帥不會變節的。

E——連曹大帥都蓋棺論定了，何況吳大帥？

m——倒是汪××的玩意兒、有點使人人不相信；有的人還以為這是政府的苦肉計，另有祕密使命交給汪××去做呢？

E——氣度，尤其是政治家的氣度，和國運太有關係了。我們從表面上論人，「曹」瞞盱昏塗，大不如「吳」；「吳」老朽酸腐更不如「汪」，誰都知道的；但汪的氣度不及吳，吳的氣度不及曹，所以曹能兼收並蓄，王承斌，蕭燿南，吳佩孚都為其所用，吳大帥脾氣硬可不行，他不能再用一個吳佩孚。但吳大帥能硬到底，汪××却沉不住氣！汪××太愛負氣！負氣使性，這都是娘兒們的調子！

S——我倒第一次聽到說曹錕好話的人。

E——知人論世，本來是不容易的嗎！你見了曹大帥，隨便你是政治家也好，經濟家也好，文人也好，武人也好，你總覺得非替他出死力不可。他見了你，只同你談家常，問候你的老太太，關心你的生活情況，你覺得他以溫情沐浴你，那情誼又是那麼眞摯！你且問問改組織派的小囊囉看，汪××關心他們的死活不？

m——你剛才說的「風度」二字，到有深意；蔣委員長在抗戰以後，更表現寬大包容的開國氣度；他能信任張自忠以不疑，能委孫連仲、孫桐萱諸將軍以方面軍的重任信；賞必罰，人人的成功就是他的成功，譚主席若活到現在，也會驚嘆這汪洋如萬頃之波的偉大氣度了吧！

E——我們這樣瞎說瞎拉，倒也算得「煮酒論英雄」了，我在廣西住得相當長久，廣西三領袖的氣度，就有不可及之處，尤其是李宗仁將軍，我常比之於曹大帥，這當然比擬於不倫；但「可畏，可敬，可親」三種人物，人心總就其可親的，這一點，李將軍有點近於曹大帥。

m——白參座這回擔當西南一面的全責，委座的付託很重啦！

S——現在西南的戰事，倒算是最理想的戰綫了！表現在淞滬戰線、蘭封戰線、南潯戰綫上的西南戰士的特性，一個「硬」字，一個「韌」字，都發揮出來啦！

C——汪××也是廣東生長的？怎麼一些廣東氣息也沒有呢？

S——大概他太聰明了吧！

E——李宗仁將軍有一回對我們說：「最近二三十年內，中國的政治還是非和軍事有密切聯繫不可。」他勸我們軍人多看一看政治的書，又勸政治機關中人多看一點軍事的書，汪××其實還少一點軍事的書他應得受一回軍事訓練！

m——聽說曾仲鳴一開頭就負氣了，是不是？

S——負氣的衣缽，倒是傳不得的！

二　我們到紫金山喝酒去

C——你們且看敵人對西南的野心怎麼樣？

S——我看敵人只能「適可而止」了，他們再前進又怎麼樣？難道眞說要切斷西南國際交通路綫嗎？敵人明明在頭痛山陵爭奪戰，難道自己偏來戴上金剛箍？我不信。

C——照你看來，軍事重心又在那一方面呢？或者西北更重要；西北重於華中，華中重於西南，我們的判斷大致是如此。

L——我們從另外方面的材料來推測，也和S兄說的差不多。敵人的火藥質地不行；大炮的彈藥，至遠只能射擊到九千米突。在簡陋的防禦上還有效力，若用以攻打現代的防禦工事，全沒有用。在平原戰中，還相當利害；一到山陵戰，他就不行。撇開量不提，單就質來說，我們的火力比敵人的大。

S——我們砲兵的威力在敵人士兵的日記中也滿載着惶恐震驚的字眼兒的！

L——第二期戰局中，炮戰將要佔更重要的地步了！炮的火力於今後陣地戰中會變成決定勝利的唯一因素呢！

E——M老，你們打游擊的，也有炮戰嗎：

M——小炮戰當然是有的：不過將來到了決定戰的時候，野戰重炮隊的使用，也是不可少的，不經過度一重砲轟打，收復杭州富陽的戰訊，還是不大眞實的！

C——聽說淞滬近郊，敵人在那兒構築炮兵陣地，可有其事？

M——我們也得到這一類情報；看來還是對國際戰爭的一種準備，若說對付我軍遊擊部隊，豈不是等於用大石子敲沙中螞蟻，用力大而收效少？

L——收復失地，無論那兒，都得重炮打頭陣；這回，我們幾次逼近廣州近郊，若有重砲隊拚一下，廣州也就收復了！

S——你倒是一個唯武器論者囉！

L——我們研究兵器學的，就考究火力的大小；如何加强火力；這要我們研究的對象。到了游擊部隊，也有砲隊配屬着，我們的火力快和敵人差不多了！

E——敵人為了應付戰區中的游擊部隊，說是要抽集我們的壯丁，訓練編隊，用以向我作戰，可有此事實吧？

M——靠不住吧？敵人關於這件事，聽說苦悶得很，武裝我們的壯丁，這就是替我們輸送軍實，替我們增加預備隊，當然不敢放手去做；可是他們國內的兵員補充也眞困難。據前方報告，我們的壯丁還是用作工役的多，訓練使上陣作戰的少；敵人雖說會做「亞洲爲亞洲人之亞洲」的夢，他們也還明白「中國人還是中國人」的民族心理的。

C——近來也到蘇州杭州那一帶去過沒有？熱鬧嗎？

M——蘇州倒頗像遂甯，有足够亡國的味兒，杭州比較的少，錢頭到底强過空頭！熱鬧？有人比得好，這像是一個演戲場子，鬧哄哄到是鬧哄哄的，除了吃食館烟賭場，沒有什麼眞正的買賣？

C——難怪三井洋行的老板要嘆氣了！

M——「倭子生意人」，一半是浪人 專做一本萬利的買賣，一半是在國內餓緊了肚子的小商人，推銷推銷東洋貨，沒有半個企業家。

C——不是絲繭的買賣都被敵人統制了？

M——說到敵軍搶封的買賣，那多着呢？絲繭以外，極度賤價的米、紡織、麵粉機廠，家家戶戶的五金銅鐵、都被搬光了！

E——這叫做「亞洲者亞洲人之亞洲也」的王道論的實踐，我們中國人倒眞有加入防共協定的必要，防止「皇軍」來「共」。

M——我們就天天在那兒防「共」，前幾個月，我們也燒了好幾船繭子。近來我們防「共」的防線前進了，一頭到了「紫金山」，諸位有興的話，請到紫金山喝杯水酒去。

三　法幣與戀愛

C——到淪陷區域去，帶錢用錢，相當的麻煩嗎？

M——亂得很！亂得很！不過帶了法幣去大體用得轉。

C——老百姓怎麼樣呢？

M——頂偏僻的鄉下，差不多東西換東西，沒有什麼大買賣、那一帶全在游擊部隊的圈子裏，「法幣」自然行得通。靠城市的鄉村，「皇軍用刺刀來推用軍票了，老百姓還敢作聲嗎？可是老百姓拿軍用到城裏買東洋貨，那些倭子生意人又怎敢不用？這麼一來，軍用票都用到他們自己小商人頭上去了，老百姓有得留的還是留一點法幣，法幣變成鄉下人眼裏的白銀了！城市裏的買賣，日幣，偽幣，軍用票都有；可是老百姓也聰明的，偽幣，軍用票過手不留，千方百計，換成了日幣。你說日幣比法幣代價高，他也落得便宜，有機會就換成法幣。有錢的人還是收藏法幣！說來說去，還是法幣頂「吃香」！

C——哈哈！聰明人打了頂聰明的主意，誰知道比頂笨的主意還要壞，害人先害了自己！經濟學上本來有劣幣增高良幣信用價格的說法；法幣紛紛躲藏起來，這就造成通貨膨脹的趨勢！

E——眞是！淪陷區域，物價飛漲的情形，眞是驚人的！用軍用票買東西，十倍八倍地漲價都說不定，我們從前以爲一打仗就糟糕、誰知法幣還是法幣，倒是敵人佔領的區域，不期然而然地通貨膨脹了！

M——想不到法幣會那麼「吃香」！

C——「貨幣」這東西，本來是一種符處；你信任牠，牠能流通，就能代表一種價值，你不信任牠就完結了！有人把愛情來比法幣眞比得好；愛情這東西、說眞就眞，說假就假；貨幣也是如此，不要說法幣，白銀黃金，你不信任，牠還不是等於爛泥石頭嗎？

S——照這樣看來、中國的法幣不會像羅布馬克那樣子的了！

C——本來是，價值的本身在貨物，并不在貨幣呀！像德國戰後的情形，日常生活必需品，樣樣都缺少，靠國外的輸入，那就非通貨膨脹不可。假使你住在某處，還不一定在淪陷區域、若是每天必吃咖啡牛奶花旗桔子，必穿嗶嘰西裝，巴黎緞袍子，必抽三砲台香烟，坐汽車兜風，那你就嘗到通貨膨脹的味兒，你覺得現在化一千塊錢還沒有從前化一百塊錢的舒服。假若你只吃紅茶鮮奶，嚼幾隻南豐蜜橘，抽旱烟袋，法幣外匯跌了一年光景，你有半點感到嗎？從前經濟上講，「地大物博」，造成自足自給的局面，貨幣的風浪那是沒有什麼大關係的！

M——喔！我懂得法幣爲什麼「吃香」的道理了！當淪陷初期，我看老百姓走的是物物交易的路；後來，倭子生意人來了，稍微有點買賣了，老百姓對什麼票子都不信任，到手就用掉，換進東西就算數。直到去年秋天，敵人擬用僞軍用票幣越利害，法幣的價格越增高；他們雖不懂得經濟學，他們還是打的物物交換的算盤！

C——在畸形社會中的經濟，倒是值得研究的：有機會的話我眞想到紫金山去！

M——歡迎！歡迎！

七 折衝側語

一月六日浙東通訊

一

從前年十二月德大使陶德曼奔走和平，到本年十二月底汪精衛托病去國，這一年間，在抗戰激潮邊上的和議洄流，頗耐人尋味。現在虛僞和平的最後一環，已經敲斷，且讓記者從側面作綜合的追溯。

在倫敦方面的看法，前年十一月間九國公約會議之沒有結果，大出他們預想之外。十月底邊，國際外交界認爲調停定有辦法，美國之熱心邀請，並非沒有相當把握，不知英美兩國上了莫索里尼的當，還是日本外相上了莫索里尼的當；調解之門是給莫索里尼關上的　去年春間，記者和某要人閒談；他說，「十一月以後，我已不作和平的夢想了」。這是眞話。

由於日本方面所放的空氣，說德國是比英美爲適當的調解人；九國公約會議擱淺以後，德大使陶德曼就露頭角了，他爲了調解 到過南京好多次；在他出面調解中，曾說了這樣半恫嚇的話：『在南京未陷落以前，還可以找一個不亡國的條件；南京陷落以後，那就難說了。』而所謂不至於亡國的條款是怎樣的呢？大致如滬各報所載，除了「承認滿洲國」，「加入防共協定」以外，還有永久解除中國武裝，內地駐兵及賠款等條款。這樣陶德曼大使也就自己把調解之門關上了。

去年這一年的調解，其主流仍由英國方面直接間接在推動，雖說日本方面並不認爲適當的人。於此，記者先得補敍陶德曼出面調解時，我方一部分要人（極少數）如汪精衞之流，打定了怎樣一種接受和議的底子呢？他們主張自動承認廣田所提的三原則六條件。（見下文第三節說明）也許對方知道了這個底子，所以其提出條款，側重「解除武裝」及「內地駐兵」二點。過去一年間三番五次的折衝，沒有結果，就是日本方面仍在「解除武裝」及「內地駐兵」上做文章，而其巧妙的筆法是把「內地駐兵」做成了「已佔領區域」，一年以後撤兵。當英大使在推動調解之門時，倫敦方面曾一度非常樂觀；去年三月間，已有外交界人物預言四五月間戰事會結束。

武漢陷落以後，那極少數意志薄弱的要人曾一度非常動搖。其最顯露的表徵，即汪精衞在重慶曾對海通社及美聯社記者表示可以接受和議。就在汪發表談話前後，有一半可信的傳聞 日方會這樣表示：「只要和議的對手是一個適當的人，條款可以非常客氣，客氣得到世界各國都不敢相信」。言外之意、只要議和的對手是汪而不是蔣，就「和平」定價，可以十分克己，這是對於汪精衞的最大的誘惑。

但是，領導全國抗戰的蔣委員長，站調解之門的邊上，抱定一定的戰略；他認爲調解之門不妨大開，但調解基礎必須建立在領土完整主權獨立自主之上。他曾對某大使明白表示：『中國決不能做捷克，更不能做阿比西尼亞』。而蔣委員長對於軍事上增加了勝利的信念，更堅決他對於外交的既定戰略。這回汪精衞因羞去國，不但抗戰方針全無變更，在政府方面，更可說是對於虛僞和平的折衝表示冷淡。

以上可說是和議洄流的梗概。

二

中國有句成語，叫做「同床異夢」；這句成語，正可用以形容虛僞和平折衝過程中的各方面的心理。在日本方面，認爲和平條款，不僅要中國承認既成事實，而且認爲這次卽算和平下來，也不過是暫時的休戰，希望於五年或十年後那一次大戰中，一下子打毀了中國的實力，就非儘量培植漢奸（下個政府合流的奇談），控制軍事要點南京、徐州、上海、漢口、鄭州、廣州駐兵）吸收資源（華北經濟合作）不可。無論近衞的宣言，這樣那樣說了多少次，弦外之音還是這幾句——廣田三原則六條件加「解除武裝」及「內地駐兵，控制軍事要點」。

英國方面所擬議的和平條件的影子，正面文章尙不可知，其側面影子，大體不離現實主義的一貫辦法，她希望中國承認既成事實，犧牲一點。犧牲到什麼程度呢？滿洲國是非承認不可的，華北經濟和日本有特殊關係也非合作不可的，這是大概的限度。去年春間由倫敦方面來的外交界要人，曾經這樣說過；而且三月間，漢口某報曾發表過一篇註解「抗戰到底」的「底」字限度的文章，其中說「底」的限度在長城，以山海關爲終點，這就暗示不妨承認滿洲國的意思。德國希脫勒的打算，和英國紳士的打算當然不同啦。她要幇助所謂東方的朋友，使牠它爲包圍蘇俄的支柱，叫中國儘量犧牲，滿足她的朋友的軍事上經濟上的需要。同時，又想保持中國這個市場，不讓中國全部倒下去。據從柏林方面傳來的閒話，說希脫勒言外之意，彷彿以爲擁有黃河以南的中國，就是足够大了。其意有叫中國把內蒙古甘肅山西河北山東都割給她的朋友的必要。

但是，在日本方面，意大利墨索里尼的態度還是一個重要的因子；因爲墨索里尼頗想拉住日本的海軍來牽制英國，日本呢，也想拉住意大利的海軍來牽制英國，意大利方面雖沒有和平條件的底子，以往調解門戶的緊鬆，和她極有關係的。

不過，無論對方或調解方是否在做夢，蔣委員長這方是淸醒的，這就是一切底子成爲單相思的主因。

三

因爲汪精衞已經露出他的狐狸尾巴，事實容許我們揭發那一小部分意志薄弱的要人們所擬定的接受和議的底子。上文，記者已說過他們準備自動承認廣田所謂三原則六條件(前年十一月初)。我們且把汪精衞那篇扭扭揑揑的豔電對照了看，即可證實記者報導的眞實。

豔電前面大半段，所謂第一、二、三點，即是公開把廣田三原則加以辯護，表示可以承受。只有第二點，是修正廣田共同防共的辦法，由日方自已去對蘇聯，而由中國政府對付共產黨，分工合作。從電文「至其條理，不可不悉心商榷，求其適當」以下，則設法在滿足對方認爲「自動承認三原則六條件」還不够的情勢下的對策。所謂「其尤要者，日本軍隊全部由中國撤去，必須普遍而迅速」，即是針對着日方所謂「現在已佔領區域，一年以後撤兵」而言；所謂「在特定地點，允許駐兵，至多以內蒙附近之地區爲限」，亦即對日方所要求「中國境內駐兵」而言。而結末一段，所謂：『中日兩國壤地相接，善鄰友好，有其自然與必要，歷年以來，所以背道而馳，不可不深求其故，而各自明瞭其責任，今後中國固應以善鄰友好爲敎育方針，日本尤應令其國民放棄其侵華侮華之傳統思想，而在敎育上確立親華之方針。』更是表示對於廣田所提根除「抗日思想」一項要提必有之保證的意思。

汪精衞及其左右一羣人的昏迷糊塗，早已爲有識之士所齒冷，現在，「樹倒猢猻散」，外交的空氣又可澄清一點了。記者又據外交界人氏的傳言，敵方對於汪氏左右，以超需要的津貼收用爲漢奸或準漢奸，由來已久；這是敵方預種下分化國民黨的根苗，可是中華民族是整個覺醒了，統一於一個領袖下的抗戰意志，給敵人的陰謀一個當頭棒；中國的外交，在精神上已經勝利了！

一月六日

第三分　浙皖新行程

一　戰局前程

整個戰局的趨勢，最近一星期間已較明顯；此訊到滇時，全部局勢更可以看明白一點。大體說來，記者上次所報導：西北重於華中，華中重於華南，輪廓相當正確。

近據某方可確情報，敵方於發動西北軍事，已作對蘇聯作戰初步計劃；杉山敵司令決定以十四個師團兵力開始西進行動，所謂十五個師團，係指晉豫舊有兵力五師團，長江兩岸抽調四五師團，國內及關東增調五師團而言；依平漢綫，道清線，同蒲綫近敵兵增加情況推斷，其計劃已在逐步進行。進攻西北為杉山考察華北戰綫後所決定主張，其出任司令，即為敵軍部命其依主張進行之明證。以往每經一度會戰，敵調整補充期間，約四星期至六星期；此次特別延長至十二星期，西北運輸困難固為一因；其欲厚集兵力，一擊告成，亦一主因。

過去三個月間的敵情，頗有值得注意的數點：第一、敵於長江兩岸，極多有利的機會，却已輕易放過，固足證敵軍之疲憊，亦可證敵方總方針已有變動。第二、敵方於長江下游，加强工事，軍事常有；長江上游各據點軍事，聞均用半永久工事，似在某種情勢下，作縮短戰綫打算。第三、一般判斷，敵對於江南游擊戰區，蘇北游擊戰區將十分加强壓力；事實上則敵兵有減無增，壓力並未增加。第四、尤可異者，皖南敵軍，僞作進襲模樣，一經還擊，敵即退却，顯係佯攻姿態。以此推斷，以全力進攻西北的企圖更為可信。

進攻西北，敵人將走怎樣幾種路綫呢？近日所得情報，晉南所集兵力最爲雄厚，豫約北綫上也有二個師團左右，這是一個主力；晉西合晉敵北軍，大約有四個師團，即不渡河向陝北，亦必掩護晉南敵軍的突進，也是一個主力。綏遠那一邊的敵軍，其動作必在晉南敵軍渡河以後，其姿態爲助攻的，似乎不是主力。軍事家的眼光，移注於平漢路南段，鄂中敵軍，仍保持三師團原有兵力，不久將呼應西北的軍事行動而有所動作，也是一個主力。敵軍如何打他們的如意算盤？尚不可知；可是有一點可以看明白：鄭、鞏、洛、潼的佔領以及平漢綫的打通，已在他們的打算之中。

說到我軍的對策，自有錦囊妙計；現在尚未到報導時期。國人對於錦囊妙計，常用傳奇眼光看待，而骨子裏的成功，又每爲淺見者所忽略。某軍事家解釋由被動轉爲主動，謂：『敵人打西北，我們也移全部力量作西北防禦戰，那便是被動；敵人打西北，我們偏不着眼西北，偏師突出，使敵人連西北都攻不成，這便是主動。』當全國眼光移注西北的當兒，異軍特起，別開波瀾，那便是鵝毛扇奏功的時候。

有人說：冀南、豫北、晉北、晉南、沿五台山、太行山至中條山一帶，我游擊隊至少可以牽掣敵軍五個師團；這樣一估計，敵以十師團來作晉南會戰，仍和長江會戰時兵力相去不遠，那更不必憂慮了！

× × × × ×

二　進入五年戰事的長途

——一月二十六日鷹潭通訊

（一）

關於第二期抗戰我軍戰略之輪廓，去年十一月間，蔣委員長在南嶽軍事會議中已有明白指示，十二月間蔣委員長在西北某地召集高級將領談話，亦有相同的指示。重要綱目，港滬電訊，迭有播傳。記者近二月來，較注意預定程序之實踐情況，迄上月底，認爲實踐較預進爲佳，特向國人作綜合報導。希望這個報導，並不過遲，也不過早。

所謂第二期抗戰，具體說來，卽是一個五年戰爭的長期軍事。（軍事上所謂百年戰爭，或三十年戰爭，若非誇張的說法，卽是歷史的說法，現在說是五年戰爭，並無這兩種意味。）本來我軍於徐州陷落以後，希望能引敵軍走進這五年戰爭的泥濘，困於事實，不會做到。去年七月間，某次軍事會議中，我軍事領袖微詢各軍事指揮人對於士兵實力情況，咸答再有三四個月訓練，就可以相當充實堅强。因長江戰事緊急，會議後一個月間已紛紛前綫，某軍爲我軍最著名部隊，剛安排步空聯絡演習，當晚卽奉令開拔，其他部隊不能充分訓練，其情況亦大抵相同，此於應戰上不無相當影響。

眞正轉入第二期抗戰的好現況，不僅在保全長沙南昌兩據點，而在南嶽會議中所預定程序之能充分實踐。當時决定應戰新計劃，以六十個師固定現有陣地，抵禦敵軍前進；以六十個師推入敵區，與游擊部隊配合動作；然後着手一百個師的全面補充和充分訓練，訓練期間，希望能達到六個月的預定期。（坂垣在敵國會分析我軍的實力，謂在平漢綫以西，集有十七萬人；在長江南岸長沙南昌之間，集有三十萬人；華南之廣東，也有二十萬人，廣西集中十五萬人；四川，雲南，貴州正在訓練，約有二百十師，其中八十五師屬中央軍，人數達一百萬。可備參考。）現在事實證明這個新計劃已全部實踐，固定現有陣地實力尚不須六十師之多，而後方的訓練，或可超過六個月的長期。到今年五六月間，我軍實力將比戰前增加三倍。（關於六十個師推進敵軍後方實況，待將來再行報導。）記者在蘭封時，聽得某軍長道：「只要有淞滬戰役那樣的部隊，我包管土肥原片甲不還」；現在離開這個「實力」希望，眞不很遠了。

敵軍的軍事弱點，完全暴露於我所奪獲的文册戰鬥詳報。蔣委員長所謂「敵軍困難，百倍於我」，並不是一句鼓勵士氣的單面語，而是看了敵軍戰鬥詳報後的總斷語：所以軍人聽了委員長的指示，更堅其自信。

蔣委員長所指示各點，當然偏於「自我批判」的多：其中有足爲國人報導者，記者且總括地說一說。他總評第一期戰事，作如此結論：『戰略已達到目的，戰術的缺點還是很多。』我軍在戰綫上作戰，保有國民革命軍北伐以來的精神，勇於犧牲：這次抗戰中表現犧牲新精神，更爲澈底——蔣委員長還同特別提示：『要求達成任務，不可作無謂犧牲』的精神。蔣委員長對於我軍深入敵人後方一點，提示得非常之切實；他要訓練智謀與勇敢並全的新部隊，——深入敵人後方，當然要作更廣大的游擊。「政治重於軍事，民衆重於士兵」的警句，近月已遍傳各地：戰地黨政委員會，卽爲推動這個重大工作而產生。

關於部隊編制及使用方面，今後有幾種重要的調整：第一，因爲我軍幕僚人員的缺乏，以及交通通信等特種部隊的分散，以往層次過多的指揮級次，反而不能適合作戰的要求；今後糾正這種缺點，力求其簡單迅捷，編制上又作全部調整。第二，部隊實力，參差不齊，以往因估計偶不正確，引起戰線上的突發困難，今後注重實質配合，使任務達成之實際與期望相合。第三，隨着抗戰的進程，完成打破建制混合指揮的軍事統一性，預想在第二期中可以全部做到。敵方對於我軍部隊實際配備及實力估計。日漸不能正確；（如敵在瑞昌作戰時所發乞援電文所稱）我軍的編制組織，益進於現代化，殆無疑義。

蔣委員長對於戰術方面的指示，均屬專門性的軍事語，自不在記者報導之列。惟下級幹部的技術訓練，游擊戰術之普遍訓練，則爲衆所共知，聽說湯恩伯將軍爲這部一門的主要指揮人。

（三）

談者對於五年長期戰爭之持續力，不無某限度的懷疑。甲，關於新兵（壯丁）作戰力的懷疑。記者歷也訪南潯線瑞昌線指揮作戰的軍事家，探訪新兵作戰的實際，據談：徵集所得之壯丁，其知識水準與從前募場所得之士兵，不相上下，長江以南各省壯丁，水準較高。其作戰力，於第一二日顯甚脆弱，常有終夜放鎗至天明者，至三四日卽恢復沉靜應戰常態。大抵經一次作戰之壯丁，卽成爲作戰力甚强之戰鬥兵，對戰集生活發生興趣。乙，關於初期士兵作戰力與今後士兵作戰力的比較，因而發生作戰遞減的憂慮。據實際報告：淞滬近郊精練。以二個調整師與一個普通師配合作戰，效能雖佳，犧牲甚多；其後改以一個調整師與兩普通師配合作戰，效能仍甚佳，並無作戰力遞減之壞現狀。丙，關於正式部隊與游擊部隊配合作戰之懷疑。據談：晉南作戰，即爲此種配合之實地試驗，汪精衛所批評之游而不擊情況，僅能指去年五月以前，某一部分游擊隊而言；近六個月，各地游擊部隊經調與加緊訓練，情況迴不相同，與正式部隊配合作戰，必可奏奇效，亦爲一般軍事家所公認。以此推測，若不參以政治或外交的因子來說，這五年戰爭的持續，在我軍絕無問題，而且可以相當推斷敵方定在這個長期戰爭中倒了下去。

三　東戰場的側面

(一)浮梁屯溪還是金華？

三月六日屯溪通訊

三五天前，有一位運輸司令，從湘南發電通知他自己的避難在金華鄉間的家屬，叫他們在萬一的情況之下準備「第二步」；那位只會唸佛的老太婆，急得沒有辦法。前天，記者到皖南時，也接到一封從上饒來的信，那位朋友，也叫我萬一南昌有問題時，替他想個法兒。這幾位仁兄，都有點神經過敏，見風就是雨；記者剛從杭富前線回來，倒並不會想到第二步的問題上去；記者所能答復他們的，只有一個現成的答案，新近有一從重慶經浙東回皖南的朋友，他的感想是，「浙東皖南比重慶更安定」；這句話比一切的都正確。

在海南或重慶昆明人士們的眼裏，東戰場是一個不甚可解的謎，這個謎的底子，若在適當時候打開來看，不僅國人爲之訝然，即敵人也爲之一驚。記者於上年一月間，周行東戰場一周，其時東戰場的秩序頗爲混亂；部隊實力，卻相當雄厚。八月間又周行東戰場一圈，其時戰場秩序頗爲安定，但部隊實力空虛爲分，簡直可說是唱空城計。新近重行巡遊東戰場一週，部隊實力已增加到非常雄厚的數量，秩序更是安定，更不待言。去年七月至十一月間，爲東戰場最危險的期間，記者對於這比紗幕還稀薄的部隊配備，眞是掛心；看軍事指揮人作種種大規模遊擊戰的準備，更憂慮東戰場的命運。我軍居然能把紗幕場面撑到如今，儘有餘閑來佈置從容反攻的新場面，眞該額手慶幸！

由於上月敵軍發言人所放進攻浙東的空氣，以及敵艦在浙東沿岸的滋擾，一時人心又有點驚惶不安。照軍事家的看法，「揚言進攻浙東，便是一種恐嚇手段，敵人若須有動作的話，從戰略上講，應該向贛東北，——浮梁，從經濟上講，應該向皖南——中溪，若向浙東——金華，那眞下策之又下策了」。去年十一月間我軍的配備佈置，算計敵軍要來進攻贛東北的；今年一月間，還怕敵軍有事於皖南；現在主客異勢，攻或守的機樞完全在我們的掌握中呢！

（二）經濟戰的新姿態

整個戰局中，東戰場爲敵軍最弱最受威迫的一環；敵軍所自以爲有把握的，卽淞滬近郊的永久工事已全部完成；萬一的情勢到來，又可準備退回淞滬近郊去固守陣地作持久戰，他們推量我軍不肯再上這個大當，所以就把軍事的佈置看得更輕一點。

但是，東戰場的經濟戰更勝於軍事戰，跟着農事的發動，經濟戰已臨到短兵相接的場面。去年春夏間，東戰場的游擊部隊，沒有統一指揮，也沒有充分軍實，紀律和戰鬥力都不很好。在這混水中，敵軍撈去了淪陷區域的蠶絲和豈麥的大魚，夏間，因爲軍事緊張，後方交通阻梗，又撈去了豐收後的賤米的大魚敵軍的軍米，十分之六，乃是由無錫蕪湖兩個糧食區所供給的。敵軍着眼於經濟上的搜刮，其心底只希望今年春夏間東戰場沒有軍事動作。今年東戰場的游擊部　，不僅新四軍意外迅速擴展起來，而且各零星雜牌游擊隊，已分別歸屬於忠義救國軍及第一第二挺進軍三個統系之下，其幹部訓練已於上月間完畢，今後的戰鬥力，定可增强。（當第一挺進軍改編時，曾有少數無餉械不守紀律的份子，分別汰除敵軍以爲有機可乘，卽派漢奸將其誘煽，會在郎溪宣城廣德一帶横竄擾亂，事未半月，卽經我軍全部剿滅。此卽戰鬥力增之强明證。）尤使敵軍不能安枕者，卽開始挫入敵軍後方之正規軍，均係轉戰數千里翦性部隊，其戰鬥力久爲敵軍所畏懼：東戰場必有軍事動作，本無疑義，只是時間上問題耳。一方面想避免戰事以遂搜刮之願，一方面要發動戰事來阻制魔手的搜刮，行動是軍事的，動機却是經濟的，共波瀾掀動，蓋將以此爲樞紐。

目前，使敵軍操心的在經濟上還有兩點：第一，由於敵軍軍用票及僞組織所發的無準備金的紙票的濫用、淪陷區民衆有自動放棄生產及減低生產的趨勢，今年麥收，大爲可慮，第二，皖南本爲產米之區，以去年秋冬間，敵軍搜刮軍米過多，近月已發生米荒情勢，今年四五月，皖南江南均將米糧不繼，敵軍視爲軍糧根據地之東戰場，忽陷入米糧荒，影響及於敵軍軍心，顯甚重大。敵近有掃蕩蘇北我軍的計劃，間其動機亦起於經濟上的對策——以通、揚、如、淮的糧食來接濟長江軍糧，是否有成效？不久可見分曉。

敵軍對於浙東沿海三口岸：甯波、海門、温州，愛如珍寶，因爲去年曾由此間接取得皖南的茶葉，浙東的桐油，又傾銷了近七八千萬的貨物。（去年進口貨物，十分之六，均係仇貨，實可痛心，但敵軍所以再三揚言封鎖，終於不會封鎖，半亦由於此。今年要想獲得茶葉和桐油，已不可能，而貨物的傾銷，也因民氣激昂，逐漸減低，敵軍是否將有新對策？我們也張開眼來看好了！

三　政治上的動態

第×戰區的黨政委員會，不久將成立。一般推測：這一戰區的政治，一向在安定的戰局中推行着，今後也不會有什麼大的變動。浙江省政府黃紹竑主席，近月關於政治興革的談話很多，我們從事實上來看：浙西行政機構的建立（浙西行署），地方行政幹部人員的訓練，和浙江戰時大學的設立，可目爲浙江政治着手積極建設的風信。去年浙江省財政，以籌運得宜比鄰省充裕得多，以故地方行政，教育事業，均由停頓而重復於常態。戰時政治，教育能復常態，卽爲政治健康之一徵。

皖南政治推動力，以皖南行署爲中心，由戴戟將軍主其事。戴氏私談或公開講演，常自謙爲軍人不諳政治，惟皖南環境，遜於浙江，又爲軍事中心，戴氏以軍人眞率爽快作風莅政，却多所成就。長江當兩岸戰事激烈時，皖北先後淪入敵手，安徽省政府這在立煌，政令所及，不過四五十里；以故省黨部，教育廳等機關均移至皖南。近月皖北省府所控制的區域逐漸擴大，省黨部，敎育廳等機關，均於上月移往立煌。（記者抵屯，知由皖南步行往皖北，沿途通行無阻；惟往返經月，費時過久，記者心雖躍動，却不能前往。）皖南困於經濟，政治，敎育只能維持現狀；惟今年茶葉的運銷，政府已作統籌，茶農不至如去年那樣片面被剝削了。

蘇南的行政機關——江南行署，寄身在皖南，由冷欣將軍主其事。蘇南的地方行政，於去年十一月間已全部重行組織，行政專員和縣長都已選任完畢。先前只有高淳一地沒有敵軍，自高淳克復，許多難民可得安身處所；由贛湘各處返鄉的下江人，取道於溧陽的，每天縲絡於途，數以千百計。蘇南可克復的區域，今後三四個月間必將擴大，新的政治設施，或可於軍事進展中開展，記者將來再行報導。

把第×戰區政治社會的安定和敵閥的苦悶，僞組織勢力範圍圈的縮小相對比，用以推斷中日戰局的前途，這是很有意味的。敵軍不能控制東戰場，即是敵閥不能控制中國的說明。我們且等待東戰場我軍的旗開得勝。

四　擬座談之一

——十二月十九日浙東通綫

前日傍晚，風雨凄戚；一輛流線型的汽車，在馬金嶺泥濘崎嶇的山徑中曲折前進，泥水飛濺，映着燈光，如雪花般散了開去，馬達的響聲雜和在山谷松風之中，譜成另一種調門。記者正伸縮酸腿，對這資本主義的怪物闖進農林田原的當前現實，作種種推想；砰然一聲，車輪的膠胎炸裂了，車便突然停了下來。司機皺眉搖頭，看能那膠胎的裂痕，好像沒有辦法似的，我們這幾位「高貴」的客人——一個軍部參謀長，一個省政府委員，一個黨部主任委員，一個軍部政治指導員，再加上我這個由大學教授蛻化過來的新聞記者，除了睜眼珠替司機空着急以外，簡直愛莫能助。山谷間的風吼，格外來得威武，像是對這隻倒了霉的資本主義怪物在恣意嘲笑，又像在嘲笑我們這一羣風雨中的貴客。

久而久之，司機弄來弄去，還是沒有辦法。夜深了，天更暗了，我們的怪物，還是僵臥在山谷之中，姑且打開話匣，消此無可奈何的長夜。

一　處常與應變

省委——我們這一小小的組合，樣樣人才都齊備，倒像一個小小的政府呢！

記者——只缺少了一種人才——具有現代科學頭腦的機械工程師，缺少這樣一個人，我們只能在山谷中挨凍挨餓喝西北風過夜。

政委——把司機當作科學的人才來暫時充數，何如？

記者——他只能應付平常的環境，還缺乏應變的能力；你看他搔頭抓耳，全無辦法。

省委——我們這一羣人，看來也只能走走平坦的路途，應變也不行。

參長——蔣委員長倒眞是一個應變的大才！

記者——願聞其詳。

參長——民國二十四年秋冬之間，在京滬線及京杭國道上，我軍會有過一回大規模的演習；演習的目標，一面是攻南京，一面是守南京。演習完畢，蔣委員長在句容對我們作總括的講評，他指出缺乏實戰的精神，爲演習中的最大缺點。他說：「我們如果沒有實戰的精神，則戰鬥的能力，就不會充分發揮；一切致勝的機會，便不會去完全利用，所以思想行動，都不免疎懈弛緩，對於應該如何戰勝敵人的方法也不肯去講求，所以到處暴露我們的弱點。敵人來攻襲，我們便束手無策。平時既如此缺乏作戰的理解，到將來實際作戰的時候，部隊一定要遭受特別重大損失，甚至無法挽救。」在二十四年時設想南京近郊的攻守戰，現在我們才覺得眞是不可及的卓見遠識；在當時，很多人還以爲是幻想呢！因爲我們的領袖能料想敵人必攻取我們的首都，且對於演習中守方以一對三勝攻方的假設結局不敢信任，胸中策定退却後的大計，所以南京陷落以後，能確乎不拔地決定長期抗戰的對策來；這樣，纔能在大風濤之中把定了大舵的方向。

省委——武漢陷落前後，大舵的方向也會有過什麼變動沒有？

黨委——是不是說汪××曾經發表幾次願意接受第三國調停的談話？

參長——照蔣委員長對於最後勝利的信心看，大舵的方向決不會有什麼變動的；一般對於抗戰前途的悲觀，沒有比南京陷落前後更深刻了，那時蔣委員長還能掃除雲霧打開沉悶的局面，何况在更有利的現戰局中呢！我相信我們的領袖一定能應付變動的大局面。

省委——汪××不也是渾身都是經驗嗎？

記者——西洋人有句成語：「有了熱的人缺少光，有了光的人又缺少熱。」汪××也許還缺少一點光。

參長——也許缺少了一點熱。

省長——這樣看來，如蔣委員長那樣有熱又有光，這才能應變；我們這羣人缺少什麼呢？

二　最後勝利的信心與把握

參長——我們這一羣人，也和汪××一樣，缺少一點光，也缺少一點熱；缺少熱，所以貪圖一時的舒服，要乘小包車來走崎嶇的山徑；缺少光，所以不想到膠胎炸裂的意外事變；我們要讓別人來領導，我們還不配領導別人。

省委——「領導」這件事，有時也只能分工夫去做；因爲有許多專門事業得讓專門人才去做，譬如處置這輛汽車，我們得讓司機做我們的領導者。

參長——領導的人才是一種綜合的人才，他得具有遠見，不一定具有專門技能；得有堅決的意志，不一定具有巧捷的舌辯。我又要重提那一回演習的事：蔣委員長那回特別提出特種部隊的技術問題。他說：「這次特種部隊太沒有精神，而且技術太差，又不知寶重兵器，這是一個大缺點。大家要曉得：我們國家科學落後，經濟困難，軍事工業非常缺乏，要得到一件兵器，是很不容易的；我們於這些難得的兵器，平時應當如何寶貴的愛重，又應該如何的精練熟習，以期在將來和敵人作戰能够充分發揮兵器的效能，達成機械部隊的任務。……要曉得，和敵人打仗，不完全是靠兵器精良，而重在戰鬥精神和技術，所以我常說「精巧的武器不如嫻熟的技能。」……」我們細看他的講評，簡直不僅是對於那回演習的講評，而是對於這回抗戰的總講評；這不是專門技能，而是一種不可及的遠見。

記者——某軍事顧問也曾對我說過：「七個士兵抬一架不會使用的機槍，還不如每人拿一把刺刀有點實用。我們不要提有沒有更好的武器，先要問每個士兵對於手中的武器發揮了充分的威力沒有？」蔣委員長的話和專家的話也相一致的。

黨委——當抗戰之初，蔣委員長對於長期抗戰的把握，對於最後勝利的信念，究竟怎麼建立起來的？我們當時的確還不十分敢相信呢？

參長——現代的戰爭，是一種力的戰爭；（火力，人力，經濟力）短期戰爭，或可僥倖致勝，長期戰爭，即非僥倖可以成功。照通常的兵力配備，若一個士兵在前線作戰，必得有一個士兵做他的後備；還得有一個士兵保衛交通線，一個士兵擔任運輸及救護。敵軍深入我境作戰，我們損失固然很大，但敵方對於保衛交通線及運輸救護的人力，得比平常增加二三倍，愈深入愈得增加。蔣委員長還在這一點上把握着最後的樞紐。

省委——有人說，第二期抗戰，將以游擊戰爲主戰略，這個傳說靠得住不？

參長——今後的戰局，論地勢，較適宜於游擊戰與運動戰；想運用戰略，隨時地而有變化，巧妙存乎其人。我們增加游擊部隊的實力，即是對於敵人保衛交通線及運輸上增加一種壓力；敵人在後方的消耗愈大，則其在前方的實力愈減削。我只相信游擊戰的力量今後更能充分發揮，至於是否成為主戰略，倒不明白。

黨委——這一回，高級軍事長官在衡陽的集議，其內容也可以約略說一點不？

參長——恕我無以奉答。

記者——聽說蔣委員長對於抗戰前途，更表示樂觀了！

參長——蔣委員長的確表示對於最後勝利更有把握。

省委——白副參謀總長曾提出「全面戰術」的辦法，是不是？

參長——白副參謀總長所說的全面戰術，乃是以用於山西方面的方法推行於各個淪落區域。不分前後方，無論東西南北，不爭點，不爭綫而，以機動的姿態和敵作全面戰，使敵困於應付。依我的看法，這是一種聯合許多游擊單位而成的運動戰。——就全局來看，是一種新型的運動戰。從局部來看，各個游擊單位各自達成其任務。這種戰術，只要和政治力量配合得宜，定可以給敵人一個致命傷的。

三　軍民合作與政治力量

省委——一般人的議論，都以為政治機構不健全，不能與軍事發展相適應，我們也時常留心這個問題，討論怎樣才會健全起來。不過要澈底做到和軍事的步驟相齊一，似乎頗不容易。

政委——大小衙門中的員吏，都是做慣「等因奉此」的，既無熱，又無光，叫他們來應付這變動的局面，自然連氣都喘不過來了。官僚政治最缺乏革命的精神：抗戰的工作，都非有革命的精神不可。我看見××院的非常時期戰時服務團和中國童子軍的戰地服務團住在一起；一邊活躍活跳，一邊雍容暇豫，相映成趣。輕薄的人叫××院的服務團為災官團。「災官」二字，道盡官僚們無可奈何的心境。要和軍事相適應，即非澈底改造不可！

省委——張文伯將軍出任湖南的省主席，也頗有澈底改革省政之意，他訓練數千青年，叫他們到鄉村去做組織民衆的工作，一年以來，也並不顯出特殊的成績。爲邦百年、政治的改革，似乎難得求速效的。

記者——說到中國的政治，無論怎樣改變，上層脫不了官僚政治，官僚政治的病根在敷衍；下層脫不了紳士政治，紳士政治的壞處在把持。官僚要敷衍他的上司，非和紳士相勾結不可。紳士也正利用官僚的勢力永遠把持地方的公務。抗戰以來，政府說要組織民衆，其實政府和民衆並不會發生關涉。不能打開紳士代辦的鎖鑰，無論怎樣改變，只能算作「換湯不換藥」，民衆不會對這種改變發生興趣的。

政委——政治機構演變的深度和軍事的深度，常保持某限度的相關；直到某個區域淪陷了，這才引起政治機構上的劇變。

省委——這一類劇變，究竟變好，還是變壞？

政委——大體是向上，好的現狀多。

省委——這又該怎樣去解釋呢？

政委——剛才T先生說到紳士代辦政治，阻梗政府與民衆的合作，道破了不能發動民衆運動的主因。紳士之中，無論土豪或土良，劣紳或善紳，其傳統的觀念，不使民衆對政治發生興趣則是一致的。而紳士層中的良善份子，平時常是潔身自好的多；因此包辦政務的，大多是當地的土劣。淪陷以後，整個社會受了劇變，土劣搖身一變而爲漢奸，替敵人去代辦政務，依舊保全苟安的局面。於是良善份子只能挺身而出，和熱血青年相握手，構成新的幹部層。平常對於政治非常淡漠的民衆，身受慘痛，喚醒了潛伏的民族意識，順理成章，知道和軍隊與政府相合作。借敵人的魔手，打開了紳士層的鐵門，這才做到民衆與政府的眞正合作，也眞正做到了軍民合作的新氣。

參長——要通過紳士代辦的關口來做「軍民合作」，眞有點不可能的。我還記得從保定退却那一回，有一晚，在石家莊附近一個小村落中宿營，某莊家的農夫替我們鍘切草料，預備餵馬，我看他切得很不少了，夜又很深了，叫他可以休息了。他搖搖頭噓一口氣道：「某老爺說的、那邊的官長，也要餵馬的草料的！」某老爺是當地的紳士，那邊的官長乃指敵方的軍官。我當時深爲這個「老實的阿斗」嘆息。今年六月間，因公重到河北，依舊是那些老實的老百姓，情形却大大的不同了，即算鄉僻的老嫗，也能把敵軍與我軍分得清清楚楚，仇視敵軍，照料我軍，其態度像白晝與黑夜一樣的分明。如某老爺之流，都變成維持會的會長了，他們也以仇視的態度對待之。一舉手之間，老實的阿斗都變成聰明的阿斗了。

記者——在衡陽的高級長官會議中，加强淪陷區域的政治力量，也爲討論的要目之一，想必有更進一步的發展了！

省委——淪陷區域的政治機構，到了今年七月間差不多都已重新調整起來。

政委——所謂山西的辦法，就是一半軍事，一半政治。河北的政治機構，大體的情形也和山西差不多。

記者——江蘇，安徽以及浙西的情形，這幾個月也大有進步了。

參長——政治的勝利，才是眞正的勝利，比軍事還更重要些！

五　擬座談之二

一月十八日贛東通訊

這一回的小組合，份子和前回完全不相同，一位是剛從重慶回來的二等要人（記者姑且如此定下等級。），兩位是從吉安灣過來的軍參謀，一位是在負××政務的委員，一位是黨部的書記長，再加上一個記者，乃是軍政黨的混合組織，環境也大不相同，沿鄱陽湖東岸的小村落中，農家棚架下，賓茗清談，月明星稀，頗想到湖上去蕩船，隔岸可望星子，蕩船的幻想，就給隔岸的炮聲打住了，隆隆炮聲，敵人是在轟打修河的南岸！

放開眼前的炮聲，且談一談重慶那一邊的新聞，這就打開了各人的話匣子。

一　大事化小　小事化無

參甲　M兄，你剛從重慶回來，那邊的局面很緊張吧？

重慶歸客　老兄又把重慶當作前綫囉！哈哈哈！到也不錯，彷彿有兩個陣線似的，其實呢，汪××也弄不成器，社會輿論也不贊成像他那樣弄法；弄成了，也是亡國！

記者——局面，現在究竟怎麼樣了呢？

歸客——「大事化小，小事化無」，一切都過去了。

參甲——你倒像是老政客似的！

歸客——你且慢挑眼兒，讓我來把這話說完。汪精衛那「軸心」，和德意軸心多少有點關係，國內呢，和巴槍斃的青天，巳死的某要人，也多少有點關係，聽說還在拉攏西南某要人；而且把陳公博佈置在川黨部，把周佛海佈置在中宣部，林伯生在香港吹喇叭；外有近衞的呼應，內有嘍囉的吶喊，一唱起來，不是一本很熱鬧的大軸戲嗎？悄然出走，唱不成那本戲，只叫陳公博把又像宣言又像提案的豔電發了，還不是「大事化小」嗎？

政委——聽說和議成功了，要抓五千人到牢獄裏去，可有其事？

歸客——豈止五千人，你且算，陝北的一大批，廣西的一大批，政治部的一大批，人民陣綫的一大批，你且算！

記者——那不是大大的變局嗎？

歸客——此之謂改組派！（一掌哄笑）

參甲——倒像是一幕大政變的玩意兒呢！

歸客——本來是嗎？有人說，和議成功的話，中國就會變成奧大利，德奧合併以後，奧政治界人物被捕及出亡的將近萬人，就是最近的榜樣；以政爭分化抗戰的力量，敵人的陰謀原是很狠毒的！

記者——汪和近衛的關係究竟怎樣來的呢？

歸客——川樾在上海，不是和汪的掮客時常可以碰頭的嗎？聽說去年一年間，川樾到過漢口好幾回；汪的掮客、至少到過東京一次。

政委——拍賣的行情，究竟到了某度呢？

歸客——他們自已也隱約其詞，不十分清楚，聽說條件還不錯，不十分失國體喪國權。

參甲——只喪了九分九厘，是不是？

歸客——喪了九分九厘九也說不定，面子總好像不十分丟臉就是了。

記者——也有什麼具體的條件沒有？

歸客——還不是那幾個老法樣——三原則六條件，之外，聽說要把一些地方作爲國際市場，今後練兵要請日本軍事顧問……喔，最重要的還要在中國境內駐兵。

政委——蔣委員長怎麼樣呢？

歸客——你還是說汪××將如何安排蔣委員長？還是說蔣委員長對於這和議進行的態度？

政委——且說汪如何安排蔣？

歸客——汪××的意思，不過是把近衛的意思代說出來；蔣爲日軍閥的眼中釘；「非去蔣不可」，汪的用意和近衛的用意也許有點不同，而其欲逐逐，雙方的急於去「蔣」則一致的。

記者——這樣看來，汪會到廣州去做傀儡組織的首腦了？

歸客——不會吧！汪怕「死」！

參甲——這齣戲，不是唱完了嗎？

歸客——此所以「小事化無」！

二　和平談判的最低限度

參乙——重慶方面，究竟對於和平談判取怎麽一種態度？

歸客——各人的夢，各樣的做法。有人也以爲不妨和平的，只要不太那個！

參甲——怎麽麽樣？

歸客——大概是說：多少吃點虧是可以的，可不能留下根苗，讓敵人休養四五年頭，就再來幹我們一下子打得我們落花流水；吃多少虧，也要兄弟們一家人同意，可不能强盜剛出了大門，自已關起門來就打架。

記者——你看這樣和平談判的可能性，會有幾成？

歸客——也許一成也沒有；敵人方面，似乎最痛心的是中國的統一，不扳倒蔣委員長的領袖地位，便有些不甘心；統一抗戰，統一建國，乃是中華民族復興的基石，敵人要破壞統一，那就根本不必談判了。不過我倒要想知道一點，衡陽方面的空氣怎麽樣？抗戰局面的中心，雖說在重慶，其實還在衡陽。

參甲——我們只能考慮到軍事的把握上去，軍人的腦中只有「抗戰到底」四個字。

記者——軍事上的把握，當然比什麽都重要！

參甲——關起房子來說，到下月底，一定可有一百八十個師可以應戰，比第一期第三段的軍事實力，還要增多五分之二。

歸客——軍人也考慮不考慮和平談判的問題？

參乙——軍人的看法和政客的看法或者有點不同；政客們以爲早點收場，可以於談判有利一點、我們以爲只要韌性打下去，自會打出好的和平談判來！我們現在還看不見和平的影子。

記者——預想起來，什麽時候可以看見和平的影子？

參乙——至少還有一二次大會戰，使敵人更多吃點苦；和平如戀愛，成熟起來也是很快的，也許一個星期就可以成功的。

歸客——軍人，看來比較樂觀的吧！

參甲——樂觀，蔣委員長自來沒有悲觀過！

三　軍事配置上有什麼新的計劃？

黨委——見笑得很！我們要向民衆去說，軍事上有多大的把握；這把握的內裏，終是茫然無所知，說不出什麼具體的話來。可否在軍事家面前多討教一點？

記者——軍事機構上，聽說有新的調整，是不是？

參乙——有許多話，一切到本題上來，就不容我們來多說了。所謂調整，不過是根據作戰的經驗，經過一番檢討，重新來部署過。以往機構太複雜，不僅在僚屬人才缺少的中國難於組織健全，運用起來，也不十分靈活。今後的機構，比較簡單化，質的方面，格外求其充實。輪廓上的文章，大體如此。

歸客——不是把天水、桂林和重慶構成三個重心點了嗎？

參甲——大體是如此；有點像歐戰中的德國，西邊一個，巴爾幹半島方面又一個。白副參謀總長在西南是人地非常相宜的。

歸客——程老總的資望，在西北也是不錯的！嶄新的軍事領袖衛立煌將軍也能顯點顏色出來！我軍和敵軍的戰鬥力，究竟估怎樣一個比例？

參甲——我們希望可以達到二比一，這是眞實的希望。

歸客——假使敵軍西窺甘陝，怎麼辦？

參乙——軍事上的企圖，好像圍棋上的對殺一樣，你殺這一塊，我殺那一塊，大家估計估計看，究竟誰合算？敵軍未把豫北及山西的遊擊隊應付了局，渡河的企圖，未必於他有利。但他們不可不裝作渡河模樣，否則他們的掃蕩計劃更難實現。

歐委——西南呢？

參甲——我是不相信敵人從西南來發展的。

記者——這幾個月內。還是相持下去嗎？

參乙——照敵人在徐州與南京分別集中兵力的情形看來，三四月間還得有點動作。

記者——我軍準備取攻勢嗎？

參乙——你去問邵處長吧！（這是一句笑話。邵參謀處長新近在吉安，不幸被敵機炸死了的！）

一月十八日在臨潭

六 富春江上

——二月十三日桐廬通訊

雨雪載途，記者跟着部隊走向新的前線；剛巧動身那一天（二月七日），浙贛路西行的車在塘坪被炸（距東鄉約九十華里），死了五個旅客，重傷六人，輕傷十餘人；因此記者的東行，以車阻被滯，仍留東一日。第二天東行的車又被炸於向塘（距南昌六十華里），死一個旅客，輕傷三人，可是頭二等車的全部行李都被炸燬，只留下兩條外賓的毛毯。西行的車也在東鄉被炸，幸而沒什麼損害。記者對於這兩天的轟炸，有向國人報導的必要：敵人所用的炸彈爲空中爆炸彈，其爆炸爲平鋪式，——三十度的射角，殺傷力甚強；敵人已開始用更慘酷的轟炸來戕害未設防地帶的中國民衆了。在向塘炸死那旅客，下部沿尻骨直剖，中部五臟倒翻位置，上部被火燃燒，成焦黑狀，慘不忍睹。就在那一天，敵機曾在南昌散發「中日親善」的傳單，這慘狀也就是「親善」的正確註解。

東行車既被阻，記者就趁了貨車東行，和守車者同住一車廂，風震車窗，雨淋車板，守車者提着紅綠燈終宵料理他的職務，一瞬不曾合眼，頗有軍事指揮人的風度。在上饒站，那被炸的特快車趕上來了，記者改乘特別快車，向旅客們作簡單的訪問；那輛刼餘的可憐的二等車，沒剩半塊玻璃，窗架也橫的豎的倒在那兒，三個美國牧師在西北風中搓手，口中還在試唱一種新的歌曲，旅客們臉部表情仍舊安閑，一談起被炸時情況，却有餘悸。記者又於江山下車，改趁同日被阻於樟樹附近的普通快車，作另一回訪問，知道車在株州，也曾被炸，由廣東到吉安來受訓的一部分學生，不幸也碰上了傷害。記者於九日夜半，到達金華，從報販手中找到一份上海的報紙，上載東戰場我軍活動的消息，敵軍發言人也作如何固守杭富山陵及湖沼地的聲言，不覺發出微笑；儘管敵人對中國民衆用怎樣殘忍的手段，我軍的活躍姿態還是使他們戰慄不已！

唐雲山師長由蘭溪陸行，沿新安江往皖南；記者由蘭溪舟行，沿富春江往浙西，算計在浙西某處，依舊可以晤聚。唐師長係廣東人，他所指揮的××師，即係在南潯線苦戰四個半月的部隊。這回調整後的部隊，戰鬥力更是加強，其中有一補充團，係就傷癒歸隊的戰士編成，多係八十七師的老兵，歷敍淞滬顯戰情況，如數家珍；記者就雜在兵士羣中聽他們的眼笑眉揚的戰場回憶。

新安江富春江交接處爲建德城，就軍事、經濟來說，這小城並不十分重要，市面相當安定繁榮。最接近戰地的省立嚴州中學，本年度學生由三百餘人增至四百五十餘人，即是浙東農村經濟充裕安定的象徵。由建德沿江北行，經七里瀧到桐廬的途中，比前幾個月更顯得安靜；公司船也如期開駛，旅客紛沓，全無戰時氣氛。桐廬在浩劫以後、本來不容易重振市面；可是在軍事上，地位非常重要；雖說市民安居如舊，而江上加強封鎖線，城周新築鐵絲網，顯入戰時狀態；今後兩三個月間，桐廬將處於更重要的地位。

到了桐廬，小舟停靠在桐君山邊過夜；這風味在記者的記憶上很是熟習，這一回，却感到十二分的異樣。桐廬沿江岸的街市既全付浩刼，夜黑街死，我們彷彿落在深谷之中，與塵寰隔絕，漁舟燈火，偶而一星二星在江上浮來浮去，若隱若現，頗似燐火。但這並不是遠離塵寰的深谷，去此不遠，就得和敵人的哨兵相接；這隻小舟，再往前去，到了距桐廬三十五里的窄溪鎮，便入警戒線了。

×　　×　　×　　×　　×

——二月十九日桐廬通訊

由桐廬乘船沿江東北行，駛至窄溪埸口之間，卽入軍事警戒線；記者遂和幾位同行的軍官，棄舟登陸，由覘山向新登，經官地里進至草鞋庵附近，進到最前綫去看一看。走到和敵軍可以相互目睹的處所，伏在小丘的林叢中，用望遠鏡約略可以看淸楚敵軍的營壘。富陽敵軍約在二千至三千之間，不時有增有減；陣地上守衛的士兵却不很多。敵方的工事，城西北西南兩方，相當周密堅固，西南以靑雲橋附近爲警戒線，西北則守山與番薯嶺之間，旣爲其警戒陣地，也爲我游擊部隊出沒之所。其東以富春江爲警戒陣地，炮射常及於隔岸的大源鎭。

記者到富陽前線那幾天，敵艦正在浙東沿海各口岸滋擾；敵發言人又揚言杭富敵軍將渡江而南，切斷諸曁金華間的浙贛線。不過我們在最前線，並不覺得有什麼異樣的威覺，過舊歷年的還是照樣過年，遠從蘭溪去買豬頭來謝福。我們曾討論研究過：『敵軍是否眞有保守杭富的决心，果如敵酋所宣稱「要着手建築永久陣地」』的問題，根據所得情報來看，當下一個負責的判斷，斷定敵軍無意於固守杭富兩據點，只要我軍有某種限度的努力。據最可信的情報，敵於淞滬近郊建築永久工事，經一年多的經營，大體已完成；此卽表明其有固守淞滬的决心。軍事家判斷：敵軍將以淞滬爲收容整理根據地，其永久工事，蓋配合兩個師團及一個機械化旅團的作戰力而構成；敵人是準備着總退却那一着的。蘇嘉線爲其外衛線，敵軍利用河溝及湖沼的優勢，儘可能在作據守的打算，也是無疑的。富杭線，敵方早已視同雞肋；因爲「棄之可惜」，所以用敵艦擾亂沿海，以虛擾姿態來牽制我軍的反攻，事實上並無補於杭富線的命運的。前幾天，浙東沿綫緊張時，黃主席曾判斷敵海軍決不敢登陸；果然，擾亂了幾天，又沉寂下去了。

沉寂的最前線，啓示我們一個極重要的敵軍暗影。記者本打算突過敵軍防守線，到敵軍後方去看一看；恰巧敵軍怕廢歷年關，我軍有什麼動作，防守較嚴，因此滯留不進。記者調査敵軍對於防守線的嚴密與鬆懈，恰如瘧疾病患者時寒時熱，有其周期；鬧了一陣游擊隊的怔忡病，就疑神疑鬼，見人就殺，一時安定下來；這是無民可治的幻滅感，又想了許多鬼主意，戴上紙帽子，說要招撫民衆。同是一個敵兵，有時橫了臉肉，持刺刀刺人；有時又裝作啞聾姿態，叫農民去割麥，還送上幾個饅頭，我們農民眼中，即覺得這陣冷陣熱姿態的可笑。這姿態即是反映敵軍部舉棋不定的苦悶情懷。

富陽的外線上，有不少城市居民在逗留着，他們逗留在山谷之間爲多。現大源鎮的四周，就有幾萬人，他們之間，完成了從來未有的嚴密組織，沒有一個奸細能在其四周立足。他們還相信定能光榮地回到城中去，他們有這樣一種信心。有一位青年，他的父母被炸死了，他的弟弟也被炸死了；他還是堅決地說，我們定能打回富陽去。我於晉南以外，又看見一羣從苦難中磨練成功的戰士了！

七　焦土新技

——二月廿七日屯溪通訊

去年一月間，江南戰場的各線，風雨飄搖，無處不緊張恐懼，民衆四處竄奔，皇皇不可終日。今年民衆慶祝舊歷元宵，處處龍燈鑼鼓，一片昇平氣象。錢江南岸，餘姚紹興的繁榮熱鬧，且不去說，記者所目擊的蕭山瓦礫堆上，居然有相當熱鬧的市面，可說是對敵軍的小諷刺。富陽隔江的大源鎮，即在敵炮射程之中，可是大源的民衆照樣安閒過日，而且組織得相當嚴密，做到「漢奸絕跡」的地步。錢塘江上流，桐廬全城，五分之四已成焦土；就在焦土上搭起了茅草房子，菜館、酒館、京廣貨鋪、雜貨鋪，照樣在做買賣，有一家水菓鋪，貨色也頗齊全；市民臉上，從容閑靜；在警報中，並不張皇。由桐廬沿江而下，窄溪、場口、新登那幾個市鎮，都有相當市面，偶聞炮聲而外，無所謂戰事。又溯天目溪而上，分水，於潛、昌化更比桐廬安定繁榮，天目溪沿岸爲前後方往來要道，道上行人，據當地人士說，已開古往未有的記錄。

由天目山轉入皖南境，在江蘇安徽接境的廣德、郎溪、高淳、宣城，這都是幾度落入魔手的城市，如今也都復蘇過來。小鎮小村，只要在光榮旗幟之下的，田園里落，都有新的氣象。我們聽那些板滯着臉龐用樸質口吻訴說殺敵故事的，不覺投以驚異的眼光。還有一件極光榮的記錄，廣德雖曾三陷敵手，可不曾產生傀儡的組織。經叢山縐入績溪境；其地爲黨政軍的重心所在，冠蓋雲集，市民各安其業，若不知有所謂戰事者。記者在某君處，飲牛奶麥片，佐以沙利文的餅干，恍若置身海上，不覺訝然。某君曾出入敵區，歷敍長興煤礦左近作戰故事、大有目中無敵的氣概。由績溪而南，到了歙休屯溪地段，各業都忙於新的計劃；情況和浙東各大城市相同。商人笑逐顏開，都在刷新自己的門面，他們大概都抱一種不能自解的樂觀；和大江相平行的大小城市，如南陵、青陽、東流、至德各縣，聽炮聲已爲慣常功課，耕田農夫，有時也口含烟袋，靜聽炮聲，解慰一時的寂寞。此間有一奇蹟，即經東流渡江往望江的，日以繼夜，織運不斷。儘管敵艦或汽艇往來遊弋，渡江的還是以迅速的技術渡了過去。平時渡江，聽說須得四十分鐘以上，現在以熟練技術來應付，只要二十五分够了。當安徽教育廳長方治君北渡時，區署署長還燃放爆竹送行，正是嘲弄敵軍的無用。

記者去年春天到皖南時，太湖西北兩岸沿至蕪湖江岸敵我陣地正成弓形，那時的弓，突出部分正向我方。此次重到皖南，敵我陣地，仍成弓形，不過今日的弓，突出部分轉向敵方，這也是對敵軍正面諷刺。

× × × × ×

——三月廿一日祁門通訊

由祁門折向西北，越過重山叠嶺，卽入至德境，再前進卽到達大江邊的東流渡口。皖南北人士，由此渡江往來，這是一個造成奇蹟的「聖地」。自湖口至蕪湖間，江岸曲折，將近千里，其間敵艦往來，每日常有；各據點間，敵軍又派汽艇逡巡，日夜不絕。所謂汽艇，多用我國帆船製造，把舊帆船裝上新馬達，往來如飛；這也是一種「舊瓶裝新酒」式的侵略工具。我方爲應付這個現實，卽以新技術渡過大江，大約半小時可到北岸。每天南北商人，多至三四百人，絕少意外障礙，談者目爲奇蹟。北岸爲望江境，去冬曾一度陷落，近已克復，惟北岸秩序較壞，渡至北岸，必須捷足步行三十里，走過一重山嶺，始可絕對平安。江北山陵相續，人烟稀少，旅客必須自攜米鹽及乾糧，免得途中挨餓。由望江到立煌，大約步行十日，即可到達，途中並沒有什麼障礙。

近月安徽省黨部省政府大員的北渡，驚動了敵人的心魂，尤以教育廳方長廳北渡時，區署放鞭爆送行，最引敵方反應。月來江上汽艇加多，游巡加密，行旅稍感困難；且夜間敵人於江面裝設彩色照明燈，不時閃光，偵察更爲周密，亦使渡江增加困難。

東流縣長王介佛氏，眞乃戰時幹才。後年九月間，氏初到東流時，全縣已有二區附敵，四區在動搖中，今則四區全定，二區亦已反正，地方自衞能力，非常堅强。本月三日，敵僞三百餘人分頭夾攻，竟爲自衞隊一百餘人所擊退。東流渡江的奇蹟，即是他一手所佈置起來的。記者臨江北望，雖有山河已非之嘆，亦有山河猶在之感，敵人心中，一定覺得「中國非無人也」！

東流南鄰祁門，祁門爲曾國藩練兵與太平軍爭勝的總根據地，與贛東的上饒相爲犄角；軍事上的意義，今古相同；南島人士，莫要只在吃紅茶時想起了祁門。

八　訪上官雲相將軍

——三月二十一日屯溪通訊

一

上官雲相將軍，他將是東戰場上的主要角色，記者在這個最適當的時候來介紹他。

從外表說：他的儀表屬於軍人型的，眉毛粗濃，眼角斜掛，臉上的橫肉掣動得利害，高大的身軀，山東人的宏大沉重的聲調。這軍人的儀表，使我第一回晤見時，曾作錯誤的聯想，想像他爲舊式的北洋軍人。

第一回和上官將軍相見也在皖南，那時他在担任第×戰區司令長官部高級參謀，由於他的豐富知識和犀利判斷，記者爲其多方面的光芒所攝住，才知道他是軍人中的學者。

第二回相見也在皖南，去年秋天，那時他已担任軍事上的重要職務，第××集團軍總司令，相見於休寧附近的叢林中；那是他們的休沭場所，有竪額，題「櫟下板屋」四字。那回，記者的印象中，又覺得他很風雅，富有書生的氣息。

「書生氣息」，於軍人是否有益？那是另一問題。記者曾遍地覺得現代中國軍人，留心世界的大勢，注意中國政治社會的演進，粗中有細，該說是極可注意的進步現狀，使人欣喜的。

在上兩回相見中，記者不能忘記上官將軍所語的一個譬喻。他述說他遊歷歐西的感想，他覺得「歐西的政治機構有如金字塔，下面的基礎很廣大，很結實，上面的尖兒雖小，却是擺得很穩。中國的政治機構，像是一個金字塔，不過是一個倒過頭來的：下面的基礎太小太淺，載不住上面的重壓」，因此他說：「歐西每個機關的下級幹部都很忙，最高領袖可以閑一點，中國的領袖，眞是一日萬機；下級人員常在消閑度日」。聽了他的議論，記者心目中，覺得他是一個有獨見的軍人。

二

這回（第三回）和上官將軍相見，仍在皖南，不過他所擔當的責任更重大了。在他的一生，這一回，可以說是最適於展施他的懷抱的了。

昨日下午，我們的車子，由××出發，曲折經山原麥隴，沿一溪曲水到達一個小村落的莊外，將軍派副官引我們到一所大廳的長方桌前坐下，那大廳的柱子和大字的匾額，使我們有莊重肅穆之感。

一會兒，將軍從隔巷過來，跨進大門以爽亮的笑說招呼我們，右手牽着他的嬌女，紅色的綢帶在她的頭上飛動，她以驚異的眼光看着我們，將軍已經整裝待發，不容我們有枝外的閑談，我們直截就談到東戰場的軍事問題，當時，我們如何探求，將軍如何答復？這兒只能留下一塊極大的空白，等到將來再詳加補綫。

第二期抗戰的主要戰略，如蔣委員長所啓示的「政治重於軍事」，如白主任所指示的「軍事主守政治主攻」，東戰場當然不在例外。上官將軍一方面爲軍事指揮人，一方面又爲江南黨政委員會的主任委員，也正擔任攻勢政治戰的指揮官。

東戰場上的敵軍，依將軍的判斷，也是取守勢的。「他們把一部份的主力軍集中在淞滬及京蕪一帶，以迅速的運輸來完成全局的控制，敵人的控制力，完全建築在迅速運輸上」。這是我們理解東戰場局勢的總關鍵。

記者曾提到敵人在鄱陽湖東岸的最近動作，以及敵艦在浙東沿岸的最近動作，他看得很淡然，認爲無關重要。他知道鄱陽湖東岸的危險時機，已經過去了。去年冬天，將軍曾奉命擔當那一線的防務，目前，已到了我軍作東戰場中心的時候了。

三

關於黨政方面，上官將軍談得很多很透澈，當他談述軍事，用低沉的語調；一談到黨政，就轉爲激昂宏放的語調。首先他說到在歐洲遊歷時所見到的意大利黨部的情形。他說他和蔣百里先生曾千方百計要求參觀「法西斯」的黨部，後來總算參觀了兩個區黨部。『他們的黨部的特色，卽是黨員肯切實爲民衆服務；那個區黨部有一個音樂室，一個娛樂室（附有書報室），一個公共食堂，那便是黨與民衆接近的場所。因爲設備很完全，所定的價格比市價低，民衆自然而然集聚到那兒去。擔任黨部工作的人員，由高級黨員輪値，義務地爲黨服務，其期限自三個月至六個月。區黨部書記長，對於當地黨員的技術才能與職業情況，都有詳細調査。民衆向黨部有所請求，黨部就指定黨員爲請求者忠實服務。高級黨員的輪値黨務，與黨員爲民衆所服務的工作，皆列入爲黨服務項下，作爲考核黨員工作的標準。我們且不管主義的是非得失，這種爲民衆服務的精神，的確可珍視，而且應該取法的。一個婦人也許因爲黨部招呼她的產育，對黨部生了好感，一個老頭子，也許因爲黨部替他料理過屋漏，叫他的孫子忠心爲黨部工作。使民衆覺得黨部與他們有密切關係，黨的信仰纔能在民衆心理上建立起來」。將軍鄭重介紹意大利的實際情形，言外之意，即是對於一切黨員作側面的策勵。將軍又說到　蔣委員長近來注全力於黨務的改進，『不久的將來，定有一番大刷新，許多中央委員分頭向國內各地去工作，也就是高級黨員爲黨服務的表示；不過中央委員只到省或市去工作還不够，還得向下層，愈從底層做起，愈有好的成果」。由他這一番話看來，他擔當黨政委員會的責任，定將從底層上建立起新的基礎來了。

後來，他把切實做事的話題轉到縣政上去，他鄭重地說：「一個縣長的責任，在戰時比一個指揮將領還要重大。即如我，雖說是總司令，只能指揮十萬八萬的士兵作戰。一個縣長，他如能把三五十萬民衆組織訓練起來，其力量豈不比我還要大嗎」？他對於淪陷區域的政治，希望每一個縣長，都能發動民衆，眞的實踐　蔣委員長所說的「民衆重於士兵」的明訓。

在夜的暗影中，我們談到當前的青年問題，他對於這個問題，非常謙虛，不時探問我們的意見。他也以爲訓練青年，要理解青年的心理，「好奇心，本爲青年們所同有：我們年靑時，看劍俠書，要想上峨嵋山去求道，也是追求夢想的一種徵象」。他所說的話，也極中肯棨。

朦朧夜色，使我們結束了談話。我們走出那小村落，只見遠處火蛇，蜿蜒不絕，彷彿在啓示一種新的希望。

第四分　春夏之交

一　南京陷落前後

——四月十一日浦城通訊

一　惡性瘧疾

去年十一月以後，長江沿岸的敵軍，滯阻不能前進；修河北岸敵軍與我軍隔岸對峙，在休戰狀態中過了四個月。隨後就有一部份抱苟安心理的人作敵軍決不敢再進的幻想，不僅金華，屯溪，浮梁的人士如此說法，即南昌人士也如此說法。南昌突然陷落這件事，別的方面影響還不大，對於那些作虛幻想望的，眞有深切的幻滅之感。

去年冬天，敵軍正可以眞撲南昌，爲什麼逗遛不進呢？今天春天，晴空明朗，怎麼風雲陡轉突然陷落了呢？這二問題，仔細推尋，或可一併作答。軍界友朋，每稱南昌爲惡性瘧疾的城市，因爲在去年秋間，惡性瘧疾流行，人多不免；南昌的安危，一陣熱，一陣冷，反復無定，類似發瘧。這寒熱的潮浪來蹤去跡，頗有迴溯的價值。

前年秋間，南昌爲策應東戰場的軍實供輸所，敵機叠次轟炸，市民皇懼奔避，市面一時衰落，十月以後，市面逐漸恢復，直到南京陷落，又有短期間的混亂。十二月中旬，敵軍進追寧國河瀝溪那一天，我軍一部份潰退至祁門，風傳到贛，上下都有點張皇失措。到了去年一月，戰局重心移至津浦線，南昌又隨着江南戰場的安定而繁榮起來，三四五六個月，百業復蘇，市民紛紛歸城，茶樓酒館，擁擠不堪。六月間，長江兩岸戰事轉緊，敵軍沿江西進，馬當之險一失，鄱陽湖東北岸，名城迭陷，南昌又轉入恐慌狀態，尤以九江陷落前後最爲緊急，常一夕數驚。八月間敵軍西攻瑞昌線，南潯線又轉鬆弛，南潯市面也恢復常態，後來德安陷落，並沒重大影響。九十兩月安閑渡過，情形比前年冬天還好得多。直到武漢陷落，岳陽失守，長沙又大火，這才開始全部撤退，入於最恐慌時期。不料一到十二月，又辦安定，市面也相當恢復，居然熙熙攘攘，過了舊歷的新正。到了上月下旬，竟發了這一場大寒熱，南昌才臨到了末運。大體說來，以往南昌的安危，完全和東戰場的張弛保持密切聯繫，東戰場安定時，卽南潯線上有軍事行動也沒有直接影響的，此番南昌突然陷落，從敵人那一方面說，也還是一種對於東戰場軍事動作的反應姿態。因爲我軍對於東戰場的行動、二月間漸已顯明；敵軍知道空洞恫嚇不足以變更我方的決意，乃發動南潯線的軍事來積極反應，其攻陷南昌卽爲其成果；可是攻陷南昌仍不足以變更我方的決意，近日敵酋的肆應，的確有點手忙脚亂呢。

不過南昌陷落的遲早於局部戰事雖無重大關係，於整個戰局却關係很大。南昌若陷落於彭澤戰後，或於岳陽戰後，都足以決定粵漢線的命運，若陷落於德安戰後，又會改變武漢會戰的情勢，兩相比較，這一回的陷落，最有利於我方，因爲我軍的喘息已舒，有足够的力量來作全面的反攻了。軍事當局把南昌陷落看作新決戰的序幕，眞有一個十分眞實的判斷。

二　再試一回

我軍策劃全面反攻，始於今年一月底邊；吉安會議，桂林會議以後，大體計劃已經確定。本來在我方整軍的期間並不想有積極的軍事動作，可是敵方趁此間隙抽調大量兵力，加重西北壓迫，我方已非加緊反攻，不能發生牽制作用，因有二月間的分路進兵。進兵的方向，共分四路：一路向湘北，一路向鄂中，一路向蘇南，一路向廣東，各路雖不必定作戰略的反攻，至少有政略反攻的作用，敵人大約於二月底邊看明白了我們的意向，也作三個方向的反應：一路向蘇北，一路向鄂南，一路向南潯線，而以戰略的利便，以猛勢直攻南昌。我方以運輸困難，總反攻局面發動於敵人動作之前，其成果反在敵軍事獲得戰果之後。敵方只費了一個月的調遣，就可開始動作，我方却整整地化了兩個多月。所幸發動以後的成績比以前好得多，這是由被動轉爲主動的樞紐。

記者前天在鄱陽湖岸上和參謀C閒談，探問放棄南昌的因由。他說『中國和日本的戰事，只有八一三開始那十天，才算得眞正的主動攻擊、其餘那只能算作「應戰」。因爲那十天間，我軍的輸送，比敵軍迅速三分之一，我軍的火力還可以壓倒敵軍。其後每個戰役，只有敵軍進攻南京的路向很明白，我們可以靜待迎擊，可是那時我軍已疲憊不堪，無力迎擊。徐州戰役以後我軍只能待機應戰，開場時不能不吃一點虧。』何謂待機應戰？據C參謀說：『即如最近南昌戰役，我們不能單在事後來責備南昌防務的疏懈，南昌的防務若緊密，敵軍顯然可以運用全力向鄂中發展，襲取襄樊一線，也可以突攻長沙，或向常德方面發展，而且我軍有事於太湖沿岸，敵軍更可以由皖南進兵，由灣沚青陽進迫宣城，即鄱陽湖東北岸的防務，亦深可注意，萬一浮梁失去，其性質比南昌更嚴重。敵軍在長江水面上調遣往來，少則十日多則半月，即可行動，我軍若膠守一點，反易被其所乘。我軍主力，限於實際情形，只能集中某些地方靜待發展，此之謂待機。「待機」，所以開場一定很吃下一點虧，去年，武漢會戰，在九江失守以前情勢很糟，九江失守以後，我軍才判明敵軍的意向。其時敵軍佔了重要據點，不能不作據守的打算了，這樣我軍的主力，也可決定移動的方向了。後來敵軍南潯線的持久消耗，以及黃梅廣濟綫的不能迅速發展，即是應戰的成果。此番南昌陷落，和去年九江陷落，情形相同，我們應該承認某司令的說法，南昌陷落以後，才可以決定我軍使用主力的意向。』

敵軍發動兩個半師團的實力，來試作贛北的攻擊戰，可說是最冒險的動作。這種冒險動作，這回是第三回，第一回試於魯南，已經失敗了，第二回試用於廣州，雖不十分失敗，也沒有什麼進展，此番再許用於南昌，成敗還不可知，不過敵人要說南昌這一個據點已經被他穩佔了，那還太早一點，南昌的命運，尚待決於今後一個月內左翼的決戰。——以往的歷史告訴我們：戰史上決無上高，高安，清江，樟樹未得，而可守南昌之理。

三　贛北戰事的三個段落

二月下旬，皖南我軍向蘇南邁步前進，友人M君，於送戰士遠征的歸途和記者提及敵軍的反應，他說：「敵軍定有很迅速的反應，我所担慮的敵軍若從灣沚進兵，撲我宣城後路，大為可慮」。其時我軍事指揮人早算到這一着的，且據敵方情報，蕪湖灣沚之間，敵兵增加了不少，頗有反應的模樣。我軍為準備這方面的反應，也曾將皖南左翼部隊積極推進，作佯攻姿態。可是敵方的反應並不在皖南，乃在鄱陽湖的東岸，三月中旬遂有都昌大磯山戰役。三月十二日到十八日那一星期，我軍力堵敵軍的東竄，至十七日晚間奪回大磯山告一段落。保都昌，即所以保浮梁，亦即鞏固皖南的後路，堵截的作用非常重大。三月十八以後，敵軍分一路進攻南昌，一路由吳城登陸（此路發動最早），作猛攻姿態，其主力分由永修（張公渡）武寧（箬溪）渡江，對我左翼作迂迴包抄戰，其間有灘溪之戰，安義之戰，奉新之戰，萬壽宮之戰，生米之戰，皆以保衞南昌為目標，尤以灘溪之戰，生米之戰，為最猛烈，前仆後繼，敵聯隊長以下，官兵死傷四千餘人，所索代價甚大。二十六晚，生米不保，遂入於南昌街市戰，直至二十八晚間，我軍由南昌東引，全城陷落，此為第二段落。

三月十二六日起，我軍即開始第三段落的戰事，儘量將左翼加强，對敵軍作側面壓迫，最近半個月的軍事，即繼續加强此側面壓迫的力量。敵軍於南昌未攻陷前，曾試向我軍右翼作迂迴包抄，前哨衝至梁家渡口。二十八日，我軍既自南昌引退，敵軍即感到側面壓迫的力量，乃以主力衝祥符觀，進迫高安，又以另一主力由武寧向修水，限制我軍的左翼延伸。上月之尾，敵我主客互易，變成了敵受攻而我主攻。我上官總司令固守豐城，南昌近郊之敵受脅，羅總司令的部隊大規模左翼展開，高安，奉新，安義之敵也受壓迫，第×戰區的精兵，分由浙東皖南馳援，右翼敵兵也受重大壓迫，因有近一星期來大城高安間的爭奪戰。贛北敵軍，迄記者發稿日正，並不曾增加巨量援軍，我軍的側面壓迫，定可發揮絕大力量。

我軍既吸引三個師團的兵力在贛北，此於蘇南，粵南鄂中湘北的反攻極爲有利，當南昌危急之日，正我軍反攻部隊到達前線之時，反攻的發動雖稍遲，情勢却是很好，近五日間東南西北一片捷聲，正冲淡了南昌陷落的軍事暗影。而且敵人的致命傷仍在贛北，贛北一旦失利，江南戰場必有一番新耳目，我軍所演奏的政治性的反攻，或者可動世界的聽聞呢。

二　萬人爭說白將軍

——四月二十二日福州通訊

一　福州文藝劇場之一幕

本月十九日下午，白健生將軍悄然來到福州；這對於福州市民是一顆大喜果。近旬，閩浙沿海頗有點緊張，即平日作「苟安」譬解以爲敵軍必不至佔福州也惶惑浮動，不能自安；這位獨當「方面」的高級將領，對於沿海戰局如何判斷，深爲閩人所欲知，白將軍在福州，先後公開演講三次，第一次在省黨部，對黨政治各機關人士訓示抗戰方針，第二次在省政府，對全市學生訓話，指示抗戰必勝的必然性，第三次在文藝劇場，講演「全面戰爭與全面戰術」，尤以在文藝劇場的一幕爲最熱鬧。萬頭攢動，鴉雀無聲；微笑登台，掌聲雷起；這位率眞的偉大的民族英雄，首先即予全民衆以美滿的印象。

白將軍這回還是第一次來到福建，他對於福建的印象究竟怎樣呢？他覺得福建從混亂的割據局面中振拔出來，走上政權統一的軌道，很使人滿意。此次經閩北東行，危嶺高崖上盤旋的大道，也使他覺得交通建設的進步。不過他一路所見大小城市，尤其是福州，一片太平氣象，頗爲詫然。他猛作警語，昭示閩人：「不錯，我們要鎮靜，但是我們要準備！我們不怕敵人來，不怕敵人來佔領，我們不要恐慌，但是我們要有辦法！」又云：「鎮靜固好，只怕是敷衍苟安，事到臨頭，張皇失措。」

福州人自抗戰以來，不知不覺養成這樣一種心理，以爲敵人攻佔福州並不合算，只要我方不做抗戰工作，不刺激敵人，引起敵人的反感，就可以苟安下去。白將軍首先喝破這個迷夢，他說：「福建地位，真是危險得很；既和台灣那麼近，制海權又在敵手，海岸線又太長，敵艦朝發夕至，防不勝防，敵軍取福州，如囊中取物，只是時間問題：諸君魚遊沸鼎，不可再作安享太平的想法。」他要福州人認識敵人的野心，敵人既要遂行大陸政策，鯨吞中國，決無所厚愛於福建而不加以酷虐。他列舉所目睹的敵軍暴行爲證，勸閩人莫以生命爲兒戲，要趕緊準備；一切資源向上游撤退，學校工廠也趕緊遷離城市，市民也全部向鄉村疏散。

他判斷敵人以前所以不攻佔福州，不轟炸福州，或出於經濟的動機。他說：「敵人封鎖南中國的海岸，還留下幾個海口來吐納貨物，無非想一面間接吸收我國輸出的種種原料，一面輸入僞裝的仇貨來換取我們的法幣。但是疲師久戰，對國內人民無法交待，對世界無法掩飾；以政略關係來攻佔福州以作交待，可能性是很大的。」他又說：「也許有敗類漢奸，和敵方接洽，保留福州市面以作僞組織的活動根據地；我們更該認識敵人的陰謀毒計，利用福建優勢的天然地理來保存物力與人力。」他要閩人用戰時心理來應付環境，「居安思危，安不忘危」！

在省黨部會場演講那一回，他曾列舉幾個事件來促進閩人的警覺。一、他在浦城，曾見有年輕的裹腳女子，這是民族的生理自殺，行政人員應當負責禁止。二、他在閩北一帶，只看見男子做事，女子却不做事；到了福州，又只見女子做事，不見男子做事，這部是不合理的，男女應當共同工作努力生產。三，他沿途經過，下午四時以後，郊外即無人工作，民衆未免太懶；「民生在勤」，應當糾正懶惰習慣。四，他曾目見閩北各地放火燒山，這不獨妨害造林，也妨害農村建設（依桂省單行法，放火燒山的須處死刑）。白將軍所說種切，針對着福州人士的苟安心理而冒，他希諸閩人趕快振作起來！

二　白將軍之戰局觀

二十日午刻，白將軍在××的寓所延見記者，作一小時半的長談。所談關於軍事部分，邀囑暫不發表；其關于一般戰局的判斷，記者且概括地說一說。白將軍認爲敵軍散布和平空氣，只是一種掩護新的進攻的烟幕彈，根本沒有誠意。汪精衛把近衛宣言，當作和平談判的根本，明明是上當。從前陶德曼大使，曾帶來些空洞的條件，白將軍一開頭就說敵方定有陰謀，決不可信；果然虛僞的和平談判，就繼之以軍事進攻。不過白將軍對於軍事前途非常樂觀；敵方所能動員的兵力，以七十五個師團爲極限；對我作戰已經調用過三十八個師團；現在也還有三十三個師團在戰場上；我方每一個戰區都牽制了敵軍一大部兵力，敵軍已深感應休的困難。敵軍戰鬥能力的減低，各戰場普遍如此；襄河之戰，張自忠部隊以八千人的犧牲，換取敵人六七千的傷亡，打成一與一之比；武寧之役，敵高級軍官聯隊長以上的死了幾個，而且遺屍滿道，連後方勤務，也比從前差得遠。只要「拖」下去，敵方決不能支持，非總崩潰不可。白將軍保證再打兩年，定可打勝仗。

記者進問：近來敵軍作戰，戰術上也有什麼改變沒有？白將軍謂敵軍每一個師團有四個步兵聯隊，一個由野炮聯隊，一個重砲聯隊，一個工兵聯隊，一個騎兵聯隊，一個輜重兵聯隊，還有化學隊，戰車隊；火力比我們强，裝備比我們齊全，作戰時候，只要依照正規戰術，不必有什麼改變。在陣地戰中，先之以炮轟，繼之以戰車衝攻，再由步兵搜索前進，板定的戰術，也不必改變。我軍裝備不如敵，火力也差得遠，却不能不用革命的戰術來制勝。白將軍對於革命的戰術，說得很有興趣。他說：『辛亥革命那一回，僅僅那麼幾百個新軍，每個人只有一排子彈；有的連子彈都沒有，只能裝起刺刀來衝。那樣裝備，說得上什麼戰術？可是那一股革命的勇氣，犧牲的精神就把張彪瑞澂趕跑了，把革命工作做起來了。國民革命軍北伐之役，僅僅六萬五千人，出發進攻；對面的敵人，合計不下百萬人；以一當二十，又有什麼戰術可用呢？但是北伐出師以後，所向無敵，連最頑强的孫傳芳的部隊都全部擊潰了。那時的裝備也可笑得很，每個兵士至多只有三百顆子彈；鎗枝又那麼不齊整，各種武器，幾乎應有盡有，記得德安戰後，子彈快用完了，前方向大本營來要子彈；我直白地告訴他們，我們的後方勤務部在敵人那邊，打開南昌，就有彈藥可以補充，這樣，也就把南昌打下了。現在我們和敵人作戰，既是全面的戰爭，就得用全面的戰術；全面的戰術，即是一種革命的戰術；認清革命的任務，以革命勇氣來遂行革命的戰術，不管敵情，不問地形，有一分勇氣即有一分成功。」白將軍認爲一個革命的戰士，認識的清楚，就會有勇氣去幹；有勇氣去幹，就能認識革命的任務；「胆」與「識」二字是相聯貫的。

記者又進問：倘或世界大戰爆發，對於我國抗戰有什麼影響？白將軍判斷世界大戰暫時還不至爆發，除非德國眞的進攻波蘭，羅馬尼亞，而波蘭決意去抵抗。將軍又推測德國，進攻波蘭，波蘭一定會抵抗的，因爲波蘭民族有堅强的意志。在世界大戰中，情勢於我有利，因爲「民主」和「法西」兩陣線，情勢已很分明，我方爲正義而戰，得道多助，民主陣綫列强，一定和我國携手的。

三　把福建變作山西式的戰場

白將軍在講演與談話中，幾次提到山西戰場所使用的全面戰術的成績。他說：「去年三月間，敵軍由臨汾沿同蒲路將我軍向晉南壓迫，想在黃河邊上將我軍一網打盡；敵軍發言人巳預言將有驚人的戰果可以獲得。閻司令長官向大本營請示今後作戰方針，大本營即執行不離戰區的命令，指示四個要點：一、化整爲零，以一個旅爲作戰單位；二、敵向南壓迫，我即向北（向太原五台山）撤退，即向敵人後方推進；三、黨政軍人員不准退過黃河，過河即軍法從事；四、儘量與民衆合作，眞正成爲民衆的武力。閻司令執行這個命令，成績非常之好；二十二個月之中，中條山太行山五台山一帶，軍隊配合着民衆，和敵軍不知周旋了多少回，牽制敵軍十五萬以上的兵力，消耗敵軍實力非常之大。敵軍打不下山西，即不敢過河；山西對於華北，關係非常重大；我方使用全面戰術，即已保全了山西。」他又舉某師的實事爲證；某師曾被敵驅迫，退至黃河邊上，由參謀長電請渡河；大本營嚴令北進，渡河必殺。該師遵令北進，推進得非常順利，還打了好幾個勝仗；直到現在，實力反而加强。白將軍因强調這個意思，對在座同志們說：「大家須知前進即是安全，後退即是死路！」

白將軍從軍事地理來說福建環境最適於全面戰術的使用，希望以山西爲標準，把福建制變作山西式的戰場。他認定全面性的戰爭，必須軍隊與民衆澈底合作，他希望黨政當局趕緊組織民衆訓練民衆，使一千二百萬民衆眞正動員起來，他說：「軍隊如魚，民衆如水，魚離開了水就不能生存。民衆，不組織，不訓練，並沒有力量；一經組織訓練，就發生偉大的力量。敵人若是來進攻福建、我們能運用一千二百萬民衆來對付他，他有什麼辦法？」白將軍關於發動民衆，說了許多具體的意見；他希望政治，經濟，文化與軍事相配合，縣、專署，省府每個單位也都配合着軍事，來一個精神總動員，澈底實行軍民合作，實行國民公約；消極方面使民衆不做順民不做漢奸，積極方面使民衆人人認識敵人的陰謀毒計，人人參加抗戰工作。他希望沿海一帶，要假定爲敵人所攻佔，不時作攻守假演習；從演習中得應付的經驗，一旦有事，不至手忙脚亂。白將軍最後鄭重提示担當黨政責任的人：「認識要淸楚，準備要快」！他引用一句成語：「凡事豫則立，不豫則廢！」

在白將軍諄諄提示這一刻間，福州人士的確有點醒悟了；全市市民疏散的工作也在開始了，組織民衆訓練民衆的工作也有人在着手了。記者從南街走過，看見「醉生夢死的生活必須改除」的橫額，不覺微笑。不知那天從文藝劇場出來的人，還有人再作「只要我方不做積極抗戰工作，不刺激敵人，敵人是不會來的！」的想頭不？

四月二十二日

三　贛浙閩近局

——四月二十八日南平通訊

一　一「路」之誤

記者本月上旬往贛東前線探訪軍情，對於贛北戰局相當樂觀，認爲我軍加强左翼側擊，足使南昌敵軍寢不安枕；又認爲「南昌誰屬」的最後命運，將決於左翼高安武寧的爭奪戰，尤以高安爲最關重要。記者入閩之日（十一），贛局已轉優勢，樂觀成分益可增多。

昨在福州與某高級軍事指揮人，客中相値，閒談中偶及贛北攻守策劃，所述雖係月前情事，却有補敘價值。據談：「贛局一着之失在於左翼，一着之得亦在於左翼。敵軍初由虬津强渡時，我軍準備使用口個炮團迎頭截擊，因此保留安義奉新高安間的公路，以便重兵器的運動。敵軍卽以五倍的輕重炮火力將我團壓倒，且利用公路捷進，直抄至南昌之後以至無法固守；此爲一着之失。可是我軍事最高領袖早已考慮到敵軍錐形突擊的對策，從三月二十六日起，卽進行左翼全面側擊的戰術；最近四個星期間，敵軍不僅無「寸進」，却正在「尺退」，此爲一着之得。」（蔣委員長說：我們要打破敵軍這個錐形突擊的戰術，最適當的方法，就是側擊。側擊的要件：第一要控制相當數量的預備隊，配置於待機的地位，就在敵軍進攻方向和必經道路的適宜地點上，周密配置，當敵施行錐形突擊時，我預備隊對敵軍的側背，猛力進展，施行側擊，尤該要注意側射，從側面襲擊敵人；這是制服「錐形突擊」最有效的方法。）

三月二十六日迄本月初旬，我軍以穩定正面陣地，截阻敵軍外翼延伸爲主要目標；月初敵揚言前哨已迫淸江，其前進部隊實已受挫於市汊附近。本月中旬，我軍俞都，積極經營高安奉新綫上的側擊工作，大城祥符觀高鄉高安間的拉鋸戰，轉變了全局的主客情勢，南昌敵軍開始受到威脅。當我軍羅軍團在正面苦戰時，敵軍曾運用兵力，試向武寧線我××二部壓迫，圖歸攻修水，又苦戰三日，不退而退。最近一星期，右翼我軍上官部亦積極推進，蓮塘向塘敵軍每遭奇襲，乃有三日來南昌近郊飛機場的街巷戰。南昌命運在積極轉好中，軍事家有作先行克復德安判斷者，證以往例，極多可能性。

贛局既轉好，浙贛路西段已恢復通車至萍鄉，萍鄉以東，每日交通車，可達宜春。浙，贛，湘交通聯絡綫的新樞紐在吉安，平順無阻時，自金華西行，約一星期可到達長沙或衡陽。所費時間恰當浙贛湘桂通車時之一半，其費用亦恰當其半（約四十五元）。此卽敵軍截斷浙贛交通之唯一成績也。

二　白將軍所寫的「包單」

記者於贛北戰局穩定中，又巡行閩浙沿海，視察東南戰場的另一側面。記者到福州時，顧司令長官已巡畢海防，由閩返防；其時福州已略有戰時氣氛；記者在福州第一週，閩江口外敵艦增多，敵機不時起飛，情勢稍覺嚴重。（本月十三四二日最爲緊張，旅閩外僑曾作某種準備。）其後西南行營主任白將將抵榕，諄諄指導閩中人士，速作戰時準備；且於文藝劇場演講中，向聽衆寫敵機決無所愛惜於福州，總有一天來狂炸的「包票」。這張包票，於白主任離榕的第二天即兌現。福州市中，經敵機於四月二十二，二十五兩日五次狂炸，頓成戰時狀態。黨政機關已全部移出，工廠，學校亦紛移至閩江上流各縣。福州人口，原在二十五萬以上，分別疏散，五日來遷出者在五萬人以上，預計二星期內，可疏散半數以上。

近旬敵艦敵機的活動不僅限於閩江口部份；且低飛攝取我沿海陣地的影片，已有軍事行動的預兆。惟據軍事觀察家G君談：「敵侵入沿海岸口，與侵佔金門廈門一類海中孤島的情形不同；侵佔口岸，我軍可以策劃反攻，敵防我反攻，其行動仍必以陸軍爲進攻主體。近日閩江口外，敵艦雖時增時減，運輸艦並未增加，一時尙不至積極行動。且沿海情勢，與世界局勢有密切關係；世界局勢未確定前，敵海軍方面至少須有某限度的審愼。」他認爲下一個月爲沿海命運的關鍵，記者依各種情報來參看，認爲可信。

昨天上午，敵機三架侵入閩西長汀，狂炸廈門大學，投彈十三枚；這件事刺激閩中人士的注意。敵閥以戰事不利，獸性暴發，到處狂炸；閩人乃憬然深悟：無論前方後方，均非作戰時緊急處理不可。白主任的訓示，更爲此間人士所懷念了。

昨有自汕頭來榕的，告記者沿途情況。謂閩南民氣振發，戰時準備亦較積極。日前奇襲金門，以一死一傷的代價換取敵軍三十餘人，且俘獲軍實及文件甚多，足寒敵軍之心。汕市由華將軍主持防務，全市不僅消極疏散，且將全市構成街市戰陣地，有積極防敵計劃，至可樂觀。敵原定計劃，以攻汕爲最積極；欲以攻汕來緩和廣州近郊我軍的攻勢。卒以我軍作死守打算，尙不敢貿然嘗試。

三　浙海亦緊

就二月間軍事成局看，浙西我軍將爲蘇南我軍的輔翼；預想蘇南挺進，皖南左翼繼進，浙西我軍乃次擊杭嘉，使之×首尾不能相應。此種預想，到了三月底，即發生變化；浙江局勢，變得和贛局相聯繫。二月間，敵方迭次揚言渡江或沿海登陸，均係虛聲；到了三月間，敵艦不時滋擾，炮轟沿海口岸，亦漸入緊張情態。往來輪隻，其始如挪威，葡萄牙商船每被搜查扣刼，其後英美商輪亦所不免。記者發稿之日，浙海各口岸航運已全部停頓。敵軍在贛北愈棘手，則浙閩沿海的滋擾愈橫暴；我軍反攻，三度克復高安，浙之金華，衢縣，永嘉，贛之貴溪，玉山，東鄉即先後被狂炸，此亦一種聯繫的姿態。

一星期前，我軍事領袖多人敘晤於某地，三晝夜的商談，於今後防務多所決定。商談內容，記者無從懸揣；僅就各領袖神色推想，所佔樂觀成分定甚多。浙贛閩連接地段，與贛南閩西連接地段。用以比擬堪察加。初無遜色。記者周歷所及，懸想現代化的西南建設，此方亦可作雛形看待。實業家徐君前曾電經請濟部資源委員會，撥款襄助沿海工廠移往浙閩腹地；資源委員會復電請其遷往川滇，徐君笑語記者道：「川中要人，初不知東南一隅，尚有更好的堪察加呢！」東西堪察加中，已有戰時各種工廠，單元中的交通網及交通工具略已完備，殘餘的鐵道，有三百餘里，有車頭××具，車輛××列，戰時大學不日亦將設立，日以海岸計程，無論何一口岸，距此腹地，皆有一百五十公里至二百公里距離；距口岸五十公坦左近，則爲高崇山嶺所阻，誠一大理想的游擊區。其尤奇者，沿海即被封鎖，大江即被佔領，而大江南北連絡綫，西南東南連絡接濟綫決不至中斷，此亦一敵人所永不能理解之大謎。

記者前晚又曾和經濟名家吳君相遇於閩東，吳君所談，別有見地。據謂：「浙西蘇南蠶事已在開始，此項蠶時最短最易於掠刼的資源，敵閥必不肯放鬆；而新茶上市，閩浙海口正爲我輸出茶葉的咽喉，敵閥也不肯失去擾亂的機會。閩浙沿海的緊張空氣，或仍當於經濟的意義求之。」仔細想去，也極有意義。記者於二月間，曾聽得溧陽人說：『春夏之間，敵人定必重奪此城，因爲那時蠶事已終了。』所說和經濟家的明見也相吻合，記之以待證實。

四月二十八日

四　贛北大搏鬥

——五月二日閩北通訊

一　二百里戰場

上月中旬，記者由贛東入閩，入閩以前，偏訪軍中友好，略知贛北戰局的演變。閩中友好相詢，即以樂觀口吻作答，謂「贛北戰事，不僅全局可望好轉，且有吃大喜果的希望」；他們聽了或信或疑，一月來的事實，應該使他們轉疑爲信了！

一個月來，敵軍在贛北不僅無寸進，且已尺退，主客之勢，陡然逆轉。推尋其故，敵軍此次作戰，沒有戰鬥的決意，爲其挫敗之主因。（記者曾判斷敵人進攻南昌，只是一種反應恣態，「反應」即是被動。）就贛北全局言：左翼北自武寧近郊沿靖安、安義、奉新至高安，又沿錦江至贛江西岸，凡百五十公里。正面贛江撫水之間，凡三十公里，右翼沿沙潭埠、蓮塘、向塘至梁家渡，也有四五十公里；這樣二百公里長的戰綫，左當山嶽地帶，右當湖沼地帶，即以攻爲守，也得有二個師團兵力攏在第一線，還得有二個師團兵力保持交通綫及後備。（南潯綫上，尚有我牯嶺孤軍牽制其一部分兵力。）而敵軍實際作戰的部隊，僅有第六、一〇一、一〇六、一一六，四個師團的番號，實力不過三個師團上下，僅得作戰標準實力之半。

敵軍於攻佔南昌以後，曾打種種如意算盤，既想由武寧西攻修水，由修水銅鼓截我株州，又想由高安南攻清江，再截浙贛綫的一段，也想由梁家渡東攻進賢、南攻臨川，再迂迴南進，最低限度想攻下高安、豐城作保守南昌的外衞據點。因爲兵力不敷，右翼攻擊自始不甚猛烈；正面攻擊，市汊戰後，也弛緩不振；過去這一月，敵軍全力即在左翼上竄突。左翼那百五十公里，有三個戰事重心：1.武寧近郊 2.靖安、奉新的側面和3。高安近郊（石頭岡、萬壽宮、大城、高郵、祥符觀等據點）依敵軍慣技，應該三路並進，而以主力軍控其後。此次敵軍 對此三重心，僅能輪替襲擊，後方又不會控有主力軍；襲擊失敗，各綫零星增援，無補實際，遂造成我軍從容佈置全線反攻的機會。

我軍前於敵軍渡修水南進時，欲以砲兵助步兵造一大殲滅戰果，遂留安奉高一段公路未燬，棋誤一着，反而使敵人得遂行錐形突貫的戰術。南昌既陷，覆車之鑑，即以側翼攻擊，打破敵人的突貫戰術。先將正面及右翼穩定下來；再運用主力在左翼上攻擊；高安、祥符觀、大城、高郵、石頭岡的拉鋸爭奪，靖安奉新的奇襲，武寧的迎擊，皆予敵軍側背以致命的打擊。敵勢既疲，乃發動正面及右翼的包圍反攻，於是南昌近郊敵所已佔之據點；向塘市汊义為我軍所克復。反敗為勝，喜果已在我們眼前閃耀了。

二 錦河北岸的血海

過去一個月，贛北全線，上半月為敵攻我守期，上半月為我攻敵守期，情勢蛻變，極為顯明。月初，敵既以錐形突貫戰術獲得戰果，為確保留這個戰果，即分頭威力搜索，一個支隊向梁家度，一個支隊向武寧，一個支隊向高安，其主力在高安一綫。大城、高郵、祥符觀先後於二三日間陷落，高安亦於四日陷落，此為第一次高安之戰。敵軍既於我左翼獲得重要據點，乃轉向右翼擴展，一部分敵軍曾偷渡撫水，東侵進賢境中，我生力軍某部由皖南趕至迎頭痛擊，迫敵軍仍退至撫水西岸。此為第一次梁家度之戰。五日晚間，我左翼援軍已到達防地，以主力軍甲支沿錦水布防堵敵南侵，以主力軍乙支迎擊敵軍於高安城西左家渡附近，殲敵千餘人，敵勢驟挫，又以主力軍丙支沿奉新靖安側進，作進襲南潯綫姿態。七日拂曉，我主力甲支沿錦水北攻石頭岡，再度衝攻，即已得手，乃於錦水北岸得一進攻據點；且猛力進攻大城，敵知事急，急調援軍保守大城祥符觀二據點以翼衛高安。七、八、九三日，我軍反攻七次，敵軍亦反撲五次，雙方死傷各四五千人。十日以後，敵重奪大城據點，開始反攻石頭岡，我軍亦以反攻姿態撲高郵市，雙方激戰二晝夜，仍保相持局面。此為第二次高安之戰。敵軍城在我左翼失利，乃於十日午間，以一聯隊之衆進犯市汊街、十二日上午，市汊街卽陷落。敵於南昌既南，凡佔蓮塘、沙潭埠、向塘、萬舍、生米、市汊，據點，已作退守打算，三月中旬；高安一綫十分沉寂，敵方要轉移兵力，向武寧方面集中，而以第六師團爲攻擊主力。十六、十七二日的攻擊，敵軍顯有直撲修水的野心，一度曾被攻至烟港附近。我軍以山陵爲屏障，某部繞過敵軍之部，由王家源反攻武寧，敵又倉皇後退。我軍既在武寧近郊得手，窺知敵軍後援不繼，卽於奉新靖安間施行側面攻擊，敵力孤單，退保奉新待援，四月下旬，我軍幾度進攻奉新，敵軍亦幾度增援反攻，均不十分得手，仍保相持局面。其時我軍於高安一綫，再取積極反攻行動，發動於四月二十日，完成於二十三日，大城、高郵、祥符觀、高安四據點，先後克復，進迫敵軍於萬壽宮。敵軍曾於二十四日增援反攻，高安幾三陷敵手；二十六晨又爲我軍全部克復。此爲第三次高安之戰。此次搏戰，敵衆在二萬人上下，我亦以□師兵力應敵，五十里山野間，積屍遍野，戰事之猛烈，與去秋南潯綫諸戰役相彷彿。自高安戰後，左翼我軍不僅有拊背的機會，且有拊敵背的實力，乃進入於南昌近郊戰的新程序中。

三　南昌近郊戰

敵軍對我左翼既屢挫屢退，我軍乃於上月下旬發動右翼總反攻。當高安綫相持時，敵於移攻武寧綫外，又曾向謝埠市梁家渡取攻勢，經四月十五日至二十日間，迭次增援，均爲我所挫，二十一日以後，我軍自高安綫起東迄梁家渡綫，全面反攻；高安綫於二十三日得手，市汊於二十四日得手，蓮塘、謝埠市、沙潭埠於二十五、六日得手，先頭部隊進至南昌市郊舊飛機場。南昌市中，經二十八、九二日大火，敵軍已驚皇失措，進退失據了。最近一週間，南昌近郊敵我陣地，犬牙交錯，其情勢頗與上月底邊相同，所不同者，我軍以主爲客，而敵軍則以客爲主耳。

談者以我軍反攻南昌，是否能顧利得手爲慮。因爲我軍反攻廣州，幾回迫近城郊終於不能得手，可爲前車之鑒。軍事家則謂南昌與廣州情勢有稍不同，我軍去冬退出廣州，過於匆促，廣州四郊堅固防禦工事，資爲敵用，乃爲我軍反攻的障碍。南昌近郊堡壘早拆，工事亦毀；敵進佔後，又無暇修理，決不致爲我軍反攻的障礙。且我軍反攻南昌，重在側擊，關鍵仍在武甯高安二綫，我軍能壓迫武寧敵軍東退，或高安我軍，能擊退安義靖安敵軍退至修水以北，則南昌垂手可得。敵軍已在此生死關頭作最後掙扎，連日由華南運兵歸上海，似在積極增援。戰果究竟如何？本月下旬定可分曉。

此次右翼襲擊，運用較爲巧妙，軍中人談：「以往我軍防守，依地形分配兵力，戰綫既長，兵力每苦稀薄；一部位被突破，全綫卽受影響。此次迎戰以兵力多寡來利用地勢，每個單位的兵力數量較少，各自爲戰運用較爲靈活。而敵軍注其全力向我左翼，右翼空隙較多，正予我軍以襲擊的機會。南昌近郊的戰事，除市汊一戰外，其餘都可說是機動性游擊戰，得手則進，失利則退，有夾擊之功而不至影響大局的。」因此，期望南昌卽日可以克復雖覺過早；但克復南昌的可能性已增加了好多成了。

浙贛綫大動脈，自贛北戰後突告停頓，東西交通中心，已由向塘，樟樹南移至南城吉安，金華長沙之間，沿途若無阻礙，約十日可達。南昌近郊之戰，於全局之關係尚輕，於保護臨川吉安交通綫意義較重。贛北敵軍失利，而閩浙沿海各口岸加深此中呼吸相通，經濟戰的意義眞重大呢！

五月二日

五 「何所見而云然？」

——一回軍事自我批判的綜合報道

（引子）不久以前，記者很榮幸的參與某處一些人的夜談會：夜談何地？與會何人？何時何日？記者將來再補敍。此篇所記，乃關於汪精衛派，所謂新失敗主義者（或稱抗戰兩敗論者）的論議的檢討與答復。與會的人，既已各回崗位，他們又未主張公開發表：記者自應負發表的責任，與談五人，姑以甲乙丙丁戊代稱；如有遺漏或錯誤，也由記者負責。

丁——（取南華日報，看汪精衛的答華僑某君書。）「何所見而云然？」（自言自語）

甲——何所見而云然？（丁示以××日報。）

丙——老甲，失敗主義者向勝利主義者討明白的答復呢？

甲——（向丙，丙示以香港某報，社論標題爲「請勝利主義者明白答復來」。）妙！

乙——抗戰八股論抗戰必勝，你看最後兩扇文章，應該怎麼做？

甲——我看，如波蘭那樣，打敗了仗，被瓜分了；經過了百年的復國運動建立了新國，那還是抗戰所得的最後勝利！

丁——你不愧是一個勝利主義者！

記者——且從軍事上看，究竟必勝的把握有幾成？不當作宣傳，當作自我批判。

甲——至少該有七成。

丁——何所見而云然？

一　天平秤上的游擊隊

甲——就從汪精衛所最痛心疾首的游擊隊說起：（「游而不擊」，「游擊反而游搶」，「有如明末流寇，爲民衆大害」，他們是這樣詛咒過了。）游擊戰術在軍事上的價值是一問題，游擊隊的軍風紀又是一問題，游擊隊的素質又是一問題。隨感錄式的詛咒或謳歌都不足當作討論的基礎。我看，這問題請戊先生說一點游擊隊的實際情形看。

戊——（坐在沙發上喝茶）我看。游擊隊不會一下子變成天兵天將，法力無邊的。游擊隊的人性方面，也和汪精衛陳公博大部分相同；所不同者，汪精衛若上梁山，卽是白衣秀士王倫；其他游擊隊人物，有的如拚命三郎石秀，有的如鼓上蚤時遷，也有魯智深，武松一流人物。

記者——戊將軍和游擊隊人物往來這麼久，一般的印象怎麼樣？

戊——我只能知道江南戰場上的一般游擊隊的情形。你以爲汪精衛在後方洋樓中咬文嚼字，翻來翻去，從

「游擊」二字上生發文章就算有所見而云然嗎？在後方，用游擊隊的字眼，其實在江南戰場上，並無所謂「游擊隊」的字眼；有的稱爲「大刀會」「小刀會」「黃槍會」「紅槍會」，代表流氓羣的由暗而明的威力小組；有的稱爲「自衛團」「自衞隊」「保衞團」，代表一個村落一個氏族或以地主紳士爲中心的武力小組；也有的稱爲「救國軍」「鐵血團」「民衆抗日自衞軍」，由一部份散落士兵軍官組織而成的，有時也打了游擊隊的旗號，有點近於游擊隊。大體說來，和汪派看法正相反，並不是游而不擊，却是擊而不游。各分疆界，各保一地的安寧；敵人來得多，大家結隊逃山；敵人來得少，就埋伏起來打一下，敵人退了，又回老家去。許多散落士兵，也是連人帶鎗當作傭兵似的被各村落所僱用，在做擊而不游的工作。根本談不上什麼素質，既無組織，又無號令指揮，十人之中，也許有一二個百戰過來的士兵，也有幾個懂得幾手拳脚的土英雄，大多數還是第一次拿鎗，爲求自已生存而打仗。軍風紀更是參次不齊，一個村落一個氏族的團丁，就是自已家裏的人，風紀豈有不好之理；本來游手好閑的流氓，混水撈魚，趁火打刼，風紀如何能好？散落士兵，來源不齊，好壞判若天淵，更不能一概而論。游吃游擋的情形未始沒有，但路見不平 拔刀相助的義舉，也是多得很。游擊隊的事，只能看他們的效能，用不着吹毛求疵，也用不着故神其說。

記者——這樣沒有組織，未經訓練，一片散沙似的，如何談得上效能呢？

戊——正惟散沙似的，爲着他們自已的生存，不能不「擊」；雖是不「游」，却也顯出極大效能來。效能的最好說明，去年上半年，敵軍舉行三次大掃蕩，對於這些形形色色的游擊隊並無絲毫影響，儼然像是天兵天將。

丁——去年下半年的情形怎麼樣？

戊——從去年七月到今年二月，情形又不相同了；大部份游擊隊已調到後方來訓練，重新改編組織，成爲正式游擊隊；在訓練期中，當然既不游又不擊；而且糧餉鎗械都由政府發給，游擋的事也沒有了。敵方散綫的堡壘陣來逐步封鎖新四軍，也表示對於正式的游擊工作很頭痛吧！

記者——去年下半年，太湖流域的游擊工作，誰在做呢？

戊——當各地游擊隊集中到後方來訓練時，全綫大體取守勢，由正規軍輪替做襲擊的工作。最近改編後的游擊隊推入敵人後方去；這些游擊隊，在組織上和正規軍完全一樣，素質上也很齊整了。汪精衞輩，看見過改編訓練後的游擊隊嗎？

二　舉一個例

戊——我也和汪精衞一樣，要來舉一個例了。（喝茶微笑）就舉江蘇鎭江的例子吧。鎭江，本爲江南的政治中心；淪陷以後，敵人因爲其地當南北要衝，在軍事上看得更是重要：城中駐兵很多，城外高資、渣澤各車站，新豐、司馬廟、白兔、寶堰各市鎭都已住了敵兵。你看，在虎狼睡覺的窠邊，我們敢做什麼事？可是，混亂無政府的情況，到了去年下半年即不存在；我們的地方政府，去年夏間，已在鎭江境內執行職權了。那邊的情形，甲委員是知道得很詳細的。（向甲）

甲——淪陷區域的抗戰情勢，一天比一天好，民衆組織及地方政治力量的加强，那是顯而易見的。去夏年間，鎭江莊縣長初到鎭江去工作，那只能說是嘗試爲之，誰也不敢說有把握。他初到縣境，晝伏夜行，一日三遷，勉强站定了脚跟，到了今年春間，情勢大大地轉好了，居然恢復了六個區的區政，白晝可以公開辦公！這是多麼驚人的成就。

戊——游擊隊由無組織無訓練的散沙成爲有組織有訓練的水泥，地方行政由無政府而有政府，從僞組織口邊拿回自己的民衆；地方行政人員可以在虎狼窠中自由來往；你看，抗戰的力量究竟加强或減弱？

記者——聽說淪陷區域的地方行政，游擊部隊時常干涉地方行政，甚或巧立名目，設卡收稅，可有其事？

甲——你所能想像得到的壞事，大概都有；可是你所想像不到的好事，那兒也有。我現在只能告訴你，去年上半年的情形怎樣？下半年的情形怎樣？目前的情形又怎樣？我們只能看一年來有沒有進步，不能說那邊有什麼壞情形或有過什麼好現象。

戊——地方行政情形的蛻變，最近請丙主任說說淞江的情形。

丙——松江的情形，本來比鎮江還要糟；敵兵很多（在松北），僞組織也早已成立；游擊隊中的大虫小虫，你吃我，我吃你，也糟得很，稅收（其實只是沿途敲索的保護捐）如毛，更糟得很。有時竟有幾種來源的縣長。那是去年上半年的情形，去年下半年黃縣長到松江去工作了；大刀闊斧幹了幾下，游擊隊統一編制了，稅收也有一定的額制了，至少松南一帶，政權完全統一了。淪陷區域的地方行政，松江並不算錯；若非民衆歸心，一個縣長能夠行得通嗎？

乙——蘇州的僞省長，所以急得跳起來了！

戊——我看汪精衛派的人物，也要急得跳起來了吧！（衆大笑）

三　正規軍的戰鬥能力

戊——乙將軍，你這回總檢閱回來，覺得正規軍的戰鬥能力比以往怎麼樣？

乙——你們那邊和×××師聯絡的機會很多，你們覺得×××師怎麼樣？

戊——×××師的軍風紀，戰鬥能力，衆口一詞，都說大有進步了；在民衆眼中也有異樣的反應。

乙——這就够說明正規軍的一般戰鬥力了。不過我要說得具體一點，且從敵人的應付力量說起。（俯頭沉思了一回）陣地戰有如兩隊人拉繩，一邊人多，一邊人少，而繩保持平衡，這就說兩邊的力量相等。敵人和我軍在淞滬，在南京，在魯南，在武漢，在晉南，迭次會戰。假使敵人的兵力一次一次減少，那就證明我軍的戰力減低；假使敵人的兵力一次一次加多，那就證明敵軍的戰鬥力減低。以上每一度會戰，敵軍所用兵力，大體在七個師團至十一個師團之間，並不會減少；（去年春間，敵軍曾把華北七個師團分在魯南豫北兩處使用，即完全失敗。）可見我軍的戰鬥力並不會低減。反之，南京戰後，我軍幾乎潰不成軍；魯南戰後，在豫東我軍還支持了近一個月；武漢戰後，我軍在鄂中，在湘北，在贛北，還能相持不退；倒可以證明敵軍力量的減低了。

甲——從雙方的死亡率上也可以看出誰的力量加强，誰的力量減弱。淞滬戰役到南京戰役，敵我的死亡率常在四比一之間絕少變動；魯南戰役及武漢戰役，已變爲三比一；最近鄂中贛北諸戰役，又變爲二比一；（襄河之役，雙方的死亡率曾達一比一的新紀錄。）陣地戰的死亡率，最足證明雙方的實力强弱；敵方戰鬥要報中不也承認死亡率的加高嗎？

記者——我軍死亡率的減低，和戰略上的撤退有相當關係吧？

乙——雙方火力懸殊時，在陣地戰中挨打。本來消耗得很大的。若在武漢近郊消耗十萬人支持一個月的衕市戰，那就失去湘北贛北鄂中相持的機會，也就失去後方整軍五個月的機會。敵軍最痛心於我軍作戰略上的撤退，也就是我軍的最大成功，魯南戰後，我軍自始能保持五分之二以上的主力。

戊——此所以汪精衞派人物也覺得痛心囉！

記者——（取報看汪答華僑某君書）同一據點。眞的會由有戰略上之價值一變而爲無戰略上之價值嗎？

乙——當然會轉變的；以下棋爲例，棄車丢炮，不也是常事嗎？價值是比較而得的，戰略上有另一目標須完成時，則犧牲一二據點本無不可。例如：去年七月間，南潯綫戰事正緊，堅守瑞昌右翼，在戰略有極大的價值，岷山某軍一潰，南潯正面戰事卽變直接影響；可見某軍放棄岷山，未達戰略上之目的。此次放棄南昌，而主力軍移在左翼，作猛力側擊，反使敵軍進退失據，可見南昌已無戰略上之價值。淞滬近郊在敵艦交叉火下挨打，在戰略上並無價值，但在政略上極有所值，那末又當作別論。汪精衞只會咬文嚼字，懂得什麼戰略！

四　壯丁的戰鬥意志與能力

記者——一般人對於壯丁的戰鬥意志估量不準，因爲對於新兵的唯一來源，壯丁的作戰能力不免有點懷疑。這問題對於抗戰力量的加强或減弱，有直接關係，大家覺得怎樣？

戊——農民的樸素心理，那又是汪精衛一流滑頭碼子所不理解的，據我們所見參加游擊戰的農民看來，他們大體責任心很重，不會臨陣脫逃。

丙——這一年半來的民衆心理有重大變動，知道當兵是責任不容躲避；每一個地方行政人員，都會承認這種心理變動是事實。目前最切要的還是壯丁的社會救濟問題，中國的壯丁，成家既早，妻子父母的生計，到是最不容易安頓。

乙——一上了戰場，募來的兵和抽來的壯丁，意志和技能反正差不多的。募來的志願兵，只要在他們的家鄉作戰，一樣的溜得很快。只要有好的幹部，壯丁的作戰能力，並不下於老兵，這就是戊將軍所見到的農民責任心的表現。最近鄂中之戰，贛北之戰，都可看出壯丁的作戰力。有人從軍管區或新兵訓練處看到一些弱點，就以爲在戰場上定表現同一弱點；其實戰場乃是另一個世界，他能迅速改變每個人的意志的。

記者——但是汪精衛派的看法，却以爲抗戰的情勢一天一天變壞，抗戰的力量，一天一天減弱呢？

戊——眞是「何所見而云然」？

（駐）據第×挺擊軍，某支隊長報告：「由蘇南調集至皖南訓練期中，逃亡率僅佔百分之一．半，此次由皖南向蘇南推進，逃亡率亦僅佔百分之二」。

又據贛東作戰口口軍口口師某連長報告：「全連新兵佔百分之九十七，逃亡率僅佔百分之三弱」。

五月九日在南平

六　變動中的長江戰局

——五月十六日閩北通訊

記者最近和軍事專家C將軍晤談經日，所知較詳。記者探詢戰局，求其虛實分明，C將軍謂當求之於虛虛實實之外。因錯綜所聞，雜以近事試作綜合報導：

敵方重要軍事家多人，上月巡遊長江全綫各戰場，而以敵參謀總長閑宮院親王爲中心，召集軍事會議於南京。C將軍謂此與赤壁戰前，雙方名將各有「羣英之會」差相彷彿。白上將會東南名將於建陽，與敵南京會議針鋒相對。據可信情報，敵大本營仍主張貫澈西北進攻計劃。——所謂西北進攻，卽以豫北晉南爲主攻，鄂北爲助攻，長江沿岸及華南各綫則取佯攻姿態。（傳敵近增調七個師團，以四個師團向晉豫，以三個師團向鄂中鄂北，與此計劃正相應。）敵方軍略家有主贛北戰局穩定後，仍移兵北用者，不知南京會議中究如何決定？

由此窺探戰局，則敵軍用兵晉、豫、鄂爲實，而湘北、贛北、華南的用兵爲虛；沿海的彎弓勒馬和蘇南浙西的馳騖往來，更是虛中作態。敵軍的封鎖沿海企圖，蓋已全部擱淺，看來除恫嚇、擾亂，牽制兵力以外，不至再有積極的動作。（敵海軍謂將策動沿海游擊戰術，不知係對世界言？抑對中國言？若謂以沿海游擊作助攻，則影響戰局極少。）

我軍的對策，白建生將軍已揭明「政治主攻，軍事主守」二語，不必再加註釋。新的軍事行動，不外「以虛應實」「乘虛而入」二步驟。第一步驟，在豫北晉南晉北依然遊刃有餘；敵軍最近所發動的第十五次大掃蕩計劃，旬日以來，並無寸進。敵軍又運用主力轉向鄂中，其地爲我主力軍的部份所在，敵軍會作包圍殲滅的誇大宣傳；宣傳的反面，都是兩次被我主力所反包圍；昨前敵軍轉用主力於鄂北隨縣一綫，卽其左翼失利的最好註解。談者只怕鄂中戰事變成「以實應實」的陣地戰，就指揮作戰的主帥言，就參加作戰的主要部隊言，就鄂中地勢言，當不至爲敵軍所消耗。

第二步驟，三月間，我方極不得手：蘇北名城迭陷，蘇南又半途而廢，贛北又被敵軍所乘，預定的部隊推入敵軍後方，尚不及十分之一。談者又恐贛北重演陣地戰，再作極大消耗。一入四月，情勢大轉；豫東、華南、贛北、蘇南同時得手；尤以南昌近郊拉鋸戰動作迅速敏捷，最動中外視聽。迄本月上旬，我生力軍，推進敵軍後方，已有二十師之多，預定程序，大體可以實現。C將軍談：「軍事動作只要能夠推動政治動作的攻勢，即爲我軍新戰略之成功。政治戰成效何如？我們可以從蘇南浙西的發展來觀察。且看今年秋天的動作。

當我軍反攻南昌，右翼動作十分得手時；蔣委員長在渝發表談話，謂：「在軍事上，總反攻尚未開始；粵漢平漢以東戰事，不能重視一地一城之得失進退。」此語意味甚爲深長。（記者於南昌陷落後，對贛北戰事卽作樂觀看法；而於我軍襲攻南昌近郊時。並未作克復南昌判斷。）記者曾向C將軍談及總反攻問題，C將軍謂「總反攻」如水到渠成，機到卽發，確鑿期日難定；某將軍謂中日軍事總清算須在二十年後，非無相當理由。中國抗戰，要在建國，也在建軍；至少要建了陸軍，才可以總反攻。

半月來贛北戰事，由左翼移至右翼；C將軍謂係我軍加重右翼壓力所致，重心還是在左翼。敵軍贛北作戰，反用三個師團兵力，本係輕敵；右翼反用一個旅團，更爲輕敵。四月下旬，敵我在高安近郊爭奪時，敵軍已艱於支持，我軍乘虛猛攻市汊，一鼓殲敵，於是右翼全面：蓮塘，向塘，謝埠梁家渡各據點都開始拉鋸戰，南昌正面敵軍大受威脅了。不過敵軍正在策劃反攻，我軍的險機尚未完全過去；能耐得住今後二星期間的敵軍反攻，能把高安據點支持不退，贛北戰局可樂觀。

五月十六日

依C將軍的看法！今後戰局，仍不能不着眼晉南鄂中的變化，其他各線，卽有出入，也是很少無關重要的。C將軍又談及敵機遍地轟炸爲遂行經濟戰的速戰速決的戰術；假使易地而處，被炸係敵國都市，也許可達目的；在經濟戰上，我方也還是利於長期抵抗的。記者近在福建，備知沿海大小城市被炸的情形；種種事實，都證明C將軍的觀察，是極合於實際的。

七　鄂局述聞

——五月卅一日于山通訊

一　英雄所見略同

記者去年冬天，和軍事觀察家S氏相處了一些時日；他觀察武漢陷落以後的敵軍企圖在進攻襄樊南陽；他判斷南進敵軍止於岳陽，西不會進攻宜昌沙市，南不會進攻長沙，他不相信敵軍作打通粵漢線打算；他又判斷敵軍所謂進攻西北，並非渡河攻陝西甘肅，其主要戰略，必以南略取襄樊南陽，北略取潼洛爲目標，得了豫西，才可以做進攻西北的基礎。他諄諄相告，記者曾專電播傳全國（見去年十一月間各報），可是戰局推移，迷離恍惚，連記者幾乎忘記了他的正確判斷。三月間，贛北戰局的突變，四月間，沿海風雲的緊急，再加以敵機狂炸各城市的慘酷記錄，也使國人幾乎忘記了鄂中的戰事。直到本月初旬，主力戰在鄂中鄂北展開，而其主要企圖。確在攻取襄樊南陽，這才使大家想起S氏的遠見。

現在鄂局勝負，大體已決，記者再迴看過去幾個月的敵軍行動；這條長蛇的首尾相呼應的動作，頗耐人尋味。敵人的基本戰略原是進攻西北，其進行的步驟，以肅清晉南豫北我游擊部隊爲第一步，以略取襄樊南陽爲第二步，以渡河攻潼洛爲第三步，然後西攻西安爲第四步。二月間實行第一個步驟全部失敗，實出敵人意料之外，（敵人預想中條山及太行山部份可以肅清，再作包圍五台山的打算）。三月間，開始實行第二個步驟，其章法非常齊整，先估量我軍一部份已向皖南蘇南移動，突然進攻贛北，略取南昌，切斷浙贛綫，使已經東移的我軍無法西運，同時贛北進攻姿態非常猛烈，吸引我軍主力在這一方面，使我軍無力援鄂，四月間，全國視綫集中在贛北，敵軍却移動全力，向鄂中鄂北集中；同時，又在閩浙粵沿海各口岸造成非常緊張模樣，分散我們的兵力，使我無法西移。到了本月，才以電馳雷迅的動作開始鄂中鄂北的攻擊，想一舉而完成第二步驟。這個步驟，終於失敗，更出敵人意料之外。（敵軍預定五月十五日以外完成包抄企圖。）

其實，我軍事當局並不曾放鬆敵軍移動的狡謀，（贛北十分緊張時期中，我湯部仍由湖南某地移往鄂中。）敵軍嚴密佈置的過程中，我軍主力也從容調集，巧爲安排。當局指揮若定，不獨贛北轉危爲安，鄂中的應付，更是恰到好處。國人提心吊胆，皇皇不安；誰知「漢上捷音」，已經傳到江南來了。鄂戰的勝利，卽爲我軍改變戰略後的試驗；敵軍進攻我西北企圖的失敗，我第二期抗戰軍事上的轉機，都以此戰役爲關鍵，其意義重大，在包圍南昌之上；無怪敵酋岡村聞敗訊而痛哭了！

二 「放開袋口捉老鼠」

敵軍對我作戰，有一基本戰略，卽：「錐形突貫，兩翼包抄。」遂行這個戰略，必須運用優勢騎兵，（土肥原所指揮的蘭封之戰，爲其最合理想的戰役）；以戰車隊騎兵隊主包抄，坦克車隊炮隊步兵隊主攻擊（豫東大平原上的最利於敵兵的行動。）；這回在鄂中鄂北，恰如去春魯南一樣完全失敗了，我軍對於敵軍這個策略的對策，卽是加强側翼，作有力的側擊，因爲敵軍突貫前進，遇到了韌性的據點支持，其鋒卽挫；突貫攻擊只能輕騎減裝，後方的接濟一斷，卽陷於反包圍情勢。豫北敵軍和鄂中鄂北敵軍的挫敗，均受我軍側擊的影響。（某軍事指揮人語記者，謂鄂北我軍應戰，卽用「放開袋口捉老鼠」辦法；所謂放開袋口，卽力强左右兩翼同時側擊之意。

鄂中鄂北戰事，可分三個段落：月初迄十三日唐河陷落爲第一段落，此段落以主力消耗戰開始，敵軍逐漸布成大包圍的陣勢。十四日收復唐河，迄二十日敵軍潰退至大別山以南原有陣地爲第二段落，此段落以我軍側翼分段襲擊開始，逐漸布成反包圍的陣勢。二十一日以後迄目前止，入於第三個段落，我軍開始向武漢外圍取攻擊姿態，敵軍則集中殘部攻擊，我右翼鍾祥綫作以攻爲守的打算，雙方漸入於休戰狀態。

戰事初起時，敵軍向我右翼沙洋作佯攻動作，而以兩路主力分向隨縣及洋梓（鍾祥北）我軍猛力攻擊。沙洋我軍突取攻勢，渡襄河東進，迭克多寶灣，羅漢寺，楊家滓各據點，但敵主力攻勢，並不以此稍加延緩減鬆。四、五日塔兒灣之役，七日段家店之役，敵藤田師團精銳部隊二萬餘人，配以輕重砲二百餘門，想以猛勢砲火壓倒我方守軍，我軍犧牲極大，敵軍亦以一萬餘人的死傷換取「一日一山頭」的成果，那一星期間，隨縣大洪山一綫，大小二十餘戰，我軍左翼雖稍軟弱彎曲，並未被突破。八日後敵卽加强對我右翼攻擊，且不顧我軍由天門攻京山之後，鍾祥洋梓敵軍沿襄河由長壽店向北挺進，且以騎兵旅爲主竄至棗陽附近，又向北直竄至新野附近。同時，信陽以西敵軍向桐柏猛進，向我左翼迂迴包圍，以期與由新野竄唐河的敵軍相會合。在十二日前後，敵軍心目中已作如此擬想，隨縣附近我軍已被其用主力兩路包圍，棗陽附近我軍也被其左右兩股包圍，襄花路襄棗路又被其切作數截，我軍主力已被其全部包圍於大洪山中，大殲滅的希望可以如願了。誰知十四日以後的陣勢絕非如敵軍所預想，信陽我軍出擊，一克新野，再克唐河，包圍外綫打破了一個大缺口，隨縣棗陽我軍以大洪山脈爲依據，正待機截擊敵軍的後方交通，而我右翼主力於敵軍突貫前進時，依次後撤，在有利的襄河綫上待機。十五日那天，敵軍竄突部份既被我軍消滅於唐河綫上，（敵死傷一千餘人馬五六百匹）全綫卽向敵軍總反攻。左翼桐柏淮河店諸戰役，右翼江頭店，下亞港流水溝長壽店諸戰役，敵我死傷均在二三千以上，到了十八日晚間，敵知潰勢已成，不可挽救，卽開始全綫總退却了。三天三晚之間，敵軍潰退二百多公里，可說是開戰以來未有的大挫敗。敵軍以十萬以上的兵力，猛勢的砲火，三個月以上的調度布置，而一場春夢，仍粉碎於山陵戰中，戰事情勢的逆轉，敵人的苦悶更該加深了。

查敵軍實力損失五分之二，騎兵隊損失最大，約五分之三以上；輜重損失在五分之二以上，沿途遺棄傷兵及屍體，約五千餘具，較贛北戰役，尤爲慘敗；

軍事家謂敵軍制勝的唯一策略在克制山陵戰的實際困難。此次鄂北戰役證明，1.敵軍戰鬥力減弱，（第三，第十三，第十六均係敵軍最精銳部隊，第十三師團且有大別山作戰經驗。）2.山陵戰困難性增多，3.我機動戰術成功，而鄂北戰事並不影響贛北戰事尤可注意。鄂北戰役的成果，縮短我軍總反攻的準備期限，我們認爲更可樂觀的還在於此。

五月三十一日

八　從微妙到動盪的新戰局

一位著名沉默的軍事家（陳將軍），最近和記者說了一句非常有意義的話。他說：「打了最近幾個月的仗，不輸也不赢，我們和敵人，彼此越來越困難。」「不輸也不贏」可說是第二期抗戰中軍事的總斷語。「彼此越來越困難」，也可說是這半年間雙方的經濟和政治的實在情況。不過敵人的困難增加了七分人，我們的困難增加了五分，還是我們佔了便宜。（何以說敵人增加了七分，我們只增加了五分呢？因爲敵的經濟困難，城市和鄉村同時感受；我國城市受了影響，農村並無影響，而且農村大體都很景氣。敵人佔領的區域，普遍縮小了五分之二；我們的政治力量，在淪陷區普遍地增加了五分之二。）

敵人在第二期軍事行進中，著名的戰略家，如土橋，岡村都曾參與新進攻的重要策劃。敵人方面，常用「微妙」的字眼，所謂新的進攻，也許即屬於「微妙」作用的一種。彭將軍曾分析敵人的新戰略，謂：「敵人在進行一度大規模的進攻，必先有小規模的一擊；此小規模的一擊，每足移中外的注意力。當進攻南昌以前，先有蘇北的一擊；而南昌的一擊，又爲鄂北豫南戰役的先聲。有汕頭的一擊，乃繼之以晉東南太行山區域的大戰鬥。最近豫南的一擊，固可目爲晉東戰事的餘波，也可說是另一大戰役的先聲。所以在第一期戰事中，敵人所聲言攻取的地點，即是敵人軍事行動的目標；第二期的戰事，就大不同了；敵人所聲言奪取的地點，未必卽有軍事行動，而國人所注意的敵方軍事行動，又未必爲其主要的軍事行動。（國人並不把鄂北戰事看得比贛北戰事更關切，汕頭的陷落也許比太行山大戰更使人關心。）這樣看來，敵人的行動，或者可說有點「微妙」了，根本還在我軍的行動是否爲敵人的「微妙」所蒙蔽。（敵軍於進攻汕頭前，先有兩個師團的部隊調往台灣，像是規模不小；但據確實情報，那兩個師團原是在鄂北打了敗仗，調到台灣去補充整理的。）

近據贛北作戰部隊從敵軍後方所探得軍情，敵人一度由他綫調來一部份部隊，同時必有加倍部隊由此綫抽出。以增援爲抽調先聲，看來也頗有點微妙。目前敵在東戰場的部隊，總計不出兩個半師團；贛北全綫，至多不過二個半師團；敵軍的主力全部已集中在晉豫一帶了，經過六個月的抽調，方能開始一個大戰役，較第一期的四個月也拖延了二分之一的準備時間了。「不輸也不贏」的基本原因，即在於此。

二

我軍爲着應付這個微妙的局面，即用「爭先一着」作主要的戰略。——「我們要把微妙的局面變成動盪的局面。何謂動盪的局面？彭將軍說：『敵人要張皇揚言，我們也就裝得十分緊張似的，作種種應付模樣；可是我方寧願開頭吃點虧，決不放鬆緊要關頭的一擊機會。敵人要裝模作樣，我方却不須弄假成眞，敵人無論在那一方面有軍事行動，我方必使之無法放手。一處有波浪。處處有波浪：這便是動盪的局面。』所以第一期戰爭中，一處有大規模軍事行動，他處即鬆弛安靜下去。第二期的戰事，却是一處緊張，處處緊張，所用兵力尚不及第一期的三分之二，而聲勢反比第一期大得多。

就最近兩星期的軍事行動來說，敵人用那麼泰山壓頂的九路兵力向太行山進攻；（敵人認爲太行山是游擊區中較鬆的一環）且利用平漢正太同蒲道清四條幹綫來便利後方運輸。當沁縣、武鄉、榆社、屯留、長子、長治、沁水、晉城陷落那幾天，情勢緊張已極。但太行山區我方原有部隊，合之增援部隊，不過口口萬人，如何擋住這個猛勢呢？即用處處波浪的方式，敵鋒所及，處處可以放棄，敵鋒過後，處處可以奪回；敵人的九路進兵，好像佈成天羅地網；我軍於冀南晉西晉北及豫北同時呼應襲攻，作更大的包圍綫；內綫機動作戰外綫層層迫緊弄成很有利的包圍陣勢，敵軍雖得了陽城沁水那樣重要的據點也不能不放棄了。包圍掃蕩戰，以限止對方的竄突爲主要目標，自已變得要竄突自保，即已反主爲客，敵方自七月下旬即停止包圍攻擊，改取攻勢的防守，與原定計劃相去很遠。當晉東南戰事正急時，我南戰場不僅反攻潮安，於廣州一綫亦取攻勢。東戰場則如前次通信所述猛向京滬綫推進，並迫近上海近郊。鄂南湘北綫及贛北高安一綫，我軍也取反攻姿態。東西南北，無處不動；還是抗戰兩年來應付最靈活的姿態。尤可注意，鄂中利用天時地利，使敵軍在漢水東岸不能立脚。敵軍可挽救晉東南的末運，一星期來會由平漢綫以信陽爲出發點，分三路向西北突進，也並未顯出微妙的作用。隨着七月過去，敵人掃蕩太行山我軍的計劃已成泡影了。

寫稿至此，忽接某方重要情報，謂汪精衛確已往台灣，準備策動華南的政治陰謀；敵軍爲着他的政治地盤計，已決定開始粵東閩南的第二個「一擊」。此說若眞，以政略而牽動戰略的關係，看來也頗爲「微妙」。記者正在收拾行裝，向粵東去；到了那邊，應該可以把情勢看得更明白一點了。

八月二日

第五分　沿海風景綫

一　一課戰事地理

——四月八日蒲城通訊

東戰場還個三角形，我們試以大江爲「勾」，海岸爲「股」，斜連九江，南昌至廈門漳州爲「弦」，今後的軍事重心究竟在那一綫上？敵方所放的開放長江封鎖海口的空氣，究竟會鬧出什麼把戲？記者爲探求這個戰局的謎底，決定向沿海各地作大規模的巡行。前天早晨，車向仙霞嶺曲折前進，在層巒疊嶂中爬行，爬到峯頂，舉目四望，東爲浙江地段，西爲江西地段，南爲福建地段，北首那煙霧繚繞的去處，乃是安徽地段；達四省鄰接的地帶，在今後軍事上，該佔多麼重要的地位！記者於旅途中，細細在研究這一躢當前的軍事地理。

仙霞嶺塊那個村落——廿八都，歷來是軍事性的村落，數百年間戍軍駐防，造成了一種丘八式的藍青官話，那一帶民衆，早巳理解軍事意味是怎樣一種意味。以廿八都爲中心，四圍百里間，東自龍泉，西自廣豐，南自蒲城，北自江山，形勢險要，在游擊戰，中定佔最重要的地位。由蒲城南行百二十公里至建陽，爲閩贛的新孔道；浙贛綫斷後，更爲車馬輻輳之地。太平軍戰役，左宗棠扼守建陽建甌延平這一段落，和扼守上饒的沈葆貞，控據祁門婺源的曾國藩，支持安慶的李鴻章，相爲呼應。軍事家觀察，敵軍即算由進賢東竄，或迂迴臨川以襲漳樹，皖南，贛東，閩北，浙東的連絡並無問題。東戰場的問題，看來並不在「弦」的部位。

「勾」的全部份，不幸都落在敵人手中，新近我軍挺進作爭「勾」的活動，尚不知所得戰果究竟怎樣。惟目前關鍵，「股」的部分較爲重要。某軍事家曾於閒談中談及敵軍在沿海的三種企圖；「第一，由海門登陸，越過仙居以向永康，一刀斷三路；（溫州，寧波，海門三海口，並威脅金華衢州）此路須越六十公里的山嶺，行動甚難，第二由漳州登陸西攻長汀，瑞金以迫贛州；此路亦山嶺重重，難於猛進。第三，由福清登陸，攻取福州以略閩北；此路亦係仰攻，難進易退。看來亦甚不合敵軍所謂速戰的口味」，據此看來，「股」上各據點的問題，也似乎不甚嚴重。

惟記者到福州後，聽到一些人士的「敵兵必然不來論」，却又懼然心驚，敵海軍正逐於我海岸綫，可以在海門登陸，而不一定越過天台山，也可以在汕頭漳州登陸，不必直撲贛南，取福州更爲其所素願，雖不必北攻建甌與南平，倭寇之遺跡猶存，閩人正不容寬懷，自鑼自解。還有一些糊塗的人，以爲不刺激敵人，就可以苟安無事；此亦一種夢想。世界戰爭若起，敵人正可放棄長江，必加緊沿海侵略，無論怎樣遷讓，仍恩不能相安無事的。某軍事家謂：「福建在地理上正可以守，須知如何去守！」旨哉言乎！

× × × × ×

記者巡行沿海，適値沿海風雲變幻，與軍中友人談及沒有制海權沒有海口的海岸綫，撫掌嘆息不已。記者翻讀顧棟高氏讀史方與紀要，得便向C將軍請益；他說：「顧氏論福建地理形勢，精當無倫；不過古今異勢，也有許多地方得重新加以估計」。顧氏認爲福建僻處海隅，褊淺迫隘；用兵糗糧缺乏，不足以爭雄天下；要想固守一隅，則山川間阻，也不足持。因爲由此間發展，即以上游建甌爲據點，也不過北走浙中，西達江右，不能有當於中原之要會。而敵之來攻，閩南則「惠潮迫近汀漳，潘雞易越」，閩北則「南贛山陵相錯，窺伺之道甚多；由建昌而趨邵武，由廣信而下崇安」，敵即在肘腋之間了。這個情勢，目前還是如此，所以南昌陷落，全閩震動；潮汕不保，閩南臯然；這個「可攻之隙，隨在皆是」的環境，備前則後至，備左則右至，山海之環繞，不足以爲固而止爲敵人出沒之資，眞是古今同慨的。但是顧氏所慮另一點：「仙霞南下，建瓴之勢也；而處州之龍泉慶元與建寧之浦城杉溪，犬牙出入；往者裴寀留實肆聪其閩，而建，以及衢信，道皆爲之梗。（明正統九年，礦盜青田葉宗留，麗水陳鑑湖等，聚衆數千，宗留稱大王；鄧茂七之亂，宗留鑑湖往附之，散掠浙贛閩諸境，官軍往討，屢爲所敗，賊勢日熾。）在目前却是抗敵的最好根據地。因爲海濱的門戶洞開，一旦有事，我們正可利用此可以隱匿人馬的山藪制敵之死命。有人把浙贛皖閩毗連的山陵地帶，比東南的堪察加，比得非常恰當的。

記者又曾和C將軍談及沿海防務，他說：「顧氏當年，已留心海道形勢的劇變，自元伯顏建議海運以後，「益開新道，波濤玩習占風候雨，機變如神；習於海上者，淺礁、暗沙、陰灘、伏石，計潮候息，錙銖不爽」，濤山浪屋之中，他們都視爲衽席，全不介意了！倭寇所以爲害中國，因爲他們利用了海面，今日敵人所以遊竄無阻，也還是可用了海面。二百年前學者讀史談閩，已注意到海防的重要；二百年來和新的倭寇作戰，依舊抓不到制海權，眞可以痛哭流涕長太息呢！」記者居榕數月，也覺得中國將來的命運在於海上，福建將來的命運更決於海上；這回抗戰卽告一段落；福建的心腹之患，依然存在。且說一句老實話：台灣一日不收回，福建的大難一時不會了結的。（記者曾和閩人談及民衆動員問題，提到百六十萬漁民的生計，以爲福建人應該獎勵漁民去做海盜，到海上去打游擊。老實說，世界上一切殖民事業都是海盜造成的；日本侵略中國的野心，也是三百年前一些海盜在中國沿海撈得了油水刺激出來的。所以福建人惟有到海上和敵人爭命運去）

七月廿一日於金華

二　醉人的閩江

——四月十六日南平通訊

入福建境，記者忽有異樣感覺，彷彿戰爭是另一世界的事，公路車中的軍人格外稀少了，浦城各行棧滿堆着貨物，商運也比軍運更佔着重要的地位了。交通的管理格外有平時的氣氛，特快車上還得對號入座。閩北地曠人稀，荒原很多；車窗外看見一羣人在開墾，李君告訴我：「那便是沿海各城市疏散移植過來的農民。還有一部分台灣人，自福州市遷出後，也在閩北崇安一帶從事墾殖了。」

車以南平（延平）爲終點，這個城市正象徵着動亂的大時代。依山爲城，頗像香港；馬路新闢，沿街任何營業，都是草創模樣，由水電所發的電光，記者眼中，覺得格外明亮：一路走來，各城市都只有可憐的黯黃色的電燈，還只能點到半夜，到此城才看見通宵整日的明亮電火。可是舊的城市還是躺在山腰，懶倦得很似的。從馬路走到舊的街面，每得拾級數百，又高又陡，令人氣喘。舊街市的市民用倦眼看人好像對氣喘的客人作冷眼的嘲諷。閩北富人多懶，生了兒女，就着人到山中去插樹苗；女兒長大了，樹木也成林了，就斫木運售作兒女一生的生活費；因此富家兒女，多抽烟度日，懶開倦眼的。南平在歷史上獨多火災，志不絕書；新闢馬路已經過了三次大火災，可是市民並不改變計劃，作永久打算；只在地下挖坎，掩藏重要器物，把房子付之命運，這也是懶開倦眼的道理。有人說：『閩人能懂得十年樹木的道理，何以不能理會百年樹人的道理？文化的惰性，也眞可怕。」

記者剛從如畫的信安江下來，又到迷醉心懷的閩江；夾岸高山聳翠，點綴着火紅的杜鵑花，一路送迎，俯仰可得誦友人黎烈文兄『國危愈覺江山美，世亂從知骨肉親』詩句，爲之愴然。

閩江自谷口以下，江面旣寬，水量亦深，輪的速度也加快了。輪中客人絕少談論戰事及國事的，大字標題的國際新聞也似乎不能刺激他們的興趣。他們的邏輯是這樣：福建是有「福」的，福州是有「福」的，從前黃巢之亂到了福州，就封刀安民，清初耿精忠之亂，也不血刃而平，太平軍之役，石達開的刀鋒也不曾觸到南平，這回抗戰，福建定能叨天之福不至遭殃。福州當局幾次下令疏散，其避地閩北的，半月經旬，卽相率回到「福」地去。近日政府又諄諄以疏散人口爲言了，不知疏散出去的，肯在他地勾留幾久？談者說到福州人士的苟安心理 這和天氣的舒適，風物的秀麗有相當關係吧。輪在閩江上行，心中不禁想起前年秋天的蘇州，前年冬天的杭州來！

記者處在這樣平靜的環境中，忽自警悟，難道我這回到沿海來，竟是走錯了路程了嗎？敵人對沿海各口岸將有異動的傳說，只是一種「空氣作用」嗎？五代之季，閩王王審知於戎馬擾攘之際，奠定下近古中國文化的基礎，這古典的文化影片將重演於這個大時代中嗎？記者帶着這些疑問到福州去。

× × × × ×

到福州以後，記者唯一的感想：「福州眞太舒服了」！此間有四季不斷的鮮花，有甜膩美趣的新菓，庭園是那麼雅緻，屋宇是那麼寬敞，這個代表「靜的美」的藝術之城，實在太使人戀慕了！

前天偶在舊書店買了一部黃山谷詩集，山谷的詩用事深密，精微要妙，開出江西詩派的格局。福州詩人的風格，即從山谷，後山的途中出來「精巧」二字，足以當之。

「精巧」二字，也可以概括福州的一切藝術作品，福州的居宅，小小院落，一泓清泉，幾叢修竹，牆角上牽籐掛籬雜以野花，雅致可愛。福州的女郎，不像其他大城市那樣濃裝豔抹，白花青底的藍布長袍，配以光光的頭髮顯出清秀的自然風景。福州館中菜餚，以蚌蛤海錯為上品，味鮮而不膩，喝茶讓你慢慢地品嘗，無所謂牛飲，酒味醇而甜，沒有濃烈刺激性。種種配合，這都是詩人的天地。

記者曾從西湖南后路步行，經斗中路，茶亭路至南台，沿途鑑賞那些手工業的店鋪。其間燈彩，漆器，籐器，紙傘，箆梳，雕刻等日常用品，色彩花樣的精美，都在一般水準以上。長沙杭州的紙傘素負盛名，以色彩言還遜福州一籌。漆器的輕巧細微，可以代表福州手作藝術的最高水準；一副洋磁食盒擱在福州漆器食盒邊上，不僅顯得很笨，而且顯得很拙陋。記者又曾看過一家釣魚鈎店的出品，花樣多而巧，使人愛不釋手。福州有些地方頗有開封的風俗，也頗有蘇杭的風格，山水明媚之鄉，這藝術產品的確非常相稱的。

說到福州的藝術，不能不提到閩劇場佈景以及平話書場。閩劇的發展和南曲有密切的關係，而音樂，扮演唱白的風格，也和崑曲一樣，與大家院落相適應，閩劇的佈景，可說集福州手工藝術的大成，獨步中國，連上海的洋場佈景，都非其敵手。記者看了這些佈景，再去讀黃山谷的詩，覺得藝術表演醇化時，此中確有相通之點。

到平話書場去聽書，聽的人臥在籐椅上，清茶放在小几邊，再配一具水烟袋，閉目凝聽，偶而張眼對那位若有其事的評話人掠一下，又靜靜閉着自己的眼睛，這是欣賞靜的藝術的標準態度。記者在書場坐了一回，細想古今，大概北宋的汴梁人，南宋的杭州人也是這個態度吧！

這個靜美的城市，眞太使人戀慕了！

× × × × ×

十天前，鄭教育廳長貞文邀記者晤談於于山戚公祠，其地爲明季平倭名將戚繼光凱旋慶宴之地；當倭餘再張的今日，瞻仰遺容，更多感慨。閩海沿岸，當年倭寇肆暴，最爲慘酷，舊痕陳跡，都來眼底，更足激起同仇敵愾之懷。鄭氏於戚公遺物，多所搜集考證，祠中懸有戚公遺像，戚公鐵甲殘介及平遠台圖記，於懷古之中，寓抗戰之深意。戚公山東蓬萊人氏；吳佩孚氏以鄉誼備致欽仰，祠中懸有「吾將私淑」匾額聯云：「雪國恥在四百年前，公不愧曰武；紹兵法於十三篇後，我曾讀其書。」此時此地，讀此匾聯，頗有意味，彷彿吳氏早已昭告國人，決不至爲敵人所利用的。

記者到福州那一星期，市中正舉行科學運動宣傳週，青年學生非常活動，偶而發出警報，市民還相信敵機不致侵入市區，胡亂投彈；在于山集會的羣賢，閒談中也在作許多積極打算。可是到了科學運動宣傳終了那一天，當局已準備戰時緊急處置，決定强制疏散，市中氣氛大有不同，接着經四月二十二日二十五日兩天的市區轟炸，市民才相信白健生將軍所提示敵人決無所愛惜於福建的明訓。敵機投彈所毁，除南台熱鬧地段外城中許多官廨均被炸毁；最近三日，福州市中有點混亂，各部分的疏散擠在一起，格外顯得混亂些。不過敵機的轟炸，以各地慘狀相比，尙屬初期，敵方若於閩海有軍事行動，今後怕的還要更狂暴些。當局主張澈底疏散，也還算得「曲突徙薪」。

記者此次到閩，對於沿海軍情較爲關心。前幾天敵方所放「調査閩浙沿海第三國財產」及「四月十五日台灣會議決定攻閩方略」的空氣，有點近於恫嚇；但敵艦迭次試探，閩江口外的封鎖綫，敵機又迭次在封鎖綫低飛轟炸，頗似進行進攻的準備工作，勢不能不早加防備。近一月來，寧波海門溫州福州汕頭五個口岸輪替着在時緊時弛的氣氛之下，尤以汕頭一處，更在山雨欲來的氣氛中；軍事的暴風雨季候呢？經濟的霪雨季候呢？頗費疑猜。閩江口外，從川石，琯頭，馬尾到福州，約六七十公里間，江防海防，略有基礎，敵軍即來侵襲必可索取相當代價。談者頗掛心福淸灣的防務，福淸登陸，可慮的成分較多，去年十月底的一場混亂福州人猶有餘悸，想軍政當局，必有相當安排。談者又掛心閩海千里間的漁民問題，漁民總數在百六十萬左右，自沿海被封鎖，已直接影響到他們的生計，漁民墾殖，和他們的生活程序又太相違背，也有點不可能，漁民組織訓練問題！在閩省比一切都嚴重些，也不知軍政當局已決定了對策沒有？閩海多事之秋，令人懷想戚公喲！

四月廿七日

三　甌海驚濤

——六月二十八日溫州通訊

溫州、麗永、金華、寧波、這一串城市的名字，當作一個廣大的轉運公司的名字更爲恰當。事實上，每個城市也最多新開張的轉運公司。（從上月二十七晚間起，僅僅三天間，溫州市面搬得「空空如也」，那景况也書轉運公司的景況。）轉運公司的買賣的確很不錯，衆口一詞說溫州市去年一年間獲得二千萬元上下的盈餘，由於商會主持人絕口否認而更證實，另一有力的證明，即是上海灘上去年年底小夥計分紅二三千元是不爭的事實。總之轉運公司的油水是不錯的。

在敵人恫嚇中，轉運公司的反應姿態頗爲有趣。一個重要商人告訴我：「只要兩個月，市面上的東西就快完了，眞的完了。」記者仔細看看，一夜之間，物價由一元漲到一元五角並不是奇蹟，同樣的貨物，溫州的價格比金華的貴了十分之五，也不是奇蹟，眞的在轉運公司這方面說，賣一件少一件，賣二件少二件，也許不到一月就完了也未可知。但皺眉頭的，不一定是轉運公司的老板，那後面的老板，老板的老板，其焦急程度也許在我們想象之上。所以轉運公司的老板，很有把握似的暗喝道：『瞧罷！我是兩個月就完了，你耐住兩個月嗎！』經濟葫蘆中的藥，記者覺得太奇妙了！

過去這一個月間，沿海各口岸如福州、溫州、寧波的新聞，時常取得特號標題的地位，這和雷聲大雨點小的情況不十分相稱；但敵人那麼彎弓勒馬的姿態，正反動靜兩方面的看法，都有幾分可信，即我們新聞從業人也不能不帶點「神經過敏」。

敵人到處上戰書，時刻分明，正是「像煞有介事」。先下戰書而後進兵，倒像「君子國」的氣度，以「小人國」的老板行君子國的禮儀，就不免露出「作態」的尾巴；記者曾半開玩笑似的判斷道：『在種種矛盾的經濟情況之下，無論如何海口總得留下幾處的。』記者對於我軍事當局的軍事策應，表示敬意，其虛實調遣，頗合實情；尤以五月間急調×部精兵，馳援粵東，正趕上了飢荒。其他各線，僅加強鐵路工兵岸的防禦綫，並不以敵人的虛聲恫嚇而匆忙增兵，頗得「靜」字之訣。（玉環戰役，雖頗佔新聞欄的地位，若以較之晉南豫北的戰事，不過是一回微乎其微的接觸。）

一般人，對於新的戰氛的心理反應，頗耐尋味，即如溫州人士就有一種「直覺」的看法，說「敵人是不會來的」；（記者曾稱這種看法爲「跳進去的結論」。）仔細分析，即同一的看法，也有幾種不同的動機，一種是反映「絕望」的心理，有敵軍在汕頭登陸的近例，敵方所下戰書的口吻又那麼堅決，敵人不會來的希望僅有一線；他就期待這一線的希望。一種是反映「延挨」的心理，他想這一回敵人是要來的，正如待決之囚；不過他想敵人要來時，不妨先福州而後寧波，先寧波而後溫州，姑且說目前敵人還不會來。還有一種是反映某種卑劣的心理，他想，我爲敵人打算，敵人不應來的；敵人來了，我們不得了，敵人也是不得了，何必來呢？敵人的不來，也許正如第三種心理所推量，由於敵人的本身矛盾之故，但敵若來了，這心理所造成的災禍定是更可怕的。所以這一本空城計，城頭上的諸葛亮，城外馬上的司馬懿，和掃街老丁，他們三種心理不同得妙；而琴童，老丁與街上店夥，其心理不同更是微妙呢！

× × × × ×

六月三十日青田通訊

從大前天起，（六月二十七日）甌海沿岸的氣壓很低，悶熱透不過氣來；不獨自然氣象如此，軍事氣象也是如此。那天雨下得很大，上午十一時左右，一架敵機在市空低飛向，海關商輪等處投下五顆橡皮丸，內中附有由敵第五艦隊司令署名限第三國商輪及僑民在二十九正午以前退出甌江的通告。當晚，溫州全市有點騷動。外輪於第二天早晨全部開出，預定到埠的四外輪，也逗留口外，不能內駛。市中重要機關，（除軍事機關）也作疏散撤退準備。海關人員更是迫不及待似的連夜帶着眷屬擁上外輪向港滬投奔，還串了一本「欄江截斗」的好戲，因爲戒嚴司令部禁止公務人員出口。二十七一晚的騷動，市容陡然黯淡無光，是日薄暮，燈光凄清，全城如死；密雨梭射中，記者痴立甌江邊岸，極目彌天濃霧，瞥見一舸，沉浮浪上，中載一中年婦人，手抱嬰兒，以袖掩兒面，其旁一幼女，傍母嗚嗚而哭，浪花高激，幾淹其艙：此時情懷，五味俱全，不禁愴然淚下！

接着，二十八九兩天，又是竟日傾盆大雨，上流山洪奇發，甌江陡漲起兩丈多的排天狂濤；麗水青日兩城爲水所淹城；外竟有一丈三四尺的水頭。與這狂風雨大波濤相配合的，又有二十六日敵軍在坎門登陸，二十七攻陷玉環城的驚訊；二十七日以後，連日敵又砲轟黃華畸頭，有闖入甌江企圖；樂清、瑞安、溫嶺海面，時有敵艦遊弋，也在登陸試探。我們若非着眼敵軍的全盤動態，還姿態也够驚心。在這樣緊張的戰事空氣，水陸交通又全部阻隔，一般市民的焦心，本也是情理之常。

但在記者眼中覺得去緊急的程度還遠得很；在玉環登陸的敵軍不過四百餘人，其中三分之二，係附敵作倀的沿海遊民，烏合之衆，並沒有什麼戰鬥力，廿八日方縣長率自衛隊一度反攻，縣城即完全克復；二十九日下午，登陸敵軍已全部退回艦中，到記者發稿日止，甌江口外，除黃大嶴一島外，並無敵縱。口外敵艦在二十艘上下，擾亂航運有餘，登陸襲擊還不足；究竟如何變化，且待下回分解。

四　浙東另一海角

——八月七日寧波通信

記者昨午藉軍行之便，又從閩海來到浙東另一海角。車在仙霞嶺上盤旋時，腦中正盤旋着另一種意念：在嶺的那邊，好像天上烏雲作態，陣雨怕要落向那邊；在嶺的這邊；又像頂頭風有點逼人，不免來幾陣驟雨；也許這都是井底天文，所見未免較小，或者身邊的事，比較使人關心反把晉鄂那邊的狂風暴雨，看得無關輕重。

記者到寧波這一天，敵軍又揚言要封鎖海門的海口；敵機轟炸奉化鎮海的姿態也相當狂暴：但我們對這朵烏雲不妨發一點笑；雖不必看作有朗月霽日的徵候，也無庸作陰霾的焦慮。從寧波到鎮海，只有二十公里水程，鎮海和失陷的定海，也只有一水之隔。上海到鎮海，三五天有一艘外輪往來，上海到定海却每天都有輪隻往來；由上海運到定海的貨物，究竟飛到那邊去了？此中定有一套魔法。記者且以一盒火柴爲例，在寧波市上價值五分，到了餘姚，只須銅元十枚，即足以說明這套魔法的底蘊。敵人封鎖海口，先後有三種姿態，在海口放下汽艇遊弋掃射，阻礙第三國商輪裝卸貨物及乘客上下，此爲第一期姿態，其作用爲消極的。揚言何時何日有軍事行動，限第三國商輪及僑民出境，此爲第二期姿態；其作用亦爲消極的，恫嚇意味較重。佔據海口小島，專以吸收軍需品及糧秣並作大量走私根據地；此爲第三期姿態，其作用轉入積極，對第三國顯取經濟的攻勢。以此推測，記者前所謂海口終必有幾處留下，封鎖海口的意味，與其說對我們作戰，不如說是對第三國作戰，尤其是對英美；更得事實上的確證。寧波市面，一入傍晚，即異常熱鬧情況；浙東商業重心，已由溫州轉至此間；金華奉化途中，水上竹筏帆船相接，陸上手車汽車交錯；國際上任何種矛盾苦悶的根苗，皆可於此得其朕兆。在敵人的大規模的「走私」戰略中，第三國的反映，也值得我們去凝視。「天津封鎖」，「東京談判」，「沿海走私」，此中的連環性，意味眞是深長呢！

寧波市場上，這幾天最惹人注意的，有董德茂米店囤積銅元私運出口的事件；市場上的傳聞，報紙上的記載，和店主董亦誠的長篇廣告，雖互有出入；但字裏行間，仍使我們不免有「此地無銀三十兩」之概。囤積有人，私運有人，擾亂地方金融有人，此人何人？呼之欲出。這雖是小小事件，也正反映着光明與黑暗兩種勢力的角逐。

記者自前年冬間，由滬歸杭，繞道過甬，正值第一次大轟炸，全市十分慌亂；此次重來，已在數次大轟炸之後，社會秩序反而安靜得多。過去那二年間，市民心理的變化，頗爲奇妙；最初，他們以爲這是「阿德哥」的家鄉，上海灘上大有面子，東洋人總得賣點面子，不料竟有前年十一月十一日的大轟炸，才知道東洋人並不知「面子」爲何物。其次，雖不十分體面，這終究是傅傀儡筱菴的家鄉，毒蛇不吃窠邊草，總要愛惜一點；誰知接二連三的大狂炸，才明白毒蛇猛獸並不愛惜自己的家鄉。在冠冕堂皇這一方面，寧波人總覺得自己是蔣委員長的家鄉，要挺起腰脊爭氣一點，氣吞三島的口吻也時常可以聽到。所以定海、鎮海、寧波溪口這三角地帶；有一部分人正在出賣民族的靈魂，有一部分人和魔鬼正在搏鬥：也有一部分人彷彿是天然的第三種人，他們的屋頂，正飄着意國德國的旗幟。鎮海口外，海面時常飄浮着帶有四種旗幟的帆船，他們在想什麼？他們在做什麼？那只有老天知道了！

下星期起，滬甬的航運，聽說更可便利了；又聽說滬甌的航運，將在瑞安的角上開始；可喜之處固多，可悲之處更多：記者談及此事，只能浩然長嘆曰：「矛盾！矛盾！」

五　溪口之行

——八月廿三日溪口通訊

一　妙高台文昌閣之間

昨晨，記者乘車東北行，車以奉化溪口爲終點。這個「中心人物的故事搬演場」，目前雖成爲新的經濟集散場，一溪一壑，依然是我們的談話資料。記者常把蔣委員長比作漢光武，其出身，事業與性格，略相彷彿；但把溪口比作南陽，却又不大相同。溪口村人傳述委員長的誥誡，蔣委員長敎他們務農力田，不要忘記農民的本務。委員長說：『你們如若忘了本務，謀官作吏；一旦有了變動，你們就會變成無業遊民！你們要聽我的話，務農力田要緊。』溪口並不曾變成南陽，此其所以可貴。

村口臨流小山，樓閣矗立，那便是和近十年中國政治相關聯的文昌閣。七年前，那位善變的汪精衛，腰中嵌着一顆政治的彈子在閣中小住；「一二八」事件前的政治局面，就在此小閣中決定。「一二八」戰事未作時，汪想以「抗戰」的皇牌贏取民衆的信仰，戰事一開始，汪又玩着「求和」的牌局，訂立淞滬協定，結束那一回光榮戰事。他在文昌閣中那幾天，不知種下多少惡夢的因子；今日想及搖身一變而爲頭等漢奸，溪山有靈，也應移文申討，在汪精衛以後，和錦溪最有緣的，鄉人口中，每張學良氏。何處騁馬，何處游泳，何處徜徉遨遊，歷歷可指。他所住的雪竇寺邊的中國旅行社，不戒於火，全部化爲灰燼；他所構築的新居，油漆方新，壁泥已封，隨着戰局的轉動，也失去了重要的意義。雪竇寺邊的重要人物，早已從國人記憶中消逝；與夫指點新居，才有人想到他的行蹤。雪竇寺外的千丈崖妙高台，景物秀美，自不待說；引起我們注意的却不是那懸崖飛雪之長谷虬松，也不是那驚人心魄的情死故事。知客指點我們看那妙高台居室中的什物，想見當年冠蓋雲集，政治巨頭，促膝談心，一語一動，都和中國政治息息相通；今日抗戰的種種準備，也於此中運其籌算，秀美的景物，孕育謀國大計，新聞眼中，別有一種看法。

以往政治上有什麼重大的波瀾，蔣委員長每輕車減從，歸居溪口，依母墓而居。他把自己的身心，休息於幽閑靜穆的自然懷抱中，再把宏籌偉略仔細考量一番，「慮而後動」，其所決策，一見諸實行，即不至有畏葸遲疑徬徨不進的弱點。文昌閣的「汪」，雪竇寺的「張」，和妙高台的「蔣」，代表三種不同的人格，也代表三種不同的政治風格。汪在文昌閣中詩興勃勃，張沿錦溪騁馬飛馳，蔣則對蒼松而深思，一切事業的成敗得失，仔細想來，都非偶然，山靈神眼，定看得明明白白的！

錦溪上的鐵橋，雄偉壯麗；而橋墩邊已鑿有不等數的方孔，準備萬一時爆炸之用。景物雖云秀美，犧牲早有決心；此亦抗戰必勝的最好註解。「詩樣」的汪精衞，看了不知又有什麽感想！

二　武嶺話桑麻

蔣委員長把改進農村生活的責任交付給武嶺學校，——以武嶺學校爲中心，（包括小學、農職、農事試驗場、罐頭食品製造廠、農民借貸所、民衆教育館、醫院七個部門。）對溪口以外的農村作了射式的「教、養、衞」，由張愷先生主持其事。張主任和記者談論農業改良，至爲暢快，從建國的意義上說，幾有點頗值得報道。武嶺農職曾着手稻籽的改良，武嶺本校所產的武嶺第一號武嶺第二號種籽，分送農家試種，在溪口附近，以第二號的收成爲最好；而在奉化沿海區，相去不過四五十里，第一號的收成却超過第二號。這個小例，卽證明所謂農事興革，所謂土地制度，必須因地制宜，若是膠柱鼓瑟，到處行不通。武嶺農職的土法孵鷄實驗，亦爲改革事業的好例。現代農學家談養鷄，多介紹西洋的電氣孵化法及箱式孵化法，武嶺首先實驗蕭山式的土法孵化。査箱式孵化，以煤油爲燃料，較電孵已較廉，每羽尙須燃料費四分；用土法孵化，每百羽僅需燃料四分上下，（所費僅得百分之一。）而箱式孵化率僅得百分之七十餘，土法孵化率取得百分之八十左右，廉價而成績反較優；此亦談建設而好高騖遠者的好教訓。張氏又談及農村救濟問題，如去年秋收時，某村農戶困於現金活動，準備以廉價將新穀脫售，其時穀價不過每担三元，校中卽由借貸所貸金三百元，村中經濟頓形活動；儲穀待時，今年春間，穀價較前漲至一倍以上，全村收入，一轉眼間增多千數百元。因此，氏鄭重對記者道：「毋以害小而轉忽，毋以利小而不爲」；這才談得到「農民救濟」。

記者寓武嶺公園中。每天吃武嶺學校出品的罐頭水蜜桃，色、味、香三者都很好。奉化水蜜桃，近年在海上已頗著名，武嶺農場一面介紹外來桃種，（如八雲等新品）一面研究果樹害蟲，沙堤除虫的實例，在農民心中建立了科學治虫的信心。（沙堤本爲產桃區，連年花開不結果，鄉民誘爲自然盛衰週期所致；場中研究知係金化虫侵蝕之故，鄉民並不相信，乃試行隔離救治，一地之中，豐收與萎敗，判然不同，始相信與害之烈；因此，武嶺出產果品，各水菓店樂意出售，價格亦較高。）記者去年秋間，在上饒目見農民對農產品展覽會所感受的好印象，覺得百年建國，其本仍在於農；今春研究農村經濟的健全體系，對持久抗戰益抱樂觀。（福建陳主席期望每畝田多生產十斤穀，即可穩打勝仗，並非虛語。）現在來到　蔣委員長的故鄉，其基本力量也在救濟農村，改進農村，建設農村，我們即可以窺見民生主義的今後大道了！

三　相量崗極目

記者昨午以參觀林場的機緣，走上相量崗的最高峯，——那拔海一千餘公尺的天官峯；舉目東北望，遠見鎮海的洋面，東南可以望見象山港，轉向北面，又可以望見杭州灣。這就足以說明溪口在軍事上的地位。在海防上看，無論敵軍進窺象山、鎮海或慈溪，「溪口」這把外戶的鎖鑰都要受直接的影響；在經濟上看，無論海外貨物的輸入，土產物品的輸出以及仇貨走私，溪口這小鎮也成爲吞吐轉輸的咽喉；溪上竹筏首尾相接，岸上手車啣啞聲喧，記者置身其間，恍若在湄池、鷹潭或靑田的街中往來。（相量崗畔，武嶺農職正在大興土木，建造校舍；鄉民誤傳謂將修築機場，他們心目中也許不明白經濟戰的意義更重於軍事戰呢！）

記者前年冬天，自杭州退出；鄉邦休戚所關，不時考量到浙東的命運；此次在相量崗上，又想到這個問題。浙東沿海南起雁蕩山，中連天合山，北接四明山；好像一座海岸綫上的大屏風；從敵軍看來，這都是可怕的「掛形地帶」。敵軍攻侵沿海，以海軍陸戰隊爲主力，最高兵力，不能超過一萬人；掛形地帶，盡其所最忌。記者在沿海各口岸，看見種種情形，不無使人牽腸掛肚之處，一走到屏風之間，一切殷憂，釋然爲解。即如相量崗畔種種，無事則爲建國的基礎準備，有事則爲游擊的大好根據地，此又是一種看法。

上月，記者由浙歸閩，友人問我浙東情況，卽以「一片太平氣象」相告；此次來甬，沿途所見，仍是一片太平氣象；嘉禾黃熟，瓜果纍纍，四野農人，臉上都浮上淺笑，山中鷄鳴牛哞，男婦怡然自得，卽不作昇平感想亦不可得。雪竇寺僧，前年太虛講經，僧徒六十餘人；去年僧徒避戰禍，西歸川湘，太虛法師亦往西南，寺中僅餘僧徒十餘人。不圖山中歲月，依然如舊，川湘情況，反不切浙東，此亦始料所不及。浙東自周逆鳳岐被狙，禍首已除，鹽民生計裕足，而禍苗又絕，敵軍再三煽動海門莠民爲亂，都成話柄，天佑中國，天時地利人和，隨處皆呈復興氣象，敵人皺眉之處日多，卽其去總崩潰之期不遠，這也是記者所樂於報道的。

八月二十三日

六　浙西的短兵

——六月八日浙東通訊

一　四路進兵

近幾個月來，我軍向江南各地推進，行動雖較遲緩却頗順利。進兵蓋分四路：一路由杭州灣南岸渡江至杭嘉沿海各地，一路由天目山向杭湖各地推進，又一路由廣德高淳向宜興句容武進推進，又一路由南陵繁昌進至當塗江寧近郊。進兵的姿態，以蕭君的說法爲最近眞；他說：『要攻打南京的話，還用得堂堂正正的旗鼓嗎？如梁山泊好漢取大名府一樣，三個一組，五個一隊，偷偷摸摸到南京城去，某時某刻信號一發，一齊動手，把南京城鬧得一天星斗；且等敵軍人馬忙亂調集得有點頭緒了，又各自鳥飛獸走，向別個城池鬧花樣去——這便是我們的江南進兵。』（二月間，上海各報刊載「華軍二十萬人渡錢塘江北進」的專電，上月又見「華軍三十萬人渡江」的消息，其實並沒有那麼一回事。）照最近的前方軍報看來，這四路兵馬，路路都有精彩表演，「小勝」的功效非常之大。

談者反把軍事戰，配以政治戰、經濟戰，文化戰，也稱之爲四路進兵。政治、經濟、文化三種陣綫，依政治區域關係分皖南蘇南，浙西三個單元、近月浙西這個單元，敵我短兵相接，動作非常緊張。（蘇南部份，記者迭已報道。）天目山中爲政治、經濟、文化總反攻的堡壘，黃紹竑將軍不時親臨視察，各方人士也紛紛向山中集中，冠蓋如雲，倒和晉北五台山，晉南中條山，豫北太行山，蘇南茅山可以媲美了。

二　敵僞的反應

浙西各城市，經濟最爲富裕，又非兵爭要衝，所受戰禍較輕，敵閥和僞組織中人頗想把江南經濟營壘建築在這一方面，自從我方加强天目山中的四種力量，敵僞兩方大爲手忙脚亂。迭此在杭會商決定作種種對策。目前敵僞正在吸取中下級幹部人員，以維新學院爲中心，灌輸所謂「反共反口」的思想。並高唱「排英排蘇」及「東亞新秩序」等口號，以籠絡人心。同時舉辦縣政、司法、土地、敎育各部門的人員養成所，用以吸收一部份失業的青年。這可說是敵僞方的文化戰對策。敵方以兵役補充困難，聞將減少江南駐軍，訓練僞軍僞警，來應付我軍的游擊。（僞綏靖軍分程萬軍、徐樸誠兩部，程部駐蘇湖區，徐部駐杭嘉區。）近僞警務處設警士敎練所，（由敵担任訓練，第一期已訓練男女學警一百五十名，五月初畢業）並組防共靑年團。（敵僞編查戶口，核算戶籍證，着手編練壯丁。其制分總團、區團、分團及隊四級，二十五歲至四十歲均爲隊員。杭州市防共靑年團已於五月中旬成立，分七區團，二十九分團，一百九十三隊，並設中央訓練所，由敵人主持訓練。）其意在封鎖人力爭取壯丁，作政治戰的對策。

惟敵人方面，以國內經濟崩潰勢成，急圖挽救惡運，目前更着眼於資源的搜刮，糧食、工業原料及國際貿易品（茶葉、蠶絲、竹木、羊毛、羊皮及蛋品等。）三者，爲其搜刮的主要目標，其搜刮方法不外直接壟斷與間接榨取兩種，（前兩月，敵假手僞建設廳配賣春蠶種紙，並急辦繭行登記全部統制輸出。聞出賣蠶種三十餘萬張。其中五分之四係敵方蠶種，繭行登記聞已有寅記等三十餘家，不久繭絲均將被其掠去。敵又於餘杭設山貨企業公司，專收竹木柴炭等土產，該公司已於二月間開始營業。敵近又多方設法掠奪我方毛茶，運滬改製外銷，杭湖各地均有僞方所設茶行。）我方民衆迫於情勢，自不能不忍受絕大的苦痛。其尤狠毒者，以武力使用軍用票及僞票，（在杭州設立物資交換所，限用軍票交易，另設法幣交換所，規定法幣十元，換軍用手票八元）想來破壞法幣的信用，並偷巧奪取外匯，在經濟戰上，敵人已用盡一切卑鄙的手段。

浙江的僞組織方面，格外着眼於稅收的搜刮，除統稅、印花烟酒稅，箔稅，田賦及地價稅而外，又有鴉片公賣空屋放租（杭市規定三月一日至四月底登記空屋，五月一日起實行空屋放租，僞方收空屋登記費，承租申請費及租金。）及茶碗捐（大小茶館均兼營烟賭娼寮）等收入，（各地又有貨物捐，屠宰稅，自衞捐，路燈捐，船舶牌照捐，良民經費，車捐，丐捐，名目繁多。）鴉片公賣，據査敵僞兩方均有絕大收入，）敵浪人運售毒品僞組織收烟捐）。其朘剝人民，中飽自肥的罪惡尤輕，爲虎作倀，自滅種族生命的罪惡更大，依敵方估計，中國的烟民依年遞增五分之一，只要一二十年就可以滅絕我們的種族，要算是最得意的對策了。

三　兩個月來的戰績

華北華中僞幣的失敗，已爲中外所共見；影響所及，僞幣已同時慘跌，金融戰，我方已佔了上風了。（浙西方面，僞幣值法幣五六角之間，敵軍用票值七角左右）回看過去兩個月間我方的應戰，其他方面的勝利更值得說一說。

重經部署的我方游擊隊，以××挺進軍爲主的已到達滬杭間的公路線，以××集團軍爲主的已在滬杭線的側面，嘉興、海甯、桐鄉、吳興、德清、長興、安吉、武康間的水陸交通綫可說十分之六已被我軍切斷，敵方所視爲絕對安全地段，不出杭州一市。所有人員訓練及壯丁編組，除杭州市外，其他各地絕對不能進行。去年繭絲運滬，水運約佔五分之三，今年敵僞方已承認水運發生阻礙，陸運自我軍襲擊嘉興後，亦受重大威脅，敵方卽統制收繭，我方仍有截取的機會。浙西市鎮，去年在僞組織勢力下約佔五分之一，在我游擊隊控制下約五分之二，其餘五分之二，無所統屬，今年五月底止，我地方政府直接統治部五分之二，游擊隊控制五分之二，僞組織勢力尚不及五分之一，搜刮掠奪的力量顯然減低。（僞組織不能徵收田賦，財政收入，惟有鴉片烟酒公賣爲主體）杭州市民，以爲方開始組訓，突然減少十分之一，僞社會局長曾發表談話解釋，仍無效果，其封鎖人力，顯亦完全失敗。

據參與敵方訓練某君談：此次畢業之男女學警百五十名，至少有四分之三可爲我方服務，敵方取相互偵察時，每十人連帶負責，惟忠實爲敵方偵察的似乎很少，而且學員中除了他們還十多位奉命參與訓練的而外，情緒都很消沉。担任訓練的敵顧問頗爲精明，他後來對於技術訓練似乎有所保留。敵顧問對於訓練中國青年表示十分不放心。

敵方吸收靑年的成績那更慘淡得很。自我方在天目山中設立戰時中學及戰地服務團，杭市的小學敎員「失蹤」了一百多人，僞敎育局皇懼不安。維新學院學生，謠傳有很多左傾分子參加，敵僞方三次總檢查並無所得。杭州市中，口頭的新聞很多，油印的豆腐干大小的報紙也很多，上一個月，眞是滿城風雨。眞正的文化戰、經濟戰、政治戰，正在短兵相接，今後的戰績應該更煊赫一點。

六月十八日

七　杭州灣之北

——九月十二日餘姚通訊

一

九一八的前夕，記者來到杭州灣的南岸；錢江怒潮，排山倒海而來，暗示種種力量的吸引推拒和撳動。

杭州灣的北岸，那是屬於黑魔的世界；不過與其想像爲暗無天日的沉淵，不如說那是一個力與力搏鬥的場所。不久以前，杭嘉一帶，流傳一種風說，說敵軍沮喪頹唐，鄉民衆流淚表示要總退却；渡邊村中隊長且作由衷的表白：『若非我的妻兒在日本，我一定幫游擊隊作戰。』敵軍最近將杭州的司令部向嘉興方面移動，我們若判斷其將放棄杭富線，並非過於敏感。「梧桐一葉落，天下皆知秋」，太湖沿岸敵軍的消沉，正是敵軍總沒落的表徵。

杭嘉民衆的日常生活，本來比較優裕；戰後殷富的避難滬上，識智青年流亡四方，留下的含垢忍辱過着得過且過的日子，他們對於家國前途，覺得非常黯淡。政治指導員郭君談：『巨宅大廈，闃無一人；園門偶啓，即聞「曼曼」羊叫聞，此羊叫聲，代表兩種意味：甲、此世界性的生產，已在敵人宰割之下；（蠶絲、稻、及羔羊爲杭嘉一帶三大生產，羔羊皮對歐美輸出，利子極好。）乙、羔羊的哀號，正象徵被壓迫民衆的悲運。海北民衆，替敵人做「漢奸」工作的很多；聽其哀訴，皆出於生計困難，無可奈何，海北婦女，在淫威之下，忍辱到沒有半個倖免的程度；但在敵僞的宣撫班面前，還得歌頌「皇軍」的紀律嚴明。——這都是羔羊式的命運。』但是從郭君另一段談話，又閃出另一方面的光輝來；他說：『在恐怖的氣象中，普遍訓練一種可以說是「逃難」——躲避刼難的藝術。無論在什麼情況下，不問白晝或深宵，男女老少，以非常機警的動作穿逃巷而，逃得無影無蹤。那動作的迅速，只有戰場上的鬥士可以學習得。』郭君描述一家豆腐店老板的逃難道：『一聲警號，他肩膊一聳，就挑上兩扇豆腐，飛奔而去。敵兵繼至，只得望着前空架而嘆息。』這些無拳無勇的戰士，每一家都準備者小船，這小船就和敵人的汽艇爭一日之短長。久而久之，民衆心頭就堅强「目中無敵」的心理。羔羊相信面前的虎狼快要滅亡，這是心理上最有力的轉變。

這半年間，敵軍想「以戰養戰」，加緊朘削淪陷區域的人力和物力；地痞，流氓和紳士相互勾結，替敵人做爪牙，遂行所謂恐怖政策。但是民間所流行的傳說，却指證敵人的人力已經用完，相信一東洋鬼子無法再打下去」。敵人把杭嘉一帶壯丁，由硤石運到松江來打扮成爲東洋兵，再運到杭嘉一帶本，民衆眼中，覺得敵人在演「空城計」，正是無策之策。敵人想造成「威嚴」，所得竟是民衆所扮諷刺意味的鬼臉，敵閥的幻滅，不爲無因吧！

二

假定敵軍從杭富線後退，把杭州灣以北，太湖以南那一大塊地讓我軍克復過來；這個「假定」，在軍事上是極有趣的；因爲敵酋土橋是著名的軍事學家，當作「戰略」來彼此商榷，他應該首肯後退至嘉湖綫的戰略的吧！原來敵軍經略江南，本來只想前進至嘉湖綫上，即停止行動；杭富的陷落，在我們的意想之外，也在敵軍的意想之外。且用軍事家的眼光來看，把太湖看作軍事上的掩護體，杭富綫顯然是一個大贅瘤。杭嘉湖富綫上，敵軍只分配了一萬左右的兵力；而全陣地長至二百五十公里，處處陷於不利情勢；何如退至嘉湖綫上，一頭扣在湖邊，一頭扣在海邊，只守六十公里的防線呢？著名軍事家吳將軍曾借箸代籌道：『敵軍在江南戰場，所保有的三個中心據點；（甲、以南京爲據點，蕪湖鎮江則爲其外衞綫；乙、以淞滬爲據點，蘇錫松嘉爲其外衞綫；丙、以杭州爲據點，富陽爲其外衞綫。）看來很是平衡，可以互爲犄角，一旦有事，却非集中兵力以淞滬爲主要陣地，以京蕪爲輔助陣地不可；杭富綫的放棄，於敵方原是有利的。

不過軍事上的假定，記者暫仍當作里巷間的傳言看待，並未作過早的估量。從另外一方面看，如H指揮的看法，江南戰場在敵軍眼中，只是當作一件贓物來分割，太湖以北，劃入敵陸軍的勢力圈；太湖以南，連着上海特別市，劃入敵海軍勢力圈；軍閥串同財閥作宰割這肥肉的打算，軍事的意義也許早擱在腦後。敵海軍不肯放棄杭富綫的「好油水」，無論軍事上的利或害，都不足以動其心的。H指揮說：『江南的敵方局勢，即反映敵軍內部的種種矛盾。』所見頗爲深刻。

話轉到我軍的進退上來，記者當然又有別一種看法。我軍當局，本有「渡過錢塘江，奪回杭嘉湖」的豪語；但從軍事上着眼，後一句的果未必由於第一句的因。一年以來，我軍的攻勢，都從太湖西南角作弧形展開，一股截斷京滬綫，一股截斷滬杭綫，使敵軍三個據點成爲各自孤立的據點。杭州灣以北地段，在目前軍事，尙處於閏位，敵我都不甚看重；因此我方部隊的進退，多與皖南相呼應，和浙東的聯繫反而疏淡一點。海南人士正不妨把浙西蘇南皖南當作一個作戰單位看待，那些大軍渡錢塘江而北的新聞，也不妨當作「謠言」一例看呢。

三

在游擊區的邊沿上，僞組織的消息是不會缺少的：本月二日嘉興僞知事沈翰卿父子被狙身死，即是里巷轟傳的消息。關於鋤奸的英勇傳說，記者且略而不述；從另一方面，看看傀儡們的心理變遷。傀儡之中，以「年高德劭」爲其特徵之一；這麽「年高德劭」的古董，他們相信他們所以要做傀儡，還是出於悲天憫人的心懷。沈翰卿臨死告其家人，說「他的苦衷不爲世人所諒，死得眞太寃枉」。狡猾的傀儡，想到自已老命要緊，看風轉蓬，向游擊隊送秋波的非常之多。這是一種轉變。漢奸之中，又有一種如傅筱庵那一類的「買辦頭腦」；傳統的把自已當作第三國人看待，其手法巧妙，當然和各方首領有某限度的往來。（如已處死刑的王皡南，即與傅筱庵有往來。）自以爲面面兜得轉。他們對於無視洋大人威權的熱血青年，非常頭痛；但細皮白肉經不起炸彈的轟打，白晝昏夜卻有點寒心，因而希望敵軍改變作風，熱血青年也改變一點作風；所謂「大家講得通一點」。這種動搖的心理，到了今年春間，表現得最爲顯著。敵閥對於傀儡問題的苦悶，由來已久；到了今年政治鬥爭開始後，更覺無路可走了。

汪逆一派，加入傀儡羣，爲傀儡意識的一大變動。傀儡羣的一般意識，即抱定「財產第一，性命要緊」的人生哲學；汪派的作風，以「暗殺」「恐怖」爲手段，也爲官僚紳士買辦出身的傀儡所疾首痛心。沈翰卿父子殞命時，也許要怪汪派小夥子把大事攪糟了呢！究竟得過且過苟安現狀的好？還是採取鬥爭手法做拚命三郎的好？這是和舊傀儡精神上的大衝突；汪派終於不能與維新僞政府合作，這也是一個最根本的原因吧！

據一般推測，汪派若得勢的話，杭嘉一帶的傀儡有早日反正的可能。杭州灣以北的天日，若以傀儡反止而早日重光，敵閥該更深幻滅之感了！

九月十二日

八 「東南堪察加」之行

——十月二日閩北通信

一

記者今春巡遊皖南與經濟名家吳君同寓黃山；閒談中，他向記者提及東南經濟建設區（浙東處屬十縣）的狀況，以爲值得考察一番。贛局忽變，記者隨軍他去，不及歸浙東；此願遂成虛懸。月初，在紹興和專署周科長接席傾談：他原在浙東九區服務，新近才由麗水調至紹興，對於經濟建設情況，知道得很詳盡；也慫慂記者至少看一看戰後的「雲和」和「龍泉」。又值贛湘軍事緊急，接浙南行，只在龍泉小住三日；其地行政建設，富有新氣象，眞不負吳周二君的鄭重介紹，值得國人注目的。

前年冬天，東南戰局急轉直下，人心惶亂；黃季寬將軍重綰省政，已在浙西危急之際，省府重心，全部移在浙東。當時有一部分有志的青年經伍廷颺廳長的介紹，到浙東處屬去做「經濟建設」的工作，所謂「經濟建設」，不妨當作悲觀的看法；萬一浙東不守，大家準備在那貧瘠的萬山中，早安頓下一個游擊的根據地。局勢推移，一年半來浙東地方秩序相當安定；乃由消極的建設，進而爲積極的建設。談者把浙、閩、贛、皖四省鄰接的山陵，稱爲東南的堪察加；上述處屬一帶，可說是東南堪察加的心臟區。

那一羣有志的青年，分布在龍泉、雲和、慶元……各縣；他們帶着救國熱情去做地方行政的工作；他們要「爲工作而工作」，要做「無米之炊」，個人生活眞是非常清苦的。他們過的是集團生活，上自縣長，下至科員，一律每月生活費二十元，其有家庭負担的另給津貼。也因「局勢推移」，原來那一羣人留在那兒的並不很多； 記者在龍泉還可以看見初期的影子。——縣政各科門間通力協作的精神，依舊存在着。可惜記者到龍泉時，唐縣長巽澤因公出巡浙西。不曾聽得口述的甘苦經歷。周科長說唐縣長是舒展得開的人物，他能事事有辦法。目前各縣縣政，常取法於龍泉，龍泉倒像是一個浙東的實驗縣了。

他們這一羣的特點，可以用「沒有官僚習氣」一語來包括；官僚事事照例行公事去做，他們要針對新環境找新方案；官僚要聯絡敷衍地方紳士，他們要撇開紳士去發動民衆組織民衆；官僚不求有功，但求無過；他們「過不辭咎功不居勞」；無論種種「流言」中怎樣措辭，記者總算看見一羣和民衆相接近的地方行政人員了。

二

龍泉是一個貧瘠的山城小邑；每一年所產正糧，只敷四個月之用，攙以雜糧三個月，還缺少六個月的糧食；往年木材出口，年約四百餘萬元，足以調劑地方金融；戰後木材輸出阻滯，民生益加困難。（藥材、竹、紙、瓷器、劍、亦有相當產量。）唐縣長就在這貧瘠的圈子開始他們的合作經濟建設。

記者從紹興經麗水到龍泉，首先感到這小城中物價的平衡，無論糧食，船來品，土產品都比其他城市便宜，物價的調節，由交易公店主之；米、鹽、煤油的批售價格，以公店所定爲一般市價的準則。公店囤運糧食貨物較多，價格較市價爲平；因此富戶囤積或抬高價格的積習可以除去。全縣成立戰時合作社一百二十二所，（社員三萬〇八百十五人，約佔全人口五分之一弱）辦理信用及消費業務。信用放款，可說是普遍的農村救濟；（貸出額極小，至多十五元。）使農民減輕高利貸的壓迫。（木料數量過多，政府沒有力量來囤積，希望農民生計稍裕，可以暫時留養山谷不去斫伐，（此外又成立臨時農倉，在秋收時辦穀物押款，免得糧食外流。這幾件事，都得農民的普遍信任。

政府所輔助的生產事業，以磁器造紙，及救濟工廠最爲重要。龍泉的磁器，唐宋間最發達；明清以來，日用磁器衰落，只有仿古磁器，在上海古玩市場還有相當銷路。目前以政府力量輔助那幾家停歇或收縮中的磁窰，其中有一窰，由政府投資，實行窰工共同生產共同享有的制度，工人的情緒非常之好，居然自動組織了戊級社訓中隊，參加當地壯丁訓練（磁窰均在八都一帶）紙業改良，以建設廳所辦的手工業改良工廠爲中心，指導報紙的製法（由合作金庫投資二千元）目前報紙極度缺乏，各地定貨已遠至明年三月期，運銷自不成問題。龍泉遍山多竹，報紙產量亦可望逐年增加。救濟工廠範圍較小，（其成立又以救濟難民爲主）所出產肥皂，銷路極多；縫級部亦頗發達，可以做到自給的地步。

梁祕書特地向記者提及擴充冬作的工作。他說：『龍泉人民對於冬作極不注意，糧食缺乏，只能仰給於他縣。去冬，由縣府貸放麥種二萬餘斤，擴充冬作六萬三千餘畝；今春糧食就裕足很多，當唐縣長初來時，龍泉米價每元十三斤；這一年來，米價常在每元十四五斤上下，半由交易公店調節，半亦冬作增加糧食之故。』此外縣府提倡墾殖荒山荒地五萬四千餘畝，增加正糧六千餘擔，輔糧二萬五千餘擔，於民食也極有幫助。談者謂雲和縣治以教育爲主，龍泉以合作爲主，有姊妹縣的美稱。記者則以唐君注重農民生計，頗近北宋王安石之治鄞，其成功處亦頗相似。假使王安石爲相，能假合作社之力來推行新政，我想新政一定會成功的。

三

記者往龍泉以前，有一問題，即兵役問題，要到那兒去討答案的，因爲政府普遍施行兵役法，還在抗戰軍事發生以後；地方行政人員咸以「徵兵」事項爲最難處理——民衆智識不普及，傳統的對於國家觀念的淡薄，鄉里士紳從中漁利舞弊，以至「抽壯丁」成爲民怨之府。急功的縣府，待壯丁如囚犯，綑綁押送，亦所不免。忽聽得處屬這幾縣，可以用徵集令抽集壯丁，翕然足聲，令人心喜。龍泉的兵役，更爲談者所稱道，記者更急於知其究竟。

龍泉的兵役實況，且借一個旅館茶役的話來說明：『唐縣長只是抽壯丁抽得好。』記者問他：『還是壯丁自動應徵？還是要縣政府去拿捉的呢？』他說：『輪抽到的壯丁，接到了命令都自己去應徵的，捉壯丁的事那是沒有的。』還就證實了用徵集與抽集壯丁的傳說。記者因分別調查，略知其梗概。龍泉的保甲制度，本來相當完善的，唐縣長到任以後，試行一種直接民權的制度；即把地方自治事業，都交付保民大會去處理；就開始政府與民衆的直接交涉。從前士紳階級可以從中「舞」的「弊」「漁」的「利」，因此一掃卽空。壯丁舞弊的情形在龍泉可說是絕無僅有，據兵役科齊科長談：「我們辦理「兵役」，「公正」「公平」二項可說已經做到了。凡是及齡的壯丁，其應緩役免役的公開揭布，使未及請求的有機會補行請求，使欺瞞者可以任人舉發。其應服兵役的，於一個月前下徵集令，使得從容準備。應服役的一律公平待遇，卽權勢之家，亦無法詭避，一般民衆乃心願應徵。」依他統計，壯丁雖偶有逃避的，其遵令應徵的已在百分之八十五以上；每月兵額，常可有餘，可見辦理的福利。

龍泉縣政，以通力協作著其成效，初辦兵役時，政工隊出發宣傳，全署人員也一體參加工作，初期的普遍宣傳給民衆以極深切的印像。政工隊員多係靑年流亡學生，工作的情緒很高，平常分駐鄉間，和民衆接近的機會很多；縣府又指定各鄉鎭工作人員，做鄉鎭輔導員，担負工作聯絡的責任。政工隊員和輔導員在鄉間，成爲民衆與政府間聯鎖，紳士層所造成的隔膜，也就打破了。上情下通，下情上達，使民衆了解政府的用心，乃是兵役能順利推行的主因。

此外關於處理出征軍人家屬的辦法，也可以約略敍述一下，龍泉民衆貧窮，納金緩役的比他縣爲少，因之，優待經費比較支絀。縣府本「有錢出錢」的原則，着那些緩役免役的也普遍認捐，目前出征家屬每月約可得二元至三元的生活扶助費。鄉間各戶應領扶助費，由輔導員代領代發，使家屬直接領到實數款目。壯丁家屬，常有赤貧不能支持的，各鄉鎭組織代耕隊（今已改爲代勞隊）代爲耕作。記者到龍泉日，適值中秋節，縣府募得月餅二千斤；壯丁家屬每戶一斤，當日連同扶助費一同分送，鄉民心目中，當然另有一種感想。這些關心民衆的細節碎目，說來比較繁瑣；但他們這一羣人的工作比其他各地的工作來得成功，正在於此。

記者周歷各地，所見地方行政，有普遍改進向上的趨勢，此爲抗戰後政治進步之徵。此次在龍泉也不過三日，不能說是有深切的觀察；所要特別提出來報告的，也如吳周二君之意，要大家看一看合作事業對於農民經濟的影響，也要看一看最困難的兵役問題如何處理。眞是「爲政不在多言」，看我們如何去力行呢？

十月二日

第六分　經濟戰

一　外匯率與農村物價

一　農民的經濟概念

去年四月以後，法幣的上海暗市，從一先令二辨士半的外匯率：落至八九辨士之間。記者即開始注意這個經濟的大波瀾，在戰時農村的影響，（這樣大的變動，若在歐美各國，立時要影響到數萬萬人的生活。）可是這匯率暗市，整整維持了一個年頭，對於農村經濟及農民生活，並無重大影響，戰區接近戰區或後方的農村民衆，並不覺得外匯率漲落于他們有什麼關係。現在外匯率又由八辨士半下落至六七辨士之間，在中國的農村大海中，依然不曾掀起什麼浪濤。（幾乎可以武斷地這樣說，即外匯率跌至一辨士的低値，於農村經濟和農民生活，也未必會有什麼大影響。）這是世界經濟史上的奇蹟，而支持法幣信用的力量，也以此爲最大。這事實已使敵閥驚疑莫定，日嗟棘手。敵經濟學家木村增太郎說：「法幣已成爲一種民族貨幣，係四萬萬五千萬人所共同關心之唯一的民族通貨，如有人欲以任何手段毀滅之，驅逐之，顯然不可能的了。」即是敵方經濟陰謀失敗的招供。

記者於調查訪問中，曾細細研究此中的基本原因，且試對此奇蹟作進一步的解釋。有一天在廣德鄉間和一位老農閒談，他訴說太平軍戰役後，廬舍蕩然，他自己如何白手創業，十年之間，重興田廬。這回又遭兵燹，依舊蕩然，但他相信年輕的孫子，只要刻苦耐勞，不要很久，定可把家業再撐起來。記者憬然忽有所悟，這個「耕作有收穫」，由土地所啓示的信念，乃是中國農民的經濟基本概念，我們非先理解不可的，中國的農村以自耕農爲基幹，（至少在長江以南如此）自握運命。自耕農係土地的忠實兒子，他們相信自己能把握運命，再造運命。（地主在農村是寄生虫；佃農爲生計重壓所苦，缺乏自信心）。他們認爲：土地便是經濟的母財，卽算災難的洪水冲盪了他們的一切財產，只要用自己的氣力，忠於土地，土地定會再賦予他們以財富。他們不信會有破產之一日，土地的產物是破不了的。在社會經濟變動過程中，自耕農就發揮他們的保守性的武器，只承認物物交換的原始經濟原則，用自己勞力在土地上生產自己所需要的，也交換那自己所需要的。（金銀紙幣，均在他們的經濟概念之外）。大家且想想，在一個不相信土地會破產，而認定自己的勞力，可以再造財富的農民面前，外匯漲落在他們心頭，能激起什麽作用呢？一萬萬五千萬農民；站在敵閥面前說道：「你們要破壞我們經濟嗎？不要緊，瞧罷，卽算十幾萬萬通貨，弄得一文不值，也不要緊。五年十年，再來一個十幾萬萬的財富，給你們看看。」這是一句多麽有力量的答覆！（木村謂中國民衆，過於重視金錢，實係錯覺。英人赫德謂：「中國農民耐得住一年一度的破產」，所見較爲深遠。）

二　二年來的農村物價

自從外匯率暴跌，在上海香港過活的人，關門七件事，件件漲價，焦頭爛額，苦痛萬分。在內地，諸如我們這一羣靠薪給過活的，薪給打了折扣，物價又漲了兩三倍，也叫苦連天。（小店員的痛苦更多）。近月沿海多事，記者在各城市往來，常聽得一些人談論百物騰貴的近況。但抗戰的基本力量在農村，外匯漲落於農村物價有何種影響，比一切更値得注意。（物價的暴漲和暴落，其影響是相同的，一般談論物價的，不免囿于小市民的私見，容易陷於錯覺）。記者近十個月來，曾分別做非常簡陋的物價統計，且因往來奔走攜帶不便，許多材料，只能隨處拋棄。）現在試用以說明農村物價的變動，在農民生活上的影響。（希望不至於十分曲解。）

統計以浙東一個小市鎭各商店的賬本爲根據，略去枯燥的統計數字，且依生活必需品。（衣食住及其他）及奢侈品分別來看(甲)生活必需品衣的項下：棉花漲百分之一三七，紗漲百分之七五，染料漲百分之一九一，布類漲百分之二八七，綢類漲百分之一五六，麻類漲百分之一一三。食的項下：穀類漲百分之九六，麥類漲百分之一三二，菜蔬漲百分之七四，肉類漲百分之八七。魚類漲百分之七五，茶類漲百分之八五，油類漲百分之九三，鹽類漲百分之一一四，海味漲百分之一五六。住的項下，木料漲百分之七九，磚瓦漲百分之八三，附屬要件（銅鉄品及玻璃）漲百分之三七四。其他各項：火柴漲百分之二八七，火油漲百分之三九四，肥皂漲百分之二一七，紙張漲百分之二三一。(乙)奢侈用品！化裝品漲百分之二七八，香煙漲百分之三一六，土烟類漲百分之一二一，藥用品漲百分之四一六，酒類漲百分之七八。（洋酒未見）（以上比例以戰前物價標準）

這個小小的統計，有幾點可以注意：甲，主要用品物價，除布類外，大體係平衡漲價，於農民生活，不至有壞影響。因爲付出的增多，收入的也同時增多。且外來物品漲價，卽使農民改用土產品，一個靠土烟袋過活的人，對於捲煙漲價的壓力，感受得非常輕微，假使他自己也種幾畝煙葉，也許還掀髯微笑，覺得捲煙漲價，於他頗爲有利。乙，畸形漲價各項，其銷數總値不及其他物品銷用的百分之二。（布類在外）丙，去年四月以內，物價並不見有顯著的變動，除了火油火柴之類。丁，飲食項下漲價，於農村大體增加收入，與增加小市民支出，顯又不同。戊，住的項下，農民亦絕少受影響，因爲木料漲價，大體增加收入，而房租一項，本不在農民度支項下，更不至增加負担。己，農民以減低消耗爲消極抵抗漲價的武器，造成普遍的節約，化裝品銷數在某鎮，已減少十分之三强。

外匯暴跌，旣來使農村主要用品價格暴漲，而農村物品的平衡漲價，又未影響農民生活，使陷於困頓不能支持，此卽支持長期抗戰的力量的總測度。——只有農民，能作「能不能支持下去」的最後答復。

三　一張家庭經濟統計表的說明

另外，記者試舉一家李姓自耕農的二年來家庭經濟統計表來作證明。

甲、李姓家庭狀況：

A丁口——父母二人，兄弟三人，妯娌三人，子七人，女二人。

B財產——住宅一所，田四十七畝，地十九畝，山五十一畝，小雜貨店一所。

乙、戰前家庭度支表：

C收入——穀一五五担（自食一一〇担）餘值一三五元，大麥七三担（自用一五擔）餘值三八元，小麥四三担（自用一三担）餘值一一〇元，豆八担（自用五担）餘值一八元，猪八隻（除猪本及養料）值四〇元，桕油三五〇斤（自用一五〇斤）餘值二六元，皮油九〇斤（自用二〇斤）餘值一〇元，桐油二七〇斤值六八元，茶七斤值三元，絲三斤（自用半斤）餘值一〇元，烟葉三五〇斤值四九元，共計五〇七元。

D付出——田賦計二九元，肥料與成本計一五〇元，房屋修理計八元，僱工計一〇三元，教育費計六四元，衣服計五八元，火油三箱半計一八元，器物添設計一七元，酬應人情計二〇元，雜耗計一五元，共計四八二元。

收支相抵每年約餘二五元，如小店有盈餘可得五〇元。

（註）收支每年常有出入，此表係用約數。

丙、戰後家庭度支表：

A收入——穀（除自用）餘值二二五元，大麥（除自用）餘值七七元，小麥（除自用）餘值一六五元，豆（除自用）餘值三〇元，猪（除猪本養料外）值五〇元，桕油三五〇斤（自用二五〇斤）餘值一八元，皮油九〇斤（自用四〇斤）餘值一〇元，桐油三〇〇斤值一二六元，茶七斤值五元，絲三斤（自用一斤）餘值一一元。煙葉三五〇斤值一四〇元，共計八五五元。

B付出——田賦計二九元，捐計八〇元，肥料種籽等成本計二一〇元，房屋修理計一三元，傭工計一四五元，教育費計九〇元，衣服計七二元，火油二箱計一八元，器物添設計三〇元，酬應計三〇元，雜耗計五〇元，共計七六七元。

收支相抵約可盈餘八〇元。

這張統計表中所開列的數字，至少可以看出幾點重要的意義：甲，戰前戰後，一般看來，農村經濟稍微景氣，却也沒有什麼大變動；而景氣的傾向，其主因在於三年豐收，與外匯絕少關係。乙，外匯率暴跌，於農民生活上，只有衣服，雜耗二項影響最大，但在全年開支中，並不佔多大數目，而收入項下，桐油煙葉均激增，不僅足以抵銷支出項下之激增數目。丙，火油用三箱半減至二箱，仍維持十八元的支出原數，足證農民節約的自然傾向。我們讀這張統計表，明白另一方面的意義：「戰爭」及「外匯率跌落」，不足以影響農村經濟，假若水旱蝗虫，造成農產歉收，立刻要打破收支平衡情況，使這一家自耕農陷於窮窘，或者農產品價格暴跌，亦足影響收支的平衡。如去年皖南的米價，卽使農民一時不安。近來政治方面人士，當談及着眼政府如何節用民力的問題；積極地說，記者以爲還應該着眼扶植民力問題：如何扶助自耕農，如何穩定農村經濟，這是決定持久抗戰力量的柱心。叨「天」之福，敵人百計破壞尚未見效，我們應該爲「萬一荒歉之年」而有所早計。

二　沿海情勢

——十一月十五日贛東通訊

一　矛盾中之矛盾

今年四月初，南昌已經陷落，浙贛路交通中斷，記者巡行浙閩沿海各口岸，靜觀敵我勢力之消長，歷經六個月的考察，敵人意向比較明豁可知，我方應付方略的或得或失，也約略可以窺見。因就知聞所得，綜述如次：

前年（民國二十六年）八月二十五日，敵海軍第三艦隊司令長谷川，宣告封鎖自上海至汕頭南某點止之海面，禁止中國船舶航行，其法律顧問信夫惇平，對報界宣稱：「巡弋封鎖洋面之日本兵艦，得令「籍船隻停止候查。」並稱：「如果日方認爲外籍船舶所載爲戰時違禁品，則日方或將有適用優先購買權之可能。」同年九月五日，敵方又宣告將封鎖區域擴大，北起秦皇島，南迄北海，中國海岸全綫，事實上均在封鎖之內，同時，敵海軍當局宣告日方在中國領水內，對於一切船舶，均保留查驗船舶之權，並要求各國輪船公司，將其船舶，在中國領水內之行動通知日方。就封鎖行爲論，自以澈底封鎖爲原則，我國旣無海軍軍艦及潛水艇足資守衞，戰後我國商輪又已停止航行，僅須少數兵艦，即可全部澈底封鎖。至第三國商輪往來，敵艦今年五月間，曾以汽艇游弋閩江口方式，即阻絕港滬與福州間的航運，不必鳴炮示威，始可達封鎖之目的。惟事實暗示敵方所謂封鎖，原以不澈底爲原則，自前年宣告封鎖後一年半間：浙、閩、粵沿海各口岸，第三國商輪通行無阻，實際上無所謂封鎖。今年四月以後，敵閥於沿海一帶，側重經濟戰，所謂經濟戰者，即是阻止第三國的貨物由海口輸入，尤其是軍用性質的物品；同時阻止我國的土產品外銷，尤其是可以換取外匯的特產。自鼓浪嶼事件發生以後，敵方所取手段，頗爲頑强；六月，七月，八月三個月間，曾三次宣告有限制地段的封鎖，福州溫州兩重要口岸的航運，遂全部停頓。惟就封閉行爲論，敵方仍未變其不澈底的原則。寗波一口岸旣自始至終通行無阻，其他各口岸，也是在半封鎖的狀態中，第三國商輪不時可以進口。

敵人所禁止航行的中國船舶，如上所述，我商輪早已停航，無待禁止，一部份漁船不能出海捕漁，漁民生計，確受重大影響。但據記者調查所得，航行各口岸間(大小三百餘處)的海船二萬餘艘，依然往來行駛，未受封鎖影響。此類航海帆船，自元代已發達，明代又增闢海道，福州及江浙漕米，經海運至京師，每年三百三十餘萬石，南北往來，途中也不過三十五天。他們的航路，停船所及港灣地點，以中國海岸線之長，敵方即增加十倍以上的海軍，也不能澈底執行。內中人告記者：海船雖偶有爲敵軍所掠所焚，(二年來不過三百艘上下)往來活動，尙較漁民爲自由。

敵方以加强經濟戰而封鎖各海岸，其不澈底封鎖，亦當於經濟戰求其因由。去年一年間，仇貨輸入，明顯可計者約七千萬元，（冒充國貨輸入的不在此律。）運用資源，間接直接被吸收者，據專家估計約在五千萬元上下。敵方曾設計杜絕第三國貨物輸入，試行嚴密封鎖閩江口，其結果不僅刺激中國農村的生產力，且使仇貨同時減少輸入，軍用資源亦遂無法吸收。其影響尤巨者，各口岸與上海間斷絕航運，敵方所以吸收我方法幣及南京偽組織所賴以爲經濟生命綫的海關收入，即斷絕來源。封鎖各海口，即無異於自殺。因此記者離閩這個月，敵方已決定重弛航禁，傳福州，泉州各口岸，不久可恢復四月以上狀況。

敵方所以重弛航禁，另一原因，即由於走私策略的失敗。敵方對於我國海航帆船，向取利誘政策，海船航行海上，多已向敵方購取偽幟，敵方原擬杜絕第三國貨物輸入；後即利誘海船，替仇貨輸入內地，換取法幣，兼可私運土產出口。其法，由敵船運仇貨至各口岸相近的小島上，再由海船分批運輸入口，而以敵機轟炸行爲作間接的掩護。可是軍興以來，敵一開始即調用商船七十萬噸，前年年底已增至百二十五萬噸，約及全日本商船的四分之一。去年下半年，增至一百十五萬噸。去年年初，敵方已不能不傭用第三國的商輪，達五十萬噸，去年年底又增至九十萬噸之多。軍用且不能不傭用第三國商輪，單靠敵本國商船來運走私的仇貨，亦爲其運輸能力所不及。且敵方所傭用第三國商船。多係英國輪隻，（達四分之一）據傳英輪航行各口岸間，亦有某種默契當係事實。敵方事實上不能不利用第三國輪隻將冒牌國貨輸入內地，則封鎖政策，即非自動放棄不可。今年六月間，敵揚言封鎖溫州口岸，勢甚兇惡，記者從事實推斷 即謂敵方非留下海口以輸送仇貨不可，今則事實明在，不須指證了。（敵傭用輪隻噸數，係根據美K布瀑和的統計。）又據東京財政雜誌統計，日本航業收入，已減至半數（一九三六年淨收一億九千萬，一九三八，三九年減至一億元左右。此即敵運輸能力不充實之又一證。）

至就敵海軍軍閥的本身利益言，亦以不澈底封鎖爲最有利，溫州一口岸，其所收特種費用，當在一千萬以上，寧波口岸，又以三百萬元特別費爲開放的條件，其他利惠，更不勝枚舉。敵陸軍海軍間爭奪沿海利益，迭有火迸行動，阿部組閣後，海軍派顯有得勢傾向，海軍派以執行封鎖任務的地位來收格外利惠，陸軍派側目而視，亦在意中，海口封鎖政策的張弛，繫於敵海陸軍兩派勢力之消長，此種線索亦可注意。

二　敵軍在浙閩粵沿海的行動

敵軍揚言進攻沿海，始於四月中旬，中經廣州、台灣、南京數度軍事會議，顯有軍事行動的準備。情勢發展到六月中旬，汕頭陷落，到達了頂點，其後逐漸鬆弛，到了記者離閩這個月，敵軍不欲進攻沿海的本意，已經十分明白了。記者初到浙閩沿海各口岸時，見市民熙熙以樂，不知有所謂戰事，深以爲異，其所推求的原由，或作離奇風說，（如謂敵閥曾與上海某巨紳商談，某紳不許其進攻某城）或托之於神佑，或本之於天意，大都幼稚可笑。從根底上說，敵軍所以不在沿海登陸，還得從軍事上去着眼。五月間，某將軍告記者：「沿海一帶，我方無可守的口岸，敵艦朝發夕至，海陸空協同進攻一個未設防的口岸，絕非難事。可是沿海一帶，也絕對不容許敵軍深入，離海岸綫五十公里，即難運用現代兵器，我軍正可憑險以守，以逸代勞。敵軍是否要在沿海登陸，就要先判斷敵方是否有開闢新的戰區的決意。」他的判斷，現在證之以事實，更覺得有價值。

當敵軍六月中旬，進攻汕頭市時，依據某種情報推斷，似有進窺贛南的企圖，可是登陸以後，僅以二個聯隊的兵力上窺韓江，進至潮安，即不再拓展外圍，不僅不曾另闢戰區，也不敢策應廣州近郊的戰事，其主要企圖所在，還只有局部的動作，其他各口岸，更無登陸的可能。沿海動作，以潮汕戰役爲頂點，軍事家觀察潮汕敵情，因作樂觀推斷，認爲沿海不必設防，確有充分理由，汕頭陷落後。敵海軍於浙東亦發動戰事，先後在定海，玉環，溫嶺登陸，一時山雨欲來，聲勢驚人。依當時情勢推斷：定海之敵，進窺甯波鎮海以達慈谿餘杭，溫嶺之敵，進窺臨海以攻仙居，玉環之敵，進窺樂清，永嘉以攻靑田皆有可能性。可見敵方行動限於定海的局部，在玉環，溫嶺登陸的，隨即自動退去；我方亦從未增援一兵，緊張氣分，即又歸於平靜。此種事實，皆足爲敵軍無力登陸之證。純就軍事論，敵方覬覦閩南較之浙東爲又迫切，迄今尙未放棄某種陰謀。其企圖以金廈二地爲根據，以泉漳爲進攻路綫，先煽動閩南一部份土匪爲其內應，上月張雄南部份的叛變，即係敵方所策動。將來，敵方若側重沿海軍事，此綫仍可注意。

論沿海軍事，本來當以沿海的島嶼爲重心。敵方自割取我台灣及澎湖列島以後，其南進政策中，已着手掠據我沿海的島嶼，有許多小島，我方從未加以注意，敵方早已派員測量，並管理漁民。去年春間，記者據溫州某君相告，謂「敵海軍的封鎖任務，不在登陸進攻，而在進佔沿海島嶼，已預定佔據島嶼，爲五百之數，北起崇明島，南迄海南島，造成一條包圍中國海岸的水面長城。」他的消息，得之於某奸酒醉後直言，記者聽了，極爲注意，去春過漢口時，曾間接向當局報告。其後，崇明陷落，金門廈門亦失守，西沙羣島也被佔據，這段情報，一部份已證實了。到了敵人進佔海南島，才吸引了中外注意力，感到敵南進政策所造成的嚴重性。到了定海，川石，平潭，南澳被佔，由二百八十餘島聯成水上長城（舟山羣島中被佔的島嶼時有增減，其他各處，雖無正確情報，大部情形蓋亦相同。）可說是太平洋上一隻大魔手，那位奸酋的酒後醉話，竟是不幸而言中了。

就世界的觀點說，敵人侵佔我沿海島嶼，爲其南進政策的基本工作，和大陸政策一樣重要。美國對於這情勢的發展，已經十分注意。（目前某氏談話，已提及敵軍消化沿海掠奪物問題。敵海軍方面談話，也公然說對美作戰，要以中國的沿海作後方根據地。）近月美對日方的宣稱的建立「遠東新秩序」表示懷疑，並表示積極干涉，皆與敵方侵佔島嶼有直接的關係。記者連月分別調查，敵方就所佔島嶼，闢作軍實根據地，凡五十餘處，有的供給淡水，有的囤儲糧食，有的積存汽油及飛機零件，敵第三艦隊，似以舟山羣島爲其集合場所，對我象山港亦有覬覦之意。（聞敵海軍曾決議參加世界大戰，在太平洋作戰時，即攻佔浙閩各口岸，而以上海爲主要防地。）記者謂大陸軍事即告一段落，沿海軍事當局尙難預料，今後如何發展？國人所當注意的。

（軍事家吳氏談：「敵海軍對我沿海進攻，本來只以台灣爲根據地，以廈門福州爲前哨，作進攻西南的準備，現在已構成了三個根據地：甲，以上海爲據點，以舟山羣島爲前哨，構成第一根據。乙，以金門廈門作據點，汕頭川石作前哨，構成第二根據。丙，以廣州作據點，以海南島作前哨，構成第三根據。三個根據又爲台灣的前哨，積意經營，力量不小了！」）

三　世界性的東方煩惱

敵軍的沿海封鎖行動，事實上既使第三國直接受害，在華的德商，已明白的說：「日本在華的勝利，就是對外貿易壽終正寢的開端。開發中國的工作直到現在才開始，而日本却要獨佔她。」英國方面的焦慮更不待言，因此，在沿海封鎖以外，相伴的起了許多次國際糾紛。先有敵兵在鼓浪嶼登陸事件，繼有敵軍封鎖天津英租界事件，又有滬西越界地區的不斷的糾紛。我沿海各口岸的大小事故，遂使倫敦，華盛頓，巴黎，柏林，都表示相當的關心。這世界性的東方問題，也常使東京方面感到十分棘手，迫出最後所謂「協和攻勢」的一張牌來。

「協和攻勢」的內容如何，在玩弄魔術的敵閥，本不必有一定的解說，惟就其行動看來，不外「壓迫小國，恫嚇英法，勾結德意，妥協美國的舊作法」。記者在閩時聽得葡商輪船在口外被拘扣的消息，後又在甌江上，看見停泊着的希臘，挪威商輪，而敵口岸間，大都飄揚着德，意，英，美的旗幟，往來各口岸的輪隻，也多屬於德，意，英的國籍，最近又見掛美國旗的輪船，這些瑣事，正暗示着敵閥心目中的動向。（九月以前，敵方對英商輪船多留難，卽有恫嚇之意。）

對於「協和攻勢」的第三個國所取的應付態度，自值得我們去注意，從在華利益論，英國本處於領導地位，（外人在華投資總數約値二，五〇〇，〇〇〇，〇〇〇元，英國佔其半數，英人財產中，三分之二集中在上海，餘三分之一，則在華中，華北，華南爲三等分）九月以後，美國的態度比較來得重要，英國的態度，一開頭便採取矛盾的「雙管齊下」手法，爲着保全目前的權益，對敵方有點妥協，爲着保全將來的權益，對敵方又有點强硬，其見之於行動的，（天津談判的事實，衆所共見，且不去提）如敵方一度聲實封鎖，卽一度表示局部抗議，且聲言以兵艦護航，態度頗爲積極，但恰和，怡㳗兩公司的輪隻，在沿海時因受阻礙而停航，反而不如德意輪隻的暢通。倫敦方面的我公債價格時見挺俏，法幣的國際地位，也多賴英方的支持，但敵方租作戰事運輸用的輪隻，其中却有四十六萬噸，卽係英方所供給。這都是矛盾的姿態。美國對遠東問題的態度，自始比英方爲積極，對鼓浪嶼，天津，上海各事件，華府都有强硬的聲明，並不理會東京方面「妥協」的秋波。（自美日商約廢止以後，態度更爲積極）。

英國處領導地位，敵方卽以恫嚇爲手段，把沿海弄成十分緊張模樣，現在美國代而居領導的地位，態度又如此强硬，敵方玩魔術已不足以言應付沿海情勢之轉入鬆弛，暗底裏該有幾分關係的。（九月以前德意旗幟比較「吃香」，許多買辦頭腦的商人，間接把人化錢把自己的商店入德意藉，託庇離沿海時，已變成美國「吃香」的新時尙了！）

再則，敵方所謂沿海封鎖，一舉一動，都和上海，香港有直接關係。換言之，封鎖沿海卽是切斷上海，香港和沿海各口岸的航運，居領導地位時的上海，不免如沿海一樣時常弄成十分緊張模樣。且看美方處領導地位以後，上海方面的情勢有什麼變動沒有？

四　經濟的微妙連鎖

再說回去，我們把經濟的，政治的，軍事的條件串合着看，萬花筒中的陣容，眞是奇妙不可測者，敵海軍軍艦在海上游弋，執達封鎖的任務，我軍依憑山陵險要，結集精兵，待機肆應，形成對壘之勢。沿海一帶，約五十公里至百公里深度，形成敵我的緩衝地帶。此緩衝地帶中，恰爲第三國財富的集中點，估計第三國在我國的財富，分佈在長江沿岸及沿海各口岸約百六十萬萬元；各口岸的商業經營，無論輸入或輸出，皆與此第三國財富有間接直接的關係。因此軍事上的緩衝地帶，恰正是第三國財富的集中地帶。敵海軍封鎖我沿海各口岸，就經濟戰論，仍爲我作經濟防禦戰，共同抵禦此百年來强頑不可抗之機器工業輸入品。（四月間，浙閩各地報紙，僅有五分之一試用土產紙，因外來報紙，每令價目十一元，尙與土產紙價格不相上下。）五月以後；外匯變動，敵又加緊封鎖，每令報紙，挨日飛漲，漲至三十三元上下，各地報紙，已有五分之四採用土紙；土製紙，在每令十五元上下，即可激刺生產，記者一月來所經龍泉、龍游，紹武、光澤、黎川各地，土產改良紙，突飛猛進，呈百年來未有之盛況。以此爲例，敵海軍封鎖行爲無意中乃站在我方的陣綫上，而與第三國商人及本國商人爲敵。敵國報紙，冒牌運入者，去年尚有二十五萬令上下；近半年間，不過三萬令上下，尙不及去年四分之一：敵海軍封鎖之功可謂不小。）

敵閥所佈置的經濟戰，以摧毀我國法幣的外匯價格爲預定目標之一。其所用的狠毒工具，如多量使用軍用票，僞組織濫發無準備金的「華興」僞紙幣，仇貨傾銷及走私。記者在沿海這幾個月間，外匯率曾由八便士半落至五便士半，我政府放棄上海黑市場後，一度瀉至二便士七。匯率漲落不定，已可阻凝外貨的輸入；物價猛漲，更可使外貨冒口呆滯不靈。第三國財富隨法幣匯率低落而無形貶值；第三國貨物又以物價比値增高而停滯，首先蒙敵閥經濟攻勢之大害。又就敵閥所傾銷的貨物論，去年所銷入內地的七千萬元，依黑市可換二百萬鎊上下；全年銷入，總數間尙不及七千萬元，依黑市僅可得八十五萬鎊上下。敵閥一面要摧毀法幣信用，一面要套取外匯，雙管齊下，他們自己的脚背，就壓上第一塊大石頭。法幣外匯率，近兩月間不僅不向下瀉落且回漲至五便士上下。依照某種情報推測；抑平物價及維持法幣匯率，已成爲第三國政府及商人的考慮的問題，也成爲敵軍閥與財閥的衝突的主因之一。我們中國倒彷彿處在第三者的地位，不十分去焦慮，敵閥曾謂：「沒有了浙閩沿海的市場，上海海關即等於虛設，又等於替英國的香港法國的安南增加市場。」其處境之苦，溢於言表。

敵經濟學家木村增太郞氏曾從財政上分析中國的抗戰力，說：「日本一部分的說客，多極度輕視法幣的基礎，每說法幣不出半年卽行崩壞。然而，這種謬誤的判斷，在今日正被相反的事實在矯正着。中國的國民生活，依賴國際貿易的程度本來極低，尤其事變以來，中國民衆卽實行了極度的自給自足經濟，所以卽使外匯準備金完全涸竭了，或者卽使英國完全不給予助力，成甚至法幣的對外價値崩潰到對外購買力等於零，也不見得就能給中國的國民生活以直接的致命打擊。尤其是民衆對法幣的信賴程度極高，所以法幣的對外價值即使崩壞了，也不能斷定它的對內價值跟着立刻就崩壞，……由此看來，中國雖增發紙幣，也並無通貨膨脹的徵候，因之國內戰費的籌措自不成問題，她這種有着潛力的金融通貨政策，將來必定是愈來愈强化的，』他的話，可與記者前作「外匯率與農村物價」及本節相爲印證。

木村增太郎又於法幣以外注意我國各地地方金融的情況，說：『法幣的流通範圍雖順利地繼續擴大了，然而，如廣東省的廣東銀行券和廣州市立銀行券等地方毫票依然存在着。像這種地方法幣不僅是廣東省，如四川及其他內地各省，在過去早已存在，而且在事變後依然多額的流通着。如江西裕民、建設、南昌市立三銀行，經發行紙幣保管委員會許可發行輔幣四百萬元，以補法幣供給的不足，……我們不要忘記了中國的經濟組織還有着一種潛力。』他的觀察也大體正確，可惜他不會看見福建省的地方金融機構，不會看見福建省銀行和貿易公司，運輸公司的連鎖機構，否則他更可加强他的論斷。去年春夏間，敵經濟考察團會泛遊江南淪陷區各城市，歸國後對軍事侵略的前途，看得非常悲觀，他們若有機會來看一看我沿海各省的經濟情況，更該覺得侵略前途的悲觀了！

說來還是德商的話不錯：『中國既不需要輸入，也不需要輸出，她不跟外國往來也可以的。在中國的歐美人將首先戰敗，因爲他們沒有中國人那樣的耐久抵抗力！』

十一月廿六日

三　魔術箱中之「市場物價」

——九月二十日紹興通訊

上月以來，市場物價飛漲，衆論囂然；關心社會的人士，不免有點殷憂。記者以新聞從業人的立場和貿遷有無的商販，坐地分肥的掮客，玩弄魔術的市儈，以及經濟名家多所往還。有時海闊天空，胡扯亂談，却也不時觸着癢處，指出這物價問題的癥結所在。

關於物價飛漲的眞實原由，只有玩弄魔術那班進出口商心中明白；正如上海古玩市場的情形一樣，把幾件東西在幾位掮客的袖中轉來轉去，就會轉出莫名其妙的大價錢來。美孚油公司的胡君，確實告訴記者：『煤油的來價，新近並未增漲，外匯也回漲了一點；不過市面上的行情看漲，今天已經漲到每箱十六元八角，怕要漲到廿五元。』他還負責的說：『煤油漲到一百元一箱，並非不可能的。』物價問題，若眞弄得非常嚴重的話，還是市儈們的魔術太狠，而社會與政府的制裁力太薄弱的原故。

在這混亂情形中，記者試行探求幾個比較切要的根本問題。

一　一般家庭經濟的物力担負水準的測定

據記者調查，和胡君的煤油公司有貿易關係的商人共七十六人，這七十六人的個人家庭中，能担負煤油的常態消費量的只有四人。這件事實，使記者覺得有測定一般家庭經濟的物力擔負水準的必要。記者限於時間，只作一百戶的家庭經濟統計。這一百戶中，配以上級戶十家，（上級戶的開支差額甚大，記者僅以小城市為標準；有時大都市的中級戶，其開支反較小城市的上級戶為多；本非專門研究，取其約數而已。）中級戶三十家，（以小地主及公務人員為多）下級戶六十家（自耕農小商人及中小學教師），其每年平均開支為五百四十五元。（此係約數，但與實際情況相合。）此總開支額中，住佔百分之十一，食佔百分之四十四，衣着佔百分之十八，雜耗佔百分之九。（此外教育費佔百分之九，捐款佔百分之三，酬應佔百分之六。）每一項下，其消費額的分配，也約略有一定的比例，例如雜耗項下，中人之家，每年消費煤油二箱，共費十元，佔雜耗費百分之二十，已為主要消耗。每箱價高至十元時，非減低消費量，即破壞分配的比例；若高至每箱二十五元　即佔去雜耗費用之全部，決非一般家庭所能擔負。故每箱在六七元上下，尚合一般家庭消費水準　超過此價，即當從一般家庭經濟中退出，列入上級家庭的奢侈品中去了。雜耗項下諸用品，如火柴、肥皂、牙粉、蚊香之類，均已超過物力擔負水準線，一般家庭用品，彷彿調整陣綫一樣，已經除舊換新，不知變了多少次。如開化一帶鄉村，夜不點燈，門插松脂引火，簡直恢復七百年前的鄉村生活了。飲食項下，米及麵粉爲主要消耗，十口之家，每年食米十二石，每石十元上下，尙在擔負水準綫下；每石漲至二十元時，則超過擔負能力，影響一般家庭經濟的平衡分配。若漲至每石三十元，卽將衝破社會秩序，有造成暴動的可能性。（以煤油每箱十七元爲比例，則每石三十元的米價並不過高；但一般家庭經濟收入，並未增加四倍以上，則担負水準綫卽已衝破。就農村論，米價增高，影響尙不甚重大；都市中，則小資產階級以下皆受嚴重壓迫，勢非暴動不可。）前人有「量入爲出」的成訓，但「量入」的「量」與「量出」的「量」，皆有一定的限度，若不能保持平衡綫，卽不能保持社會秩序；此所以物品有無必須隨時調劑，而一般家庭經濟的担負能力，不可不隨時顧及也。

二　一般物價的客觀水準的測定

記者在各城市常見有物價評定委員會的設立；其中除黨政機關派人參加以外，主其事的多係商會中人，究其實際，不過是一個變相的同業公會；其所評定的物價，卽等於同行公議所定的物價。從社會的立場來看，還不能算是評價。記者最近就銅元問題，加以研究，覺得「銅元」的價格，倒可以用作一般物價的說明，因爲「銅元」有「符號價」（銅元上所刻定價格，如「每百枚換一圓」）及「本身價」（如銅元七十五枚的銅質，値法幣一元。）兩種，銅元當作貨幣用，以承認其「符號價」（「本身價」値大洋三厘與銅元的流行無關。）「本身價」由「三厘」漲至「一分二厘」，已超過符號價，卽無私運出口情由，銅元亦將逐漸因鎔鑄而消化，「分角」貨幣，以紙代銅，亦爲自然的趨勢，若於物價的漲落，與外匯漲落相聯繫，此卽「符號價」變動所由起此種價格，政府可全部統制，不當由商人自由評定。至「本身價」則物與物之間，必有相互關係，由社會去決定。（若無相互關係，在古玩市場中，一隻破舊銅香爐，索價一萬八千元，並非奇事。柴米油鹽，生活必需品，若可由個人操縱，每斤鹽索價十元，亦屬可能。）其有關生活必需的物品，政府當就一般家庭經濟擔負能力予以核定，不當聽由商人自由貿易，任意漲價。其他物品價格，亦當核定一種社會性的客觀水準，例如：中人之家，點二十五支光電燈兩盞，依目前最高價，每用電一度値四角八分：每年最多電費十八元。又查中人之家，每年用煤油兩箱；此兩箱煤油與兩盞電燈功用完全相同；政府若評定煤油每箱客觀價值爲九元，應可共同承認。又如報紙每令五百張與毛邊紙五刀（一千張）的篇幅完全相等，（質地，還是毛邊紙好一點）毛邊紙每箱市價二元四角，那末，評定報紙每令爲十二元，也很公允。（即以單面印報計價，每令最高價，亦僅爲二十四元，今漲至每令三十三元，不合相互關係。）此種因物物相互關係而測定的物價，本非記者所能普遍測定，如上所述，只足引一個端緒罷了。

三　國營與商營的利弊對比

記者H前和H銀行經理閑談，曾向他詢問：『假若沒有弄魔術的掮客和市儈，市場會變成怎樣一種情形？』那經理笑而不答。記者眼見一位市儈於九月十一日下午六時，用電話定油煤四百箱，一方既未交錢，一方亦未交貨；到了十三日早晨，某方來電話說這四百箱煤油已轉入某甲手，照今晨市價，每箱可賺一元二角五分，共賺五百元。這五百元，即是從魔術箱中的變出的贏利，可是這位市儈，還是第七個賺錢的魔術家；在他以前，已經有人從這四百箱煤油上賺了三千二百元去了。假若沒有這些弄魔術的掮客和市儈，煤油市價每箱仍爲九元上下，每令報紙十二元，決不至鬧成惡性漲價。市場的混亂，都是這班魔術家的魔法所造成；國人心目中，無不切齒痛恨，謂爲「可殺」，但記者常聽到進出口商人詛咒政府統制貿易的制度，謂爲「與民爭利」；商人口中所謂「與民爭利」，只是「與商爭利」之意，本不必偏聽過信，究竟政府統制貿易對於一般民衆的利弊如何，倒値得研究一下。政府統制經營以浙鹽搶運爲最孚輿情。（前年年底，浙鹽委積在四百萬擔上下，商民自知無此經售財力；軍事倥傯，運輸上又有極大困難。政府以全力搶運，鹽民生計驟裕，鹽商亦得從容籌運，各地民衆免於鹽荒，省庫國庫增巨額收入，一舉無數得，上下皆欣喜。）去年政府統制茶葉出口較遲，茶商均暴得巨利，茶農十有八九均被剝削。今年茶葉全部國營，茶商得利較微，茶農普遍受惠，記者調查茶農六十餘戶，本年收入，大致增加五分之三强。又以桐油統銷情形，有由政府全部統制，有由商民承包，據桐農談「包商剝削較重，不若官銷出價公正。」進口國營，範圍尙小，惟一般輿情均望政府能統制一切日用必需品，毋使市儈操縱牟利，足證民衆傾向於政府統制。記者研究浙鹽運銷之利，在打破鹽場廠商居奇積弊；市場貿易，中間層愈少，民衆受益愈多，談政府統制，亦當注意這個基本條件。

四　一般物價與運輸

一部份物價問題，以記者調査所知，只有轉運公司中人明白其中的祕密，卽以記者手邊所有的小瓶漿糊爲例，一瓶係上海糊精公司出品，每瓶市價一角六分，一瓶係紹興正社教育用品社出品，每瓶市價五分，其分量，其性質完全相同，還不妨說正社出品更爲新鮮，我們要解釋這一角一分的價値，只能說是一種運輸費。一瓶漿糊要擔負一角一分運輸費，這是一般物價飛漲最根本的因由，記者居鷹潭時，曾見一小事：某磁器商一日下午將磁器十箱，交由郵局以快件寄出；記者探問何以其他磁器不寄快件，他說：『快件裝運費恰當普通裝運費的九倍，粗件磁器，如何裝運得起？』從生意經說，快件趕得上市場需要，有賺無蝕，不妨多付運費；但購主方面，卽須多付八倍的運費了。又試以布匹一件，由寧波用汽車快裝至鷹潭，運費八十七元，若改用簰運船運送至原地，僅需運費十七元上下；此七十元運費，亦卽增加該件布匹的價格。以此推想市儈以商業競爭爲出發點，儘量就運輸上作時間競爭，亦足以造成「物價飛漲」的惡性現象。

記者曾就地研究浙鹽搶運情況，忽覺船運與手車隊運，不僅解決十萬人勞工生計，且減低若干運輸費用？若由商民運銷，贛地出售鹽行，決不能維持每斤二角的低價。因思一切進口貨，若一律改用人力自然力運輸，其價格必可驟減。若進口商人，往來運輸不作時間競爭；市價有若干部份可以減低，民衆担負卽可減輕。政府於戰時，明顯有統制一切運輸之必要。

記者又曾核計一湖南人一月間的生活費用，共三百七十四元，其所運貨品，僅値二千元上下，他估計那些雜貨的運費，當在一千二百元以上；可是到了湖南穩可賺二千以上。若此商人改過三十年商人生活，用三十年前方法運輸，據推測，可省下五分之三，惟時間須增加三倍至五倍，以此爲例，政府爲維持市場秩序，亦有限制商人生活之必要。

總之，物價問題，有關民生經濟，當從根本上着眼，揚湯止沸，决不能安定市場的秩序的！

九月二十日

第七分　撫河行進

一　戰地旅行通信

一

——十一月一日光澤通信

我又開始新的戰地行程了。這回結束了沿海的巡遊，向西南西北兩戰場去，萬里長途，在出發的今天，心頭別有一般滋味。人總是土地的兒子，想起去年夏間，由北戰場南歸，一進了武勝關，呼吸便覺舒暢，你看東南水鄉的人，和西北大漠多麼無緣，但我們又是時代的兒子，必須變成土地的叛逆，旣已整理行裝，卽當欣然就道。我已開始新的行程了。

旅途中，回想過去這五六個月逗遛在沿海一帶，究竟有什麼收獲呢？老實說，這幾個月的社會經濟研究，並沒有什麼成就。這部門的材料，搜集得要普遍、周密，要整理得精審有條理，還要有專門學識來冷靜觀察，剖析其因果演變；此決非一人一手所能爲力，我自知有點不自量力。目前所能說的，敵人所發動的經濟戰，失敗的痕跡非常顯露，敵海軍顯然有封鎖海口的力量，但沒有封鎖海口的決心，敵海軍在担負着掩護走私的任務，於公於私，都有維持各海口間航運的必要，敵海軍的士兵和將官，腰纏都弄得很肥了，這是第一重矛盾。敵閥要減削我政府的持久作戰力，有意摧毀法幣的信用；但要傾銷貨物來吸收法幣，又無意之中要維持法幣外匯率，我政府已放棄維持黑市場的匯率，法幣的價格在種種外在的因由上維持着，決不至於惡性膨脹，這是第二種矛盾。最近半個月，物價問題，經自然調劑，由波動轉趨安定，政府的經濟統制，亦以社會需要而加强。記者西行，正可帶經濟戰的樂觀結論而去；且看軍事上能給我們以怎樣滿意的進步景象。

敵財閥船津由滬歸國，對大美晚報記者談話，說「中日之間還沒有和平的朕兆」。記者的看法，和他稍有不同；和平的朕兆雖未顯露，軍事結束，也許不會很遠；因爲從各方面看，敵方無論從經濟上軍力上民衆忍耐力上都沒有支持到三五年的力量；他們若不準備來一場決定最後國運的戰事，那就非趕快結束軍事不可。如何結束軍事？記者不敢臆斷；惟日美商約的談判，和結束的方式多少有點關係；我們到了明年一二月，大約可以看準中日戰局的最後動向了。記者或者可以從西北戰場上找到較多的敵情，那時再來一回較有系統的報道。

西行的車，過了邵武，入光澤境，即出了福建的境界了。記者離開了福建對她要說些什麽話呢？手邊帶了一本黎烈文先生編的改進半月刊，「改進」二字正可渾括進步中的福建情況；要批評福建是不容易的，「三日不見，刮目相看」。記者帶着「猜謎」的心理進入其境，今日出境，却帶了普通進步的好印象。

今天天氣晴明，富屯溪沿江風物宜人，晚秋天氣，有如江南早秋，山野濃綠成蔭，映夕照作赭色，令人目迷？，晚稻都已黃熟，農家忙於收割，男婦往來郊外，顯得非常愉樂；這愉樂的農村氣象，暗示着新中國的前途！記者就在這愉樂氣象中曲折前進。

二

——十一月十日光澤通信

這回旅程，記者預定經過贛南一帶，這一帶，乃是當年共產黨的根據地，我想該有些社會問題的材料可得。到了光澤，就失望得很，事過境遷，文獻漫滅，身臨其境，竟找不出什麽來。縣府介紹當地士紳裘君來談，他當時避難福州，眞實情況，也不甚了了。記者曾在江南一帶訪求太平軍戰事的直接史料，渺不可得，深嘆搜集史料之難。現在連五六年前的眼前事績，都不易得，更爲可異。後人之談抗戰史者，也將有史料難得之嘆吧！

光澤縣城，係於廿一年十一月被共黨攻陷，翌年十二月克復。喪亂後人口稀少；一年以前，全城不過四千餘人，今春南昌陷落，避難來居者漸多，今已增至一萬三千人上下。先前居民多住城外西關，今年，城內始有市面，李君談「某隊移入陳姓祠堂時，搬出白骨數十擔；入其室，陰森迫人，夜有燐火」。可以想見浩刼後城市的蕭條。

經過大波浪以後的光澤，還是和井水一樣平靜。居民懶而信鬼，近日正當秋冬之交，天氣只有一點兒涼意，滿街男女老幼都已籠着尺半長的火籠，縮着頭作打戰狀。惡性瘧疾和閩北一樣流行，但他們不信西醫，不信中醫，只信巫醫，城隍廟的扶乩盤，天天有人在祈病問藥，吃那些離不了柴胡甘草的鬼方。每天晚上，又必見成串愚婦，持竿拖魂。「懶」字上再加一個「愚」字，眞不可救藥。

皖南，閩北，贛東一帶，壯丁體格，普遍的低劣，這是建國上一個大弱點。戴孝憫將軍曾發皖南有弱丁無壯丁之嘆；宋明理學家的人生態度，偏向「文弱」，愛「靜逸」生活，社會上流行的萎靡不振風尚，大都是理學家提倡出來的。現在要變換風尚，先得從反理學開場，不過「反理學」，就得有勇氣，難，難！

三

——十一月十四日光澤通信

昨日我應縣政府之約，在光澤中心小學禮堂舉行公開演講。校舍係由孔廟改造而成，禮堂即係大成殿，柱子粗大得很。記者所講演的場所，如舊式縣署，城隍廟，或孔廟，都有粗大的柱子，個人所得印象稍有不同：孔廟爲荒草蔓葛所縈，使人生衰涼之感；城隍廟則香烟繚繞，氣象森嚴，縣府則兼孔廟的衰涼和城隍廟的森嚴氣氛。再則孔廟的黃色牆垣，城隍廟的紅色牆垣，縣署的灰色牆垣，也代表着三種不同的景象，各地孔廟，大都已經沒落改造爲民衆體敎育館，學校或衙署一類的公共場所，仍不失社會敎育的意義；仲尼復生，他一定十分贊同。城隍廟的煙火一時還不會衰熄下去，如光澤的城隍廟，已爲洪都中學所借用，兩廊十殿舊廨，都已構成爲講舍；但後進城隍及活無常像前，依舊天天有人焚香禮拜，只有餘姚的城隍廟，當國民革命狂潮冲盪時，神像全部摧毁，改爲公衆講演廳、屋高柱大，氣魄雄偉，那是十多年前的事，也只有那時候纔能那麼去做。（傳福建長汀的城隍廟，已由專員公署移毁神像，據入辦公，衆議沸騰。專員對民衆說：『他是死城隍，我是活城隍，他應該移讓給我』；語雖詼諧，實合情理。「城」「隍」古係二神，卽後世之土地神，以現制來說，卽係省主席，市長，專員之類，職位相當。

記者回想所經各地，以河南考城的城隍廟，爲最可憐，殘破圮毁，簡直不成樣子。其地民衆生計，苦到無可再苦，（每天用麩皮煑粥，和以樹葉稍加土鹽，名之曰吃糊塗。）無怪供養不得城隍神，至於孔廟的樣兒，更不必提了。不過在那樣窮苦的所在，牡丹芍藥兩花却美麗嬌豔，推爲天下第一，瘠地生些中看不中吃的東西，也是老天的小諷刺。（有人說，這句話可移作魯南豫東那一些大地主們的總考語）。

光澤縣署，一向陰森，鬧狐鬧鬼，傳說很多，亂離後更爲陰森的氣氛所包繞，加强了暗示的力量，熊縣長却不信邪道，居署年餘，並無異狀。記者亦不信鬼，惟舊式官署那麼一個大而無當的衙門，印象總不甚佳。今年春間，在安徽績溪，看見現代建築的縣政府，進入其中，氣象自不相同。我們或者不妨說句應話，改造縣署，也可給民衆一個新的印象呢！

四

——十一月十八日南城通訊

昨晨，記者由光澤西行，車駛過了杉關，卽入盱江流域；杉關以東，水向東流，入福建省境，以西水向西北流，入鄱陽湖：光澤恰是兩省的分水線。光澤縣舊屬福建省治，今隸屬江西省治，一般民衆，仍以閩人自稱，視贛人爲外客：贛人避難移居其地，視光澤爲同省，在政治上也是兩省的分水線。光澤的經濟資源在第三區，年產連史三萬担，多由河口輸出；（河口係江西四大鎮之一）藥材則由此輸往樟樹，（亦係江西四大鎮之一）從經濟上說，和江西一向很是密切但輸入貨物，則多來自南平，又和福建有密切的依存關係，又成爲兩省的分水線。仔細推尋，語言，風俗，習慣，多少都和兩省有類似處，彷彿是省與省之間的袋鼠，最有趣的：在光澤可以吃到福橋，也可以吃到江西南豐橋，江山衢州橘子就行銷不到，他顯然地是贛閩兩省的中間產物。

這些中間產物的性象，記者以爲在中央決定縮小省區的今日，不無研究的價值。奥伯曼說得好：「單是種族或土地造不成一個民族，一個民族的特性是他的歷史的產品與他的文化的表現」。中國的省治舊區域，多少帶點軍事和政治的意義，有時不十分注意歷史和文化的特性；如蘇北徐淮一帶，和魯南豫東皖北的民情，風俗，飲食言語都很相近，不妨劃成爲一區。（那一帶，在軍事上爲四戰之地，又以民風强悍，不易統治，舊時强加分割，分屬四個省分。）浙東與皖南，閩北，贛東，亦多相近之處，新建置中如何加以分合？也不妨討論一下。

記者近月所到的地區，如雲和，龍泉，閩候，光澤，貴谿都有一部分苗猺遺族，其他各處，也還多得很。）他們都以雷藍爲姓，彼此當有血統的關係。爲地域所阻隔，已久不相往來。以記者見聞所及，苗猺遺族男女，共同工作，體格非常强健，爲我漢族所不及。政府若把西南各地的苗猺，遷移到一個適當地區，重新組織，訓練，教育，使吸收漢族的文化，並彼此通婚姻，以改良種族，也是建國中民族問題上的重要工作。一個單純政治關係的種族，有時更適於理想制度的試驗，新的「苗族省」的建立，記者覺得頗新鮮而有意義的呢。

五

——十一月二十日南城通信

記者昨日午刻，來到「東南」和「西南」運輸的縮合點上；這個縮合點——南城，最近半年間，代替臨川樟樹，而爲贛東第一重鎮。北連鷹潭，和浙贛線相連接，東連光澤，和閩北閩東相聯絡，南連廣昌，寧都，一路經吉安以西達衡陽，一路經贛州以南達龍關，遙遙地和西南各省呼吸相通。東南各海口所輸入的貨物，十分之一仍由東鄉經臨川由水道西行，十初之九都經過這個縮合點；沿途先後迭見江西福建二省貿易公司的車輛往來不絕，貨運頻繁，自在意想之中。城中白晝昏夜，街上人肩相摩，車輛相接；其熱鬧還在南平，金華，紹興之上，雖說有點凌亂。記者心目中，覺得金華有杭州的影子，南平有福州的影子，南城簡直是南昌的縮影；這三個新的經濟省會，山明水秀，也十分相似。記者離開鷹潭，忽忽已半年多；南昌陷落以後的贛東經濟動態，不僅活躍，而且堅强，可說是對敵方經濟戰的一個總答復。贛東城鎮，不獨浮梁，樂平，鷹潭，上饒，南城的市面十分有生氣，即地連戰線的梁家渡李家渡也有七成以上的市面。在第五次緊張以後才陷落的南昌，貨物辣散，做的比較澈底；長沙大火更予一般商人以極好的教訓，提早搬移，保全了不少物力；記者在南城市中，隨處可以找到兩年前的南昌貨物。南平，金華各商店所出售的都是新到的貨物，南城市上所售的，半數以上都是舊存貨品；內地物價，以此還能保持相當的平衡。

單就贛東，贛南的經濟部門來說，輸出比輸入更爲重要。贛南的鑛砂，本打算由福建出口，中經幾度挫折，現在已另找出口。惟大量輸往浙閩各地的米糧，以及由浙閩輸入的食鹽，汽車運輸，已因汽油漲價，頗感困難，因此獨輪車，手車及帆船成爲輔助運輸的工具。江西省政府近來也如浙省府的成例，開始管理手車，編組成隊，汽車運輸的困難，一部分可以解决。手車運輸，依舊利用公路，南城仍爲四方交會的要道；若能組織得當，也可解决一部分難民的生計。

六

——十一月二十八日臨川通信

在南城逗留了一星期，又沿撫河向臨川來；載記者西行的木炭車旅客過多，蠕蠕地爬不動；當牠喘着氣向山嶺爬的時候，戰巍巍地像要倒了下來。司機擱開了手，說「這輛車開不動了，要開回南城去。」倒使車中旅客人人皺眉。這輛木炭車，倒可象徵南城這一類的戰時畸形城市，由於交通、軍事、政治幾種因由的湊合，驟然擠上過飽和的繁榮線，牠的本身，實在負不起這繁榮的重担，因此擁擠，雜沓，凌亂，好像喘不過氣起來。但牠也如這輛木炭車，只好喘着氣肩着重任向前爬去。

西行的車，以東館爲終點；接上汽車來維持交通的是鄉間的獨輪車，現代的交通工具，讓五千年前最古老的交通工具來做牠的連擋手了。菜油燈代替了電燈，打火石代替了自來火柴，靛青染士布代替了陰丹士林，都是這一型的戰時經濟生活的轉變。一個年青農夫推着獨輪車在破壞了的公路上行進，他有他的驕傲姿態；彷彿在說，這崎嶇的戰時道路，只有他們能行得通。途中遇到破壞公路隊正在做澈底破壞的工作，湘北戰役中，敵人的現代化重兵器，在農民的消極抵抗上碰了壁；農民在敵人面前，也自有可以驕傲之處，記者看他們欣然在地挖掘，彷彿正在耕種一樣。

撫河下流，平原數百里，土地肥沃，素稱穀米之鄉：各縣的糧食都集中臨川，這城市以商業上的地位自來十分繁榮；街道廣闊，舖面崇峻，配上雄偉的大橋，當然有大城市的風度，沿河那一條長街，薈集大小買賣，從朝到晚，喧成一片市聲；看不出一點戰時的氣息。記者到達臨川時、已有兩家戲院在開演，還有一家正在籌備中；大小菜館當在七八十家上下，入晚燈明，食客滿堂，依然如戰前那麼熱鬧。記者心目中，覺得南城頗像徐州，臨川頗像開封，骨子裏也極相類似。

如金華麗水之染上杭州氣息一樣，南昌難民也把臨川南城裝成南昌的風格：飲食店都用女招待作幌子，年輕女郎，白色圍裙，手握面巾，把都市的媚眼送給張口扻舌的農村土老，也算是南昌難民所帶來的都市文明吧，每一個小城市，呼吸了尊貴難民的氣息而加濃其頹廢情調，正如傳染大都市的惡性梅毒而潰爛起來；記者曾聽到許多有心人的嘆息，我們看了一邊新生活運動的標語，一邊「本店特請女招待」的大字木牌，似乎對於門口那張「醉生夢死的生活應當改正」的橫額是正面的諷刺呢！

七

——十二月三日李家渡通訊

沿撫河下流向南昌近郊前進，愈接近第一綫，鄉村的外表愈堂皇富麗；由於物產富庶，每一村落都把他們的屋宇收拾得齊齊整整。尤其醉人的是撫河兩岸的風物，記者宛若置身於杭富水鄉，目送遠帆，葉葉相安，低昂於斜陽和風之中，心神也就隨之飛馳。山迴水轉，支流會合；沙洲上野雁千百成羣，「岸岸」地相向而鳴；漁夫搖櫓而過，羣雁起飛在空中打旋，這都是王摩詰詩畫中的景物。但記者下意識中必須時時驚悟，這靜閒的境地已在敵人砲火的射程之中，隨時可以衝破這平靜的空氣。

記者走上白孤嶺，隱隱約約可以遙望葉子山方面敵人的營壘；敵人的重炮曾經一度轟到嶺右的古廟，把古廟老僧嚇下了山；但嶺北農民依然在田疇間引牛耕田，撒播肥田的草子，如其他農家一樣。有一輛獨輪車，載着一家老小從許家渡回到離火綫僅僅一里路的村莊口去；他們的答語，使記者驚喜交并，他們相信我軍守得住這陣地，萬一危急了，他們也不妨和軍隊一同移動。在炮陣的拋擲綫下如常耕作，這鎮靜的精神，使我們看看十二分的慚愧。

第一綫士兵，白晝伏身在深壕中，不敢有什麼活動；敵方在三五丈高的大樹上搭成了瞭望台，時時在觀察我陣地上的活動，找到了目標，就跟上來一陣大炮或密集機槍，有時也毫無目標地亂射一陣，也算敵兵寂寞中的消遣。傍晚和拂曉，照例有一番活動，或敵兵來攻，或我軍進襲；一到了某限度，就沉寂下來，彷彿有不成文的法令似的。深夜則敵軍靜臥我軍摸營，也習爲常事。敵軍躲入防禦工事中去取暖，叫猴子或警犬在壕邊警戒；我軍耐不住長夜的孤守，相約鳧水渡河，入敵營找野食去；有時找到了餅乾罐頭洋酒牛乳。有時殺了幾個敵兵，有時毫無所得，在冰冷的水流中凍僵了，也有時白白犧牲幾個生命；沈黑的夜間，常創造了驚人聽聞的傳奇。拂曉時分，敵兵來襲，常用猴子爲先導；叫猴子試探我哨兵的呼吸，睡着了的哨兵，立刻會被敵兵俘了去。猴子的故事，就成爲第一綫戰壕中談話的資料。

黑夜既過，白晝重來，第一綫也就恢復農村的平靜氣象。記者白晝和第一綫的士兵相見，看不見一些兒戰時氣息。淞滬戰場上的士兵，臉部表情，緊張而神經過敏，相信每一秒鐘會有可能的意外變化；這一綫的士兵，頗像當地莊稼人；他們從農村中來，爲農村氣氛所籠罩，不知不覺，又復返於農民本色；記者想把這些觀感，形之於詩歌；這不是陸放翁式的感傷，王摩詰式的淡遠所能表現，必得如杜工部那據有血有肉的錯綜敘述，還得去其消極的悲天憫人的情調。這眞是產生大詩人的時代，也正是產生大詩篇的場面！

八

——十二月五日三江口通信

撫河前綫，面對着的敵人係敵新編第三十四師團的部隊；這一綫原係敵一〇一師團防地，新近才換防的。三十四師團係敵國的預備兵役，今年四月間才出發來華作戰，士氣却消沈得很。攀田藤二郎身邊所藏他妻子靜枝的來信，有着這樣凄婉的句子：『……今晚美麗的月兒，高照天空，而您又遠離；我想在中國中部的天空下，每個人都在那兒望明月分思故鄉吧！何時才是諸君歸國日子呢，這漫長的戰時啊！』這是士氣消沈的最好注解。

敵陣時常有喬裝東北的偽軍，用東北腔調向這邊部隊打招呼；說：「我們都是東北人啊；東北人不打東北人啊！」這邊的回答更妙；說：『東北人忘不了東北，我們要打東洋鬼子啊！』戰陣上相敵對的部隊，因緣湊合，有時也非常巧妙。湯恩伯將軍的部隊和敵板垣師團，一相見於南口，再相見於平漢綫，三相見於魯南，四相見於長江南綫，處處碰巧相遇。目前敵方所認為東北軍的部隊，和敵一〇一師團初相見於香山，再相見於修水南岸，三相見於錦河北岸；恰巧敵軍換了防，現在在撫河東岸又相見一場了。敵軍對於我軍本質上的蛻變，似乎不十分理解；敵閥心目中還以為我軍仍保封建性的舊型，有東北軍，川軍，粵軍，桂軍的地方區別。抗戰二年中，已把全國軍隊化成為國家的部隊；舊時番號絕不足以代表軍隊的性質；敵軍還把五十二師當作閩軍，二十九軍當作宋哲元的部隊，也把一〇五師當作東北軍，那些可笑的宣傳口號就由這個錯覺產生出來。「敵閥以華制華」的分化政策，如今碰了壁了！

記者最近在有些部隊裏，不時和東北軍人相遇，彼此披誠暢懷地談論過，東北軍人中有一共同信念：**『抗戰的局面愈能支持長久，則東北的前途愈光明，全國力量愈能團結一致，則抗戰的力量愈能持久。』**

他們目前只希望政府能堅決打下去。一位東北志士張君，他對記者說：『我們還不够吃苦！打了兩年多的仗，我們士兵作戰，比以前內戰時還過活得好一些。』第一綫的魏團長，他也是遼寧人；他說：『士兵看見棉衣上的軍政部字眼就高興，士兵們相信政府眞有辦法。』東北軍舊部隊，以記者所知，在南北東西各戰綫上都有；他們部隊中，也早滲上了各地的壯丁，成爲統一性的部隊；他們有更深切的家國之痛，他們的意志更是堅決。

某部隊送記者上前線的黃馬，係贛州種。他們部隊中，本來畜養馬匹很多，馬種都很高大；南來以後，風土食料多不相宜，淘汰殆盡；新畜的馬匹，即係南方馬種，軀體較小；這件小事，也可用作中國部隊本蛻變的說明呢！

九

十二月九日江口通信

南昌市及近郊，有一聲名赫赫男婦皆知的敵方要人，即敵宣撫班的隊長野野村；（即野村二郎）他操對我國民衆生殺予奪之權，這一帶的傀儡漢奸都在他的手掌中打轉。記者因多方訪問探求他的活動情況及所得效果，不意竟在某些文件中看見了他們的宣撫班的全貌。

敵方所議定的宣撫計劃，以「迅速把握民心，確保情報搜索，確保通信線及交通線」爲工作方針。其組織分（甲）地區隊宣撫班，（乙）部隊宣撫班兩種；前者係以淪陷區我國民衆爲工作對象，（相當於動員委員會）又分「宣傳宣撫股」及「經理物資股」二股。宣傳宣撫股，除了製作及散發宣傳文字外，隨地調査我方的宣傳情況。敵閥又付以組織治安維持會及愛護村的職責，並隨時收回武器，破壞我方游擊隊的活動。經理物資股，除保管宣傳費外，以搜刮軍需資源爲主要工作，對於我國民間經濟，限期作普遍精密的調査。後者係以敵方士兵爲工作對象，（相當於軍隊政治部）除編輯戰地讀物教育中下級幹部外，對於厭戰反戰行動作嚴密的監視。

其工作實際情況，記者從敵閥的命令中，也約略可知其一二。當敵軍攻陷一個地區，宣撫班卽隨同前進；其行動剛與燒殺隊相銜接。經過燒殺後的難民，旣無所歸依，他們就以愛護村的名義來收容。先做一番戶口調査，再組織治安維持會，並厲行連坐法，使入了圈套的難民不敢逃避。其後，就把交通路及通信線勒迫村民偵視保管，晝夜要替敵方巡邏。又利用住民來築路，養路，（補給路警備路的構築），支給微少工資使能活得下去。在那命令中又提到四件大事：甲，利用地方軍需物資，可能機會中予以培養。乙，供給物資，抬高軍用手票價值，丙。收回戰場所遺留的兵器，並禁止民間隱匿兵器。丁，吸收靑年份子，儘量宣傳「皇軍」駐軍的好處，並打倒口政權擁護「新政權」。可見敵閥苦於久戰，隨處作「以戰養戰」的夢想。

就南昌附近的實情來看，敵方的宣撫工作已經完全失敗了。野野村曾用種種詭辯解釋燒殺隊的「惡魔」手段，但瓦礫堆，血汚池的事實堵住了他的嘴巴，他會想在南昌市成立五個治安維持會，（市中心及東西南北鄉）結果只成立了三處。那些維持會，照組織說，以縣御鄉，以鄉御區，可以一手抓住。可是野野村對漢奸們明說，除了鄧家埠的左新培以外，他都不敢相信。敵軍强迫我民衆築路養路的工作是做過了；但贛北潰敗時，敵軍已嘗到我民衆自動毁路的苦味了。野野村也承認沒有一個愛護村中的中國人是可靠的。敵閥的命令中已再三叮囑他的部下不要相信中國的每一個人了！

二　冬季攻勢

一

——十二月十二日於撫河前綫通訊

湘北戰後第二週，我方卽已獲得敵酋在武漢決定「冬季攻勢」的情報。和敵方的漢口會議遙遙相對，我軍事當局也在南岳有過一度重要的集議。「冬季攻勢」這口號，當作我軍的軍事動向亦無不可。

關於敵方的攻勢，我們應該注意敵參謀總長坂垣的進攻華中計劃。那計劃中決定「以陸軍三個師團海軍陸戰隊一旅團，進攻長沙；主力在長沙以北登陸，並截斷我五九兩戰區的聯絡，再由長江水道進攻宜昌；同時以三個師團兵力由贛北出萍株綫，取夾擊姿態，鄂中主力亦由漢宜路進攻宜昌；又預定佔領長沙後，續攻衡陽，再以兩個師團由應山信陽向隨縣襄陽桐柏南陽一帶側擊，阻礙我一五戰區之連絡；又待萍株線進展後，再切斷我三九戰區之聯絡。」湘北敵軍失利後，敵酋認爲原計劃仍當行，惟須調增充分的兵力。聞敵國內新編三八，三九，四〇，四一，四個師團已全部調來，關外僞軍亦已調集兩個師團，在漢口附近集中；贛北主力，以三三，三四，一一六各師團與一〇一，一〇六師團調防，一〇一，一〇六師團正在調整補充，亦將担任攻擊的任務。長江全線敵軍實力，總計在十四師團上下，（在華中作戰的第十一軍，由岡村寧次指揮，係第六，第九，一〇一，一〇六，四個師團爲基本，配以第一、第十師團的一部份及十六師團的工兵聯隊。湘北作戰時，又調增三十三及一一六兩個師團，戰後又調鄂東駐防三十四師團增防，共八個師團。）至少有十個師團可參加戰鬥。以此推想，敵軍新攻勢仍將以長沙爲第一目標、宜昌爲第二目標，而最主要企圖在截斷各戰區間的聯絡。

自敵攻陷我武漢後，這一年間，不僅山西掃蕩戰毫無成就：卽在華中所發動的五月攻勢，九月攻勢也未有寸進：爲着要打開這膠着的局面，敵閥曾决定了如此的戰術：『（甲）集中優勢兵力，强奪我據點，並修築道路，建碉堡，分割我游擊根據地爲若干小塊，使我軍不能集結使用。（乙）以多數支隊分路壓迫我主力於包圍圈內，而後會合主力來打擊殲滅我軍的主力。爲着遂行這個新戰術，又自八月起，將敵部隊區分爲駐軍及討伐軍兩種：以駐軍鞏固已佔領的據點，以快速部隊搜索我軍而加以掃蕩。』但湘北戰役中，敵方快速部落的機動力量，因湘北我方民衆破壞公私道路，以至無法行動；（羅卓英將軍謂我方民衆解除了敵機械化部隊的武裝。）敵方的新戰術遂全部粉碎。今後敵軍今後進行的新攻勢，仍將使用快速部隊；惟如何配合？如何使用？聞已成爲嚴重問題。敵軍在運輸方面若不能有新的處置，快速部隊若不能克制山陵戰的困難；今後戰局中，我軍仍可操絕對的勝算。

敵方着手一個大規模的冬季進攻計劃，我方針對着那個計劃，也調整各線部隊，先發制人，來一度全面突擊。

二

十二月廿三日撫河前線通訊

目前南窜線戰事已告一段落，軍事重心已移至長江全線。我軍出擊，有何種企圖？敵方曾作如此判斷，謂：『華軍發動冬季攻勢，其目的在破壞日軍之交通線及阻礙日本之內江航業。』其判斷正確與否，記者不欲加以評論、若就出擊所得的戰果論，我軍的目標遠較敵方所推想為廣大。湘北戰後，一部份敏感的人，惴惴於敵方的猛勢報復；南窜陷落，更加深這黯淡的陰影。全面出擊這事實，才廓清一切雲霧，使每個人的心眼豁然開朗。

依近日軍事發展的情勢看，我軍全面出擊，可分鄂北鄂中湘北贛北贛中皖贛沿江及江南浙西八個單位，亦可分為控制武漢，包圍岳陽，襲取南昌，阻截江面，經營江南五個目標。（那一目標為主，明眼讀者自能見之。）鄂北截擊武勝關，鄂中游襲鐘祥，我軍已完成控制武漢敵圍的任務。本月中旬，湘北鄂南間我軍即開始包圍岳陽的行動。敵軍經營岳陽防禦工事，已經一年，自以為耐得起我軍的圍攻：但岳陽外圍那些據點：崇陽、通山，通城，桃林，西塘，羊樓司，大沙坪，僅以二晝夜的襲攻，即入我手；一部分急行軍，且繞道强渡至城陵磯，迫近岳陽的近郭；敵軍外圍防守兵力，可謂單薄已極。過去一週間，敵我均以全力爭奪大沙坪，據昨晚前方情報，我軍日內必可確佔大沙坪，今後的岳陽，除長江水面以外，和武漢敵軍已相隔絕。

這個情勢，也可用作南昌外圍戰事的說明。我軍於十一日晚間，左右翼同時發動；左翼一路由奉新高安間切入，直撲萬壽宮，敵軍張皇退守之際，立即西攻大城，佔了那個重要據點，再分兩扇，一扇攻祥符觀．一扇攻萬壽宮，掃蕩錦河以北的敵軍，掃蕩工作至二十一晨告一段落。一路由張公渡靖安間切入，出現於樂化線上，立即截斷敵公路交通，向南壓迫控制牛行的敵軍；控制的工作，到了克復靖安，益爲有利。右翼一路渡河攻秦村，當晚就得手，立即包圍蜍槎，作進襲排樓秦（南昌東北）的準備。一路渡河先佔武溪市，再進攻龍昌橋鄭姓兩個重要據點；（南昌東南）經一星期的爭奪，卒於二十晚間，加强兵力完成這兩據點的確佔，戰線推進至棠溪鄒線上，距南昌城郊不過三十華里了。記者執筆時的南昌，已和九江敵軍相隔絕，（只留贛江水面交通）和岳陽同一命運了。這時候，國人或者期望岳陽南昌的克復，非常殷切；從軍事的立場看，這樣孤懸的包圍情勢，或者於我更有利，一旦瓜熟蒂落，那時的戰果也許更鮮美一些。

在敵軍意想以外，我軍另一部突在皖贛沿江出現了。敵軍以一年三個月的長期經營沿江貴池東流彭澤間的江防，保護江面的運輸，以爲萬無一失。我精銳部隊××等師由顧司令長官率領，以極大的犧牲之代價，連克長江南岸十數據點，（貴池，東流間）且以全力爭殷家滙，完成掩護炮隊攻擊江面的大工作。敵軍感受直接壓迫，連日以十八架飛機竟日沭輪轟炸，敵艦及北岸砲隊亦以猛火攻擊，江岸防綫，依然在我軍手中。這一週間，我炮隊轟沉敵運輸艦三艘，擊傷五艘，所索取的代價也很高的。情勢的發展，會有在敵人的意想之外的，國人也耳聽捷報好了！

三　南昌近郊突擊戰

——十二月十七日撫河前綫通訊

一

記者自撫河前綫歸至臨川，我方的「冬季攻勢」已經全面展開，西起鄂中，中經湘北贛北贛東皖南蘇南以迄浙西，處處發動突擊，全局重心所在，明眼人自能看出，惟南昌外圍，不失爲我軍突擊的目標，態勢正在發展，記者卽在撫河綫上等待「驚人的好音」。

撫河下流，自三江口以下，交爲叉形，一股與贛江並行至南昌附近合流；一股自梁家渡北渡，別稱武陽水，入鄱陽湖。六個月來，敵我對峙，卽在此叉形地帶。武陽水以東爲湖沼地帶，我軍利用地勢，沿河設防，其南端以梁家度爲支柱，西折沿棗子山橫截三角洲至廣福墟北，又沿贛江設防，以市汊爲支柱，再西折又沿錦河設防，以高安爲支柱，再西北沿奉新，靖安，丘陵地帶構成側擊南潯綫的陣地。俯瞰全局，我陣綫有如北斗形，南昌則在斗中，南東西三面被我軍包圍，僅賴贛江及南潯綫，得保北面的交通。敵軍以我陣地東依湖沼，西依山陵，形勢險要，易守難攻，曾猛刀向南三角洲地帶突進，我卽在廣原構築「陣地帶」，前佈鐵絲網數道，後佈預備陣地十餘行，沉着固守，敵遂不能前進，亦分築鉄絲網及預備陣地作相持陣勢，（第一綫陣地，敵我相距不過二十公尺，語笑相聞，有時破口互駡，句句清晰。）彼此不敢相踰一步。

南昌敵軍以受我包圍，時感威脅，寢食不安；先後迭攻梁家渡，市汊，高安，想衝破一缺口，以破壞我陣地的支軸，卒因一敗於廖村，再敗於高安，三敗於奉新西郊，原陣勢迄未變動，我軍遂處於主動有利地位，隨時可以出擊。此外這八個月的韌性支持，在經濟戰上還有更重大的意義，撫贛之間，原爲產米地區，有「穀倉」之稱；本年兩次豐收，總收量在六百萬石上下，（合東鄉，進賢，豐城，臨川，接近戰綫各縣產米量言）軍米民食，得此賴以免於匱乏。（上官將軍曾謂我守撫河，經濟的意義更重於軍事的意義。敵軍爲垂涎我方的軍實，在九月攻勢中，顯然也有過這連帶的企圖，湘北慘敗，贛北繼潰，才打住了吃天鵝肉的幻想）。所以，我軍守住了這叉形地帶，實已獲得了軍事的經濟的雙份勝利。

二

過去這一個月，敵我都着手大江南綫的全面調整，敵方計劃一度規模更大的新攻勢，我方則乘湘北勝利的優勢，先發制人，計劃可能的全面突擊，記者日昨到達撫河第一綫，敵方調防已經完畢，我方部署也已完成，（敵粗任贛北全綫及南昌近郊作戰任務的一〇一、一〇六師團，已抽回在九江一帶補充，由一一六師團及三四師團換防。）前方平靜安閑的景象，其中正含蘊着一個有力的戰鬥氣氛。

湘北、贛北的出擊，發動於十一日晚間，一發動即十分順利，湘北克崇陽，贛北克復高郵，敵軍甚爲狼狽（崇陽敵軍四十餘人全部繳械投降爲抗戰以來創舉）贛中撫河我軍，亦在是晚出動襲擊南昌近郊的敵軍，展開弧形的大包圍陣勢，出動之初，我某師派便衣隊渡河，十二日晚間進至南昌東北城郊，即四處放火，並破壞敵人的交通及通信機關，城中敵軍一時倉皇惶亂，不知所措。同時撫河東岸我軍，即分兩處渡河，一路攻佔秦林，對滁槎敵軍作猛勢壓迫，爲南昌近郊我便衣隊的聲援。一路攻佔武溪市由瑶湖東南猛襲龍昌橋敵軍，作直撲南昌的根據，經十四日一日夜的衝攻，敵傷亡二百餘人，勢不能支，遂於十五日清晨佔領龍昌橋，敵知情勢危急，十五十六二日，迭由排樓秦南昌，派隊增援，重砲五十門，坦克車四輛，飛機三架，同時出動，欲奪回這個重要據點，我軍韌性支持，經三晝夜的爭奪戰，依然保守這個據點，龍昌橋已成爲南昌近郊戰事的重心了。

當我軍攻佔武溪市時，梁家渡附近我軍，亦派隊由花港附近渡河，向郭王廟蜀溪嶺敵軍進攻，當即佔領天花宮、蜀溪嶺等據點，到了十四夜間，又攻佔了郭王廟，自此武陽水西岸，我軍又完成了有利的陣綫，十四夜間，南正面三角洲間我軍亦開始突擊行動，一路向上洛胡敵軍攻擊，一路向西頭塞涂家敵軍攻擊，這一段即是敵方鐵絲網地帶，其間障礙重重，監視周密，我官兵以新技術衝破了三道鐵絲網，反復衝殺，畢竟攻佔了那兩個據點，完成了包圍蓮塘敵軍的陣勢。

此次突擊，時日尚短，局勢正在開展，記者原不必作過早的論斷。惟敵勢窮蹙，有幾種徵象可以看見：一、敵軍每次被我攻擊，增援甚速；各綫敵軍見勢不利，必固守據點待援；此次敵軍稍挫即退，即龍昌橋上洛湖等重要據點，亦不能堅守，可見士氣衰退。二、一週來，敵援軍總計不及一聯隊；且分三處應用，力量甚爲單弱，飛機亦罕見活動；可見敵防空虛。三、三四師團爲敵預備兵役，傳其實力較勝於後備兵役；經此役試驗，知其作戰力尚不及後備兵役，可見敵軍素質的低劣。敵軍愈戰愈弱，我們又得一個確證了。

熱鬧的場面，還在後頭，一切且待下面分解。

十二月十七日

四　敵情新判斷

——一月三十日贛東通訊

一

接在粵北戰役以後，引動國人注意的，有杭州敵軍渡錢塘江奇襲蕭紹的新軍事行動：行動範圍雖小，浙東各地都有些驚惶，也震動了上海市場。惟記者對於沿海情勢的推測，依舊不想有什麼變動；認為「敵閥重視政治戰甚於經濟戰時，則沿海情勢緊張：若重視經濟戰甚於政治戰時，則沿海復歸於安定。敵方若不欲自絕其經濟命脈，浙閩各岸將永遠在半封鎖的畸形情態中度過。」敵軍對浙東的軍事行動，在軍事上本無多大意義，我方已度過了一月二十四的危機，局勢非常穩定，今後的發展，已約略可以推知了。近三日間，敵方在積極構築蕭山的防守線，我軍也積極準備錢江南岸的全面掃蕩，大致二月中旬，此線戰事，定可告一段落。

敵軍對桂南粵北作戰，僅用三個師團上下的兵力，殊出一般意料之外。三個月來南北各線均緊，獨華中無大動靜，軍事家從旁推測，怕的不久的將來，或將在華中再發動一度較大規模的軍事冒險。

在敵軍行動未顯露以前，要推斷敵軍的路向，本來很困難。記者且綜合敵方的情報，軍事家的判斷，先作簡括的推測。據敵閥所定的作戰新綱領，聞有「擾亂重於佔領，防守重於攻擊，宣撫重於掃蕩」三大條目；依這綱領來看坂垣作戰計劃，其主要企圖，尚在分割各戰區間的聯絡線。以此推測，敵軍新企圖，也許是用較大的兵力來截切一二段較短的聯絡線。

記者對於今後戰局相當樂觀，因爲敵方文件中自已承認了許多困難的事實。去年五月初，敵酋閑院宮親王在南京召集參謀長會議，集中論點於後方運輸困難這一課題。當時議決：『……二、以後應從側面向華軍後方急進，截斷其聯絡；但應審愼而行，以免孤軍深入，遭受包圍。三、爲消極防止後方被截斷，士兵應多帶乾糧。……』湘北戰後，敵酋岡村在武昌召集軍事會議，又集中論點於後方補給問題；當時又議決改組輸送隊及編組華人輸送隊辦法。過去各戰役，敵軍側面急進的失敗及後方運輸的困難，乃不爭的事實。敵軍使用兵力愈多，運輸的困難愈增加；深入的範圍愈廣，被包圍的可能性愈增多；記者認爲可以樂觀之點，即在於此。

二　第六師團（稻葉師團）

長江全綫的敵軍，以第六師團爲基幹，華中每一戰役，該師團必担任主力攻擊的任務。記者且蒐集一些敵方文件來觀察該師團的實力。

據該師團作戰命令研究，該師團的兵力編組特別增大，其序列如次：師團司令部，步兵第十一、卅六二旅團，騎兵第六聯隊，砲兵第六聯隊，野戰重炮第十二聯隊，獨立山炮第二聯隊（欠二大隊），工兵第六聯隊，獨立工兵第八聯隊（欠一中隊），第四野戰道路構築隊，第二師團後備工兵第一中隊（欠一小隊），獨立機關鎗第七大隊第二中隊，獨立輕裝甲第六中隊（欠一小隊）；野戰瓦斯第八小隊，架橋材料中隊，輜重第六聯隊，通信隊，這個編組，有三個特點：（甲）炮兵特別增多，除該師團原有砲兵聯隊外，另配以野戰重炮一聯隊及獨立山砲二大隊，意在增强火力澈底破壞我陣地。命令中所定攻擊間使用砲彈數量極多，計：原有野炮三十六門，每門二百發（共七千二百發）另配野重十二門，每門一百發（共一千二百發）十加十二門，每門一百二十發（共一千四百四十發）又山炮二十四門，每門百五十發，（共三千六百發）一時三十分間，共消耗一萬三千四百四十發。（乙）工兵亦特別加多，除原有工兵聯隊外，及配以後備工兵，野戰道路構築隊及架橋材料隊，用以補修或構築交通路以利炮兵行動。（丙）配以獨立機關槍隊，以增强重點方面攻擊力，配以輕裝甲車隊用作快速部隊的骨幹，（敵部署上，常用小部隊，以步兵一中隊爲基幹，另配屬機關鎗，步兵炮及輕裝甲車等，期發揮小部隊獨立戰鬥的力量。）配以野戰瓦斯隊作掩護攻擊或退却的助力。以這樣完備的組織，這樣雄厚的實力；其對火力懸殊的我軍施行攻擊，究竟貫澈至如何程度？頗值得我們去注意。記者手邊有一份該師團所發作戰命令甲第五一號的攻擊部隊：『二、師團二十日急襲突破邱田埠西南側高地亘箬溪附近敵陣地之兩翼，將敵於修水河北岸地區捕捉而殲滅之。三、右翼隊二十日午前……開始攻擊前進，逐次攻略邱田埠西南側敵陣地之左翼方面……遮斷敵之退路，與左翼隊相協力應將敵殲滅於修小河北岸地區。四、左翼隊……二十日午前……突破羅盤山南側亘箬溪附近敵陣地，壓迫該敵於西方，與右翼隊相協力攻擊棺材山附近敵之背後而殲滅之。』這卽是有名的羅盤山棺材山戰役，（在武寧東北高山）依敵方部署，原想以右翼隊攻我邱田埠進出陳莊，以左翼隊突破羅盤山南側亘箬溪附近，仍採用兩面包圍的戰法，企圖包圍我軍而殲滅於修河北岸。其所用兵力在三個聯隊以上，（步兵外，尙有其他配屬）泰山壓頂來勢甚猛，可是我××師憑優越地形及旺盛精神，予以迎頭痛擊，不僅不曾被敵所殲滅，反而以左翼的强韌支持，挽救了右翼的危局。這是敵主力部隊在天秤上所顯出的實在力量。其次，我們又可注意敵軍作戰意志的盛衰，據敵俘口供：『第六師團於攻陷我南京後，奉令向安徽太平移動。當時，敵參謀本部曾下令各部隊作凱旋準備。那是一幕喜劇；該師團奉令後，隨卽將行李公文書全部搬往江岸碼頭，士兵也欣喜若狂，日日狂飲。忽聞我軍堅决作戰，全軍沮喪，又復狂飲痛哭。』這正是「士無鬥志」的註解，代表「皇軍」武士道精神的第六師團，尙且如此衰退，其他部隊更不必說了。

三　敵空軍作戰力

敵軍在華作戰的空軍，屬於陸軍的共四個飛行團。第四飛行團在華北，（第九十、六十、六四、二七戰隊及第十、十八二獨立飛行中隊，計偵察機五中隊，驅逐機三中隊，輕轟炸機四中隊，重轟炸機二中隊；擁有九七式重轟炸機十八架，輕轟炸機四十八架，偵察機六十架，驅逐機四十五架，共七百十一架。第一第二飛行團在華中，（第十二、九八、第一、五九戰隊及第十六、十七獨立飛行中隊，屬第一飛行團；第七五、卅一、十三戰隊屬第三飛行團。）計偵察機五中隊，驅逐機五中隊，輕轟炸機七中隊，重轟炸機五中隊：擁有偵察機六十架，驅逐機四十八架，輕轟炸機五十六架、重轟炸機二十七架。此外又配以海軍陸上航空隊（第十一、十二、十三、十四、十五、十六航空隊。）及海軍艦上航空隊，擁有水上偵察機三十架，驅逐機六十架，輕轟炸機二十架，重轟炸機八十四架，共四百二十七架。第三飛行團在華南，計偵察機三中隊，驅逐機三中隊，輕轟炸機二中隊，重轟炸機一中隊，擁有偵察機三十六架，驅逐機三十四架，輕轟炸機二十架，重轟炸機九架。華南方面，海軍的航空兵力配屬得比載多一點，除第十四航空隊外，還有三艘航空母艦，還有二艘水上機母艦，擁有水上偵察機三十四架，驅逐機三十架，輕轟炸機七十架，重轟炸機十二架，共二百四十五架。

這八百四十三架飛機，即所謂敵方在華的第一綫飛機：以數量說，以四對一的絕對優勢壓倒我方的空軍，可取得制空權。但事實上，並不如敵方所預想；敵軍集一半以上的航空兵力在華中，我空軍的活動範圍也正在華中。據「僞」武漢報所載，去年十月十四日，我空軍在武漢的轟炸，正予敵機以極重的創傷。又據廣東方面的統計，去年五月間，敵機共投彈一二九四枚；共落彈地點，城區共四一七枚、鄉村圩市共六七九枚，河道港口共十六枚，作戰地區僅四十一枚，交通地區僅六十枚．運輸機關僅四十八枚。這雖是小計、也足說明敵機力量的薄弱。

敵飛機轟炸重慶，自誇爲以絕大的勇氣完成絕大的工作。近據敵方文件，知敵機自去年五月三日迄六月九日止，共出發進襲九十六次，其能到達市空，尚不及五分之三。且選擇航綫，必十分詭譎，或由武漢起飛，繞道東南或東北，始向重慶進攻，或將一部分兵力轉移晉南，由運城起飛，經陝南入川，籍以轉移目標；且奇襲時間，必在薄暮黃昏，倉皇飛入，又倉皇投彈以歸；所謂絕大勇氣，不過如此而巳。

敵第一綫飛機八百架的數量，到了去年十一月間，忽又低減，破八百的大關，落至七百五十架上下；據軍方推測，此爲我空軍進襲武漢的成果。又依目前所得敵方文件判斷，敵雖有集中使用的新戰術，而其數量並無增加的可能。所以在今後大會戰中，敵軍的立體作戰力、陸軍以脫海軍掩護而減弱，空軍並不能代替海軍的地位來補救這個大缺陷，也增加了我們的樂觀成分。

最後，記者仍以樂觀的口吻作結；在最近的將來，敵軍將有一回新的動作，不過敵軍的力量並不能加強，大會戰的結局，需不能期望十分勝利，至少限度，可以保持相持的局面那是無疑的。

一月三十日

五　戰局前瞻

寒冬的月夜，記者和W將軍在原野上散步閒談，遠處是敵陣中放射過來的彈火，近處有農家的狗在深巷中狂吠。歲月垂盡，談論到將到來那年頭的戰局，話是又開又收攏，收攏了又又開。

有一外國記者；他住在北平，從北方遠看中國的全局，以爲將有這樣的趨勢：「中國北方，有急遽成爲獨立版圖的趨勢。中國北方的日本軍人，攫得了北方，欲率意自行處理；從表面上看，北方幾乎和中日戰事沒有什麼關連了；即令南中有新政府成立，怕也未許過問北方政局的計劃與地位。無論如何，北方在新局面中的地位，必甚寬弛而不定。」他以爲游擊軍勢力，最近這一年並未見蔓長，日本人移殖到中國來，日有增加：北方華人生活甚苦，所以兵變也不如南方的利害，已無一復仇的意念；因此推斷北方的獨立發展，其勢將不可侮。他的結論，極耐人尋味，他說：「中日事件，若僅紛擾到如此程度；則時勢推移，恐不特於中國有利，亦於半獨立的北方也有利；既非中國，又非日本，這將成爲開發富源自給自養的一個新國了！」

W將軍說：「如他那麼說，天下又成三分之勢了；（華北一個傀儡國，以汪精衛爲中心，再來一個南方的傀儡國；如敵閥所說的，表面上結束了軍事，國民政府在西南經營新的局面；這就像是新的魏蜀吳三分圖。）辛亥革命初起時，敵閥曾希望中國南北分立，現在果眞會稱了他們的心願了嗎？但他是坐在東交民巷裏看平津的小乾坤，他不會理解軍事上的大勢。」

記者願聞其詳。

他說：「外人所說的華北游擊隊，只是指晉北五台山一部份的某集團軍，而敵人所經營的山西掃蕩戰、則以晉南晉東南豫北及晉西的我軍爲攻擊對象；過去八個月間，敵人運用四十五萬以上的兵力，進行大規模的圍攻，到十一月底爲止，敵方傷亡二十五萬人仍未達到預定的目標。這是開戰以來敵方所經營規模最大時間最長的戰役，在軍事上，乃是對我野戰軍——擔負游擊工作的野戰軍的總攻擊。在這樣大規模的軍事行動進程中，平津近郊的突擊或許比先前減少；但華北敵軍能否獨立發展，山西戰役的勝敗，具有極多決定性；隨着掃蕩計劃的粉碎，平津郊近，我游擊部隊的活動，在新年度中將迅速展開，自在意料之中。以正規軍担任游擊工作，乃是我方一年來的軍事動向；到今年年底，南北各戰場，除某集團軍和新×軍以外，雜牌游擊隊改編訓練整理，所存不過十分之一，在敵人後方作游擊戰的正規軍，約有六十五萬人；游擊工作在蘇南蘇北，在膠東魯南魯西，在豫東皖北，都進行得很順利，他若從平津線外看一看華北情况，他的結論就許很不相同了。」

「你看，南方傀儡的命運如何？」

他說：「敵人準備於我軍羽毛未豐以前，來一個致命的攻擊，在戰略上是對的。五月十八日，敵方聲言可在隨棗線上殲滅我主力二十萬人，九月二十八日，又聲言可在平江瀏陽間消滅我主力二十五萬人，假使能兌現的話，對於我軍總反攻的準備，確有某限度的影響；但是被消滅的是敵方的主力；我軍完成反包圍工作時，只用五分之三的總預備隊。南方傀儡，除非依舊在旅館中組織政府，一九四〇年的命運決不會很好的。」

「我軍的流年，將軍也算過沒有呢？」

「你希望我們怎麼樣？」

「譬如說奪回幾個重要的據點，或是全面總反攻了，這都是一般人所期望的。我個人的希望却很低，把整個戰綫穩定下來，也就好了。」

他沉默了半晌，皮鞋托托聲連鎖着彼此的注意力。

他說：「我們談些瑣屑的事何如？譬如說，（又沉默）你想克復什麼城市？」

「杭州何如？」

「這比較是最容易進行的進攻目標；你說有什麼作用呢？」

「可以動全世界的聽聞！」

「那是政略上的話，也許大本營從戰略上看，覺得沒有價值。」

「南昌何如？」

「這一帶人都還麼想，而且說南昌的敵兵很少。——反正是閒話，你看也有人注意香山殷家匯方面我軍的進展否？」

「似乎很少。」

「我們的高級將領親往前綫指揮作戰，消耗那麼多的兵士，若非在戰略上有重大意義，他會這樣做嗎？國人很少注意那方面的發展，敵方却看得非常之重呢？你想，控守了大江，平分江面，敵方將作何等估量？」

「一九四〇年，我軍會有總反攻的可能否？」

「不談這些，好不？」

「你看今後敵人把軍事重心放在那里？」

「第一主力還是在山西！第二主力乃在華中，一九四〇年，將是軍事上的最重要年頭，將決定敵我的最後命運，不過天下三分之勢決無從演成。」

六　逐次消耗戰略

離撫河第一綫約十公里的左近，記者和王鐵漢將軍，在一所富麗的住宅的客堂裏，作長夜深談，那所住宅，雕刻，油漆擺設都很講究，够得現代化；只是窗戶小得古怪，呼吸不到新鮮空氣，也缺少充分的陽光，我們彷彿落在一處封建的古堡。王將軍從「老表」們的不愛開窗戶談到他們的人生哲學，記者驚異他學識的淵博；他像一口深井，汲不完他的清泉。這所房大像古老的中國，如王將軍輩則是替古堡開窗戶的匠人，他要輸入新鮮空氣和陽光。

談話時，記者手摸着敵軍的毒氣筒，觸起了新的話題問道：

「毒氣，在現代戰爭中，將佔怎樣的地位？敵人不常施用猛烈性的毒氣，是不是他們的戰爭化學還不够進步？」

王將軍道：「敵人的物質條件和軍事技術當然還差得很遠，不過猛烈性毒氣並不以一下子毒害了多少人爲標準。在戰略上，只要使敵人受了傷害，拖延着不死不活就算極大成功；因爲那麼既消滅了對方的戰意，及增加對方的後方担負，一舉可以兩得。敵方的使用毒氣，第一綫兵習以爲常，不復影響到戰意，短期間卽可回復原狀，也不增加我們的後方担負，作用是很少的。現代戰爭中，經濟封鎖比毒氣戰更富猛烈毒害性，卽如第一次歐戰，英國施行經濟封鎖，使德國的母親們營養不足，便影響到下一代嬰孩的健康！英國人決定他們的政略戰略，眼光是深遠的！」

「那一種戰略收效更大更快呢？」

「一個國家決定他們的政略戰略（他們國策，）都得斟酌他們的國情。英法主守，德主攻；主攻，就要找尋對方的主力，速戰速決，法國人口少，所以建築馬奇諾陣綫，浪費一點物力，日本以侵略為國策，所以也主攻，這都是國情不同使然。弱國對强國那就不可以主力碰主力，碰了即是自尋死路；即如阿比西尼亞，起始英法派的軍官主守，支持得很不錯；後來德國派軍官主迎擊還就完了。」

「將軍對於我國抗戰的總戰略有什麼批評不？」

「我們的戰略指揮，大家已知道是所謂「逐次消耗戰略」。在軍閥時代，既無對外的決心；自國民政府建都南京，陸大南移，最高當局才斟酌國情決定這個戰略——避免主力碰主力，找適當時地來消耗敵軍實力的戰略。陸大方面雖有德日方的教官，那都是戰術教官，於戰略的決定無關；不過一部份人也受士橋狹洲那些教官的影響，互信以主力碰主力的（合乎敵國侵略戰）決戰辦法的。回看過去的抗戰過程，大體可說合乎這個戰略指導。」

接着，他就談起初期作戰的得失，若人事方面不那麼多變故，依預定計劃，以南口為軸心，來一個右翼大旋迴，消耗敵方實力，再逐次引退，其成果會更大些。他認為上海近郊戰事的延長，半受國際關係的影響，半受民衆輿論的鞭策，其實是錯誤的。上海那時只有七六千敵軍，我方最多只能用五個師去解決；要解決得迅速。敵主力一到，我不能維持，即當退至國防綫上，找尋敵方的弱點再攻擊；所以單憑感情的輿論，雖說是出之於善意，亦可誤國的。

後來我們談論到敵我在軍事上所表現的短長，王將軍說了更多的精闢議論。他說：「一般的優點和缺點，大家都已看得很清楚的了。敵方人才齊整，從班長到長官，都比我們强，無論學識、經驗或技術。但敵方沒有一個能領導全國旋轉軍政的中心人物乃其弱點。荒不曾對將百里先生說過：「日本有一點不及中國，即是你們中國有個蔣委員長。」（世界各國都把統帥看得非常重要，德國的賽克多到中國來做顧問，法國人才放了心，怕賽克多做德國的統帥，這回對日作戰，中國幸而有有力量的統帥，佔了許多便宜，難怪敵人眼紅妬忌。）敵方用兵沒有決意，不能澈底把戰術來使用，因此無大收獲；他們是等待機會找便宜的路走，可是軍人不能抓住時間和空間，便不能作戰。敵人和我們作戰了兩年，究竟作戰的目的是什麼。準備打倒什麼程度爲止？連他們自己也不明白，這就影響敵兵的誠意，以致十分厭戰。我們可以打一百個敗仗，只要我們還準備打下去，敵人無論如何宣傳勝利，人心總是由懈倦而渙散的；敵人不可打一個敗仗，一敗就不可救藥了。』

話題，繼又談到我軍的「總反攻」上去，他說：「目前我軍是有了機會便打敵人，敵人的主力來了，我們便走，不和他們硬碰。我們且等待機會，求最後的總決算，即算失一千個地方也不要緊。」王將軍所指揮的口口師，最近參與贛北戰役，立過戰功的，他的估量，絕無輕敵之意。他把先前敵軍作戰力和當前的敵軍作比，眼見各方面都已退步了。例如敵軍現在已開始使用七九式的機槍，但是射擊技術是低落了：我軍用小部隊在敵軍左右活動，敵軍也陷於潰亂情況，不知所措了。總反攻時機的成熟誠如他所說的「我們正在等待，正在抓取，也正在促進。」

那一晚的談話，珠玉飛濺，美不勝收。記者以他的警句作結：

「說什麼人勇敢，什麼人不勇敢，那是假的；每個人都胆怯，也都可以十分勇敢，這就看他的認識和素養了。士兵作戰應當勇敢還是本分；我們得使他們理解爲何而犧牲！」

七　上下古今談

記那在撫河右翼，和將主任（銘）相見了好幾回，他原是新聞界的舊友，新聞取材所在，他是熟悉的。他說，『你可以寫一篇「劉多荃將軍印象記」，假使要寫人物志，這真是一個好題材。不過記者更看重劉將軍的掌故談，以及他的人物評論；和劉將軍談話，趣味橫溢，不得修飾就可以寫成一篇怡悅心目的文字；風晨月夕，記者永忘不了這回愉快的談話。

劉將軍開門見山，許記者以家常閒談的態度來論談今古，他知無不言，言無不盡，也不帶點門面話。

記者單刀直入就問他對於東北問題的感想。他說：「東北人物新新舊舊，短短長長，總而言之，認識時代，也沒有眼光。當時所注意的是如何應付關內的局面，對關內的「外交」。至應付敵人的外交，有幾十年老文章可抄，一貫的小處吃點虧大處拖了再說；想不到敵方的野心是這麼大！軍人之中，和老帥同輩的，如湯玉麟、張作相那些人，年紀老了，精神不行。應付不了這個大變局。張學良的精神也很不行，不敢下決心。就東北軍的地位說，九一八那天即不能抵抗，後來在錦州綫上應當不計成敗，拚一拚的。事前沒有計劃，事後沒有決心，就一直那麼槽下去。等到漢卿從歐洲回國，身體恢復了健康，精神也振作起來了。可是他在國內所受的刺激，使他精神上有點兒變態，他凝集於一種想望：只有對敵作戰，才可以恢復他過去的聲名和地位。」以下曲曲折折敍述他所知道的西安事變的演進，他把張學良的矛盾的心理以及政客們錯綜複雜的綫索剖析得很清楚；他自己則是被老派看作新派，又被急進的看作落了伍的夾板中人物，另有一種苦悶。——以記者推想：他們這羣人是被別人看作參與機密的要角，而在實際的場面上，他們又剛巧擱在「機密」的隔壁。

談鋒一轉，記者由吳佩孚逝世的消息。轉入新舊軍人的短長論上去。劉將軍說軍人有三種大才，一、善練兵，二、善帶兵，三、善用兵，能兼三長的全才，古今不很多。他推崇馮玉祥將軍的練兵，他說：「馮將軍，他對任何生活發生興趣，能理解士兵的心理。士兵心目中，至少覺得他們的官長是和他們一樣地過活着，甘苦與共，就可以同赴湯火，這是他練兵所以成功之處。蔣委員長的練兵，又是一種作風，他着重在下級幹部，注意精神訓練以主義來堅定士兵的信仰。」「帶兵將將，他於舊軍人，首推袁世凱說：「袁之用人，放得開手，用你的時候，高官大利，任你所欲，全不吝惜；所以將士願為所用。也正惟有蔣委員長的手面，方能網羅天下人才；曾國藩能將之而不能帶兵，惟委座能兼之。」用兵奇才：劉將軍首推薛岳將軍，他說：「薛將軍精細，終日貫注精神在地圖上，一方面的筋絡，胸中明明白白。機會到來了，他能緊緊握住，以極大決心來犧牲，陷陣決戰，如此方能成功。」（他自謙既不能練兵，又不能用兵，待抗戰成功，有解甲歸田之意，）他又說：」練兵要能忍耐，帶兵要寬嚴相濟，用兵要有決心，捨得犧牲。」這一類的閒談　記者覺得深得治軍之要。

談鋒再轉；又由戰場經驗轉入敵情判斷上去。他以爲戰局決不能隨便結果，以目前情勢推演，怕非九年不成。他說：敵我支持得越長久，東北前途愈有希望，結局也愈完美。蔣委員長說我軍越打越「强」，這個「强」字，可作「越打越增長經驗」講；我軍時時進步，處處進步，經驗的確增長了不少。不過我們也不能過作樂觀之談。敵國從小學教育下工夫，灌注武士道精神，戰意比較堅强。那些被我俘虜的，有的是落了伍的，意志或有薄弱一點。我們只能用以測量敵軍戰鬥意志的强弱，不可誤認爲敵兵已無戰意。」記者因問他對於我軍總反攻的意見：他說：「現代戰爭，精神固很重要，物質更重要；決定戰局，以炮兵和空軍爲主要的協助，炮兵尤爲重要。克復幾個據點，並非難事；守的條件不够，反而被敵人所消耗，那就不合算。我軍時時作總反攻的準備，實行總反攻，還得等時機。」他的判斷也是相當冷靜的。

記者最後得提及劉將軍對於知識分子的評言。他說：「知識份子不應當躲到後方去：從前，德國皇太子也得服役當兵呢！」

第八分　贛湘之什

一　一個政治新人

——訪蔣經國先生——

中央訓練團第二期學員中，有兩個衆所注目的人物，蔣公子經國，和×公子某某這兩位公子的作風迥不相同：蔣公子自己挑水洗脚，一個月只用三五塊錢，×公子却化了三萬多元，這眞是極有趣的對比。蔣公子去年春間在臨川訓練新兵器，某隊長常是浪用清水；公子告誡他：「要體恤伙伕們的勞力。不要浪費！」那隊長漠不關心，依舊浪用得很多；公子就罰他挑一個月的水，讓他自己明白勞力是應該如何値得珍惜。

記者和蔣經國先生第一次相晤於南昌：那時，他剛担任保安處職務，籌劃牯嶺的游擊工作。此次重晤於贛州，他已担任贛南第×區行政專員的重要任務，成爲政治上的重要人物。閑談中，他提到在蘇俄時期的生活。他到蘇聯去，剛在大革命後，社會秩序初定的當兒；全國爲飢餓所普遍侵襲，食物缺乏，三五日領不到麵包，乃是常有的事。他每天把一方黑麵包，分成四截，一餐吃一截，留一截準備第二天絕糧時的萬一之需。這樣在飢餓線上過了二年生活，那二年間，他只領到一方肥皂，用沙擦手，當作洗滌汚髒的常課。跟着蘇俄的長成，他的精神肉體都長成了；他眼見蘇聯餓着肚子的中央委員在農民羣面前絕氣，眼見主席加列寧排在隊中領僅有的襪子，眼見市民餓斃倒在街頭；他懂得民族生存的基本條件——堅忍吃苦；

他引史達林所引的俄諺告訴記者：「最後一個笑的才是眞正的笑！」他說；「中國現在眞不够吃苦！」

他在蘇俄十年，曾在鐵工廠學習冶鐵，他的夫人便是那工廠中的女工，曾在軍隊中服務，那軍隊開到高加索沙漠中，白晝在百度以上的沙漠上行軍，晚間又在零下二三十度的風沙中打野外；風雪中，他們裸着上下身，用雪擦身，更是常課。他曾到過零下五十度的芬蘭邊境，也曾在列寧格勒度過冬天。他，能騎馬刺劍，如一般軍人的英勇；可是他能駕駛飛機汽車及坦克車，又是一個專門技術人才，他能接連着每天走百里長途，經月不已，有游擊隊全副技術；可是他訓練士兵，旋轉士兵的心理，又是一個將才。他，幾乎是神話中的人物，高素明先生對記者道：「我和經國雖是同學，他的吃苦精神，那是我所萬萬不及的。」把經國先生當作留俄學生的典型人物，再把×公子當作留美學生的代表，兩種精神都具體表現出來了。

記者細細地靜靜地看他的行止，他和勞苦民衆相接近，並非矯情而爲之的。他懂得生活的意義，勞力的價值，他自然而然親近那些用自己血汗掙飯的人。他，有光，有火，有力，吸引着一羣有血性的青年；自然，也有人覺得頭痛，那些人說：「若非他是委員長的公子，我們該給他帶頂紅帽子。」他聽了這些話，只見微微作笑，他知道時代和環境會怎樣使一個人變成精神上的盲目。

二

舊除夕下午，蔣經國先生以行政專員的名義，邀請贛城貧兒家屬聚餐於貧兒食堂，貧兒食堂成立於去冬十一月間，其時贛州各界集金頌蔣委員長誕辰，凡得五千餘金，奉命移作地方救濟事業之用，經國先生就着手組織貧兒食堂，收集百六十多名貧家十三歲以下的兒童，每天施食兩餐，並予以軍事管理，使受兩小時的識字敎育。記者那天下午，前往貧兒食堂，已見成羣衣衫襤褸的老嫗少婦圍坐在方桌邊，等待這奇異的年夜飯。那一羣貧兒，分隊排列也在準備就食前的程序；那些受了短期訓練的貧兒，自己管理自己秩序也頗不錯。經國先生到場時，只見拖兒帶囝的婦人，追隨着他，口口聲聲稱他爲「老師」，向他訴苦；他招呼她們先去吃年夜飯，如處在鄉親中，以溫情的笑招待貧苦的家屬。記者眼前，正浮起了蘇俄著名影片「生路」中的景况。

記者走出貧兒食堂，在不遠的街角上，聽到兩位紳士在那兒談論，他們說：「蔣專員，把全部力量用在救濟事業上。」其實他們是曲解的，蔣專員比較注意一般民衆的生活，關心他們的疾苦。除夕那天，他先訪問出征軍人的家屬，讓他們揩乾眼淚來承受一個「民之父母」的關懷。又調査城中赤貧之家，在這絕望的一天，予以生活上的扶助。這都含有積極作用，使贛州治安能够如常維持，街市上流氓和乞丐之少，記者所經各城市以此爲首選。

蔣專員最有力量的戰時處置，以安定贛州物價爲最可稱述。（自然有一部分人在詛咒他，也有一部分操縱市場的人正在設法壟斷市面，想造成混亂局面來破壞他的戰時處置。）去冬，贛州城中，鬧過一度煤油和食鹽荒；商人把煤油隱屯在鄉間，故意把市價飛漲了又飛漲，他即緊急處置，派警査出私屯的煤油有三千多箱之多，並掃數給還標準油價，改由交易公店集中發賣；食鹽也改歸交易公店發售，掃除鹽商壟斷的積弊。若贛州四境各城市能把物價問題處置得好一點，記者相信蔣專員的緊急處理會更有成效些。目前，一部分奸商，正在用屯積糧食及恫嚇鄉農的手法來造成米荒，大家相信蔣專員定能顯出更大的力量來。

記者，在贛州，看見各地所沒有的由血性青年所造成的朝氣；許多政客想利用青年，許多政治家在怕懼青年；許多紳士，在嘲笑青年；蔣專員簡簡截截地說：「要運用青年。」他知道青年們會做錯的，但是世間並沒有生而知之的聖人，青年們的錯誤并不比紳士們多。「讓青年們去幹，從工作中去求經驗，去求應付現實的學問。」這是他答復記者最堅決的話。他不相信關在玻璃屋子裏的花草能够長成，他要青年們自己到社會上去磨練。他的行政專員公署中人員，都是三十以下的青年；但他們的工作效率比什麼官僚式的衙門好得多。

某君告訴記者：「蔣專員的作風，有點不合上紳士們的口胃」！是的，蔣專員就職以後，雷厲風行地禁烟禁賭；一個社長的老太爺因爲吸烟被拘了，一個販仇貨的土豪遁跡了，一個大紳士在牌局上被捕了，希望地方官吏同流合污的紳士們自然頭痛得很，但一般民衆正愛戴着有辣味的「民之父母」。贛南有兩家農民，因爲紳士們從中挑撥，爲了一條水溝，積訟二十多年，尙未解決；蔣專員下鄉巡遊，二小時間便替他們排解掉了。這類爲民衆福利着想的事件處理法，不知斷絕了多少紳士們的把持機會。無怪紳士們，看見了專員公署的民衆問事處而搖頭歎氣的。

三

舊曆新正，蔣專員邀記者同往瑞金，參與中央軍校的集團入黨典禮。途中，他取溪口被炸後的照片相示，蔣府舊宅，牆缺壁破，磚瓦雜陳。敵機六架，集中向絕不設防的鄉鎮投彈，該算是「皇軍」最光榮的戰績了吧！他慨然道：「窮極無聊，沒有出路，用這樣卑鄙的手段來破壞我們的家，就算是出了氣嗎？世界人士，都在嘲笑這卑鄙的行爲。」他認定今年這一年，將決定敵人的命運。敵人確已進入他們的末路。

他久住蘇俄，對於蘇聯有深切的理解，記者因進問他對於蘇聯的觀感。他說：「世界各國的外交，可說有同變戲法；但變戲法也有他的一定方式，只能紅變黑黑變紅那幾種花樣，不能隨隨便便地變。蘇聯立國以來，對於中國，一貫取善意的互助態度，沒有壞過，決不會因爲敵人的獻媚、就改變原來的外交態度。我們且看蘇聯的新聞界，對於我國的抗戰 自來以熱烈的同情來記載，直到現在，並未改變過。從前共產黨在贛南鬧得很起勁，蘇聯報紙上也並沒有十分誇張的記載；反不如對我英勇抗戰表示熱烈的同情。這便是蘇聯的眞實態度的說明。」

蔣專員談及蘇聯社會，記者連帶問及蘇聯的私有財產制度。他說：「在蘇聯，由於工作的努力，積有財富的人並不很少；但沒有人可以用他的財富去生利金。你可以化很多的錢去造一所大住宅，但只許他自己住在那兒，却不許把住宅的一部份出租，靠收屋租過日子。蘇聯承認個人慾望的存在，但防止腹削社會的利益來滿足個人的慾望。」他在這樣社會中陶養出來，無怪他對於發國難財的商人深惡痛絕了。他所訂立的新贛南三年計劃，懸「人人有衣穿、吃飯、書讀、事做」爲標的，在他看來，原是應該這麼着想的。

到瑞金以後，我們一同參觀了許多處共產黨當年的遺續，彼此的感想都很多。記者提及當年陳跡，他說：「一種制度和思想，必須客觀條件來決定牠的存在：共產黨在江西這麼許多年，對於社會並無多大影響，這也是客觀條件所決定的。」記者因問：「事實上能有代表一切階層的政黨嗎？」他說：「三民主義即向這個方向去努力，即不能代表一切階層的利益，至少可代表大多數民衆的利益。」他的施政方針，蓋即從爲大多數民衆謀利益這方向着手的。

一般人對於蔣專員的期望很大，我們相信他的吃苦精神會使他在政治上有所成就，記者也就破例先在戲台前喝起彩來。（二月廿五日）

二　蔣經國「傳奇」

一　假李逵假釋出獄

半個月前，蔣經國專員在專署接見民衆；人羣中有一老嫗含淚哀請：她說她的兒子年幼無知，冒瀆尊上，垂憐我老嫗舐犢私情，懇求早日寬赦開釋。專員查問原因，有知其來歷的，說她便是假李逵的母親。一室中人，聽了無不莞爾。當時專員開導了幾句，也無多話，到了上週，專員令主管人員着該老嫗具保，暫許其子假釋出獄，由其家屬切實管敎；「假李逵」便走向自新之路了。

「假李逵」，名楊良樞，贛南某地人，中等身材，臉帶微麻，和蔣專員的模樣有些兒相像。去年冬天的某一天，南康鄉間忽然來了一位私巡的官員，照他的口氣聽去，好像是地方的行政長官，暗示人們，使人們相信他便是蔣專員。有人偷看他的呢帽，帽裏上正寫着「蔣經國」三個大字，更使那一帶民衆確信「蔣專員」喬裝察訪，和他們傳說中的蔣專員連貫起來，剎時間成爲里巷間的佳話。於是攔路呼寃的，淚泣求助的，不絕於道；這位蔣專員也就提筆批答，上書某事交縣政府辦，某事交區署查，裝得若有其事；於是東家一隻老母雞，西家一碗肥肘子，張家赴宴李家宿，這位蔣專員有點兒得意忘形樂而忘返；而那些心中有病的鄉保長，戰戰兢兢，終日追隨左右。當這位蔣專員伸手要零用錢的時候，也就十元五元遞了過去，畏懼之心使他們不敢在眞假上有點辨別力。事有湊巧，專署某君，因公過南康，聞專員在鄉私巡，爲之訝然；然觀其人，知係歹徒冒充，即報告專署，派警拘押，到贛之日，專員曾親自審問，問他道：「你假冒了我，有什麽好處？」假李逵俯首無言。後來依法判處徒刑五年，到上月底，恰好是半週年。半週年的牢獄生活，對於這位誇大狂的李鬼，該是最合實際的教育，他該有點兒長進了吧？

二　蔣經國油山遇險

蔣專員的言行，記者所見所聞，並沒有半點傳奇的意味；他是受過時代洗禮的人，理智重於感情，並沒想以畸行來聳社會的視聽；但民間常把他的一麟一爪來附會傳說上的「包公」或「施公」，因此一部蔣經國傳奇的底稿，就在里巷百口中創造出來。一位無法無天的司機，他親口對記者說：「天不怕、地不怕，只怕活包公鐵面無私用王法。」他把蔣專員說得神出鬼沒，神乎其神，好像他們這一羣混天魔王，也只有這一位如來佛制得住。他敘述蔣專員化裝的神奇，簡直是一部偵探小說，把這新酒注入舊瓶，一部新三俠五義是太現成的了。

談者謂蔣專員的青年冒險精神和接近民衆的態度，乃是構成傳奇的基因。在專員本身，受過極端嚴格的軍事訓練，短裝草履，千里跋涉，事本平常，但民衆心目中，看慣了舊官僚的養尊處優的習慣，也見了一個刻苦耐勞的地方行政官，也不免傳爲奇談。專員到處巡行，固隨處留心民情風俗，却也考察山地形勢，作某一種準備，民衆心目中，又把章回小說中的「乾隆皇帝遊江南」故事貫合着看，一切常事都變作奇聞。最近，蔣專員油山遇險的傳說，在里巷間也快變成了傳奇。

那事件的經過是這樣的：上月中旬，蔣專員巡信豐，便道往遊油山；不料意外地遭遇了一場大的危險。油山在信豐南雄的邊境，舊係項英部屬的根據地，山谷縈迴，林木森茂，形勢非常險要；變亂後村落燬破，數十里無人烟。專員率領隨從人員及衛士三十餘人，沿着山徑曲折入谷，經過了許多起伏山崗，約莫三十餘華里，才到達了深谷。他們考察形勢，詢訪舊蹟，天時已晚，便借宿於山頂的寺院。（那寺除前曾燬於兵燹，近年始重建，構築非常簡陋。）那晚情形，記者據專員自述：當晚天熱，一羣人都席地而臥，他睡在寺門木板上，也很甜美，一宿安靜得很。第二天，一清早忽聞寺外人聲喧雜，夾有錯雜槍聲。心知有變，專員即避入寺中，令部屬準備槍枝，分頭警戒。片刻間，槍聲愈密集，據瞭望哨報告，四圍包圍進攻的，約有二百餘人。來攻的究竟是什麼性質的盜匪？一時也判斷不清，只是來意甚惡，從攻擊姿態可以明白，情勢危急，專員即下令還擊，藉以自衛，兩方從接火起，斷斷續續了三小時之久，那一羣突如其來的暴客，才銷聲潛跡退回去了。當時一檢查，專員部屬已傷了一人，暴客那方卻死了二人，可是專員臥的那副床板，中了三十一顆子彈，眞是險之又險，事後各方傳言，有謂出之南雄民團的誤會，有謂殘匪示威，有謂意圖搶刼槍械；總之，有如包公下土牢，又受了一場虛驚便是了！

可是這類意外的遭遇，適足以鍛鍊他的胆識，油山的險事，並不曾改變他的輕車簡從的慣例了！昨天清晨又向贛湘邊的萬山叢中去遠足，據他說，他新近所走的路，連王陽明當年都不曾到過的呢！

三　「辟晉政府委員」

孫夫人，前月由港歸渝，蔣專員曾奉命前往謁見，他留渝那幾天，鬧了一件小事故：有一天，他來向一賣油條的老嫗買二角錢的油條，身邊沒有零錢，取五元法幣給他找；老嫗兩囊空空，找不出錢。專員呆了一呆，便道：「你也很苦，這五元都給你罷」。那老嫗勃然大怒道：「你這壞蛋！我不要你這假票子，你拿二角錢來！」這時，旁人走了過來，看看這票子，對那老嫗說：「這票子是眞的！」「他給了你，你還罵他，你眞有點兒不講理。」那老嫗道：「我不相信這世間眞有體恤我們窮人的好人！」這件小事故，說明了民衆有時對政府的種種意外的誤解。

蔣專員由渝歸贛以後，積極推動建設新贛南的三年計劃；他自己不時出巡各縣，連最偏僻的村落都有他的足跡；記者問他：「巡行的動機在那里？」他說：「老百姓，眞是好的；我們和老百姓多接近接近，老百姓就會接近我們！」這是他的地方政治的主要觀點。他和記者談及這回在信豐進行所見的一件趣事；他說：「有一天，走進一家鄉長的客堂，客堂上掛着一對賀聯，上聯說是「爵晉孜府委員」；後來仔細一問，原來那位鄉長，剛兼了地方公款保管委員會的委員。此事雖小，可以喻大，凡是鄉里紳士，都要高自位置，不僅要自別於民衆，而且嚇嚇老百姓。老百姓看見了「公所重地，閑人莫入」的虎頭牌，就嚇住了，還敢和他們親近嗎？」他眼見紳士們曲解政府的法令來敲索民衆，又見紳士們利用封建勢力來挾制政府，紳士層變成了社會的盲腸，阻塞了上下的交通，他在推行新政的過程中，有打開紳士層的決計，他要解消民衆的種種誤會，使他們來親近政府。

「向蔣專員告狀去」！「到專署打官司去！」在贛南各地不時可以聽到老百姓這麼說，遠道傳聞，容易以爲蔣專員的政治姿態，或如舊日的欽差大臣，獨斷獨行，或如山東的「韓青天」，侵犯司法的獨立。其實贛南的政治依法而行，不徇情，不徇私，不爲惡勢力所左右，才顯得雷厲風行與衆不同。那個老百姓「告狀」的所在，實乃民衆問事處；蔣專員讓民衆有地方去訴苦，使民衆知道怎樣去進行訴訟，意在勸解與指導，和老百姓的說法正不相同。假使老百姓眞希望有一個包大人，這個包大人，受了時代的洗禮，他將不是一個典型的清官，而是一個奉公守法的賢吏！

三　瑞金心影錄

一

昨天，記者由贛州東行，經雩都以達瑞金。這條頂壞的公路，卽行駛着馬力最大的新式汽車，也還是跳躍不定。車駛過了江口，卽進入從前的赤區；江口便是從前赤區對外貿易的關卡，舉目遙望，但見青山一碧，江水淪漣，靜穆幽閑，全泯當年生死搏鬥的痕跡。入雩都境，山陵起伏，道路愈崎嶇，田農正在耕作，停鋤看車，有若桃源洞中人之訝，武陵遊客，在他們的素樸的臉龐上也看不出苦難的紋痕。瑞金境內，則田原廣衍，貢水蜿蜒；這個爲全世界人士所注目的「赤都」，其風物比新安江還更秀麗；詩人騷客，且目之爲最理想的遁隱之處。但是、這個理想的避世去地，記者心胸中，永爲別一觀念所提醒、時時要找尋當年偉大場面的殘跡。

瑞金城中，十屋九殘，市面零落；破牆頹垣，稍加修葺，佈置一些粗製的竹木器具，造成了新市面，於零落之中，呈露新氣象，如瓦礫堆上，入春爲苜蓿綠葉紅花所蒙，春意盎然，亦殆可喜。每一堵破牆上，必有形形色色的標語，塗了又寫，寫了又塗，白底之上有濃墨，濃墨之中又有白底，猶存當年宣傳戰的劇烈姿態。而抗戰建國及國民公約的標語，則堂皇莊嚴地寫在那些殘跡上，喚起了我們「統一抗戰」的觀念。有一堵破門，門上尚留「紅軍大學圖書室」的字樣；這幾個字，若挖下來，送往陝北紅大，不知要變成怎樣珍貴的紀念品。城中人士，熟知當年掌故的已經很少，否則每一堆殘礫，定有多少血淚的故事可說。

當年蘇維埃中央政府，設在瑞金城東四里許一小村中；村多虬蟠大樹，其下某姓宗祠，即總辦公廳所在地。廳右民房一行，即朱德毛澤東諸氏住宅；鄉民指一暗黑小房，中隙設一竹床，謂即毛澤東夫人的寢室，他日毛夫人舊地重游，定必有無限的感觸，宗祠後係一廣場，其下有一極大防空洞，洞口近已壙塞不通，記者未得進洞參觀；鄉民說朱毛有時整日在洞中辦公，可見當時的「蘇都」情勢也頗緊張。廣場前，矗立着「紅軍烈士紀念塔」；塔建於民國二十三年（一月二十一日落成），係梁柏台錢壯飛兩工程師所設計，拆取一舊橋樑的石塊來造成；石塊作暗黃色，塔身作彈子狀，彈頭部原塗作紅色　今已褪成白色了。塔周嵌朱德，毛澤東，周恩　，博古，凱豐，項英，鄧發諸氏的題詞，字體或楷或行或隸，文詞都是語體的，而鄧發的新詩，尤爲別致；當湯軍攻克瑞金時，委座手諭保存幾件史蹟，此塔得以不廢，給後人以憑吊的機緣。近葛建時先生正在搜索史料，着手編次瑞金新志、這倒是很有意義的。

瑞金全縣，極少壯年人，隨地看去只有幼年童孩及老年衰者，大部份的壯丁，或戰死，或隨軍往西北，留下的眞太少了。其往西北作戰的，有的已升任高級軍官；鄉民說到他們的子弟的行跡，如有談「薛平貴抗番」故事似的，將信將疑想不到眞會有那樣光榮。鄉民對外人來，也不十分愛談「開元舊事」；可是話匣子一打開，却又滔滔不絕，談話中愛用新名詞，此亦當日宣傳敎育的餘響。不過鄉中婦女，雖愛用新名詞，却仍愛燒香拜佛求仙問藥；共產黨和封建思想鬥法，封建思想對他說：『我不曾打敗！』那倒是眞的。

二

到瑞金的第二天，記者和一羣巡禮者同往犂庭公園巡行；園築在山崗上，東亭西閣，係第四師部屬所建造；我們在人民殉難紀念碑前立了一回，百感叢生。這紀念碑乃是骷髏塚，這數百里山原之間，眞不知有多少人爲了兩種力量的搏鬥而犧牲了生命。水是一種力量，火是一種力量，以水撲火，兩力相消，這豈不是一場大浪費呢？記者隨又從另外一方面去看，這個攻入瑞金的第四師，係湯恩伯將軍所指揮的部隊，後來和八十九師同隸十三軍，南口戰役及台兒莊戰役同爲抗戰中最精銳的部隊。凡在剿共時代顯身手的名將：顧祝同將軍陳誠將軍蔣鼎文將軍薛岳將軍胡宗南將軍湯恩伯將軍，後來都是抗日的名將；國共間的搏鬥，有意無意成爲民族抗戰的前期演習，所付的代價雖似乎太大了一點，也頗有相當的意義。我們想，只要「統一抗戰」完成了偉大的使命，這些殉難的民衆定在瞑目的。

記者繼又搜尋史蹟，探討當時的軍事情況。第四師之於紅軍，不僅是第一個進入瑞金的部隊，而是決定紅軍盛衰命運的部隊。民國二十二年八月，紅軍第三、五、七軍團以全力撲臨川，與中央軍第四師相遇於滸灣，紅軍乃以七軍團固守支撐點，以三軍團迂迴於第四師的側面，對第四師作包圍勢，意在繳第四師的鎗械。第四師堅强抗戰，擊潰了紅七軍團，對紅三軍團取反包圍態勢；紅軍主力，受了極大的損失，這便開始紅軍的頹勢。那一戰役，證明一劣勢部隊對一優勢部隊作戰陣上的對碰，固然消耗了敵人，也就爲敵人所消耗。我軍此次抗戰，採取逐步消耗戰略，多少也受了這些戰役的暗示。湯恩伯將軍的部隊，在這次抗戰過程中，敢以飄忽姿態來和日軍相周旋，也受了這些戰役的鍛鍊。就瑞金、雩都、廣昌、寧都屬於赤區的地段來看，大多爲山陵區，易於自守，顧棟高氏所謂：『高城池深，苟得其人，雖疲兵敗甲，猶可守也。』但也難於攻取，亦顧氏所謂「以贛州戰則崎嶇於山谷，戰未可以必勝也。」紅軍在贛南活動了許多年，終於不曾攻佔贛州；以史例來說，即佔有了贛州也未必能必勝，何况不曾握有贛州這把鎖鑰；這些成敗得失之跡，從用軍事家的眼光來看，也有很多可借鏡的地方。目前軍事當局以往事爲前車，作抗戰軍事的全盤打算；和日軍相持於皖南，爭勝於幕阜山，即如岡村之詭狡而無可如何；我們對這爲軍事進攻的重要後方的瑞金，又當另眼相看了！

四月六日

四　鎢的世界

——大庾嶺之行

大庾西華山，這是一處馳名全世界的小山；西方的戰爭白熱化，歐美人的視綫更移神於東方的鎢砂，也許把西華山幻想爲仙山奇景，當作神話來描寫。去冬日軍進攻粵北，據說鎢砂對于他們是極大的誘惑，日本軍人，也許以爲把握着「鎢砂」即可以把握着世界的運命。

記者前日下午隨着一羣關懷鎢礦工人福利的朋友，進入「鎢的世界」。一座童禿的山崗，彌望都是黃砂白石，遠看去，恰好像是個癩痢頭，絲毫引不起我們的美感。山徑曲折，沿徑都是大小窿洞，有的深高數丈，石骨嶙峋，這都是礦工血汗的記錄。鎢礦礦脈的分布，和其他礦脈絕不相同，只要找到礦苗，便可集合許多工人大規模去開採；鎢礦的分布，非常散漫，找到了礦苗，也不一定有鉅數鑛砂可採，這個物質環境，决定了工人自由開採的方式。民國七年，意大利牧師，發見這種鑛砂，賤價收買，各地農婦，麕集拾取砂石，至多不過用鋤挖取，還用不着開採。直到現在，還有窿口工人、與水口工人的不同，水口工人專靠爬洗取砂，所費勞工並不很多。民國二十五年前，可說是窿口工人的黃金時代；每日只要放兩口硝砲，工作六七小時，就够一天的生活；挖鎢本來有似賭博，碰上了好的運氣，一炮放去，炸開了千百斤礦砂，就可以發點小財，現在礦砂並不減少，鑿鎢的工作却加倍困難；每天放硝炮四次，工作九十小時，有時還不能維持一日生活。大體看來，人力自由開採的時期將成過去，殆將進入機械開採的時期。

山中有一處大規模開挖的孔窿，窿孔的深度已達一公里半；鑛砂的開鑿却正在開始。記者持燈入窿口，如入深隧，山石嵌在泥層里，鎢脈又夾在石層中間。却似洗沙肉粽，脈絡分明。鑛苗所在，工人正舉錘鑿石，石塊紛落，錘聲振穴，嗡嗡發微響。石層本甚堅硬，鎢層更是堅硬；工人錘鑿以筋張，口中「杭愛」助力，映燈光有如電影。那舞動的影子，顯得非常雄偉。這處試鑿的窿孔，將爲他日機械開鑿的楷梯，鎢的前程，還很遠大呢！

二

從前鎢砂市場正當黃金時期，鑛工生活雖不十分困苦，却也不十分充裕，真正從鎢砂上發大財的，除了某一些特殊人物外，只有中間層的「小販」。鑛工入山採鑛，多係不名一文的窮漢，他們先向「小販」借貸一筆小款當作十天半月的生活費，約定挖砂所得全數賣給「小販」，每卯出砂，（半月一卯）用以抵作借本，並每担兩元爲息；「小販」收砂過秤，秤量特重，以百二十五斤爲一担，吃虧了四分之一；「小販」肉眼估砂，七折八扣不等，又吃虧了五分之一。「小販」百計剝削，鑛工倖得糊口，即爲已足，其能積期成富者百不得一。先前砂價漲落不定，「小販」蓄積居奇，常有一旦夕暴得千萬金成爲巨富的，一時大庾市面，顯得十方繁榮。近年來物價高漲，開鑿工作困苦，鑛工所得鑛砂，尚不足以維持個人生計，其向「小販」借款，不到卯期繳砂，先行逃走，比比皆是，因此「小販」不堪賠累，也就紛紛結束棚底下山。記者此次來到山中，但見棚戶冷落，門可羅雀，鑛工鶉衣愁容，相向嘆息，全無當日繁榮的影子了。

記者在山中，晤及鑛工代表張松翹等五人（張君係湖南人，代表湘籍三千工人，向委員會陳述工人生計困難實況，言辭懇切，有條不紊，且利害分明，動人聽聞。記者驚其才華，特約傾談，始知係湖南長沙長郡中學畢業生，棄學就工，極爲難得。據談：「鑛工咸知愛國，但求生計相當解決，工作自可繼續。從前小販貸本，窮工尚可在高利貸下勉强糊口，目前即高利貸的小款，也無處可借，非當局早爲救濟不可」。他們那一棚，工作最開展時，工人曾達二百餘人；去年只溜下了二十餘人；現在幾乎連這二三十人的生計，也不容易維持了。他們對於鑛工福利委員會諸委員及蔣專員經國先生期望甚殷，且期待最短期間能有救濟的辦法。蔣專員巡行所到處，男婦工人，圍繞不已，記者從他們的愁眉中，讀到了他們心曲中的願望。

關於救濟鑛工的治標治本方案，那天上午就從兩次座談會中決定了下來。記者相信不久的將來，「鎢的世界」又將恢復舊日的繁榮，只不知寄生在鑛工身上的蟻虫——「小販」，能不能經過一度隔離而斬除掉？記者希望關懷鑛工福利的當局再下一點決心！

五月一日

五　華南風雨

——五月二十九日韶關通訊

一　蝦蟆局

記者昨前正把贛南的謠言背過了大庾嶺，誰知謠言也很留戀他的故鄉，那束謠言即梗止於嶺北；一入南雄，又重新拾起一束謠言背到韶關來。

謠言儘管很多，街頭還是噓氣成雲，揮汗成雨，擠不開的人羣。記者爲每一家旅店的「客滿」牌所擯拒，只得寄身于武水的小艇中，過着兩棲類的生活，所謂「蝦蟆局」。小艇的場面，照例是一母一女，帶着幾個小孩；用家庭的溫暖作窩來款待旅居的客人，也用家庭的輕微噩嗁來惹起客人的皺眉。艇中中年婦人，年輕女郎都會把舵使穩，小艇的生命就交托在她們的手中。華南多風多雨，狂風暴雨一作，江濤洶湧，小艇就在大浪中顛簸不定；記者危舟聽雨，靜看她們怎樣來支撑這個危險的局面。不料那把舵的婦人，並不着手來穩定這小艇的顛簸，却焚香長跪，在禱告上蒼默佑平安，却使記者嚇了一大跳：原來她們過了太久的安閒生活，已荒失了應付驚濤駭浪的技能，只好托庇於「彼蒼者天」了，艇中女郎梳着一條長辮子；某君問她：「你爲什麼不把辮子剪掉呢？」她說：「沒有辮子的，東洋鬼眞見了就要一鎗打死；有了辮子的，不會殺掉」，不知她們從那里得到這類歪曲解釋的謠傳，而把自己的生命寄托在這可笑的辮子上；記者聽了，爲之瞿然。

照例有人問我對于韶關的印象，記者只能微笑不答。他們定要追着找答案，我說「就拿太平餐室和百樂門酒店作象徵吧，一邊是「太平」，一邊是「百樂門」，不是很好了嗎」？太平餐室相當於上海的大東茶室，有茶點、中菜、西菜、散座餐室，密密排列，自晨至午夜，無時無刻，不高朋滿座，譁笑震耳。百樂門則是一個大學生的新猷，摹仿上海百樂門的格局，具體而微。新張只已三天，那貴得嚇人的大小房間也都住滿了，這可以說明蝦蟆局中的人生態度了吧！

入晚的韶市，恰似當日的漢口，而江上風光，尤爲醉人。明月當空，一艇容與；嬌娘淺笑，足佐豪飲；繁弦新歌，亦暢襟懷；斜月三更，杯盤旣盡，相與枕籍乎舟中、不知東方之旣白，甜夢新酣，更入陶然之境了。記者對此景象，也不知怎樣解釋才好；謠言與歡笑交織，濤浪與風月共流，已非「啼笑皆非」一語所能形容的了。

二　棄官就商

粵漢路局某君談：「替粵漢路維持頭二等場面的，並不是你們公務人員，而是做各色買賣的闊商人。你看他們，一襲藍靑長袍，帶點白相人調門，却是人人揮金如土，知道怎樣去找舒適的享受呢！」記者知道他所說都是事實，並非故意「强調」。國難期中，把一羣穿工裝的司機擠入濱爛綫，和司機把臂同行的則有這羣貿遷有無的小商人；他們都善於「帶黃魚」，司機們所帶的是旅客，小商人則隨時隨地帶點私貨；「取之不竭」的念頭，使他們任性來浪費。

公務人員的呻吟、嗟嘆，以其善於點染，已經「聲聞於天」了。比之司機、小商人的生活，公務人員眞是自愧寒酸；當年所享受的，「浩然有歸意」，「歸」到那里去呢？從宦途歸到商途；「棄官就商」，成爲新的口號了。今日，韶關市場中，舊型商人，依然實力雄厚，那是不待說的；而新型商人，以其才智來相角逐，也快到平分秋色的飽和點，這也是社會層的大轉變。

韶市某報日前刊載私貨滿市的消息，大家看了，也不以爲怪；因爲早已成爲公開的祕密。記者一年來，眼見沿海各省走私組織成爲系統化，竊嘆經濟戰的壕塹過於脆弱，今則私貨如狂潮湧入，更非舊式堤防所能阻擋。大抵私貨的總紐，握在一些有大力量的組織手中；而舊日列肆的商人，都改變方式，專做行商；記者所訪問的俞姓商人，他們那一家百貨行，就有十輛卡車專走沙圩冲，又有四輛卡車走鷹潭，其營業數量之多，可想而知。而由公務人員轉業的商人，則補上列肆門售的舊缺。這又是商業機構的新轉變。

私貨中大部分是日常生活必需品；某負責人員對記者說：『不讓這些日常用品進來又怎樣呢？資本主義已把中國的農業機構打得七零八落。若沒有外貨進口，不僅無烟捲可抽無汽水可喝，甚至無衣可穿，無糖可調味，無火柴可引火呢！』敵方以經濟困窘，不能不解除沿海封鎖，以傾銷仇貨來換取法幣；而我方以生產力薄弱，不能不讓私貨傾銷，謀市場的調劑；這又是經濟矛盾律所造成的怪象！

三　敵軍動態

「敵機×架，佛岡東北盤旋」，「敵機×架，佛岡西南投彈」，「敵機×架，牛背脊一帶低飛偵察」，這幾句簡單的敵機活動情況的報告，記者以爲正指示敵軍近旬的活動路向。

粵南敵軍，近半年間，兵力並無大增減。正面仍係十八、一〇四、三八三個舊有的師團，最近三八師團由左翼調至右翼，在從化一帶活動，要算得最顯著的行動，其先鋒突破我良口綫，敵機則在佛岡一帶盤炸，看是十分積極；但當我軍分成兩扇，開始側擊，敵軍即又放棄良口，顯無冒險北攻之意，某軍事家，則以西江防綫爲念；假使敵軍準備在華南有大動作，這個憂慮是該注意的，敵軍於華南，似同雞肋，大動作看來是不會有的了。敵攻浙東而不擾寧波，敵攻良口而不擾蘆苞，但敵閥心頭苦味，也只有他們自己明白的呢！

指揮華南戰場的余漢謀將軍，他的作風，偏於靜穆沉着一流，既不張皇也不多言，記者和他晤見那一天，敵軍前鋒，正逼良口；他只把敵機活動的路向提出來談一談；他說：『敵軍以全力在經營鄂北豫南的戰事，一開始就不順利；他們得在各綫發動小動作，來牽制我們的兵力，那是一定的。看敵機或由粵北飛，或由武漢南飛，贛湘間周旋一匝，也許在湘贛在粵北要動一動，我們在準備着敵人來』。一週來的事實，證明了余將軍判斷的正確。

韶市有三種探問消息的人：一種專問國際情勢，「義大利會參戰否」？「日本的南進派要抬頭否」？「美國的態度能堅決下去否」？他們爲什麽這樣關心世界問題呢？因爲他們是第一等要人，他們的家眷都在香港、九龍，他們希望莫動搖到香港這個世外樂園。又一種專問敵軍在北江的動態的，他們都是中級公務人員，他們的家眷多在韶市附近，他們是驚弓之鳥。又一種專問蘆苞一綫的敵軍行動，那一定是生意人，只怕走私斷了交通綫，至於抗戰全局和鄂豫間的大戰，就很少人在談起了。

六　湘行散記

一　蔣廷黻到

記者到達衡陽那一天（五月三十日）的早晨，蔣廷黻氏所率領的行政視察團剛從衡陽到耒陽去；地方行政機關人員收拾了殘杯零盤，噓一口長氣道：『好了，過去了！』近來，一連串的慰勞團、巡察團、視團的冠蓋，把一些交通中心的地方行政機關人員忙得喘不過氣來；而行政視察團則使他們於忙碌之中，還帶點兢兢戒懼之感；看着他們的車塵遠去，自該噓出一口長長的悶氣，彷彿轉鬆了一點。當他們收拾杯盤的時候，一定在想：『爲什麼這樣湊巧，市中心區晚間被刼的事件恰在視察團到達本城的前夜發生？而亨達利美華利的店主也眞可惡，那麼巨幅長行的廣告偏在蔣主任所讀到的報紙上刊出：這還有什麼話可說？完了，完了！』於是蔣氏的行政視察團到了耒陽，這邊兩大被刼的鐘錶店老板，便被召往申斥，並勒令停止巨幅廣告的刊載。因此，記者到達衡陽，恰巧看到新「欽差大使」的尾聲。

扮演『新欽差大使』的蔣氏，原係湖南邵陽人氏，一個純學者風做過駐蘇大使的政治家；他們這一視察團的使命，在考察中央政務的振幅下達得什麼程度；而未上達的下情，究竟有那一些最深切的民間疾苦，倒並不在苛求細故，多所責備。他曾提舉民衆願意「當兵打鬼子去」的熱情，而保甲長舞弊循情使兵役不能順利推行的事實，的確已能見到小中之大。雖說沿途走馬看花，且大部分時間化費於杯酒酬應之中；記者却相信他們的行囊中，定裝滿了許多可寶貴的資料，

社會人士對這位欽差大使，依舊當作一個純粹學者看待；因爲他到過蘇聯，任過外交上的要務，而歐洲戰局又復瞬息萬變，乃以國際問題請他解釋。他答復得非常坦白，他說：『世界問題，愈來愈複雜，變化得又非常迅速；我們既無各方面情報可作依據，要憑空推斷是不可能的』。歐局瞬息萬變，那是眞的，在他巡行到江西的途中，巴黎已經陷落了，也難怪他不肯下斷語。

蔣氏應湘桂路局人員之請，講演蘇聯情況；他所說的乃是他在蘇聯期中所見的輕重工業建設實況，估量兩個五年計劃中的成就，他說「蘇聯的進步雖不如預想那麼飛躍，却眞進步得很快」。他又提及蘇聯的國家調節力量，「蘇聯政府一面獎勵個人的生產力，許可有那一份私有財產；一面防止私有財產的泛濫，禁止以財產來求利金」；政府成爲一個絕對的調節機關。這也就爲今後建國的借鏡。

蔣氏離湘後，所留下的口碑，就是「學者風度」四個大字。

二　長沙無恙

北行的粵漢車，以淥口爲終點，這個不見經傳的水陸碼頭，在經濟上和浙贛綫的湄池鷹潭兩站有着同樣的意義。一邊北輸出曲江運往湘鄂川的外貨，一邊南輸出川鄂東運的土產，又一邊運送萍鄉醴陵所開採的煤塊；古老的市鎮，點綴着黯淡的電燈，披上了現代的面紗，有如村姑作時裝，顯得頗爲異樣。記者擠在鳥籠式的小輪船中，晨光熹微，順湘流而下；未申時分，已經到達長沙輪埠了。輪中多轉道往沙宜的旅客，算計到長沙後，即可換輪西行；恰逢鄂西轉緊，松滋江面有全部封鎖的風說；這羣奔忙西來的旅客，也就如浮萍一樣擱在湘江的水渚上。

岳麓山青翠照眼，湘江遠波映日；記者重來長沙，江山無恙，有說不出的忻喜之感。長沙經過一場大火，又經過一場大會戰；記者第一瞥所得的印象，却是安閑與繁榮。八角亭一帶的商店，裝修着最時代化的門面，明淨而秀麗；貨物充斥，每一個商人臉上都泛着笑容，苦痛的印象已從他們的記憶上消逝；這兩年間，他們所得五倍十倍的贏利，使他們對現狀覺得滿意。酒菜館旅館聚集在東茅巷一帶，那是從前最冷落的公館區，現在則酒綠燈紅，筵開不夜，和八角亭的市面相映照。現代式建築；商品陳列館半毀於火，下層的商肆林立，顧客駢肩；二層則新設書場，日夜客滿；其後進三和菜館浴室及銀宮戲院，也無不座上客滿和大火前一樣熱鬧。全城凡有四家平湘戲院，一家電影院，歌舞太平，更使記者覺得長沙的安定；而規行矩步的長沙人力車夫，依然保持雍容舊氣度，尤使人言起當年長沙的舊印象來。

不過一入昏夜，燈光明滅，頓覺凄寂；八角亭一帶的繁榮，有如電影場的佈景，外表富麗堂皇；佈景後面依舊是蔓草縈繞的瓦礫，不掩其荒涼之景況。長沙千百寓公，日以收房租爲家計者，無論市面怎樣繁榮，誠不足以減輕其生計之重累，從心底發出最深沉的嘆息。長沙大火，眞把一大羣有閑階級的朋友的命運綫都燒斷了！

長沙的生活程度，比記者所到過的贛州、吉安、曲江、衡陽諸城市都低得多；糧食本來很便宜，許多日常必要品也都還便宜，只有食鹽比較貴一點：到底是個大城市，色色都很齊全，雖說經了浩刼，還是可以住家。而且大慘痛的經驗，使每個市民學習得「機警」一課；去秋敵軍進迫時，全城確已疏散得「家無居人」。無事則「沉着」，有事則「機警」，長沙的確已成爲戰時的城市！

三　田漢的「兒女英雄」

長沙每一家戲院，都掛着一幅紅字的大桌圍；字係田漢先生手筆，句云：

「演員四億人，戰綫一萬里；全球作觀衆，看我大史戲。」

這是他在長沙所作戲劇運動的最顯著的「門籠」。每一組平劇或湘劇，都在他領導之下組織起來；他自己所帶領的政治部演劇隊，其改良平劇一組，也逐日在民衆劇院演出。所謂改良平劇，有的借用舊題材，有的取歷史上的題材來新編；角色、唱、做、道白一例都是舊的，只有「意義」是新的，乃是一種『舊瓶裝新酒』的方式。據湘中人談，其所改編的以「江漢漁歌」爲最精彩，記者只看過他新編的岳飛，也頗精彩，此外，還有新雁門關、新鐵公鷄、新兒女英雄……十餘劇。抗戰以來，以舊劇爲宣傳工具的，只有他的改良平劇，可說十分成功。

「岳飛」一劇，凡卅六場；首寫胡銓聞王倫與金使同回臨安，簽訂亡國條件，悲憤非常，奏請斬奸臣秦檜王倫孫近三人以謝天下。宋高宗雖不殺胡銓，但以誤信金寇誠意，批准和約大赦天下；又命周三畏赴鄂州勞軍。周與岳飛談及和議已成，飛堅謂「夷狄不可信，和議不可恃」。未幾，金帥達賴以罪伏誅，兀朮爲帥；果破和議，率師南犯。高宗命飛臨河南北諸路招討使，領軍北伐；飛乃分派諸將，自率岳雲長驅北進以圖中原。次寫金兀朮發十萬騎侵郾城，飛命岳雲領背嵬軍禦敵，兀朮以拐子馬猛攻，期以必勝，飛又以麻扎刀步兵法大破之。兀朮大怒，又率十二萬人駐臨潁，將再攻郾城；飛命楊再興以三百騎兵拒之。於臨潁南之小商橋斃金兵逾二千人。再興陷小商河，被敵縱射而死。又次寫岳雲協助王貴守潁昌城，兀朮又率十萬騎來攻，雲率八百騎挺前決戰，大破金兵，斬兀朮婿夏金吾副總軍粘罕孛菫及官兵五千餘人，兀朮又慘敗而歸。最後寫朱仙鎭之役，岳家軍乘勝北追，向朱仙鎭急進，兩河豪傑，聞風興起；飛乃與部下立「直搗黃龍與諸君痛飲」之約。兀朮調駐汴京軍十萬到朱仙鎮以圖最後掙扎，兩軍對壘，又慘敗而退。全劇卽在岳家軍的全戰綫上終場，使人人相信「最後勝利」確已在望，也可說是恰到好處。這個題材，極合當前環境；而薛伯陵將軍師法武穆，以「精忠」號其軍尤足以振作人心。記者舉目四望，滿座均係軍中官佐，可見這劇本得軍人的愛好！場幕旣開，岳家軍旌旗揚起，「精忠救國」四字，尤爲醒目。演岳雲的係田漢的得意女弟子李雅琴女士，演楊再興的係洪深先生的長公子，扮做唱俱佳，尤爲人所稱道。

記者到長沙時，田漢已由湘往渝；聽說他的生活，不減當年在滬的豪興，一邊「英雄」，一邊「兒女」，悲壯之淚與凄婉之淚交織，依舊是一首抒情詩。湘人談他在長沙過生日，湘劇平劇中女弟子各演傑作以賀，自己則「孖服把杯以觀」。此亦一幅新的「兒女英雄圖」也！

四　中國的海軍

『中國的海軍到那裏去了？』記者去秋離開福建，在某地，某君以帶諷刺的口吻這樣詢問我。記者笑而不答。其實誠實而正確的答復，應該說：『中國的海軍在陸地上。』這句答復，不帶半點諷刺的意味。

中國的海軍，以佈雷隊的工作爲最活躍；沿長江沿海的部隊中都配屬有海軍的佈雷隊。他們的工作，一部份幫助江防移動炮隊，用以增進射擊效能；最主要的，還是單獨執行水雷戰術，實施水上交通破壞戰。敵軍視長江水面爲最主要的軍實運輸綫，設第十一野戰輸送司令部於漢口，並分設岳陽石灰窰二兵站部；華中各戰區的軍實補給，都由水面運送過去。我佈雷隊，就依據沿江的諜報，隨時佈雷來擊沉敵方的運輸艦；釜底抽薪，在敵軍心目中，認爲是「心腹大患」。去年湘北戰役，湘陰佈雷隊在磊石山一帶佈雷，炸燬敵方艦艇十一隻。今年二月間，贛東某師的海軍佈雷隊，佈了三次水雷，燬敵艦三隻，小汽艇五隻，敵軍死傷千餘人。二月二十五日，中央社浮梁電：『湖口石鐘山附近擊沉敵運輸艦濱田丸一艘，（載重八九百噸）並炸斃敵官兵二百餘人，敵曾派艦撈獲屍體七十餘具』。這節簡電文，卽是水雷戰術的成績報告。

抗戰以前，我國對水雷的製造，還沒有什麽基礎；戰事爆發後，一部份海軍優秀人才，開始研究「梯恩梯炸藥」，現在已產生了各種重量的國產水雷；其攻擊性破壞力之强，遠在敵人意料之外。由於破壞敵江面交通的成效；所有江海防的陸上部隊都增配佈雷隊；對於今後華中决戰，佈雷隊將顯出更大的消極效能。

坐在記者面前的，是幾個在洞庭湖邊幹冒險工作的戰士；以興奮的神情述說他們的傳奇：

『有一天，黃昏，沒有雨，可是陰黑不見一顆星。我們這一羣海陸軍配合的特殊工作隊，奉命渡過湖面，到敵人後方去。

六百公尺外，便是敵方炮兵陣地；敵方所佈重機鎗交叉火網，封鎖了湖面一切航路。

事前準備好的船隻如約而來，正值大好東風吹送；飽滿的帆風恰頂住流速。第一批水雷，裝船、解纜、準備電源……午夜運到江心，佈下去了；第二批，第三批、大量的水雷在長江的激流中佈放了，以水流速每時二海里計算，那一雷區約有六海里的廣幅，它將逐漸向東推移，找尋那敵人的水中魅怪。——江面駐泊着的敵艦距離的一海里半。

東方尚未吐白，我們已經完成了任務了。

第二天早晨，只聽得敵炮向江面上狂轟……』

記者相信他們所寫的傳奇，不僅是大勝利的插曲。

一個外國記者說：『以中國弱勢海軍來對抗一個佔世界海軍第三位的日本海軍，當然不是他的敵手。……但是由於中國海軍軍人特具的性格所表現沉着英勇，以及它們破釜沉舟的幹法，是值得世界上任何海軍效法的。』他的話並非過譽。記者以爲中國海軍的生命正在新生。

五　于斌主教

長沙記者公會同人，某日下午，公邀于斌主教茶會於勵志社大會堂。

當于斌主教從座位立了起來，記者抬頭一看，恍若進入靈隱古寺，置身於四大金剛的座前。他還魁梧高大的身材，一定給每個歐美人以異樣的感覺；東方人在西方人羣中鶴立。

他的演講，取材、修辭，聲浪，顯得很有修養，於莊重之中雜以詼諧，能使聽者移神，長沙勵志社的禮堂相當闊大，我們側身其間，彷彿在大禮拜堂聽說教，全堂肅然無聲。

他說述他自己在歐美單鎗匹馬的宣傳經過，歐美的天主教徒，因爲他是第一個以天主教的信徒，主持新聞事業的，格外幫助他，而歐美民衆則以他是個信教的新聞記者而信任他。去年湘北戰役情勢劇轉時，同盟社每日以誇張的勝利消息向美國播送，紐約各報每用大字標題刊載出來；各方面向于主教探問究竟，他那時還不能作確實的答復，只說：「同盟社的消息一向造謠，不自今日始」，又函各報館，請他們在消息未證實前，勿用大字標題，各報也都改變了口氣。隔了幾天，同盟社沒有消息了。接看湘北勝利的消息來了，美國朋友格外信任他的推斷。

他說：敵人方面的宣傳，不僅經濟充裕，人馬也很齊全，各式各樣的宣傳品，應有盡有；不過美國一般人都同情我們，日本的宣傳，收不到什麼效果。有一回，于主教和女飛行家李霞卿等商量，請他們在美國各城市作長距離飛行，用以顯揚中國新女性的體格技能；他們的飛行宣傳，極收佳效，轟動了每個城市。敵人看了，有點兒發急；立刻派著名的長途飛行家到美國去表演，那些城市的報紙，僅在角兒上載了一條某國飛行家到某城的消息，和大幅宣傳中國女飛行家消息絕不相同。這也可見美國民衆心理的向背。敵人後來知道宣傳失敗了，無可奈何，只得抽口冷氣道：『美國人不懂得飛行術！』

諸如此類的故事，他說得很多；在國際宣傳上，他深深知其重要性，也切切實實做過了！他在國外的成功，值得在國內受盡一切的敬意。——長沙的國民日報，有一天，幾乎給他佔了五分之三的地方。

不過，當一些新聞界朋友提出一些國際問題，請他解釋時，他的答語相當漂亮，可也不十分着邊際。這個年頭，談國際問題眞不易，卽算從歐美回來，或在外交界邊緣上的人也摸不着頭腦；我們又何必苛求於善於宣傳的于主教呢。

于主教到長沙的第三天，長沙的天主教徒，舉行國民精神總動員的宣誓典禮，他個人在天主教方面的確有不可磨滅的聲威，他是一個最現代化的宗敎家。

本社從盟軍處獲得二十四部的所謂「原作者的節本」，都是一九四四及一九四五年上半年的最銷書，盡印刷的可能，敦請名家撰譯，預定十一月底以前，出版八部，以後每月八部，茲先將已付印的書於后：

中國與我 項美麗著，倉聖譯。來華八年女作家之自傳，可說是中美文化交流之逸聞。

從重慶到蘇聯 美國名記者史篤威著，必力譯。滇緬公路上及歐戰東線的作戰實情，在本書中有生動風趣的報道，大部是談人所不敢談的。（以上十月份出版）

勇敢的人們 歐尼派爾著，桑檢譯。「歐尼」是這一次大戰中所產生的第一名記者，他所描寫的每一個士兵的日常生活，傳得報道文學的最高榮譽。他反對戰爭，他頌讚兵士的，這是他最精彩的遺作。

您們的孩子與我的 影星喬埃勃朗著，陳立徐濟寬合譯。「闊嘴」在幾萬里的前綫表演滑稽，去找尋他的兒子；他經過了南太平洋，中國，非洲及義大利等戰地，……但結果終於發現他的兒子已經殉國，這是一本笑聲淚痕的自述。

美利堅無限公司 全美總商會會長瓊斯登原著，周清鏗，唐錦康合譯。美國生產潛力究竟如何龐大，如何組織，這本書給你一個滿意的答覆。

當機立斷 前美國副國務卿威爾斯原著，周清鏗合譯。先敍述他在大戰前夕代表羅斯福總統與德義英法等行政首要的談話，然後發表他對於戰後國際機構的具體建議。

綠鯨街頭 顧芝女士著，陳立譯。這是姊妹倆同戀着一個男人的小說。對於女子內心心理的描述有獨到的筆觸，故事富有戲劇性，曾得米高梅影片公司首獎。

在雅典的公寓中 魏思高著，倉聖譯。這是一部寫實性的小說，描寫一位德國軍官住在「順民」的寓中的神情變化，從納粹全盛時代以至於德軍退出希臘前日，無疑是一幅侵略國的走狗的鏡面。（以上十一月份出版）

我們的定價是根據物價指數及印刷成本而計算的，所以在十月份出版的，每本定價國幣九十元，十一月份出版的，每本一百念元。我們歡迎讀者直接預約，預約期以每部書的出版前一天為止，外埠以郵戳為憑、預約價照定價八折，郵費外加。

中華民國卅四年十一月初版

大江南綫

（全一冊）

曹聚仁著

發行者 復興出版社 上海中央路一〇〇號 電話一五一五五

總經售 新生書報社 上海漢口路四六八號 電話九六四七二

東線血戰記

曹聚仁等著

戰時出版社出版

戰時小叢刊之七

東線血戰記

戰時出版社出版

目次

八字橋

曹聚仁

在吳淞鎮擔負守衛的王團長，他對他的部下說：『我現在只有一句話：我退了，你們打死我，你們退了，我打死你們。』結果長官也沒有退，士兵也沒有退，大家都殉他們的責任犧牲在那邊。這次抗戰從政府到民衆，從將領到士兵，只有一個目標，爲抗戰而生，爲抗戰而死。我們在前線隨處可以讀到壯烈的傳奇，我們應該致敬比關岳更偉大的忠義之神！

八字橋這三個字是用鮮血寫成的，牠永遠刻在我們的記憶上。橋的南邊有一處日本墳山，看那麼几行矮樹，几座石坟，太平淡無奇了。可是敵人的心計眞利害，那便是他們的現代化陣地。我們的士兵一回，二回，三回爬近那兒去，靜悄悄地一無人跡，爬到坟山的中段，敵人的機槍響起來了，小鋼砲也轟過來了，我們的士兵就犧牲在那邊了。我們用大砲轟，用手彈去炸，彷彿整個坟山都是生鐵鑄成的一樣，只能毀壞其一部分，不能及其全體。可是就在這個堅固的敵陣中，我們的勇士却寫了一段壯烈的傳奇。

八月十四的晚上，我軍口口師口旅口團某營的第八連，全連準備了武器衝到日本坟山那邊去，在敵人猛烈的砲火下，我們不能再往前進，只得向後退却。這時一個士兵，他受了重傷倒在石碑的邊上，他暈過去了。許久許久，他醒覺過來，覺得兩隻腿比千斤擔還要重，刺心的痛使他不能轉移一步。四圍沒有一個人，遠遠的雙方槍聲，使他覺知所處是敵人的後方，他想一定很糟了，他猛然一振雙手爬行，爬到圓角的一處墳山邊，把身子隱在樺樹的後面，把槍架在石碑上。他決定在死去以前，還要殺幾個敵人。敵人可沒有發覺他，飢餓與乾渴卻使他眼前生花，頭重帶暈，有點不能支持了。他時常昏昏厥去，又時常醒覺過來，他沒見一個敵人，也沒見自己的伴侶，他像飄泊在荒島的水手一樣，擱在那兒。整整三日三夜的飢渴，使他把一切希望都割斷，他僅僅有一希望，他想在死去以前再打死幾個敵人。

八月十七的早晨微明時分，敵又來向我陣地佯攻了，前進的號聲驚醒了他，早晨的微露使他在酷渴中復蘇；他看見敵人在那兒爬動，他鼓勇發槍，一下子就打死了一個敵兵；再一下子又打死了一個敵兵，他笑了，他滿意了；這時，我軍第二連的士兵衝鋒前進，到坟山去搜索殘餘的敵人，發見了他，連人帶槍都救回來，他勝利了。

他是第八連一等兵，名周漢陳，他是我們的勇士！

（大晚報）

2

裝甲砲車的三個技工

曹聚仁

「發見美洲新大陸的不是哥侖布，不僅是哥侖布，但是大家都把和哥侖布一同西航的水手們忘記掉了。」

這節話是孫師長把一些士兵作戰的光榮事蹟告訴我時所說的，我體味得這個從英雄主義所包含的深意。戰場上最偉大的是在戰壕邊擊鎗的兵士，他們為國家而流血，當然我們也忘不了那些運籌幃幄的將領。

當××師從××出發的時候，因為作戰上的必要，裝甲砲車必須有熟鍊的技工駕駛。但是砲車上的技工，和前線士兵一樣的危險，敵人若摸準了砲車的位置，那就飛機上的炸彈大砲的彈子都很快地過來了，也許被炸得什麼都不見。孫師長把那砲車上的技工召集攏來，作一番簡短的談話。那三個技工，開車的名劉大保，生火的名苗思兆，蔣細大。

孫師長的語調本來很響亮的，這一天却有一點低澀，也可說有點帶顫。他伸手給那三個技工，很親熱地，他對他們緩緩地一句一句說道：

「同志！國家這兩個字，你們總該懂得。國家好像我們的身體一樣不可分的，沒有一個細胞可以和身體的痛癢不發生關係。敵人的刀刺到我們的身體上來了，我們為了整個身體整個生命的存在，必須要抵抗。我們為我們自己，為我們自己的兒女，必須要打掉敵人的魔刀！同志，你們要為國家出力，你們就是前線作戰的士兵，你們要自己當作作戰的士兵看待，你們要有為國家犧牲的勇氣，我和士兵是一體的，你們的生命就是我的生命，你們的苦痛就是我的苦痛。同志，伸過你們的手來，我們站在一條戰線上！」

這時候，孫師長的熱情的淚下來了，三個技工的熱情的淚也下來了。那三個技工以深碧的眼波，

3

沉着的口吻回答道：

「師長，我們懂得師長的意思，我們願意爲國犧牲！」

全室靜寂無聲，三個技工昂然立在那兒他們的影子是那麼偉大！

（大晚報）

4

偉大的戰士

冰瑩

當我洗完臉跑進醫院的時候，唐醫官又告訴我一個可驚的消息；

「又有一個連長，一個排長陣亡了！」

「什麼時候死的？屍體還在這裏嗎？」

我淒然地問，心頭上籠罩着一種說不出的沉痛和悲哀。

「就在這裏，我帶你去看吧。」

他領我走進那間住官長的病室，這兒我已來過十多次了，有兩次都看到了烈士的遺體，我曾難過了好幾天，想不到今天又有同樣的事發生，我傷心極了，拖着遲緩的步子跨進了正屋。

究竟詠芬比我還勇敢，她把被絮掀開來，一個血跡斑斑的屍體映進我的眼簾，鼻子一酸，淚珠幾乎要流下了。

「幾時死的！」詠芬也問着。

『今早五時死的，昨晚十二時抬來醫院，還打兩針，因爲肝臟被大砲打穿了，不能救。』

唐醫官詳細地說着，我細細察看他受傷的部位是脅下貫通，摸摸他的手似乎還有點溫意，但脈搏已經停止。

『他是那一連的？什麼地方人？』

『×××團迫擊砲連的連長，他叫劉健，湖南湘潭人。』

一個士兵站着立正的姿勢回答我，接着又加上了一段：

『他最勇敢，最會打仗，凡是屬於他那一連的弟兄都沒有一個怕死的。北伐時帶過很多次花，本來是偵探連連長。現在改爲迫擊砲連，他還是少校連長。』

對着劉連長的遺體靜默了三分鐘致哀，然後轉過身來看另一拉排長。

『呀！怎麼他的眼睛還沒有閉！』

誰在大聲叫着，我也吃了一驚。

原來死者的左眼睜開，像活着的時候一般，右眼也沒有緊閉，開着一條約一分寬的縫，一排潔白的牙齒緊緊地咬住下唇，表示着恨日本強盜到了極點的樣子，兩膝彎曲着，臉色像生時一般，絲毫不帶死色。

『他並沒有死呢，你們看！』我說着，詠芬連忙去摸他臉部和手。

5

『死了，是冰冷的。』

唉！完了，還有什麼希望呢，兩個勇敢的戰士，都爲民族解放的鬥爭而光榮地犧牲了！

『有誰知道他是那一連嗎？』我悽咽地問。

『他叫向德標×××團的代理連長，這回打死了至少有三四十個日本鬼，三天三夜伏在戰壕裏沒有吃飯，拚命地打，拚命地衝鋒，他本來是排長，因爲六連的連長帶花，所以他來代理。唉！他眞是個好人，又勇敢又和氣，弟兄們都愛他。』

一個士兵含着眼淚，敍述他的簡單歷史，聽衆都低下頭來嘆息。

『日本鬼還沒有完全消滅，所以他死了都不閉眼睛。』

『你看他多麼恨日本鬼，牙齒咬得緊緊的。』

『還有，他的一雙脚，眞像在戰壕裏坐着休息時的姿勢一般。』

弟兄們我一句你一句地在互相談着，我忽然憶起了一句頂重要的話問他們：

『他們兩個死的時候有什麼遺囑嗎？』

『那位連長痛得要死，哼都哼不出，還有什麼遺囑！』一位高個子穿着棉背心左手帶花的士兵回答我。『只有排長在死前大聲喊着「醫官，快點把我醫好，我要到前線去呵！」』

——唉！臨死都不忘殺敵，偉大的戰士呵！

6

仍然把毯子蓋好，每個人懷着滿腔的哀悼默默地走出了病房，竹籬外面傳來混雜的脚步聲，又有好幾個受傷的戰士抬來了！……

（救亡日報）

血戰三日記

冰瑩

正在愁着沒有地方寫文章想打電話向副官處借一張桌子來，忽然電話鈴響了，聽聲音，這是黃參議打來的。

『喂，謝團長，××師的副師長剛從前綫歸來，他有許多新消息供給你寫文章，你有功夫來嗎？』

『好的，我立刻來；』

剛洗過頭髮，還沒有乾，但我等不及了，一聽到有前方的消息，比得着了什麽寶貝都高興，就三步跨做一步走，很快地來到了軍部。

黃參議介紹了我們之後，我有點感到侷促不安，因爲自己從沒有當過新聞記者，向一個從不認識的長官詢問前方戰況，究竟要採取什麽樣的談話方式才好呢？

參謀長望着我笑了一笑，我自己有點不好意思起來，連忙乘機對副師長說：

『×副師長多多告訴我一些前線將士們抗敵的經過給我聽吧！』

『沒有什麽特殊的消息報告，所有在前線作戰的隊伍都是一樣地勇敢的。』

7

他自謙地說着，聲音像女人似的那麼柔和。

『不要客氣，就立刻動作吧！』

黃參議代我催促，這才開始聽到副師長談他們作戰的經過了。

『我帶了×××旅（註：×副師長兼任旅長）由××西門出發到××宅是九一八的晚上，九點鐘的時候，在朦朦月色中把我軍應守的陣地接收完畢了，在火線上一連會着三個旅長，大家談起敵軍那種偷生畏死，狼狽而逃的情形，真令人發笑，這一晚敵人沒有來攻，我們嚴守陣地，間或有稀疏的砲聲傳來，走出門外一看，只見星光黯淡，村落荒涼。除了我們的隊伍外，聽不到一點人聲，戰場的淒涼，原本算不得什麼，但這次敵人的炸彈，大砲，犧牲了無數的老百姓，弄得他們妻離子散，雞犬不寧，實在太叫人痛心！

『第二天晚上，敵人來猛攻陣地，砲聲隆隆，房子都被震動了，我們的隊伍在昨夜就要衝過去了的，一聽到砲聲，大家就不顧死活的只管向前衝去，有兩排人首先摸了過去，敵人敗退了，其餘兩排又接上去；敵人見我來勢洶洶，拚命加緊大砲攻擊，於是流血的序幕開始了！我方受傷的官兵很多，但誰也不害怕大砲每個人都在熱血沸騰，摩拳擦掌地願以血和肉來抵抗敵人的飛機大砲，以爭取中華民族的生存。

『這晚正值舊曆中秋節，月色特別清朗，想到後方的人們這時正在那裏愉快地賞月，而戰地是用大砲代替了鞭爆，用血代替了葡萄酒，弟兄們都忘記了中秋吃月餅，只記得拚命去奪取敵人的頭顱。

『十點以後，炮聲愈加猛烈了！我們陣地的右翼是××行，由××開來的××旅就駐防這裏，該旅的旅長姓×，是湖南郴州人，但他能說一口很流利的廣東話，我們的電話也像砲聲一般沒有間斷，有時他太忙了，一接上電話筒就說「快不要和我講話吧！我正在指揮作戰，忙得很呢！」有時他打過來的電話，我也沒有功夫接……

『第二天早晨，我們剛剛開始吃飯，大砲又來光顧了，空隆幾聲，打得屋上的瓦片亂飛，差一點連我們的飯碗也打破了。』

副師長說到這裏，大家都哈哈大笑起來，他說話的本領眞大，不慌不忙，有條有理，而且很能描寫當時的情景，令人一聽如親歷其境似的。

『那時的空氣非常緊張，』他繼續着說『前方不住地來電話告急；「我們的陣地被大砲衝翻了，弟兄死傷的特別多，怎麼辦？」我回答他們：「管他衝翻了也得死守陣地，死傷得只剩一個人了，也不許後退！怎麼辦？就這樣辦！死完了就算盡了我們衛國守土的最後責任！』

——不可抵禦的，偉大而壯烈的犧牲精神！

我眞想大聲叫喊出來，但爲了怕打斷了他的話頭，只好讓心的呼聲來代替。

9

『這天從早晨七點開始，一直到下午五點，炮聲沒有間斷過一分鐘，受傷了的官兵，絡繹不絕地流着血從旅部的門口經過，他們見了我只親切地叫了一聲：「旅長！」不呻吟，也不表示痛苦，只是低下頭來慢慢地掙扎着走他的路，因為大砲攻得太厲害了，連担架兵也無從來救護，因此受了重傷的，死了又生，生了又死地就這樣做了壯烈的犧牲。

『後來實在被大砲迫得太厲害了，死傷的官兵又多，暫時放棄了原來陣地移駐河邊。晚飯後，我軍又增援一營，於是下令奪回陣地，這時敵人僅留少數機關槍在那裏防守，我軍衝過去，他們丟了槍就跑，我們不但佔領了原來陣地，而且獲了許多槍砲和子彈。

『第三天，敵人大概是精疲力竭了，所以沒有來攻，我們趁着這時趕快把被敵人破壞了的工事做好，不料第四天他們又以大砲飛機坦克車來猛攻了，我軍死傷的更多，我惟恐有士兵後退的，於是下令各團長營長，我們要死守陣地，不能後退一步，如果有退的我就殺你，同樣，我如果向後退，你們就槍斃我！

『在這樣的情形之下，我們血戰了三天三夜，終於把敵人趕走了××宅，雖然我方犧牲了不少的官兵，但敵方比我們死傷的更要多。』

『報告副師長！請理髮！』

忽然一個會理髮的勤務兵提了小箱子進來替副師長理髮，我請他一面理髮，一面談話，起初他

10

不肯，勤務兵老站着不動，經我再三要求他才坐到那張高椅子上去！

『請繼續着說吧！』

我忘記了他已經說了不少的話，茶也沒有喝一口又在催促他，

『値得我們高興的是在這次抗戰當中每個官兵都很勇敢他們負了傷的還不肯退下來，有幾位連排長左手打斷了，右手還在拿着槍指揮作戰，我們都把「死」字忘記了，只知道前面有敵人只知道怎樣去撲滅他們，才算盡了我們對國家民族的責任。』

『這就是鐵軍的精神！拿破侖說字典中無難字，你們是軍隊中無「死」字』

我說着，心裏燃燒着對於這些英勇的將士們以無限的欽佩與景仰。

『還有一件很有趣的事情，』他回憶了一下又微笑着說，『有一天××團的團部移動到旅部的位置，團長對他的部下說「旅部在這裏的時候，附近中了好幾次砲彈，旅部都沒有打壞，一定是旅長的福氣特別好，我們搬到這裏，也沒什麼危險的。」話剛說完他和團附正看地圖的時候，忽然砲聲隆隆，向這邊射擊，團副說「團長，砲聲越來越厲害了，你快到地下室去暫避一下吧。」他們剛下去，空隆一聲把屋子打壞半邊，電話機也就在這時殉難了。』

哈哈哈又是一陣笑聲，充滿了整個空間。

最後我們談到了伙伕，副師長連忙搶着說：

11

『唉！伙伕眞偉大！他們挑了飯菜從好幾里路的後方送來，有時被流彈打傷了，有時被炸得粉身碎骨，但他們一點也不害怕，仍然挑了飯菜冒着雨冒着砲火送來，我們如果沒有他們送飯都要餓死了，還說什麼和敵人拚命？』

『對了，他們的生活最辛苦，然而工作最重要，每天他們要等一切人吃飽了自己才有一點殘湯剩飯充飢。』我也是第一個同情伙伕的人。

暫時沈默了二三分鐘，副師長突然提出這一問題來問我：

『×團長，我覺得戰爭實在太殘酷了！人爲萬物之靈，應該愛好和平的，爲什麼要有戰爭？什麼時候才能達到眞正和平的目的？』

『人類一天有侵略者存在，戰爭就一天不能免，眞正的和平，是要用無數的頭顱和熱血換取得來，我們明知道戰爭的殘酷，但造成戰爭罪惡的是少數狼心狗肺，無公理，蔑人道的軍閥以及帝國主義者，他們是劊子手，是人類的公敵，我們要消滅他，就免不了戰爭，等到把全世界的強盜都打倒了的那一天，就是人類實現眞正和平的日子。』

談的話太多，我似乎有點疲倦了，但副師長究竟不同，他雖然談了一個多鐘頭的話，精神還是那麼好，理髮匠的工作也完成了，勤務兵冲了六杯牛奶來，大家圍在桌子上喝着，緊張了一個多鐘頭的心緒，到這時才輕鬆下來。

（救亡日報）

兩位抗敵的英雄

阿英

在全面對日抗戰聲中，在報紙上，是每天都可以看到許多民族英雄悲壯的事跡，足以無限的光耀着我們的史册，就中最壯烈的要算飛將軍張少尉的事。他在十七的這一天，駕着飛機和敵人作戰，不幸機尾被敵人射中，馬上着了火，他和我們的其他空中英雄一樣，想把機子保全，很快的向回開，不幸得很，當他快飛到的時候，機身已經是全部發熱，而且熱得很厲害，尾部的火也燒得更烈，這使他不得不放棄機子，想救出自己，他立刻放開飛行傘，跳出了機身，向下降落，那知風勢不順，他落下的地點，竟在楊樹浦敵人的陣地。於是敵人蜂湧了來，想捉住他。我們的英雄是決不肯做俘虜的。他馬上拔出了自衛的槍，單身的和敵人們戰鬥，一氣的打死了九個人，結果，他自己也被敵人的槍射中身死，這是多麼悲壯而令人感動的事。

就由於這一民族光榮的史實，使我想到四十年前，和日本打仗時犧牲的我們的民族英雄簡大獅。事情是發生在台灣被清朝割把了日本，劉永福的抗戰已經失敗了以後。大獅是台灣人，在台灣受了日本人許多的迫害，他的妻女遭受了日本兵的奸淫，他的妹妹，他的嫂嫂，他的母親，也都因爲受了日本人的迫害而身死，一家十餘口，結果是只剩子姪幾個人，他本來就不願做日本的順民，再加目擊好多被殘害的事實，他憤極了。於是他號召了一萬多人，來和日本人對抗。前後打了一百多次仗，支持了幾年。最後沒有辦法，纔逃到了漳州，想不到清朝的官吏，一意媚外，竟把他捉住，要送把日本人，大獅雖然憤恨，但又沒有辦法，他只得向那些漢奸們要求：

「……仇者皆係日人，並未毒及清人，故日人雖目我爲土匪，而清人則應目我爲義民，況自台灣歸日，大小官員逃避一空，無一人敢出首創義。惟我一介小民，猶能聚衆萬餘，血戰百次，自謂無負於清庭，漳州道府旣爲清朝官員，理應保衛清朝百姓。然今事已至此，空言無補，惟望開恩，將予杖斃，生爲大清之民，死作大清之鬼，猶感大德，千萬勿交日人，死亦不能瞑目。」但結果如何呢？萬惡不赦的漢奸，是一點天良也沒有的，廈口廳到底把他送給了日本人，使他慘死在日本人的手下。大獅眞是死不瞑目。這件事當時引起了全國的憤怒，輿論方面無一不加痛詆罵這一班官吏的無恥。然而這事件是過去四十年了。

四十年鬱積的憤怒，現在是如火山的爆發，而到了淸算的時候了，整個的中華民族是憤怒，是用自己的血來洗滌自己的恥辱了。張少尉的死，是爲全民族的解放而犧牲。同時，每一個中國人，又有誰不和張少尉一樣，具着戰死的決心，以爭取民族的生存，爲全世界的自由與正義奮鬥呢？大獅在四十年前的失敗，是光榮的，張少尉的死，一樣是我們民族的火花。我們民族的復興，必然是建築在這樣勇毅，堅定與犧牲的精神上。大獅死而有知，現在看到這激烈的戰火，我想他定然是感到無限的安慰。安眠吧。我們的先烈們！我們是在踏着你們的血跡前進，我們定然以全民族的生命，大無畏的爭取我們

（救亡日報）

浴血戰

何家槐

彷彿上了一層油膩的臉上，精神煥發地閃着亮光。鑲着一顆金牙的嘴巴，老是石榴似地咧開着；那一嘴潔白，尤其顯出膚色的憔黃。他的頭上緊緊地纏着一塊白布，一雙受着重傷的脚上却蓋着一層薄薄的被單。

『請坐，請坐。』一見我走近他的身邊，他就掙扎着支撑起來，微笑着老是點頭。床鋪格吱格吱地震響着，似乎是在代替這位崛強的老戰士發出呻吟的聲音。

『辛苦了，辛苦你們了。』他不斷地這樣說着，一邊連忙遞烟和倒茶。

『辛苦的是你們弟兄，』我帶着幾分羞赧的說，『你們才值得人們的尊敬！』

爲了談話的方便，我就坐在他的身邊，他因爲想把脚挪開一點，一不留神竟觸着鐵床的邊沿，痛得他不自禁地縮了一下身體。

「很痛吧？」我很想撫摸一下他那雙受傷的脚，可是他連忙阻止了我：『不要揭開被頭，有股臭氣難聞哩！』接着他又笑着說；『在醫院里總算舒服，有吃有住有喝有睡，在砲火中却什麼都談不到，睡三四個鐘頭已經算是最大的運氣了。敵人別的都不行，砲火却着實厲害！他們最怕我們夜襲……

原是憔黄的油臉，興奮得漸漸地紫紅起來。金牙閃耀着。他意味深長地凝視着從窗口射進來的日光，以及來來往往的，在走廊上和病房中忙碌着的男女看護；他的鼻子翕張着，他的胸脯起伏着，彷彿是在盡情地呼吸着充滿着病房的藥氣。他陷入了沉思。

『我是報館的記者，』忽然我想起介紹自己，『可是我並不是來採訪消息，却只想知道一點諸位同志的生活和勇敢犧牲的故事，因爲這不但是很有價值的紀念，而且很可以鼓勵後方的民衆。』

我遞給他一張卡片和一份當天出的報紙，他很高興的說：『我也很喜歡文學，可惜沒有人指導，我寫不來文章。』

『不要客氣！』看到他那一臉誠懇的笑容，我不覺叫着說，『你們生活經驗很豐富，寫出來一定更能動人。』

這時一位女看護走近他的身邊，抬起他的頭，要替他量温度，但他很温柔的止住了她，笑着說：

『慢點，讓我和這位先生講完話再量，請你等一會兒再來吧，』一邊他就回頭對我說：『其實量什麼温度？我覺得已經好了很多，一點點痛不妨礙，過幾天就可再上火線了。』

『但願如此。』我輕輕地回答了一聲。

『我很高興，在砲火中沉默已久，但在這兒我倒很希望能夠多說幾句話……』他停頓了一會後用眼光探索着我。

『我很願意聽。不知道同志是那一年進軍隊的？

『好吧，讓我告訴你我的出身。我是四川重慶人，進過兩年師範學校，二十二年考進中央軍校，洛陽分校的軍官訓練班，……

沒有說完話，他又翻起身從枕頭底下的袋子里掏出了一個軍官分校的學生證，給我看了他那學生時代的英俊的姿態。

『我們那邊很偏僻，如果從上海回家，那一定得打香港，安南和雲南這些地方繞一個大圈子。那邊文化眞是低椸了，可是我也受過一點新思潮，我愛好文藝，可惜我看書很少，很淺薄，軍隊生活又枯燥呆板，我不會寫文章。』

他的眉目間都顯露著坦白誠懇的表情，他的雙手按着胸部，彷彿從那里馬上要橫溢出蘊藏已久的熱情。他告訴我知識不夠的痛苦，他希望文化的種子能夠馬上傳佈到軍隊中去——尤其是駐紮在鄉下的軍隊中去。

『一般人都說軍人有力量，這固然不錯，可是軍人有知識，那才是眞正的力量！』

我告訴了一點關於下層文化運動的情形，使他十分的感動。

『這些我連聽也沒有聽到過，可是，』他忽然又轉了話頭，看了一看周圍笑着說：這些話是過於枯燥，你們懂得比我多，我不如說一點我受傷的經過。我是在進攻愛國女學的時候受傷的，傷在我的

17

右脚上，敵人的開花彈……』

『那末一定很痛吧？』

『還好——』他一面說，一面輕聲地笑着，可是在他的笑聲和笑容中，我都可以感到他那咬牙切齒的，抵抗痛苦的掙扎。

『在醫院里挨痛算得了什麼？你說要聽我們的英勇故事，其實這在我們也是家常便飯，不犧牲怎麼得到自由？記得我們從粤東中學渡一條小河到愛國女學的時候，在半途竟被敵人所發現，於是馬上在大炮和機關槍的掃射中犧牲了我們的一排弟兄，我指揮着弟兄前進，打先鋒上了岸，』他說到這兒頓了一下，看了一下登在我們報紙上的一首「慰勞歌」帶點兒俏皮的口吻說：『因此才「受了極名譽的傷！」』

這時看護又來了，還來了醫生。他們是來替他敷藥的。當他一看見他們的時候，他就硬要我別過頭去：

「看不得，看不得，你會嚇壞的。」

我聽了他的話，裝着去和旁的士兵談話的樣子，把背向着他。但我却還偷偷的看到他的兩手緊握着鐵床的背，閉着眼，咬着牙齒，兩個看護扶着他的頭脚。紅色的藥水一滴進他那深入骨髓的，血紅的傷處，他就痛苦得顫抖一下。汗水滲遍了他的臉孔，那層油膩彷彿發光得更其厲害了。

我忍耐不住地朝轉臉來問他『我看得很痛苦呢。』

『不，還好。』

『我看到的。你眞是倔強，如果是別人，怕早已忍受不住了。』他笑着點了點頭，態度顯得異常的沉着，鎮定。

我一直坐到天黑，雖是初次見面，却已如多年的故交，如果不是看護婦一再提醒，說他需要休息和飲食，我也許還不會走。在臨走的時候，我才記起我還沒有知道他的姓名，可是我不願問他，却看了看掛在病床旁邊的牌號……呵！我將永遠記到這個神聖的，英勇的，可敬可愛的名字！（大晚報）

抱屍而進

包天笑

當我軍猛攻敵軍重要根據地某機關時，浴血奮鬥，壯烈實爲空前所未有。某機關銅牆鐵壁，他們的建築堅固，數年前就經營的了。小鋼砲，機關鎗，密密的排列，雖然我軍奮不顧身，冒死衝鋒，終不能前進，然而我軍誓必佔領這個地方。

那一天，我軍又猛力的進攻了。衝鋒向前的當兒，我們忠勇之士，早已置生死於度外。無如敵軍的機關鎗，密如雨霰，我們怎能以血肉之軀，與之相抗？但是我們不怕犧牲，冒着鎗林彈雨，奪取他們的機關鎗。這就叫做「肉搏。」可是第一排的軍士，剛衝上前去，被敵方的機關鎗都打倒了。

19

前仆則後繼，第一排打倒了，第二排再奮勇的上去，其時某連長正在指揮作戰，他想第一排打倒了，第二排上去也是徒然犧牲。但是形勢是不能退的。

「向前衝！」他大聲喊道：「各人抱一個死屍滾地而進！」

原來第二排衝鋒的人數，與第一排相等，於是就地抱一個死友的屍身，從地面上滾向敵軍陣地去。敵人望過去，忽然見衝鋒者一個人變了兩個人，方錯愕間，而手溜彈已打到開機關槍的鎗手身上，鎗手仆地，而我們衝鋒的勇士奪得機關鎗，掉轉身來，便打敵人。我軍立刻就佔領這個重要的機關。因為抱了一個屍身彷彿以屍為盾，而上身就不至於受傷。滾進的時候，身體矯健，使敵鎗標的不準。然而可謂勇矣。

這是與此衝鋒之役的一個傷兵說的。傷兵傷在脚上，他說：

「要是不抱了死友的屍身前進，也與死友一同犧牲了。抱死友以殺活敵，留得此身，再以報國。」

（立報）

大戰東林寺

胡蘭畦

排長胡玉政開到東林寺

排長胡玉政揹着他的槍，帶好了手溜彈，領着他的一排弟兄，隨着連長開到東寺去担守備職務。

那正是九月二十六的夜裏。天上沒有月亮，四野沒有人聲，黑越越地，他們就摸索着走，夜風帶着潮濕的寒氣，吹在他們每個人的臉上，但是他們沒有覺得，因爲他們的心思完全注意在長官命令他們去守備東林寺去了。

東林寺本是一個廟宇，地勢很高，是我們全陣的凸出地方，那兒可以觀察敵人的陣容，也可以射擊敵人的要點，所以敵人也要爭奪這個地方，東林寺不但是地勢好，而且風景也很美麗。好像水滸傳上說的「寨子」一樣，三面都是小河圍繞着，只有前面是一片稻田，微風時時把清香的氣息吹送到人們的當前，使得在這裏的人們都覺到有一種特別的清爽。

胡排長到了那兒的時候，天也快要亮了，他們也沒有吃飯，好在一頓把飯對於他們也算不了什麽，就是幾天不吃，也滿不在乎。

寺內空空地，沒有人，也沒有東西，剩下的只有一些稻草，胡排長奉到連長的命令，把衞兵哨兵統統都佈置好，然後才把稻草鋪在地上，把槍彈當作枕頭，隨便地躺着休息，他是睜開眼睛等待着天光。

東洋兵有什麽可怕呀？

天已經亮了，太陽從遠處的雲裏射出光芒，原野顯得格外幽靜。忽然槍聲響了，劈劈，劈劈劈地響了，紅色的火光在蔚藍的天空中直向東林寺射。一隊東洋兵在密密機關槍掩護之下闖過來了，他們在搜索，他們在找要點。他們的眼睛，像老鼠一樣四面偷看。

很快地，連長下着命令：

「對準開槍！我未說放，就不要打！」

大家都握着槍，散開了，靜靜地等着東洋兵好像勝利了一樣，越來越近，連長說了一聲：「放射！」

第一顆子彈已經嘶地一聲飛出去了，接連就是哧哧哧的聲音。

「退了，退了！」胡排長很神氣地叫了。

「哈哈！東洋兵眞經不得打。」上等兵劉益山帶着非常驕傲的口氣，恥笑着那一隊聽着槍就向後轉的東洋兵。胡排長也帶着譏笑的口氣，他說：「皇軍就是這樣，哈哈！」

「不要這樣，東洋兵的鬼計還在後頭。」連長這樣說：「現在休息一下，急速準備。」

「東洋兵有什麼可怕呀？一點胆子也沒有！」上等兵劉益山又說一句：「咱們吼一聲，他也要跑退八里路。」說着他嘩地一聲把他的槍搭到肩頭上，很安閑地走出廟門去了。

原來是救兵來了

眞的，二十九日的清早，天還沒有十分亮，大隊的東洋兵又開過來。連長指揮着弟兄們拚命地抵禦，但來勢太凶，遍田遍野只看見密密連連的東洋兵直衝着前進，胡排長看着這樣的情勢，急忙回頭一看，他後面躺着都是帶了傷的弟兄，而且直挺挺橫在地下的都是被槍打得咽了氣的屍體，他想：「難道今天還要敗在東洋兵的手下嗎？」這一下他着急了，然而有啥辦法呢？他只得不惜子彈，密密地射擊。

東洋兵逼得更近了，連長也帶了傷，胡排長這時更感到自己的孤單。然而東林寺這一所美麗的地方，這一個戰爭的重要地怎能隨便給東洋兵佔去？他一面不停手的放槍一面叫班長徐愛山回去求救。他想：「去了一個人，就少了一桿硬火，更減少壓迫東洋兵的一個威力。」然而為了要增加援兵來保守這一個重要的東林寺，胡班長就願意減少一桿硬火。

重機關槍的聲音響得像連珠砲一樣，胡排長心急得快燃燒起來，他想：「這一下完了，再加一排重機關槍，這個陣地實在無法保守！」但是他的心一橫，拚死地扳着他手上的槍，可是他的槍因為打得太多的緣故，這時打不響了。他再回頭一看，能打仗的弟兄，只有四個人。「好吧！」他帶着憤怒的聲音說：「上好刺刀！」他們很快的上好刺刀。「噴！怎麼樣？東洋人沒有衝來？」胡排長很奇怪，他想想道還是做夢嗎？他睜大眼睛一看，稻子站在田土裏被太陽晒得閃出金色的光輝，很多東洋兵帶着傷倒下去了。而且在那稻田上面翻騰。他仔細一聽，原來重機關槍的子彈是從他的陣地側面放射出來，他臉上緊板的神經，一下裏鬆弛下來，好像卸了一個千斤的重担。他笑嘻嘻地對他的四個伙伴說：「啊！原來是援兵到了！」

這個最大的仇恨

趙連副帶了兩連人，還有一排重機關槍到東林寺來援救胡排長他們。一陣機關槍的掃射，就把

「皇軍」的隊伍打退回去，保衛了危急存亡的東林寺。胡排長接着他的時候，歡喜得流出了眼淚。趁黃昏的時候，胡排長拿了鐵鍬到廟宇傍邊挖了一個大壕，把這些殉國的英雄埋在土裏。兩連的官兵，都默默地站在壕前向他們致最誠意的敬禮。有的在爲烈士們祝福，有的在對他們宣誓，他們說：「弟兄們你們安心去吧！這個最大的仇恨，我們是要替你們報復的，我們的祖國——中華民國——是不能讓倭兒老是這樣蹂躪的啊，弟兄們！你們在天堂裏安心吧，這個大仇，我們是要報復的！只要我們有一支槍，一粒彈，一個人，我們都是要和東洋兵相拚到底……！」在衆人宣誓的時候，胡排長的眼淚像豆子一樣，一顆一顆地落在臉上，他的內心裏有一種說不出的痛苦，才三天的辰光，他的一百幾十個同伴，就犧牲得只剩他們四個人了，要不是這兩連的援兵到來，今天這個陣地就一定會被東洋兵佔去了，他的心裏一面在痛惜他舊的同伴，一面又在感謝他的新朋友。他痛心地，愛惜地再看看他所保衛的東林寺，然而東林寺此時已被黑暗的帳幕把它包圍了。月亮躲避着，已經很久不出來，此刻能夠瞭解胡排長的心事的，除了他的伙伴和他死去的朋友以外，還有天空中的幾顆繁星。他最大的心願，是要趕盡東洋兵。

東洋兵忙忙地掘戰壕

東洋兵兩次都吃了敗仗，他們自己覺得離了飛機大砲「皇軍」也是不行的啊。這時他們的軍官悲觀起來了，連忙推出他們的輕砲和重砲對着東林寺轟擊，他想：「佔不到我就轟滅它！」砲聲像

24

打大雷一樣，砲彈一個個都打中在廟字的牆頭，東洋兵也跟在大砲彈下面衝了過來。

我們的輕機關槍射得太多忽然打不響了，東洋兵却凶猛的衝到牆下。趙營副一點也不着急他好像看慣了，滿不在乎地說：

「弟兄們，上去請他們吃手溜彈！」

這時已經到了短兵相接的時候，手溜彈猛烈地爆炸了，趙營副好像打野狗似地自己拿起手溜彈連連向着東洋兵拋擲，一連打了十幾個，中彈的東洋兵有五十幾人倒在地下，一動也動不得。將要衝過來的，反身就逃，遠處的稻田裏，東洋兵又忙忙地在築戰壕，他們要認眞地和我們對壘，戰壕築得相當的堅固，砲口就對着東林寺轟擊，每天他們都想衝殺過來但是總沒有一次遂了他們的心願每次都被中國兵打退回去。

一把掩埋夥伴的鐵鍬

十月二號的早晨，天剛剛亮了，靜靜的蔚藍天空，邊際上現着一條條的金色雲彩，空氣新鮮極了，它使得過於疲勞的戰士們，都能在沉睡中恢復他們的精神。這是大自然賜給勞苦的好人們的唯一的安慰可是野獸般的日本兵，他們却正在這個時候來殘殺。

東林寺對面的砲火又響了；開花砲彈一碰在牆壁上就要吃人們的血肉，可是那沉重的，不通人性的開花彈，它就偏要撞到牆壁上來，而且還要往我們弟兄們的身上鑽去。

班長潘玉林他忙忙地扳開機關槍對準東洋兵衝過來的敢死隊掃射。二十幾個東洋兵都吃着子彈像得了軟脚病的一樣，身子一偏就倒在稻田裏面。

東洋兵的敢死隊多得像戳破了的蜂巢一樣，成羣地踏着稻子擁了過來。班長潘玉林乘着他們不當心的時候，趕緊衝到廟外對準他們拋擲手溜彈。東洋兵敢死隊像得了急痧症一樣一排一排地倒在田裏。

東洋兵的敢死隊衝到廟邊來的時候，已經死得只剩四個人了，這四個人被他們的中尉帶着，還是拚死的往廟內衝來。

廟宇內面廟宇外面，滿地橫着的都是屍骸，我們的戰士的屍骸，我們的戰士還生存着的也只有五個人員。而且胡排長已經受輕傷。

東洋軍的中尉富田義信帶領着他的四個敢死隊員，衝進廟宇來毫無人性地就踏在屍骸上走。殺人的凶焰，已經把他們的眼睛燃燒起野獸般的光芒。胡排長這時急忙扳動手上的連槽，對準着那個東洋軍的中尉打去。可是槍機失了效能，連扳不響。一霎眼中尉富田義信持着他的戰刀對準胡排長刺來像閃電一樣，胡排長的手上抓着那一鐵鍬，那一把掩埋他死難伙伴們屍體的鐵鍬。再也沒有那樣乾脆，嘿地一聲，就把那位「皇軍」中尉送到天堂去了！

班長徐愛山在中尉的身上解下他的戰刀來，毫不容情地砍死了敵人兩個，所謂的敢死隊員。這時上等兵劉益山已經身上吃了兩刀，雖然他的鮮血和着他的熱淚沿着他的臉上直流，可是他沒有放鬆他手上的刺刀，是爭活命，是報大仇，是保守祖國的土地，他無情地殺盡了衝進廟來的東洋兵！

我們身上沒有神

胡排長徐愛山和劉益山三個人把敵人殺光了，他們坐在地上緩了一口氣，也顧不得自己的傷痕，先去把稻田內敵人的機關槍和步槍拖過來埋藏着，然後回頭來在幾位「皇軍」的敢死隊身上一搜，中尉的身上，不但有軍用地圖，不但有陣地上的重要文件，而且還有一個特別的東西——一張護身符，咒上畫一尊神像——上面寫着：「保平安」

「皇軍」不但有飛機大砲，而且還有神，只可惜那些神，並不能保衛得着殺人魔鬼的活命！我們的胡排長，他既沒有飛機和大砲，身上也沒有帶着神，他只有一顆保衛國土，服從長官的決心，他帶着傷口上的血，殺死了敵人！他忍着痛心的淚，守着了他的陣地，奪獲了寶貴的戰利品！（大公報）

蔡丙炎將軍血戰羅店殉國記

薛祚光

自八一三英勇的淞滬抗戰開始以後，在戰略上佔着很重要位置的羅店，這個名兒幾乎是舉世都知無人不曉了。在這兒犧牲了無數的愛國志士與民族英雄，他們是用了他們的頭顱和熱血，去阻止倭寇的前進，以換取我們國家的獨立和民族的生存。我們勇毅而仁厚的蔡旅長，他就是這羣偉大的先烈裏面一位，而且是我們國軍高級長官中最先犧牲的一員。

記得是八月廿五日的那一天吧，敵由川沙口登陸的一部約三千人左右，據當時的探報係敵十一師團多田駿所部，於羅店的北面陸家宅沈宅之線佔領陣地，並急謀襲佔羅店。那時蔡旅長，他率着五千健兒從××星夜趕到了羅店，奉有攻擊該敵的任務，他於是很沉着的作了極週密的部署。待部署完畢，時間還只是午前二時。夜色的沉暗與寂靜，象徵了整個中華民族的遭遇，隣接陣地的遠處，傳來幾聲斷續而依稀的槍聲，更增加了這五千健兒殺敵的決心。他們一方面在羅店的附週搆築點必要的工事，一方面就在陣地上取着休息的姿態，好準備着拂曉後的廝殺，但是我們這位足智多謀的蔡將軍，他並不和他部卒一般的去睡眠，卻另外派了一排的兵力在陣地前方一個角落裏埋伏起來，然後才走進他臨時的掩蔽部中，倒在一塊門板上和衣假寐。不一會，陣地的前面，傳來幾分鐘濃密的槍聲和沉重的手溜彈聲，接着就寂然無聞，再過十多分鐘，就看見先派去埋伏的那位排長到旅部來報告，說是有兩排的敵人前來夜襲，他約束着他全排埋伏的士兵，不許動，不許做聲，等牠們接近到約莫五十公尺的時候，他們就把廿多個手溜彈一齊向敵投擲了去，接着又是幾次排槍，隨後就端起步槍挺着雪亮亮的刺刀向敵人猛衝了去。結果那兩排的敵人，除了少數竄走外，無一生還，其中並擊斃敵少尉成田三一員，並搜獲牠們的兵力部署一紙，和十萬分一地圖一份，蔡將軍這時把手表看了一下，是三時卅分。他於是緊速的把那俘獲來的敵人兵力部署和十萬分一地圖檢閱了一會，派人轉道到師部，一方面就下令準備攻擊，天色雖仍是那樣的黑暗，但遠處東方的天空正透露了幾許淡青的光亮。星兒的眼睛已不像深夜中閃爍得那樣利害了，任攻擊最先頭的隊伍都屏聲靜氣的開始向前面的目的地蠕動着，不一會敵人的槍聲由稀薄而轉到濃密，午前四時卅分，李團的先頭部隊就完全佔有了敵人的前哨陣地，蔡將軍等到前哨陣地佔領以後，確實知道敵人的大部在陸家村盤踞，於是就決心命李團向陸家村攻擊前進，這般健兒得命，興高彩烈，無不前仆後繼，向着陸家村勇猛的一往直前，殺敵無算。適在這當兒，敵人的大隊增援部隊趕到，於是又重整隊勢，向我們這英勇的蔡旅反攻，同時又用牠優勢的砲火向這邊陣地的後緣行殲滅射擊，一時槍聲，砲聲，飛機擲彈聲，兩軍肉搏喊殺聲，喧嚷一片，響徹天地，我們的蔡將軍就在這時陸續的接到李團長負傷和張營長陣亡魏營長負傷的惡耗，又聽說敵人數倍於我，而我方各部因幹部傷亡太多，大有無人掌握的趨勢，他聽了這許多惡耗，但他竟沒有一點慌張的氣態，他一方面命朱團增加左翼，一方面指定了李團的代理人，自己又把旅部推進了百多公尺接近到散兵線的直後去指揮，並下如左一道命令：

「本旅將士誓與陣地共存亡，前進者生，後退者死，其各凜遵！」

此時已午後零時卅分，強烈的陽光，直射到這般爲民族求生存的健兒的全身，似乎是象徵了他們前途的光明，他們更加鼓起了勇氣，向陸家村的敵人輾轉的衝殺，敵人因了第二次援隊的增加，也拚命頑強抵抗，牠們的飛機更是在天空像飛蝗般的活動轟炸，在這當兒蔡將軍他見着戰況的緊張和羅店的重要，他竟率着他唯一的特務排，和朱團第三營，向敵陣突擊，全旅官兵見着旅長率身先導，於是士氣大振，進攻也更加劇烈，不幸我們忠勇仁厚蔡將軍的胸部，就在他這勇往直前的當兒，被敵人的步彈貫穿了，他這時還揚着手高呼前進！前進！及至他左右的衞士和看護扶他倒下綁紮的時候，他喉中『前進』的聲浪，還由他最後的幾次微弱的呼吸中傳吐了出來，一直到他雙目闔閉爲止，啊……這樣悲壯熱烈的犧牲，爲國家求生存的犧牲，爲人類求和平的犧牲，是多麼值得崇拜而景仰的喲！

最後，請大衆知道一下蔡將軍的簡歷吧：蔡將軍字絜宜，隸籍安徽合肥，黄埔一期及陸大特別班一期畢業，歷任團旅長，警備司令，及保安處長各要職，學識和經驗都非常豐富，尤其是性情的溫厚，決事的爽速，特具有大將風度。他全旅的官兵沒有一個不愛戴他的。這次羅店爲國捐軀，無不悲傷不置，這也可證明蔡將軍平昔待人之厚，和感人之深了！聽說蔡將軍生前廉潔，死後蕭條，他那旅的上級司令部已積極的在那裏替他從優撫卹哩！

（救亡日報）

30

記爲國捐軀之尹營長

陳之亮

營長尹傑，於九月二十日在劉行之役，見機授命，誓死抗戰，竟於十八小時內，衝鋒肉搏，達七次之多，殺敵如麻，敵方旅團長鷹森，及代理鷹森指揮作戰之部隊長森田，均於是役相繼爲我擊斃。而尹營全營志士，亦有壯烈之犧牲，營長尹傑，腿部亦受重傷，猶裹創挺進，將敵人擊潰，陣地賴以保全。尹營長乃來滬就醫，開刀治療，略見起色，旋入中西療養院後，病勢轉劇，竟於十月十九日清晨四時殉國。十八日之本報竟未過目，嗚呼痛哉。

尹營長諱傑，字孟豪，江蘇宿遷人，現年三十四歲，第一期廬山軍官訓練團及第四期中央軍校高等教育班畢業。爲人果敢豪爽，輕財好友，現任×××師×××旅×××團第×營長。其初來浦東也，在八月十四日午夜，啣枚疾走，肅靜無聲，到達××，士兵即站立民房之屋簷下，人過衢中，猶不知行於兵陣中也。既到之後，即搜索大阪、菱華、日清、大倉、東鐵五碼頭之敵踪，蓋開大阪碼頭內，有敵軍盤踞，屋頂架高射砲，儲藏彈藥甚多，且一二八時，該五碼頭敵軍甚多，其外爲草泥蕩，江北人聚居之所。故用迅雷不及掩耳之法，予以肅清，策之至上者也。然該五碼頭之日本商人，已聞風先退，敵軍亦無，乃將留守棧內之華員驅出，浦南敵踪，得以肅清，乃得一意於浦北之攻守矣。

尹氏既向北挺進，駐於×××，以當地長官避處他方，聯絡當地民衆武裝團體各領袖計議之後，即視察地形，偵探敵情，乃於十六夜開始攻擊，詳情已刊『浦東的一夜』中，茲不再贅。十七日之夜，會同××隊肅清陸家嘴日華紗廠敵軍，縱火焚燬，派軍駐守，日方在華紗布商戰之市場，予以根本剷除。又與我軍砲兵聯絡，將新三井、新匯山、老三井各碼頭之敵軍敵艦擊退；使敵軍難以駐棧而守，敵艦不敢泊岸而攻，尹營長最有功焉！尹氏於十四日夜到達浦東，二十四夜調防，旬日之間，肅清敵踪，破壞敵產，非勇敢果毅，曷克臻此！其於八月二十三日之夜，奉命主持撥運海關堆棧數百萬元之軍火，既增我軍火力，又免淪落敵手，厥功尤偉。

尹氏於談笑計劃之際，捲烟不絕於口，一遇作戰，耽耽虎視，奮勇向前，雖飲酒而不致於醉。曾有一夜，尹氏率衆開往×××碼頭之外，陣地已經配備就緒，士兵祇待營長發令『開火』，詎料候至深夜二時，方知尹氏已率衆深入內部，距敵艦三百公尺之處構造工事已畢，我軍不費一彈，已佔敵方陣地，予敵威脅，且是役也，浦邊頑敵，尚不知我軍之兵臨其頭也。

調防開拔之際，嘗謂余曰：『旬日以來，食不甘味，臥不安枕，勞心竭力，一意對付敵人，恐欲短壽五年。然軍人以衛國禦侮爲天職，卽馬革裹屍，亦屬本份。同志等既爲桑梓盡職，衛國卽衛家，勉矣諸君！爲國爲家珍重！』嗚呼！言猶在耳，尹氏已經成仁！能不痛哉！雖然革命軍人，應洒最後一滴血，爲國捐軀而後，方民衆，應知此次抗戰意義之重大，同心協力，殲彼鯨鯢，保我領土，民族存亡，在此一舉。嗚呼，如尹氏者，可謂抗戰中之英雄也矣！

（救亡日報）

憶潘濂烈士

姜奎章

在如雲的抗敵之將士中，潘濂這個名字，或者是沒有人熟悉的。他是八十七師二六一旅五一一團一營的營長，是八十七師的模範營長。九月十一日羅店潘家宅之役，他奉命率領了全營剩餘的官兵數十人，固守潘家宅的防地；敵軍五百人來攻，砲彈槍彈密如雨點，他率領數十士兵，肉搏衝鋒，進退不下十數次；直到人盡彈絕的時候，全體士兵就和潘家宅同歸於盡；潘營長自己，子彈穿過胸部，也於此役爲國犧牲了。

噫，抗敵英雄，又少了一個。

我記得在學生集中訓練的時候，他是我們第四大隊隊長，當我們剛入隊後，他就聚集了我們第四大隊學生，訓了許多話：他對於國家施行集訓的意義和目的，講得非常明白；而以後，當每天晚上點名的時候也總少不了他的訓話；而且一有了空閒，他便召集四大隊學生，來把他們作軍人應有的責任，講給我們同學聽。他時常說：我們軍人以殺敵爲快事，惟有爲國出力爲國犧牲是最主要的目的。這次他以數十人抵禦五百人以上之敵，至死不退，爲國犧牲，可算已經忠勇地達到了他的目的了。

在集訓的時候我們第四大隊在六大隊中，可以說是範圍大隊，在操作上以及內務淸潔方面，總首推第四大隊。每一次內務檢查後，第二天總隊長的報告，總說第四隊是較佳。這自然都是潘營長的指導有方。

當我們上操時，任你在烈日薰蒸下，或在大雨傾盆之中，他總絲毫不辭勞苦，到場在旁監視，並親自改正各個同學之姿勢。如同學中發現了一點極小錯誤處，他必集了全大隊同學特地提出來講。他說：「愈小的錯處更須要注意準確。小地方不能準確，大的地方更不用說了。」可見他的細心。

說到他的性格在公的方面，是絕對無私的；在私的方面，則待我們如自己兄弟一樣。這是他們軍人的親愛精誠的好教訓了。一天，我們二十四中隊聚餐，潘大隊長應請列席，餐後餘興，我們極力請他唱戲；他推辭不過，就立了起來，講了一段成繼光怕老婆的故事，引得哄堂大笑。

現在他已不幸而爲國捐軀了，雖然我們已永久不能再見他的面，但是他高高的身軀，他宏亮的聲音，和一副標準的軍人氣概，將永遠在我的腦筋中不朽地留着。

（辛報）

北四川路巷戰目擊記

茄瞑

座落在神秘之街——北四川路月宮舞場對面的「湯白林」是上海最著名的消夜場之一，但在昨天，牠竟成爲八一三上海開戰以來，在閘北方面搏戰最烈的一個中心點。

閘北的華軍，自將福生路的日本海軍陸戰隊，驅逐越過赫斯克路，到了靶子路北四川路轉角處的原來陣線之後，在昨天侵晨，他們便佔據自靶子路到虬江路一段的北四川路所有曲折迷離的弄衖房屋。

在北四川路西邊的「湯白林」屋頂，便成爲華軍居高臨下作戰的要隘，他們從屋頂向下面街心的日本海陸軍隊，不斷地餉以手溜彈。

據昨晨進入虹口西區觀戰的外國軍事家，看見當時激戰的經過的報告，日軍死傷的，爲數極多。有數小隊的日軍，衝進許多窄巷裏去攻擊華軍，但是結果反被圍困在裏面，逃不出來。在星期一夜間，當日軍被迫後退之時，在靶子路一帶，雙方死傷的人數綦多。

據若干外國戰事觀察家說，福生路的百星大戲院曾被日軍佔領之說，這完全是無稽之談，日軍從來就不曾佔領過該戲院，自開戰以來，華軍就一直地佔有到現在。

自從華軍把日軍的防線迫退到了靶子路北四川路轉角處之後，百星戲院離日軍的防線，已經不止隔二條馬路了，所以那裏暫時是沒有危險的。昨晨在該戲院的周圍，是看不見人影的，因爲戰區已經向東推進差不多一千碼遠了。

昨天，「陳查禮」已經將百星大戲院的根據地，移到「湯白林」舞場的屋頂了，他向日軍抛投手溜彈，不但次數很頻繁，而且很準確。他曾抛了一只手溜彈，落到馬路對面可以通到「老日光酒店」（譯意）的一條巷內，在那裏有一隊的日軍，正把身靠着該巷的牆壁，等待可以溜回他們的營舍的機會。但是不久，就看見傷兵救護架，從虬江路穿入該酒店的後門，不一會兒，死傷的日兵紛紛由救護架抬出來了。

在那一方面激戰的結果，到底是怎樣，現在只好憑着推測而已，日軍對於該處的重視，從昨天早上，就可以看得出來，當時日軍就開始用大炮向「湯白林」一帶轟擊了。那裏雖是受過炮擊，但該咖啡館所受的損害，顯然是很輕的，只有附近的幾間店屋損毁得很厲害。

（譯自十月六日大陸報）

吳淞十日血戰

佚名

『問我受傷的經過嗎？其實，這點兒輕傷算得什麼，保衛國家，是我們軍人的天職呀！

『你聽了不會感到厭倦嗎？也好，我們不妨簡約地來談一談。不過，那怕是分乏味的吧。

× × × ×

『到二十日的晚上，情勢就驟然緊張起來。敵人因爲在虹口一帶軍事失利，陷入了重重的包圍，自然，突圍是他們唯一的辦法，因此在蘊藻浜張華浜一帶他們就用大砲飛機作掩護，隊伍密結地向岸上衝來了，這樣，我的防地也就受到了極大的威脅。

二十一日到二十二日，我所率領的弟兄，和數倍於我們的敵人曾苦鬥了整整三十多個小時。三十多個小時，是多麼長的一個時間呵！沒有東西吃，也沒有東西喝，眼見弟兄們一個一個的壯烈地犧牲去，但這是爲國家呀，除了不惜一切地和敵人拚命以外，還有什麼更妥善的辦法呢？因此，始終我們還是支持了下來。

「二十三日下午，敵人因爲屢攻不逞，情勢稍見緩和。蘊藻浜的那條橋上，我們的弟兄是死得很多的，幾次我們想衝過橋去，想幫助他們擊退敵人，但幾次都爲敵人密集的機關槍止住了。有一次我們已幾乎快衝過橋了，但無恥的敵人，卻在橋的南端放火燒了起來，眞悲壯呵！那一剎，我們的弟兄，前仆後繼，竟犧牲了不少哩！

× × × × ×

「但當我進抵××時，敵人似已發覺，分了一隊兵士向我這邊迎擊過來了，我們便在××展開了劇烈的搏鬥，而我也就在這當兒掛彩啦！

「我的頭，剛想抬起來敵人的一顆子彈就洞穿了我的軍帽，那時，幸喜我的神志還十分鎮定，我知道我所蹲着的地方，已成了敵人攻擊的目標，就把身子向右移了過去，那裏是一簇蘆葦，起初我以爲蘆葦中，一定還有土墩，所以沒有伏下去，可是立刻我看清了，於是就迅速的躲了進去，剛伏到，颼一顆子彈就飛來洞穿了我這右臂。但這時我是負有重任的，我不能退，所以在忍痛之餘，依舊一聲不響的伏着。

「敵人愈迫愈近了，顯然這是肉搏的時候了，我便硬撑起身子來發了衝鋒令，這樣，大地便立刻捲起了狂濤，弟兄們個個都奮勇爭先的站起衝了過去，喊殺聲響澈了雲霄，塵烟也瀰漫了四週……敵人究竟都是些被軍閥迫着來作戰的呀！所以喊聲起處，他們就都踉蹌地各自逃命了。不到十分鐘，我軍就完全擊退了他們。

「以後，由勤務的扶助，我纔離開戰場。

「到這裏來，還剛是昨天下午（一日），因爲沿路敵機轟炸得很厲害，由勤務扶着走到滬太路，

37

纔由童子軍救回來。

「眞的，這點傷是算不了什麽，你瞧好啦，再過一二星期，我就可回戰場去殺敵的。

……………………

上面是記者去訪問了剛由吳淞受傷歸來的口口口第×團團長岳岑氏後的忠實記錄。

岳氏據聞係黃埔第一期畢業生，年紀還只三十四五歲左右，姿態是十分英俊的。記者去訪問他時，他一直興奮着，只有當最後記者問起他所率的死傷人數時，他的語音，纔轉爲幽傷的低調，但接着上面立刻他就又振作了起來說，「不過，這數目與敵人死傷的數目相較，却還是很少的。你可想像到的敵人的密結隊伍登岸時的犧牲，是多麽重大呵！」

此外，我們還談到了下列的三點：

（一）據他觀察，最後的勝利，是一定屬於我們的。他說：這幾天戰事的進展，雖然比較沉寂一點，可是我們該認清的是，中國能打勝日本的方法，只有採取持久戰的戰法，因此，這樣的現狀，是不値憂慮的。

（二）敵人的登岸，並沒有多大關係，那方面我們的軍力配置得很雄厚。只要我們不讓他們再擴大戰線，使他們的軍隊密結在一起，陸軍不能發揮炮火的威力，我們是總有殲滅他們的可能的。並且在用兵上說，敵軍的砲艦在淞口一帶已早排成了一個砲兵陣線，他們成天地向我們岸上猛轟，結果自然都是我們的損失。我們的軍隊，既不能在密集的砲火下站住脚跟，還擊也就很困難。所以在某種觀點上看，讓他們登岸後再設法殲滅他們，也是辦法中的一種。

（三）在這次淞戰中，敵人的隊伍中據調查還雜有被逼從關外開來的「僞滿」軍隊，敵人屢用這些東北人向我軍喊口號：「老鄉！大家是自己人，不要開槍！」但當我軍抬起頭來時，他們就用機關槍橫掃過來了。這點，是值得我們痛心的。他們假定不願做奴隸，乘這時候反正，實在是最好的機會。

（大晚報）

段營長

倉聖

聽說在××後方醫院裏最近從前綫送來了一位受傷的營長。雖然我們對於任何一個在最前線英勇地抗戰的長官或士兵，並不因爲他們的階級的高下而有所厚薄，但是這幾天來，我們誰都在腦海裏縈繫着一段壯烈的事蹟——寶山城淪陷前的姚子青營長全營殉國的史實：至少使我個人對於「營長」兩個字在直覺上顯現一種格外親切的同情，所以我在服務的餘暇，就近慰問了一位受傷的營長——段紹浩。

正當日暖風和的一個下午，敵艦所發的連續的砲聲響澈了青白的晴空。在一間小小的病室中，我就得享受了一次喜悅的意境，和這位段營長交換了一會異常快慰的談話。

他英俊的面相上輕罩着和藹的微笑，溫柔的語音中吐露出萬分謙遜的態度。要是事先沒有知道他是奮勇殺敵的將軍，誰也看不出他是一位效命疆場的戰士。

我們的談話當然離開不了前方浴血的戰蹟。他說到這次的民族抗戰的意義的重大，而欣幸着前線將士的壯烈的犧牲都有了光榮的代價。他有一種信仰政府與擁護領袖的堅貞的熱情隨時在他的嘴邊流露出來。

他受傷在腿部，斜臥着，伸直了他的用鐵架撑住着的綁札的左腿，毫不顧忌，處之泰然。好像完全沒有覺得這創傷的痛苦一般。說起了他的受傷的部分，他很願意由醫師先來一次愛克司光攝影的檢查，想來他很担憂着這腿部的傷勢或將影響他繼續抗敵的雄心，因爲從他表情上很可看出他是急於想趕回前方去領導作戰啊！

談到他這次在××戰線上的實情，他很欣慰於他部下的士兵的勇敢，他很謙虛地把一切功勳都讓給每個士兵來担受，他自己並不願意接納任何對於他個人的頌揚。尤其當筆者對他問了我可否把他的談話來發表以後，他很斷然地表示着拒絕。他說他的話都是每一個人都有的常識，並沒有什麼發表的價值；而且軍人的天職是爲國報效，祇求實際的工作，無庸什麼文字上的宣傳。他又歸納地做着結論說，如果全國的軍民，都能夠信仰政府擁護領袖，那末民族的生存是決不會受到絲毫損害的。

40

最後我請求他寫幾個字留一紀念，他起初很猶豫地說「是否要把我的親筆在報紙上發表呢？如果這樣我是不願意的。」經我說了祇是為我個人留一些紀念，他就在病榻旁題了下面的幾個字。現在我得聲明為了我的熱烈的欽佩，所以我仍舊拿了來發表了，段將軍也許可以原諒我吧！

段將軍是×××獨立旅的營長，黃埔第七期的畢業生，江西籍。這是在我最後退出病室以前再三地詢問以後才回答的；告別時，他仍是很謙和地微笑着。這不能磨滅的微笑的神情正浮湧在窗外傳來的連續的砲聲的音浪中，更覺得具有偉大的深義。

（辛報）

保衛獅子林

佚名

下面是一個木匠告訴我的軍民怎樣保衛獅子林的故事。雖然故事的內容，是那麽平凡，一點也不神奇，可是這裏，值得我們注意的是：却存在着一個非常偉大的意義。

鄰邦蘇聯之有今日，誰都知道，是靠着軍民合作。賴着這樣堅強的基礎，他們纔把內戰後的飢饉，災害完全克服，並且掃淸了一切反動勢力，順利地展開社會主義的建設。這次我們神聖的民族自衞戰，自然也同樣必需要有軍民合作的精神，纔能制勝敵人。這木匠所告訴我的故事，就無異是這前途的保證，它保證了中華民族，到現在是已萬衆一心了。

木匠的名字叫張根生。他是一個獅子林的居民。去歲曾經受過四月的公民訓練。他家裏有母親，有妻兒，一直都過着平和的聒靜生活。但這次，敵人的巨炮，却把他們全家的快樂都摧毀了。不過，他並不因此悲哀，敵人的暴行却令他更堅強了抗敵的决心。他憤怒，他痛恨，他說：「中國人只有大家團結起來，打退了日本人纔有辦法。」

記者碰到他的時候，他正在某處打聽他失散了的母親的下落。

「你母親幾歲了？」記者問他。

「已經六十多了，因此我很擔心她老人家會遭到什麽危險，」他向我注視了一下，低聲地這樣回答。

我看他的神氣，並不像一個浮猾者流，於是我就又接着問他：「你們怎樣會失散的呢？」「失散的時候，他自己在幹麽呢？」問呀問呀的就問出了這一有意義的故事來。

據他說：「上海發生戰事的時候，起初他那裏是並不怎樣受影響的，所以一切的人，都依舊安心地過活着。加之正値秋收時節，農民們忙碌了一年，原只這一點希望，因此逃難這回事，是誰也不想到的。可是二十五日早上，情勢突變了。從瀏河老石洞一帶回來的人，都說那裏已發現了日本兵的蹤跡，全村纔漸漸着慌起來。後來區公所貼出了一張佈告說：敵人已經抵境，希望村民從速防備。但說防備，又怎樣防備呢？農民們除了知道怎樣使用農具以外，是什麽都不知道的。因此大家還是猶疑，彷徨，顯着驚慌得無措的樣子。二十六日早上，敵軍向寶山開始砲轟後，砲聲傳到了獅子林，農民們就更不安

42

起來。那時，沿江自吳淞到劉河，每隔一二里，已都有日本軍艦駐泊，眼見獅子林是決不能倖免的了。

「壯丁們一齊出來呀，大家去援助我們的駐軍！」六時半地方上的保長派人到各家去通知，壯丁們纔開始澈悟到自己的力量。於是「出來呀！」「出來呀」的呼聲，立刻傳遍了全村，而全村所有的壯丁，約二十五六人，也就個個磨拳擦掌的站出來了。

到七時，這意料中的一幕，便在獅子林砲台前面展了開來。我們的守軍在最前線的人數，其時還只二十餘人（因爲戰略上的關係，大隊士兵均配置在第二線××）加上二十五六個壯丁，總數也只五六十人。但這一戰爭，就賴着軍民的精誠合作，壯丁搬運子彈，士兵開槍掃射，壯烈地支持了下來。

最初，敵人只駛來一艘小汽艇，到獅子林附近來繞了一個圈子，汽艇回去，那邊的日本軍艦上便接連向我方開了二三十砲。但砲彈一顆也沒打中，大都落在月浦以及附近鄉下。砲聲停止，遠遠纔又駛來三艘滿載敵軍的汽艇，他們駛至離海岸二百咪地方，機槍就格格的向我方射擊了起來。但我方的陣線是踞高臨下，所以敵人的珠彈，非但沒有傷及我們的戰士，甚至連陣線也絲毫沒有搖動。我方起初並不還擊，等到敵人的汽艇靠近岸了，纔齊出掃射。這一刹，敵人因爲猝不及防，而我方的子彈，又都標的準確，顆顆命中，因此敵人死傷大半，有的跳入水中，有的棄槍伏到船底，不一刻，便都爲我們完全擊退了。十時左右，敵方又開始了砲轟，而且從對岸的航空母艦上飛起了六隻飛機來，移時，又從吳淞方面飛來六隻，劉河方面飛來了四隻，一共十六隻飛機，都盤旋上了我方守軍的上空。一時，情勢又入了非常的危境。炸彈像雨點般擲下來，守軍因爲被逼於敵機的轟炸，暫時就只有分散躲了起來。但附近的民房是無法移動的，那些房子，就成了敵機殘酷的轟炸目標。轟轟！！全個村子都燬在火光中了。那時田野裏曾到處地飛起尖銳的不忍卒聽的哭聲，喊聲，可是敵人是一隻沒有人性的狠牠，是沒有惻隱之心的，人們愈是奔逃得厲害，牠也就跟着炸的厲害。因此，在那一次轟炸下，可恨的是，死的竟都是些農民。

飛機去了，我英勇的戰士，就又回守了原防，所以一直到傍晚，敵人始終沒曾登上岸來。

敵人眞實的在獅子林登岸，是在廿九日下午。事前他們也同樣以大砲飛機的轟炸爲前導。然後汽艇上的人纔懦怯地跟着跳上岸來。傍晚的時候，曾有一個賣鷄的親見他們還伏在沙灘上，沒有上岸的勇氣。當時，那個賣鷄的曾爲幾個口操流利的東北話的敵人抓住。「你們的軍隊在那裏，說出來就放你，否則……」他們威嚇着他。可是，中華民族的每一個人，到現在已早都認認了日本帝國主義的凶狠面目，每個人是都甯願死，決不會屈服的了。因此無恥的敵人把他毒打了一頓，搶去了他一擔鷄後，終於沒奈何地放了他。

後來配置在第二線的我們的大隊士兵上去，他們便又狼狽地逃了。

因此，獅子林的在那時的能得保持，是完全靠着軍民的合作。我聽完那個故事後，曾感動得爲它流淚。

44

中華民族是一個鐵的集團，在這次抗戰中，顯然大家是都覺悟到了自己的力量了。（大晚報）

羅店之役

狄　斯

開拔

下午四點鐘的時候，我們這一團人奉到了師部的開拔令，在緊急集合號之下，我們的隊伍一排一排的站成方形，一會兒團長用宏亮的聲音宣佈了本團奉令担任本師的前衞，即晚挺進淞滬。其實我們全體的弟兄都料定了，我們此來是爲了增援淞滬，上海戰事八月十三日爆發，我們在十八日渡江趕到此地暫駐，當時有許多弟兄，都很懊喪，我們担心指揮部會把我們留在這後方而讓別的隊伍去殺日本鬼子。尤其我們的劉連長，悶得時時在跌脚。

劉連長有皖北健兒典型的體格，結實而並不高大，他在本師有七年的歷史了，古北口之役他是中尉排長，同鬼子兵鈴木旅團的血肉相拚，是他得意的傑作。可是他每次提起古北口，他的眼睛就發出怒火，粗壯的拳頭自然的揮舞着，他悼念他那當時的一排同他一樣結實的弟兄，立誓要以加倍的鬼子的血來淸償這一血仇。

對於鬼子兵的砲火，他說那東西祇好嚇沒有陣地經驗的新兵，不曉得找掩護，不曉得使用耳朵的聽覺，來趨避一顆大炮彈或是迫擊砲彈，要是碰到了我們，砲火的威力就等於白費了，他解釋怎麼樣先看見一堆噴射的烟火，就能斷定這是一顆大砲彈快要飛來了，假使方向同距離都向着此地，就得趕快爬開。此外迫擊砲同小鋼砲彈也要注意，在砲火密集的陣地上小砲發射的聲音往往會給大砲所掩沒同時小炮彈進行的「嘶嘶」聲也不及大炮彈的「嗚嗚」聲來得顯著。機關鎗在衝鋒前進是可怕的武器，但對於掩蔽物的破壞是毫無效力的，因此我們祇要迫近鬼子兵，緊追不放鬆，他們的機關鎗手就嚇呆了，祇要一顆手溜彈過去，機關槍就會沒有聲音。可是他痛恨飛機，他說古北口的犧牲有一半是由於敵軍的飛機太多，而我們又缺乏高射砲。

到得十四十五日我國空軍大施威力的消息傳到此地，老劉的嘴快樂得整天的拉開着，每次有飛機在上空向東飛去，他老是說痛快的禮物要送給鬼子兵了。這三四天內他無時無刻不在教導弟兄們，滿地的爬着，電光似的衝着，刀片子雪亮的舞着，直到緊急集合的號音響遍了每個山峪。

老劉現在快活了，懊喪的氣色已逃避開他那滿掛油汗的黑臉，一枝自動步槍在他的肩頭閃出光亮，背囊上面還有把五斤多重的大刀片子，和一把步兵必須俱備的掘泥鏟。隊伍是那樣長長的一長行，在斜射的秋陽光下急促的行進，迫擊砲同機關槍的拖動揚起乾燥的地塵，統統裝進了一列噴着怒氣的火車。火車旋風似的向前綫駛去。

火線

各人的情緒雖則緊張，但精神充分的士兵，照例是不會失掉他們的睡眠的，轔轔的車聲一過武進，車箱中有一大部份的弟兄是睡着了，有些則在寫着書信，大概是把這興奮的消息去告訴他們的親友去了。

醒來時火車已停在田野裏，滿天的星光裏着一抹斜掛的月亮，那正是陰曆的二十前後，夜光錶告訴我是早晨的兩點半。老劉揉了揉眼睛，招呼我一同下去看看，兩面農田裏秋蟲吵得很兇，可是一點沒有涼意。跳下了車情勢立刻判明，很遠的東面似乎是一個車站，從那裏拖下來一長列一長列的火車，顯然我們這一列是開不過去。老劉想要判明這個車站的站名，他以爲這裏或者是眞茹了，但爲什麼還嗅不到火藥氣息，一會兒別家車上也有人跳下來了，一個江南口音的營副他說這是安亭，距離黃渡還有十公里樣子，可是爲什麼要停在此間，大家不明白。

遠遠聽得站台上的哨笛慢慢的前面一列車向前移動，我們又攀上了車，一刻兒前面那輛車又打着倒退退回來，原來已是卸空了人的車皮，然後我們這一列向前進發，過站並不停留。

三點一刻，列車駛過了兩個車站又在曠野裏停下來，團部的傳令兵發來命令，大家下車讓空車回去，一連一連的士兵縱隊散開，從許多稻田棉田中間向東北行進，隱隱的從那方向傳來砲聲。

我們這一營現在是本團的預備隊，而我們這一連又是本營的左翼，大家在棉田裏很快的跑着，老劉對於棉田很高興，說這樣子很像北方的高粱地，可惜沒有高粱那麼高大同密集罷了。漫漫的黑影愈散愈開了，大砲的轟隆隆震得大地微微顫動，「鏗嗒鏗嗒」的迫擊砲聲幾乎連接得起來，偶然有顆照明彈發出紅光綠光，在這光影裏可以看出距離不到七千迷達的前面，一長條地帶籠罩在砲烟之下，輕重機槍以及步槍的發射，那就簡直像一大鍋稀飯在沸騰。

每個人的面色有些發青，這還不僅僅是曉色未分的緣故，顯然每人都已感到，前面就是火線，在那面有我們死生的仇敵，大家的脚步不由自主的加緊了。

驀地發出了大砲的狂吼，一連幾個火球飛了出去，老劉拍拍我的肩頭，用贊歎的語氣說了句「好傢伙，看樣子是二十四生的的重砲呢！」每個人心頭都在喜悅，大概敵人做夢還沒想到「中國已經有了這樣好的大砲。」同時老劉估量，我軍的拂曉攻擊馬上要開始了，我們剛好能趕上這個場合。

越過一道小河，二百米的後面就有一條預備壕，那還是晚上新築的工事，一羣工兵和不少伕子在忙着工作。正在這時候，忽然上空有了軋軋的機聲，一顆照明彈在一把綢傘下面出現，白光照遍了大地，數百米以內是毫髮分明的。我們本能的最迅速沒有的臥倒下去，然後各找掩護的目標，一大串螃蟹似的立刻爬得一個不見了，俄然飛機發出「嗚嗚」一下垂聲，一顆大炸彈落在我們的左方，泥土濆泉似的冲到了上空又給我們一陣暴雨，到得第二個炸彈爆發時，距離已相差三百米，顯然是並無準確目標的。

衝擊

我們跑進了預備壕，因為作事太急促，各人又拿出鏟子來整理了一下，劉連長和我們幾個人估了個窟室，算是本連的連部，幾個值哨的弟兄攀上了哨崗的位置，自動步槍安置在瞄準架子上，我們算是暫時休止在此間，這裏是羅店的西邊。

據說敵人在昨天開始了總攻擊，五萬陸軍在六七十條軍艦砲火掩護之下，強渡登陸企圖佔領陣地，凡是淞滬沿江沿海的口岸從張華浜直到瀏河，全在敵人攻擊之下。經過我軍一天一晚的掃盪，各線敵軍都逐退了，惟有從獅子林西北侵入的一大股，因爲有漢奸的引導，竟給他們突進了羅店。幸虧我軍以大隊增援，方纔把敵軍堵截住，並且截斷了他們的後方，這股敵軍勢成甕中之鱉。不過陷入包圍中的敵軍多至一旅團，而且是在日本最負聲望的各師團中所選拔出來的精銳，戰鬥力是相當頑強的。同時江濱到羅店的距離不足二十里，遠射程的重砲能夠掩護，所以昨天下午，敵人已築起防禦工事，預備死守。照此看來，我們所來的任務是担當殲滅這包圍中的敵人了。老劉聳聳肩，他顯然爲聽得敵人是精銳的選拔隊而高興。

曉色漸漸展開，上空三架飛機的機器都看得出了，顯然是敵人的。飛機繞了幾個圈子之後，猛烈的砲火也光降了，一排砲的砲彈至少是六顆，爆發在彈壕的前面，震得擋彈的掩護工事岌岌動搖，濃厚的火藥氣塞住每個人的呼吸，是十五生的重砲。自此以後的砲火，那簡直是瘋狂，什麼聲音都不易辨別了，像十萬個大鑼同時在敲擊，老劉發怒了，他忙着指揮增加工事要大家鎮靜，他說他在古北口曾遭遇過三天三夜的砲轟。其實大家都不待老劉分付就靈敏的在活動了，這裏有防禦工事，怕什麼！

十分鐘之後，敵人的砲火縮短在我們前面的一百碼，我們這條戰壕是無事了，共計敵人給我們六七十顆砲彈的損失，是意料之外的輕微，死傷僅僅五個人。可是前面幾條戰壕立刻充滿了烟塵。除掉烟塵火花以及泥土的噴發之外什麼東西都看不見，三架日本飛機依舊在頭上轉，一看見目標就擲顆炸彈。

照這樣的砲火伸縮，穿梭織布似的在我們陣地上循環往復，我們的戰壕有些地方是殘破了，擋彈壁外面的沙包慢慢的消溶掉，擋彈壁的水泥也爆掉了不少，我們每個人手裏的鏟子並沒有停過工，戰壕加深到八九尺，而且都挖了窟室，我們的瞭望哨站在頂厚的擋彈壁後面，除此之外的人都可以安然的休息，聽憑敵軍去轟炸。

突然間砲火又高舉到我們的後面去，濃的煙是沒有散掉，可是前面的幾條戰壕都有了機關槍同一寸口徑自動砲的猛射聲，影約地有六七隻大爬蟲在滾過來，「坦克車！」這東西迫近我們的陣地，碾平了棉田，碾平了砲彈窟，還想掙扎過鐵絲網來。我們的砲兵發砲了，重砲，重迫擊砲，小鋼砲，完全向敵軍陣地送過去，敵人的大爬蟲遭難了，顛蹶在砲火之中，有一隻的圓頂給大砲彈開了天窗；另一隻則給自動砲打穿了肚子，但敵人畢竟不愧爲久留米師團的精銳，依舊在頑強的挺進。一小部分的鐵絲網給壓毁了，第一線的戰士在抛着手溜彈，戰線發生了灣曲，我們第二線第三線的戰士便向中間切籠去，坦克車陷入網裏來了，在許多煩響中雜着呼喊，偉大的鬥爭場面展開了。

緊接着的是敵人衝出戰壕來了，土黃色的鋼帽覆沒着眉眼，黃軍服短褲，纏在膝部的似乎是鋼罩，好怕死的敵人！我們渴念了多年的敵人此刻是在眼前了，第一綫的機關槍吼叫着，許多敵人在沒有越過鐵絲網時已經跌倒，另外的一大部分又衝了進來，弟兄們多給敵人嚐了手溜彈，接着就跳出戰壕，雪亮的大刀雪亮的刺刀一齊擁上，喊聲響徹了天地。在這喊聲中，我們知道敵人都穿了很寬很長的鋼馬甲，刺刀對胸部都失掉效用，「弟兄們把大刀砍鬼子的頭頸啊！」「給他們手溜彈啊！」果然這是有效的方法，敵人的衝鋒遭遇了挫折，他們沒想到砲轟的結果，對於我們僅有輕微的損害。

我們團部的號音來了，我們立刻要增援第一線，給他們略略反攻的味道，老劉第一個跳出戰壕來，乾脆的他把自動步槍交給勤務，五斤多的厚背刀一挺，電光似的飛向前去，百多個弟兄沒一個是落了後。殺啊！

這一陣衝殺把敵人打退了，鬼子兵都背轉身就逃，我們好多弟兄的刀口上還沒發利市，我們怎肯罷休呢，當然給他個緊追緊殺了。我的前面是一個倭個子的敵人，他顯然給全副武裝的水壺鏟子等類弄累了雙腿，此外則鋼馬甲鋼絲罩的重量也給他不少不方便，我追上了他，在他來不及返身回鬥之前，一刀下去他的肩背給砍開了，鋼馬甲並不保護他的後面。那傢伙一聲慘叫，跌下去又滾了滾，我左手的鏟子又給他頸項裏一送，幾乎把他的頭鏟了下來。

一刻工夫我們衝近了敵人的戰線了，我們不讓殘敵離得我們太遠，這樣子就鎮住了敵人機關槍的發射，逼得敵人祇好增加援隊，又是不少的鬼子兵跳出來了。他們讓殘敵過去，有許多殘敵大概爲面子關係，又回過頭來同我們肉搏，另外是幾十架小坦克車，敵人的機械化部隊。

我們漸漸的後退，退過了第一線戰壕，我們的砲火盡量在阻止敵人的前進，可是小坦克車的活動比大坦克車還兇，打翻了又爬起來，打破了還是蠢動，滾着了地上的傷兵便是一條血肉的漕，敵人的飛機至少是八架永遠在我們上空擲彈，牠的目的物是機關槍和自動砲。我們的戰線是翻騰了，我們的軍服都給汗所浸濕，中午的太陽光比什麽都熱，有許多兄弟帶了彩都忘記了是受傷，「我們得拚命啊！」「我們不能讓敵軍勝利啊！」「我們得死守我們的陣地啊！」老劉像瘋虎似的叫着。

轉瞬間敵人的坦克車已進到第二線，我們英雄的弟兄拉開了電鈕，地裂天崩的地雷爆發了，十幾架坦克車和百來個敵軍都成了碎塊，我們在這烟霧火光中間又吶喊反攻，敵人是逃了。

帶彩

夜色漸漸來了，敵人所給我們的損傷是僅僅兩條戰壕的殘破，可是我們後面的預備壕已築好了幾十條幾百條。

夜色濃了，星光燦爛地出現，戰壕上一縷縷的白烟沒有散盡，大砲也僅僅隔三五分鐘一發，並無目標，想來敵人是疲倦不堪而急需休息了。我們輸送隊送來了糧食，白麵饅頭，罐頭菜，白開水還有啤酒，上海的同胞待我們眞不差。救護的担架隊也來了，他們把傷兵抬回去，不過許多輕傷的弟兄不願退下，我們親密的互相拉拉手，爲了爭取國家的獨立自由，我們得努力下去。

夜光錶的短針指在一點鐘，團部的反攻命令下來了，各人攀上戰壕，在敵人的探照光閃過時，一長列的人已爬開三十碼了。

敵人的哨崗槍聲一響，機關槍「咯咯咯咯」地掃着，迫擊砲更是「鏗嗒」「鏗嗒」的忙個不停，探照光照明彈到處在搜索，可是我們全不管，一聲不響的緊爬着。同時我們的砲兵陣地也發射各種砲彈，給敵人戰壕以一陣彈雨，最使人興奮的是我軍飛機的出現，幾顆大炸彈都命中在敵軍的陣地，敵軍陣地立刻變成人聲喧嚷，高射砲在空中爆着火花，美麗的夜戰，新時代的立體戰。

祇有一百碼的距離了，敵人的手溜彈已在亂拋，我們發一聲喊，站起身來電也似的衝上去，老劉一顆手溜彈剛好拋着前面的機關槍手，另外一顆又把站在擋彈壁後的幾個敵人炸翻，我們已在鐵絲網的缺口裏湧將進去，跳進了敵人的戰壕。敵人因爲來不及逃，有幾個瞎舞着槍刺，有幾個竟掩了眼睛躲向角落裏去；三分鐘之內，他們已沒有一個活的在戰壕裏了。

越過了第一條戰壕，我們又向第二條戰壕的敵人肉搏，我們的喊聲震天動地，我們絕不讓敵人喘氣，一口氣追到了原來敵人的戰壕。

敵人是退回來了，用各種各樣的砲火掩護，要遮斷我們的衝擊，忽然我感到頭上着了一下重擊，一跤跌入一個砲彈窟，感到暈眩，同時我的靈魂發出警告「假使在敵人的戰線面前暈了過去，你將永遠和世界脫離!」於是我強制自己醒來，並且迅速的爬出去，頭額上的血像水一樣的淌着濕了我的眼睛，我的知覺漸漸磨糊了。

現在我已知道獲救，這裏是第××傷兵病院，但是我渴念着我的弟兄們，尤其是比鋼鐵還堅實的老劉。

（辛報）

蘊藻浜殲敵記

流水

十月十八號那天月色正深，敵人用飛機，大炮，煙幕彈掩護着他們的步兵偸渡蘊藻浜，來攻我們的陣地。

我們的弟兄在蘊藻浜陣地內已有一星期未看見敵人的面目了，他們所見的只是敵人無標的砲彈與炸彈，他們恨不得立刻衝到敵人的陣地去，與敵人肉搏，殺它一個痛快才好。

這天晚上，正是我軍殺敵的機會到了。在蔚藍的月色下，遠遠地可以看見敵人從蘊藻浜的浮橋上，龜似的爬過來了。大家都拼息着氣，預備敵人渡過來時，給他一個痛快的打擊。我們陣地中第三排的一個士兵，這時就將身邊的手溜彈，掛了十幾個在身上，同時手中拿一柄鋒利的大刀，一個人靜悄悄地爬到浜邊去，又靜悄悄地跳入了浜中。突然轟隆了一聲，敵人的浮橋被炸成幾段了，多數的敵人，都滾入了浜中，這時，我們忠勇的弟兄就握着他的大刀，左一個，右一個，一口氣殺死了幾百個日本兵，一直到他勁疲力盡時，他才走到浜上來，浜內的水染成了血紅色。

事後，這位第三排的士兵仍舊不聲不響地躲伏到戰壕內去，這消息立刻傳到我們後方的師令部去了，調查之下，方知道這位士兵的功績，他的名字叫做左崐之。

在師令部中，某師長問他殲敵的經過中，他悲憤的落淚了，他說：「我眼望着我們的許多的弟兄在敵人的大砲下犧牲了，但是我們却沒有看見一個日本鬼子。我就發下誓，我說日本鬼子不與我們見面則罷，見面時，我一個非殺他們一百不可，替我們犧牲了的弟兄復仇！」

當天晚上，我們蘊藻浜全線的戰士，就向日本人進攻，一直打到第二深夜，血戰了廿四小時之多，現在蘊藻浜邊敵人全被解決了。從這天以來，敵人再也不敢犯我蘊藻浜陣地了。（社會日報）

記蘊藻浜兩連長

佚名

一張堅韌的臉，精悍的身體，雖然受傷了，手臂給敵人的砲彈炸壞了，但是精神還極健旺，談吐非常有條理；這是一個衛國忠勇將士的畫像。口口師口口團的連長吳心鼎。

吳連長的一連弟兄，是擔任蘊藻浜右翼的攻擊的；這幾天來蘊藻浜南岸戰事正烈，敵軍已給我重重包圍；逐步加以殲滅。這一線的猛烈戰事，記者從這位受傷的連長口中，可爲讀者告訴一點簡約的情形，但是有許多因爲有關軍事祕密，所以只能割愛。

敵軍是八日渡過蘊藻浜的，他們憑着隔岸猛烈砲火的掩護，猛烈向我陣地進犯。我軍擔任右翼的便是他們口口師，擔任右翼攻擊的，計有二口分左右進襲

他們這一連屬於右翼的，奉到團長的命令，向吳家堰、史家宅兩處敵軍進攻，企圖殲滅蘊藻浜南岸敵人之據點，他們這一連人於是由口口口越滬太公路，經口家宅，口家宅進攻這兩個目的地。猛烈的戰鬥於是展開了，『敵人砲火眞不惜工本，他們想以密集的砲火阻止我們進攻。我們有的是決心，有的是勇氣，敵人的砲火雖然猛烈，弟兄們一個個倒下去，但是又一個個的衝上去，這兩處目的地，終於在我們猛烈衝鋒之下，敵軍無法死守，而給我們佔領了。』正在那個時候，敵人的砲彈飛來，炸傷了他的右臂，因之他只得退下來療傷。他自己雖然受傷了，但是很感得高興，因爲他這一連人已完成了他們英勇的任務，佔領了這兩個據點。

下面我想再告訴讀者，我們的軍隊是用怎樣的精神，去固守我們的陣地的，這是另一個前晚在口口受傷回來的連長黃長俊告訴我的。

『我們這一連人，奉命到口口去接防陣地，我們的任務是守衞，遏止敵人的攻擊。在大雨滂沱之中，我們加工建築我們的工事。但是敵人的攻擊早就開始了，他們用大炮掩護步兵進攻，那時候坦克車雖然沒有出動，但砲火已經夠利害了，我們新構的陣地，在敵人的猛轟之下，逐漸消滅了。

『那處地方是很重要的一個據點，我們的陣地雖然燬壞了，但是我們還得死守下去，當時我命

令全連弟兄無論如何不能退。第一班的弟兄，打完了，第二班塡上去，我們的弟兄是要和陣地共存亡。

這時天下雨，敵人的飛機不能出動，他們的兵衝了幾次，總是衝不過來。我們的弟兄掛彩的掛彩，陣亡的陣亡，但是我們還是不退，我們要死守這陣地。」

那時有人問他，你們那時候爲什麽不出擊呢？

他的回答是『前面敵人有着嚴密的警戒線，後面又有堅固工事，我們人少，衝上去徒然犧牲，還是固守的好。

『敵人衝了又衝，砲彈像雨點般的落下來，幾乎和天上的雨，同樣的密，我們的弟兄，快要傷亡殆盡了，砲彈飛來我的右臂受了重傷，但是後面的援軍也開上來了，我們依然守住那已給敵人砲火毀壞了的陣地。』那時候，這位黃連長很興奮。

黃連長是一位非常爽直的漢子，他告訴我，他這一連人，在口口之役已傷亡過半，因之調下來補充，完竣以後，調上這一線，現在全連的弟兄，非傷卽死，你看這種精神，多麽壯烈！

他揭開被給我看他的傷勢，血跡殷然，委實極利害，爲了顧全他的精神起見，就此打斷話頭。這裏希望他早日傷痊重上火線殺敵去！

（大晚報）

陳家行血戰十日記

誠君

記者日前由某處返滬，因當時無順便車輛可乘，徒步東行一小時，頗感疲乏，即在車棚內略事休息，及走進棚內，適遇一位受傷的青年軍官，在那裏等候担架，我們彼此通了來歷，就同坐在一個轉輪的邊沿，我很客氣的遞給這位軍官一支香烟，我自已也拿一支吸着，彼此定一定神，就開始接談起來。我很希望在這邂逅相逢的談話中，得到一點比較確實的消息，而這位受傷的青年軍官，也很願意把他們在戰場的經過情形告訴我，他是山東人，對人謙恭有禮，我非常的敬重他，雖只略交數語，倒彼此都很傾心，我們便開始密談起來；

同志是那一師的？在什麼地方受傷下來的？貴部這幾天作戰的大概情形，可否見告？

我發了這個問題以後，他便現出勝利和慨歎交并的氣色，用很鎮定而悲壯的語氣告訴我，他們全師忠勇將士八日夜血戰的經過，茲記述如下。

我們就是九月中旬參加劉行，永安橋小朱宅，那次與敵人血戰七晝夜，有楊，陳，耿，楊四位營長忠烈殉了難，那一次我們一師與敵人整個一師團主力對戰，雖然敵人裝備較我們強，但是我們終以大無畏的精神把他打退，陣綫始終屹立不搖，詳細情形各大報均已刊載，提起來先生一定會記得的。

因爲上峯顧念士兵疲勞的關係，在九月二十日，把我們換下來休息補充，在很短的時間內，我們就補充完畢了，官兵們的精神也就恢復了，那時上海的很多愛國團體及各界聞人，贈給敝師很多關於作戰有益的物品，廖仲凱夫人等給我們募了很多的藥品和面具，各團體各私人都捐募了許多什物，這都是我們的長官告訴我們的。上項的物品，我們都已收到應用了，我們全師官兵對於幫助我們的各團體及各先生，都是非常感謝的。

我們因爲國家危急，和自己的責任，以及長官對於我們的鼓勵，各界同胞對於我們的熱烈愛助，我們全師官兵都願意早上前綫，替換友軍繼續作戰，使他們也得回來休息補充一下，因爲這種激烈的大戰，靠一個部隊長時間與敵抗戰是不可能的，必須大家輪流着去打。

我們的師長，旅，團，營長，都是富有學識經驗而英勇無提的青年將領，他們在後方是捺不住性的，師長常對我們講，「爲國家民族的生存而抗戰，雖犧牲至一兵一佚，決不氣餒」，這話已成我們官兵堅傕不移的信條，所以我們把個人的應用物品和彈藥補充齊全以後，我們師長又率領着我們這一萬多血性的健兒，於國慶日的前夕，大踏步的開到蘊藻浜左翼陳家行頓悟寺方面，去替換友軍而加入作戰了。

我們二次加入作戰的那一天，正落着大雨，敵人的飛機不能光臨，所以給我們一個白天衛殺的好機會，十月九日這天下午，頓悟寺橋亭宅那方面吃緊了，敵人的大砲衝破了兩點，集中火力轟擊我們頓悟寺的一角，因友軍苦戰月餘，兵力傷亡較重，陣地稍現動搖，敵人乘機侵入了三千餘人，當時我們師長卽令潘團長陶萬率領兩營人白晝冒雨反攻，因爲這位潘團長和蕭光燦，趙鳳傳兩位營長，向來是最勇敢的，敵我兩軍經過半小時的肉搏戰以後，侵入我們陣地後邊的三百多敵人，三分之二是

59

被我們的刺刀和手溜彈殺死了，逃回去的不到百十人，敵人的死屍，躺在棉花地裏，橫三竪四地查不清楚他們的膏藥旗和軍械都送給了我們，這一下子，給了敵人一個重大的膺懲，陣地是被我們這兩營完全恢復了。

那天晚上——國慶前夕——我們全師接替由陳家行至橋亭宅三四華里長的陣地守禦，我們整整作了一夜工，把我們的陣地強固起來，炸彈拿在手裏，槍膛裏裝滿子彈，在等候着倭奴的進攻，因爲敵人吃了我們一個大虧，這一夜他未敢進犯，只看見他們用繩子向後面拉他們已死的小鬼。

國慶日那天的早晨，我們從收音機中聽見上海各界與日本經濟絕交的狂呼，同時敵人的大砲又向我們的陣地打過來了，可是我們也不客氣，他們的砲彈來，我們的砲彈去，來一還十的比例數，隆隆隆的互射起來，敵我的陣地前後成了一片黑烟，我們看見我軍的砲彈打過去時，戰士們都拍掌叫好，但是小鬼們可吃盡了苦頭，他們是蜷伏在棉花地裏擦眼淚，叫姆媽，唸阿彌陀佛，但是都不生效力。

這一天，敵人已知道了我們砲兵的威風，他們爲死裏求生計，在黃昏時候，又用五六百兵力，向我們頓悟寺陣地偷襲，我們×團長在後面指揮，遂將計就計，把陣地放開一個角，讓他們突進來，親眼看見他們似進而非的進來百多人時，×團長馬上用預備隊上的李營包圍上去了，敵人曉得我們是有計劃想殲滅他們的，但他們知道時，已被我們前後左右的槍火轟斃殆盡了，結果只有十幾個人逃回，膏藥旗和他殺人的兇器又丟下了一大堆，這一次最可惋惜的就是當敵人半數進入陣地之後，我們

60

忠勇善戰的蔡營長，他親自帶着一連人，去截斷敵人歸路的時候，與敵人的官長拚了短槍和大刀，不幸陣亡了，本師又少了一個能戰之將，師長，旅，團長都很悲惜，但是他爲全民族爭了光榮，我們又替他榮幸。

敵因攻頓悟寺，橋亭宅受了挫折，他就把攻擊的重點移到了陳家行，除十二日頓悟寺一度吃緊外，十三日至十六日敵人每天都有四五次以烟幕大砲作掩護，以大部兵力向陳家行進攻，因爲陳家行是我軍陣地之重點，我事先已有充分之兵力配備於此，固守陳家行的將領，是×副旅長和××兩團長，這三位將領都是富有作戰經驗，於屢次大戰中迭著功勳的軍官，所以雖然敵人以強力來猛攻，但我們絕對有保守陣地的把握，敵人每次進攻緊急時，這三位將領都親自帶着機關槍，在緊要的地方去堵擊敵人，作戰之神勇，指揮之得宜，就是敵人見了也很欽佩，在十五日正午，敵人將陳家行的東北角的陣地突破了，我們當時沒有管他，等到夜半敵人都放心睡眠的時候，我師長調集了十幾門迫擊砲，抽了最精銳一營人去反攻，這位營長姓張，他也是山東人，作戰頂奮勇，我們十幾門迫擊砲，一齊發射了二百多發砲彈之後，步兵由張營長身先士卒的衝鋒上去了，佔領這個小竹園的二百敵人，多數被砲彈打死，其餘都死在我們的刺刀和手溜彈之下了，當晚敵再行反攻，但是又被我們打退了。

十六日這一天，又是整日的血戰，在正午時，敵調集重砲十餘門，先用烟幕避我視綫，然後砲兵齊發射，擊張營長所守之陣地，被敵砲兵擊毀，繼以大部兵力向我猛攻，張營長率部拚命抵抗，斃敵百餘名，敵因受我步砲兵之砲火壓迫，紛紛敗退，張營長見有機可乘，即出戰壕追擊，被敵槍擊中要害而受重傷，入晚抬至醫院，不幸因傷重逝世了。

敵因費七日之時間，耗去數萬之砲彈，死了五千多人，未能攻破我陣地，乃於十六日晚上對我軍施用毒瓦斯，當時守陳家行東北兩據點的士兵中毒者數十人，我發覺後即用急救法行施救，死者僅數人，敵人如此慘無人道，全世界實應共棄之，這一天戰況最緊急時，我們師長曾親赴前綫指揮督戰，他已預備好了與陳家行陣地和忠勇的官兵們共存亡，當時傳遍了全戰綫，官兵聞訊無不勇氣百倍。

我們在十七日將防務交給了友軍守禦，接防時是那條陣地，交防時還仍是那條陣地，我們總共殺敵三千餘，得了很多槍支，最使人滿意的，就是臨換防時有×團的弟兄看清了有三個敵兵抱着一架輕機關槍向我陣地前來，這位弟兄倒從側面繞過去，待敵接近時，連擲了兩個手溜彈，三個敵兵都被炸死，他一個人把敵人這架機關槍托回來了，他已經升了中士，師長賞了他四十元錢，像這樣智謀兼全的戰士，眞是稀見。

還有在十二日早晨，我兵士一小隊，冒險衝入敵軍陣地，那裏有敵軍高射機關砲兩尊，正在瞄射我們的飛機，我們兵士就奮勇上前，把手溜彈拋去，火花起處，敵人屍骸縱橫，兩高射機關砲亦到了我們手中，可惜那兩尊砲太重了，我們擺不動，後來緊集了手溜彈，把兩尊砲炸毀了。

我們談話至此，適有好幾個兵抬着担架來接他，於是我催他上担架回後方醫治，並祝他早日全癒，他告訴我說，他很願意馬上恢復健康，再回到前綫殺敵，我們分別之後，我就順便搭了某軍的卡車轉回上海，我在屬此稿時，這位受傷的青年官的印像，尙縈繞在我的腦際。（申報）

别動隊在

浦東

郭蘭馨

鴻英圖書館
登記
書碼
到期
價格
備註

大公社叢書

別動隊在浦東

郭蘭馨著

大公社出版部發行

大公社叢書

別動隊在浦東

每册實價二角

民國二十七年三月出版

著作者　郭蘭馨

發行者　朱屏安

出版者　大公社出版部　廣州市一德路二七四號四樓

經售處　各大書局　各地郵務工會

別動隊在浦東

前奏綴語

一　抗戰中之浦東

二　別動隊的活躍

三　游擊戰

四　煞尾

東行散紀

小東北巡禮

前奏綴語

別動隊在浦東，是民族抗戰歷史中悲憤的一頁紀錄！

現在我含了血與淚遙對鐵蹄下的故鄉浦東，向許多壯烈犧牲的別動隊伙伴致敬，我將開始寫下悲憤的紀錄披露于人間世。

啊春天已經到了江南，烽火漫天，流亡遍地，河山變色，人物都非，想春之神也要歛了過去綠意紅情的笑靨，在眼前黯然傷心的境地中流淚吧!?這是誰的賜予？我們不得不咀咒國際的海盜，道德正義的蟊賊，和平的罪人，侵略者的戎首，滅絕理性的野蠻強暴民族——我們的敵人日帝國主義。

七·七蘆溝橋事變發生，北方在敵人蠻橫無理的侵掠下燃起了烽火，繼之八·

一三東戰場的抗戰開始，東亞最古民族的怒吼開始了。爲了保存五千年光榮的歷史，爲了爭取四萬五千萬人民的獨立自由幸福的生存，爲了愛護祖先留給我們大好的河山，不惜用血與肉同暴敵的侵掠行動予以迎頭痛擊。于是一切必然都牽入了抗戰的漩渦中；也開展了東亞的大時代。

抗戰是我們的出路，用最大的努力來達到最後勝利是我們的決心！許多艱難險阻我們用毅力來打破，有鐵的意志，具火的熱誠，每一個人民應該將所有的不論物質與精神的力量貢獻給國家！每個人民應該負起中華民族興亡的責任！

一　抗戰中的浦東

浦東，我們最先要認識它一番。

浦東是在上海黃浦江的東岸。浦東同上海，好像漢口的對于武昌，香港的對于九龍，雖隔一條黃浦江，是有不能分開的密切關係。所以浦東沿黃浦江岸的高橋，高行，陸行，洋涇，塘橋，楊思幾區地方，是劃入上海市行政管理區域範圍之內的。

整個浦東的形勢是一個半島，三邊瀕水，就是東界東海與杭州灣，西界黃浦江，北界吳淞口，南邊連陸地的奉賢，柘林，金山衞的滬杭公路。包括奉賢，南匯，川沙三縣與沿江的幾區，南北長三百三十華里，東西一百六十里。

交通方面，有小鐵路兩條：一條是上川鐵路，由黃浦江邊的慶寧寺碼頭起，橫貫川沙縣境到南匯縣的祝家橋鎮。一條是上南鐵路，由沿南黃浦江的周家渡站起，(在高昌廟江南造船所對岸)到周浦鎮。公路也有兩條：一條是浦東大道，由北高橋鎮逶迤至奉賢縣政府所在地南橋鎮，計劃接通滬杭公路的。一條是塘新路，由塘橋到新塲鎮，這條路的路基橋樑完成了一半，還沒有竣事，抗戰開始，工程陷于停頓了。其他內地的交通有的祇有步行，有的用小汽船民船運輸，因爲整個浦東小川河縱橫，密如蛛網，而在東海濱一帶，因農村荒落，交通除步行牛角車及小船外，沒有其他交通設備，甚不方便的。在浦江中的對江交通，由上海市興業信託社辦的市輪渡多班，還有外輪接送浦東各廠中廠工的也有好幾艘，是很便利的。整個浦東的交通是不能在水準以上，還需要計劃開發的。

浦東在沿黃浦江的一帶工廠棧房林立，爲繁榮的工商業區域外，其他的地方像奉賢，南匯，川沙三縣，還是從事于農業，全部生產的比例是棉花七成，稻三成。自己的食粮還不能供給，有賴于浙江產米區的平湖，張堰，双林一帶的接濟，其他副產品有麥，花生，黃豆，蔬菜多種，數量甚微，關於蔬菜在近上海地帶種植者較多，每天清朝沿黃浦江各渡口的菜蔬擠十分擠擁的。在東海之濱的人民，有許多賴捕魚爲業的。

在浦東有民衆一百數十萬，教育程度很低落，但民風是很醇樸的，離上海雖不遠，並沒有沾染上海大都市浮薄奢侈的習氣。但與浦西同樣靠一條黃浦江，租界方面如何的繁華，浦東方面相形見絀的却很冷落，原因是沒有加以有計劃的建設，能將浦東加以經營的話，同樣可以與浦西爭榮並茂的，浦東是一塊沒有人注意去開發的土地，但敵人却給我們留意過了，在浦東捕獲的漢奸，曾經搜出他身上的日記，關于浦東各地的種種實地調查都很清楚，其最注意的，在行軍方面認爲川河縱橫不甚便利。所以這會的敵軍沒有深入內地，也爲了這個關係。

自太平天國以來的浦東，從來沒有遭過兵燹刧難，就是淞滬一•二八之役，浦東方面也安靜無驚，有許多人自浦西的吳淞，殷行，楊樹浦一帶渡江到浦東去避難，可以隔江望閘北的大火，聽吳淞的砲聲。但這會就不同了，當然是全面抗戰的關係，遭到了嚴重的浩刦，現在鐵蹄下的浦東，依然在敵騎縱橫下受難。

在抗戰開始的時光，許多人沒有認識這會是整個民族謀獨立生存的抗戰，還以爲像過去的一•二八抗戰一樣；可以安居無恙，所以除原有的浦東居民沒有移動外，還從浦西搬過去了好多避難者，于是在民衆麕集下蒙到了許多損害，這次抗戰中的浦東犧牲是很大的，到現在洋涇鎮上被轟炸後屍體還沒有人收殮，但屍體逐漸變了枯骨一堆，就是以後家人來也認不出誰是自己骨肉之親！

在開始抗戰後，我們沿黃浦江都駐有部隊，還有砲兵隊時顯出使敵人意想不到的威力，給予敵艦重創；從背後威脅襲擊•敵軍想無數次的登陸進攻，都給我們的駐軍迎頭痛擊，毫無辦法，待我們駐軍在十一月六日撤退的時光，他們還不敢貿然上岸，過了三天才踏上了浦東沿江各地。

浦東自八•一三抗戰之幕揭開，至十一月十二日同上海市同時淪陷。直到現在敵人所佔領的祇沿江各點，未能深入內地各鄉鎮，因爲正規軍雖已經撤退，在包圍中的別動隊依然代替了正規友軍担當起了守衛浦東的責任，活躍的別動隊在陸××指揮官領導之下，艱難險阻的做了許多給人們所不知道的工作，遭受了許多重大的犧牲，還蒙了許多不白之寃。我們爲了盡力量憑良心去救國，一切都忍耐了下來，我們願將所有的罪過負担，我們願做無名的英雄！

自東戰場的驚鐘響了，漫天烽火也怒燃了起來，黃浦江就開始封鎖，地點在十六舖江面，我們將敵輪兩艘，同幾條自己的商船沈埋江中，防範敵艘使不能南駛來威脅南市，同時軍隊在沿江佈防，戒備敵軍上岸，那時担任沿江作戰的部隊是屬于第×路集團軍的第五十×師一五×旅。還有一個港口敵人想登陸的就是川沙縣屬的白龍港，因爲東海的沙灘都是軟沙，不容易上岸，白龍港是深水港，敵艇可以內駛，敵人也曾試探過幾次，因爲我們的駐軍早有戒備，來了幾次都狼狽而逃，無法登陸，同時我們的重砲隊的砲位，敵機不斷的偵察，不斷地轟炸，自抗戰之日起到淪陷之日止，始終沒有認識出我們的砲位是在什麼地方，使敵人認爲驚奇不止的事。在南匯縣城方面還有第四十×獨立旅，在奉賢方面城區，柘林，南橋一帶都有部隊防守，但人數並不多。現在事實已成過去，軍事秘密的時間已失效，我們不妨談談浦東沿江的作戰情況，說來也可憐，外間謠傳我們浦東沿江有六萬兵力，其實祇有一旅之衆而已，我們的部隊自東溝起至楊家渡爲止，時時跟緊了敵艦的移動而佈防，所以敵軍的上岸無論到什麼地方都能予以痛擊，敵人以爲我們沿江都有重兵駐守，這也是我們戰術方面的奇兵，使敵軍莫測高深。

浦東各地受敵機轟炸是很利害的，洋涇，北蔡，塘橋，周浦都受重大損失，到最後金山衛敵軍登陸的時光，奉賢的舊城，青村港，南橋幾個地方也受害甚烈，這會民衆所受的損失也無從去統計了。我志未償人已苦，浦東到處有啼痕，雖然這種責任不是我個人所能造成與負担；但覺得我的力量，未能保衛故鄉，使浦東淪于鐵蹄下面，于良心上自己有所譴責。

在抗戰中浦東的民衆與其他各地一樣的沒有組織，對于抗戰的意義都不能認識。因爲智識太淺薄，教育程度不够的關係，有的思想還以爲時世太亂了，希望「眞命天子」出世的滑稽論調充滿在鄉鎮的小茶館中。看了飛機就怕得惶惶然，防空的常識也缺乏，軍隊別動隊因此吃了不少的虧，而民衆自己因軍民不能合作的結果也受到了好多的損害！

浦東的地方官吏，眞是豈有此理，像南匯縣長張××，在浦東駐軍撤退後，就挾了向民衆勒派坐提的救國公債二十幾萬，由警察局全體警察護送到上海躱入租界去了。南匯的民衆與一切他什麼都不管，好一個棄民失地的模範縣長！？還有新塲的區長也挾了救國公債一萬數千元不知去向，連故鄉也不要了。這也是浦東地方官吏値得提起的，聽說南滙縣政府方面各科的重要職員，在上海同縣長分贓不勻，幾乎鬧到巡捕房裡去，眞是丟盡了臉的無心肝東西，這種人怎樣可以領導民衆？管理地方？渾水裡撈魚，簡直想藉抗戰發洋財，誤國誤民來肥己肥家，但雖是觸犯了國家的法令，却沒有將這些人物執行正法，這是非常的遺憾！

漢奸，在浦東也很活躍，雖是不斷地拘捕，不斷地斫殺，但可惡的漢奸，也是自己可憐可恨的同胞，依舊受敵人微小的報酬來出賣國家，殺害同胞，東戰塲的第一期抗戰失敗，軍事的關係是大部份，而漢奸的關係也占了一部份，眞是一件最使人痛心的事！大塲的失守，與金山衞的敵軍登陸，都受了漢奸之賜，這是抗戰史上的千古遺恨啊！

二 別動隊的活躍

浦東的別動隊分爲三種：一種是軍事委員會的別動總隊，在抗戰之前就分派到各鄉鎮去訓練壯丁，同地方上的保衞團。一種是前半期爲上海別動隊，後半期爲蘇浙行動委員會別動隊，分駐浦東各地。這二種別動隊是正式的，還有一種僞充冒名的，就是當地的流氓，地痞，土匪，惡棍之流，他們乘機搶刼，也冒了別動隊的名義，遂使眞的別動隊受了不少的虧，給人民認爲別動隊是這樣的一種人物，雖經嚴緝，但此伏彼起，殊難盡凈，現在敵軍圍攻後至今散亂在浦東的別動隊就是這種匪類。眞正的別動隊有犧牲的已經壯烈捐軀，無法繼續游擊的已經飄洋過海的離開了浦東，正式的別動隊是愛國抗日的份子，决不會爲害地方，擾騷人民的。祇有土匪，流氓，地痞，惡棍烏合的別動隊會做下搶刦擄掠的非法行動，與僞組織大道市政府接洽投誠的漢奸行動。

現在我先談前期上海別動隊時代浦東方面伙伴的工作，担任浦東方面工作的上海別動隊份子，都是浦東沿黃浦江邊的各種愛國工人，他們的加入別動隊，承領每天祇二角錢的伙食，在槍林彈雨中不避危險工作，都是爲了出于愛國的熱誠，所以這次上海抗戰中，勞工界是貢獻了不少人力，同時也事實上充分表演了上海勞工的力量。

浦東方面別動隊幹的工作：

一、嚮導軍隊。自抗戰開始，浦東就駐兵，但浦東的川河縱橫，沿黄浦江的路徑又很曲折，同時還有第三國外僑的房產，非有當地熟習的人做嚮導是無法防禦敵人的登陸進攻，于是浦東別動隊就担任了嚮導軍隊工作，同時還帮同作戰，曾經與士兵同苦的埋伏在戰壕中三四天沒有好好的休息與吃東西。平常沒有經過正規的訓練，能在飛機大砲的密集下作戰，完全是爲了爲國服役的抗戰精神，這是應該的。

二、炸燬日華紗廠。這家日本紗廠，資本幾千萬元，平日有工人數千做工，自抗戰後就停工，但裡面貯藏的紗布價值數百萬，還有不少的軍火放在裡邊，浦東別動隊奉命去轟炸，前後共分二次去炸燬的，初次是在八月十六日晚上，由指揮宮親自前往指揮，用地雷與大炸彈二種爆炸物轟炸，第二次是八月二十六日晚上，將第一次殘餘的房屋貨物全部焚燬，那轟炸的巨響與連天的烟火，使敵人看了驚心觸目，從此暴敵開始報復行動，將浦東無端狂恣的肆虐，不惜飛機的大量投彈，落向浦東沿江一帶，大火延燒了半個月以上，焦土的區域日趨擴大了。

三、襲擊小汽船。在黃浦江中，敵人的小汽艇往來如織，都是運輸敵軍與軍用品，向浦東登陸進攻時也就是用這種小汽艇，每個汽艇上按其大小裝敵兵，並置有機關槍，浦東別動隊因地理的熟悉，不時在黎明或月夜，有時在黃昏暮靄中，將敵人的小汽艇乘其不備中據了沿江隱蔽之點，用手溜彈多枚與以襲擊，在敵人倉皇失措中也燬去了好多艘，敵人的報復就是在浦江中用機關槍拚命的向岸上掃射，結果損失不到我們什麼。

四、炸大坂碼頭。浦東大坂碼頭，對于敵軍登陸很便利的地方，同時可以資敵拿浦東的煤，所以需要炸燬，也是別動隊担任的工作，因為炸燬了不使敵人可以登陸來裝運浦東的存煤，記得有一個深夜搬運了二顆一千磅的大炸彈放在碼頭底下，通了火線，在砰然一聲的巨響中，一個建築偉大的大坂碼頭頓時化為灰燼，這也是出乎敵人意料之外的。

五、炸出雲旗艦。這條艦我們費過許多力量，空襲與水襲都用過，祇使它受傷，却沒有將它燬滅，在一・二八的時光水雷也用過，可惜離艦身三尺，沒有命中，這次經過飛機的轟炸，夜色中的奇襲，都只是將它損傷，沒有燬滅，真是遺憾！浦東別動隊在炸出雲艦幾度行動中，也出了不少的力，我們的伙伴有三人犧牲。

這是前半期的工作，自八•一三到九月二十日爲止，後來就由上海別動隊蛻變爲蘇浙行動委員會別動隊，前半期祇有沿江一帶的工作，自九月二十五日起正式在浦東各地分駐別動隊。那沿黃浦江原來的伙伴依舊包括在蛻變的組織之內，我們的組織最高爲行動委員會，下面爲總指揮部，下面爲各支隊。我們駐浦東的是第×支隊。一支隊分三大隊，一大隊分三中隊，一中隊分三區隊，一區隊分三班，一班十六人，這完全照正規軍的編制，連支隊指揮官每支隊共官佐雜兵伕役一千五百六十四人。

我們整個支隊都是在九月二十五日渡江到浦東去的，本來在上海別動隊時代，第×支隊人數早經足額，裡面除了上海的工人外，還有許多大學生，小店員。都是救國情殷，志願參加的。但在到浦東去的時光，奉命對于原有的隊員，須減去一半，到浦東再將當地的隊員招募，可以對于地方情況熟悉，便利于今後的工作，在我們出發之前，已經有過去在浦東非正式担任過特種工作的某君向行動委員會貢獻意見，陳說浦東各地何處有多少人可以召集，可以改編，其實都是某君的舊部，他想乘機活動一下，上級不明白他的用意，就給我們一個需要收編當地隊員的命令，我們服從命令，使整齊的部隊變爲畸零，在九月二十五日于瓦礫場的南市高昌廟江邊路渡江到周家渡，敵人的飛機三架繞在我們上空送我們，沒有投彈與用機槍掃射，自上午至晚分批渡江者祇八百多人，包了上南小火車一列，經三十五分鐘到周浦鎮。

在周浦鎮上承馮國楨葛叔莊諸位招待，並代爲招呼一切，由陸指揮官報告這次我們到浦東的使命，今後的需要與浦東的父老民衆合作的話，部隊時在周浦公園中集合待命，我們又到第五十×師的師部去拜訪李××師長和參謀長，就在參謀長房間裏，由李師長指示我們在黃浦江一帶作戰的情況，和我們兵力的配備，他對于我們到浦東很贊成，因爲浦東方面的駐軍兵力太單薄，今後我們能合作的話，可以有些帮助，當然，別動隊的與友軍取得密切聯絡也是重要工作之…，就在當天晚上，所有三個大隊分別出發向指定地點集中，第四大隊駐南滙縣新塲鎮，第五大隊駐奉賢縣泰日橋鎮，第六大隊駐川沙縣城，第六大隊的一中隊担任沿黃浦江的任務，支隊指揮部設立在離周浦六里路沈莊小鎮鄉間孝廉公朱姓家裡，是由沈莊鎮長代爲設法找到的。

到了浦東，種種困難，紛至雜來，第一是交通的不便，自抗戰開始所有船舶都給軍隊統制，與各隊部間傳達命令，報告消息，除由不清晰的電話須吃了人參湯才有氣力接話外，祇好派傳達步行，沈莊到南滙三十二里，至新塲十八里，至泰日橋要二十四里，來往一次至少要幾小時，同時總指揮部又在上海滬西，那時的浦東與上海交通有二條路，一條就是南市周家渡，一條是滬杭公路至閔行，渡江由南橋轉奉賢舊城，再分赴各地。在路上的時間費去很多，所以奉到許多命令限三天辦理具報的，我們收到的時光已經過了三天以外，這種在打官話的立塲，顯係「奉行不力」，「貽誤戎機！」事實上是別有其原因在的，我們雖在上海方面設了通訊處，天天派人交換傳遞文件，但還不能使交通上的困難由遲緩而趨靈敏，我們將浦東的交通困難情形及需要添置交通工具呈請核准，但奉到的批復，是「礙難照准」！

後來是點驗收編各地的隊員，我們在上海的時光，本來是隊伍整齊的，因爲要吸收浦東當地隊員，祇有八百多人渡江，照當時上級的命令，聽了乘機活動某君的報告，說浦東各地候命點驗的隊員有一千二百八，所以叫我們在浦東收編一半，我們到了浦東，在限期完成的編制命令下，就開始點驗各地的隊員，不料除新塲鎮有三百多人中可以勉強錄用二百三十五人外，其他奉賢，頭橋，泥城，北蔡，三林塘的隊員，都臨時湊集，人數零落，體格與智力測驗都不及格，而各地的領導人都擁衆自豪，指定要什麼隊長的職位，好像過去雜色軍隊的招募一般，眞是大失所望，于是我們報告上級，公文周折已經去了十天，我們的隊伍還不能編制完成，但上級不明白這種困難，依然限我們定期將編制具報，于是在沒有辦法中，我們到上海去徵集，同時再就當地隊員中勉強可錄用者遴選終算在半個月內將這項工作解決了。

編制之後，就是給養與其他問題來了，照總指揮部的規定，關于給養費五天到部裏去領一次，我們因路遠，在格外寬恩下，每次可以到上海總部去領足十天，交通不便，往來需時，去一次總費去二天，再轉給散在各地的隊部又要二天，爲了給養費也够忙着，一切嚴明的紀律，靈敏的機構，建築在事實上的，但有的地方不能不使人有力沒有用處，遂使許多力量是很浪費了。

八•一三抗戰開始。正是初秋天熱的時光，許多同志都是單衣，至九月二十五日以後，天氣漸漸的寒冷起來，伙伴們有的都受寒生病，于是向總部領到了一筆被服費，每人五元，鄉間沒有大量的衣料同裁縫店，祇有到上海去做，那時適有，上海抗敵後援會送給我們棉背心一千件，後來奉賢民衆慰勞會也送了我們二百件•還有一件沒有做到的事，就是風雨之夜，同志們站崗沒有雨衣，堅苦耐勞，打破一切困難是別動隊員的信條，但到底是血肉之軀，於是許多人病了，第六大隊的二個隊員病重，送周浦醫院醫治，不幸病入膏肓，就在周浦死了。我們的任務方才開始，但同志們竟這樣的死了。眞有出師未捷身先死的遺憾！爲了隊員的病，想起了總指揮部對于醫務所的措置，曾經有過一個計劃，每一支隊成立一個醫務所，每月撥醫藥費二百元，但隊員們不斷的生病受傷，浦東又因戰事沒有什麼醫院終于不治而死亡的很多，但我們的醫務所好像半空中的雲珠，到浦東淪陷，醫務所還沒有到浦東，平日就普通的藥品也不分發，祇有我們自己向紅十字會總會設法到了三千個急救包，關于這些應該由誰去負這個責任！？

在十月七日我們支隊指揮部由沈莊遷至奉賢舊城廖味經家裡，正是一個十足古色古香的世家，那時各大隊正在集中訓練，經過訓練後就將開始任務，至于我們的向奉賢舊城遷移，因爲奉到在南橋第×路集團軍總司令的命令，在這種戰時情況下，指揮部的搬動地點是不算一會事，我們的指揮官不時到各大隊部去視察訓話，我們爲了愛國，負起了這個任務，我們需要對得起國家，這時的各大隊部除第六大隊沒有變動外，其餘第四大隊已由新塲鎮遷至南滙縣城，第五大隊已由泰日橋遷至南高橋鎮。

十月二十日奉總指揮部派員來點驗，我們事前爲了編造名冊，填籍貫、履歷、照片、出身的表格，整整的費了三個晚上沒有睡交，到總指揮部派人來了，經點檢之後，認爲不滿意，有一個特派員在開始訓話的時光，給了我們好多的教訓，使我們永遠不會忘記的。我們于軍隊組織，習慣，生活方面，也許不像軍校出身者底內行，但我們的熱誠與信心是不敢後人的，同時我們是別動隊，訓練時間多者一個月，少者祇有幾天，有的地方不能與正規軍等量齊觀的。這位特派員回去，因出言不愼受了記過的處分，聽說想利用我們將羣衆集合好了由他們來指揮的・在抗日的前提中，在我們民族存亡絕續關頭，在每個國民都當獻身于國家的時光，竟有假借名義，拉攏各大隊長，教唆許多挑撥離間的話・我們指揮官當時在悲憤的情緒下，本想辭職，但以大局爲重，我們憑良心是爲了眞正的抗日，終于隱忍下來了。

上海的戰局漸漸的緊張，我們的任務也逐漸準備，但關于我們生命線的軍械，却成了一個絕大的問題，一千五百六十四人，我們祇有三百枝槍，五萬二千多發子彈，其中一百多枝是長槍大都機紐壞了的，其中有的彈夾都沒有，有的已經損壞，這樣好用的槍不滿二百枝，三隊平均分祇六十幾枝一隊，每隊有四百人徒手，對于任務顯然會發生困難，但沒有辦法，祇好用手溜彈來補充，因爲手溜彈我們有五千多顆，想向第四十×獨立旅設法借機關槍，也沒有成功，我們的別動隊武器方面是一個非常的缺憾，也是我們的致命傷。我們對于國家寶貴的武器是非常的愛惜，決不妄費一槍一彈，同時上級的命令喊我們開始任務時不要實彈攻擊，可以多放空槍。

浦東我們的別動隊是在這樣環境中奮鬥着。自己的困難，艱苦忍耐，自己的弱點，設法彌補，有許多事實上不可能與我們心有餘而力不足的地方，那是我們沒有辦法，我們是爲國盡心盡力，鞠躬盡瘁而後已。

三　游擊戰

在十一月六日，金山衞的敵軍已經有五千多人一擁上岸，這次敵軍的能夠登陸，一半是漢奸的賣國，一半是駐軍調防時的不銜接，原來担任浦東金山衞柘林一帶的部隊是第六十×師，那時奉命將開赴滬西作戰，另派劉××的部隊來接防，不料第六十×師急于要赴前線，而劉××的部隊還在嘉興沒有來，所有的防地都暫由壯丁與保安隊駐守，不料敵人得了漢奸的報告，乘這空虛的當兒，一擁而上，同時用飛機大砲掩護，差不多沒有遭遇到強有力的抵抗，就衝到淞隱，那時滬杭公路上正有六十×師八百人前半將渡江，後半還沒有渡江，聽到這個消息，未渡江的四百人連忙急囘頭向金山衞去，不料大隊敵機來到，炸彈與機槍齊下，將汗流喘息中的許多英勇壯士這樣犧牲了。

我們的指揮部在奉賢舊城，同時城中還有第六十×師的駐軍，一個旅部也設在城內，在六日上午九時突然大隊敵機飛到我們上空，向城內投彈，第一個炸彈離開我們指揮部衹十丈，聲音與震動都很利害，這樣接連的投了二十多枚，破舊的奉賢城頓時烽火滿天，民衆的死亡很多，街道因兩旁房屋的坍倒簡直沒有了。那時我們別動隊就派第五大隊的隊員同指揮部的勤務兵，出動救護工作，用急救包給受傷民衆包紮，那時紊亂已極，一片慘然的境象是永遠不會使人忘記的，那時有的民衆避向城牆下的防空壕，來不及的犧牲很多，一家人有的都失散了，幸運得很，我們的指揮部在四周被轟炸下沒有光顧，惟有南高橋鎮被炸時犧牲二個伙伴。我們的房東他在轟炸之後祇帶了一件馬褂跑至離城九里的青村港去了。

奉賢舊城不能再留，同時總司令部的電話電報都不通，奉城與金山衛祇有五十多里路，于是我們在杭州灣敵艦已經砲轟到奉賢城時，乘黑夜中離了奉賢舊城，在城外六里的頭橋鎮附近鄉村間暫寓，立在田野間但見敵艦的電炬向四處照射，遠處的槍砲聲也隨時聽到，而各處的訊號不時飄起上空，知道到處都有漢奸的活躍，我們整個晚上沒有休息，將消息報告給總指揮部，那時我們唯一的交通器具是一架無綫電。

明天，我們得到諜報，敵機將大舉轟炸浦東各鄉村，於是我們令各部隊離開比較屋宇比櫛的地方，疏散在農村中，正在這個時光沿黃浦江的友軍同川沙南滙各地的駐軍都開始撤退，沿黃浦江的向北票碼頭至南市，其餘的到南橋，柘林去側擊，過去駐軍防守的地方，都由我們槍彈稀少的別動隊接防，白龍港及王公海塘一帶都是我們的隊伍，我們的力量不够負担起這個責任，但在軍事上顯係將浦東放棄了。我們別動隊開始負起保衛浦東的重大責任。

這裡我們須將値得補叙的寫出，就是在奉賢被轟炸的前二天，因爲上海滬西緊張，總指揮部來個命令，喊我們將所有三百多枝槍子彈都繳到上海去，認爲浦東暫時不成問題，於是我們就奉命辦理，雇了一隻船直送上海去，不料槍械送去，突然浦東事變發生，我們除了手溜彈外沒有其他武器，這時候的全體同志，大家都很惶然，連忙拚命一再打電報去催請速將槍彈發下，總部答應依舊送回，但我們離了奉賢城，浦東駐軍都撤退，上海的槍彈還沒有送來，到了上海與浦東淪陷的前一天，那時我們的指揮部設到新塲鎮，敵人的小汽艇已從南黃浦到離我們祇有三十六里的地方時才送到，而將好用的幾枝，經了二天的水浸雨淋也發銹了，連忙分送各大隊向指定的地點出發。

十一月十一日，我們奉命將川沙的部隊撤回，分二路向奉賢的柘林金滙橋推進，預備越滬杭公路向敵人的側面襲擊，爲指揮靈敏起見，指揮部設在泰日橋，同時總指揮部又派了一大隊同副指揮謝××到浦東來協助，我們一方面向奉賢推進，一方面周浦塘橋的許多地方也將我們的部隊隱伏，大家化裝了農人，乞丐，工人，難民。那個時候大家很緊張，同時地方上却在紊亂中發現許多不良現象，就是川沙，奉賢，南滙三縣的縣長帶了各該縣的警察大隊退出浦東渡浦江向北橋去集中，是否奉到他們上級的命令，不得而知，同時軍事委員會的別動總隊，他們在浦東的歷史長久，資格比我們深練，他們帶了地方上的壯丁保衛團也渡江去了，其中有幾個地方的壯丁保衛團在渡江時被對岸的駐軍阻止，所以依舊退回來，像新塲的就在閘港口被阻退回來的，在平日我們同樣的別動隊，却對我們時有摩擦，他們時常聯絡了鄉鎮公所的鄉鎮區長，有意同我們爲難，這也是使我們驚異的，在同一抗日目標之下，我們都爲抗戰而努力之外，難道還有別的作用存在!?還有一種不良現象，因地方行政官吏同警察的撤退，或者簡直可稱放棄！地方上的流氓，地痞，土匪，惡棍活躍起來，本來這些人有私藏槍械，爲害地方的，他們也居然冒起別動隊的名義，開始騷擾地方，因爲大家都是便衣，民衆也分不出誰是正式的別動隊，誰是冒充的別動隊，而冒充別動隊刧掠的行動，給予民衆的壞印象，認爲別動隊都是一樣的，這種民衆不了解與誤會，眞是使我們很痛心的事！

在出發前線的晚上，我們的指揮官悲壯訓話：我們浦東已經四面包圍，浦東早經成了死地，但浦東是中華民國的一塊土地，雖是駐軍撤退，地方官吏棄職潛逃，一切陷在紊亂中，在浦東還有許多同胞，我們在浦東最後担任警衛的人，要負起我們保衛浦東土地與民衆的責任，我們準備在這塊死地上爲民族國家而流血奮鬥，盡我們責任，不要貪生怕死畏葸不前，現在我們最好的機會到了，希望大家拚最後一點血，本了游擊戰的精神與任務同暴敵作殊死戰來留取丹心照汗青，浦東眞是一塊給我成功成仁的地方！大家在緊張嚴肅刺激活躍中向前綫開拔！寒風吹面，在心頭熱血的奔騰中也不覺得了。

在十一月十二日我們的第五大隊一中隊在盛梓廟附近遭遇敵軍搜索的部隊，祇有三十多個人，于是就將他們在以爲我們隊員是避難民衆不留意中包圍，用手溜彈盒子砲襲擊，敵軍頓時倉皇失措，被我擊斃了十六個人，其餘的被其逃逸，原因我們一中隊只有二十多枝槍，其餘的都是用手溜彈，所以不能予敵軍以全部殲滅。我們奪獲了十六枝槍退了回來，自己的伴伙也有五個遭了犧牲，比較起來是三與一之比，我們並沒有吃虧，同時吩咐民衆離開暫避。明天，敵軍大舉到盛梓廟，屠殺刦掠是敵人的慣技，我們的部隊却沒有搜查到。那時黃浦江中敵軍汽艇自米市渡起往來羅織，十六舖江面的封鎖，也給他們衝破了。閘港口也開到了二艘汽艇，上岸後先放了幾聲朝天槍，那些被敵軍押着的東北同胞們問街上的市民：「有沒有軍隊？」

答應他們：「沒有」他們說：「過幾天我們來保護你們」的話就走了。離開我們指揮部祇有六里路。

在周浦鎮方面，到了五百個敵軍，漢奸們很活躍，維持會也組織起來，大家還要爭權奪位的火併，那時我們的隊伍祇第四大隊一中隊在下沙，離周浦十二里，因為敵軍的人數比我們多，為避實擊虛起見，沒有去夜襲，那五百個敵軍在鎮上經過後也就折回塘橋鎮去了。

就在十二日，我們在無線電報告中知道了上海的淪陷，死守南市的大聲疾呼者到南市已經失陷，他們並沒有死，卻在租界上也許同姨太太統計在這會抗戰中因辦理護照運輸及過境買路的錢倒有了將近二百萬，儘可以享樂一世，後天意大利輪船康脫浮地開香港，大家準備去做寓公吧。但壯丁，士兵，警察，別動隊，保衛團被俘者有六千人以上，槍枝有二萬多枝，(能給我們的隊員是多麼好的事。)，彈藥無數，高射砲機關槍也不少，最可惜也可恨的，有二萬担米在南市，因死守南市的指揮者，非有百分之二十的「私囊捐」不准起運，結果也被敵軍裝運去充實食糧，租界上的民衆起了無米的恐慌，有錢的買不到米，投機的外國人，販洋米括了一筆中國財去，我們在浦東聽見了這個消息，真是悲痛萬分，我們的總指揮部在楓林橋的也情況不明，今後一切給養接濟械彈補充，都發生問題，我們祇有憑自己的力量幹去。

在塘橋的黑夜裏，我們曾去襲擊死了敵人三個哨兵。在浦江邊東昌路附近，我們用手溜彈炸死了一個敵兵，二個負傷逃去。後來一個伙伴被敵軍捕去，當然犧牲無疑。在新塲鎮上，本地的壯丁對于我們起了惡意，認爲我們別動隊在鎮上會引起敵軍來進攻的，他們預備敵軍來了做不抵抗順民，所以竟在一個晚上想繳我們的械，幾乎釀成慘劇，後來終算大家明白，這種事件很使我們艱苦中奮鬥的人萬分傷心，同時搶掠之風大熾，都是冒了別動隊名義，奉賢巨匪頭目朱祥鳳就是在這個時光予以槍决的。

我們不斷地在敵軍所有的地方，予以游擊搗亂，敵軍大爲憎恨，于是用圍攻的辦法，聯合了漢奸搜索，向內地進逼，我們有許多伙伴將槍械隱埋了雜在農民中，被民衆所不了解；同時由漢奸們指認出來，犧牲了好多，後來同敵人在奉賢，南滙，新塲的遭遇戰曾經接觸了幾次，到最後已經彈盡援斷，就是手溜彈也已經用完，同時給養的須取給於地方，我們接濟斷絕，又無法出錢，使我們很痛苦，那時的地方的土匪蠭起，都自稱爲別動隊，我們的伙伴又犧牲了好多，簡直無法再工作，就是爲民除害的打土匪也不能够了，於是就在敵軍的圍攻中，我們收拾隊伍，退到東海邊上去，那時都是徒手或空槍的人了。我們爲留力量再尋報國的機會，忍痛的離開了浦東，我們是在東海中借了漁船在黑夜中飄到餘姚的，時間是在今年一月的二十日，以後的浦東還有許多別動隊，我們沒有關係，我們也不負責任的了。

這次我們在這樣的環境下，力量也盡了，所以自己認責的在彈盡援絕之中，我們未能死在浦東，不過，我們還有五百多人，赤手空拳的死在浦東，于國家于地方何補？只是白白地犧牲了。所以我們離開了浦東願再向國家效力，再給我們一個値得死的機會！

我們離浦東的時光，我們同指揮官痛哭一場，我們出于衷心的流淚，我們假使不單獨在械彈缺少，給養斷絕，不能持久游擊戰下負起守浦東的責任，不致浦東弄到這個樣子。但我們服從的是命令，明知那種環境下已不能負担這個責任，也只好去盡心去幹；我們已經盡了最後的努力，到了彈盡援絕的地步，在我們的天職上也可以無罪吧！同時舉眼望淪陷區域內，那一個地方不受敵軍漢奸的蹂躪。何況是被圍死地的小東北浦東！

四 煞尾

我們這次別動隊在浦東，是失敗的；不能建下什麼功業，同時又不會投機取巧，是我們應該負責的。但失敗的原因不是我們的不努力，實在是爲了種種使旁人看不見；聽不到內容複雜的關係。現在我們有許多伙伴，已經做了無名的犧牲者，同時我們也担任了許多含寃的罪名，但憑良心我們除了沒有死，已經是輕于鴻毛般價值的死在浦東之外，其他都對得起國家，地方，同上官的。在給養斷絕，械彈罄盡，交通設備毫無，失去聯絡，民衆誤會的困難情況下堅苦支持到三個多月，同敵人接觸過好幾次，沒有浪費一槍一彈，也沒有搶掠民間東西。這種情況祇有自己最明白自己了。

在浦東我們犧牲的伙伴很多，有二批派赴松江受技術訓練與特務訓練的有一百多人，訓練還沒有畢業，敵軍已由米市渡圍攻松江城，共在一處的二百多人，祇有七個人是逃出來的，在浦東方面幾次同敵人作戰也有好多殉難。這種調查，當然由我們後死者負責，將來我們最後勝利來臨的時光，同時與暴敵總清算一下。啊我提起筆來慚愧着自己爲什麼沒有與故鄉浦東共存亡！

東行散紀

東行是浦東之行，是自己生活斷片的散紀。

在東戰場的抗戰開始，我最初在龍華，後來移到南市担任抗戰後方工作，許多人在擠擁的租界上當安樂窩，我却天天在南市唐家灣的白雲觀裏流着熱汗埋頭苦幹。

到了九月二十日我辭去了我任勞任怨牛馬走；却給人家藉抗戰去發財的工作，準備參加別動隊到浦東去，因爲浦東是我的故鄉，能夠回到故鄉去做抗戰工作，也是一件高興的事，同時還有我的慈母因戰事關係，留滯在故鄉，藉此可以去探望。

在九月二十四日的晚上，我們幾個到浦東去的伙伴，在小花園蜀腴川菜館歡宴，明天起將離開上海換一種新的剌激的生活，所以大家很興奮的飲了幾杯酒，大有「醉臥沙塲君莫笑，古來爭戰幾人還」的感想。

明天，清朝七時我就起身，將行李運到我們指定集中的地點，到八時我隨了同伴們向高昌廟進發，那時的南市，已經屢被敵機轟炸，居民除了沒有辦法淹留者外，都向租界搬去了，我們坐車子從南陽橋過了鐵門，這個鐵門畔的法租界巡捕，因搬進租界民衆的擠擁，竟發了一筆洋財，一卡車紅木傢具，要抽其五十塊錢過境稅。我們轉至中華路，經過了革命先烈陳英士紀念塔，平日是多麼繁華熱鬧的地方，現在都變成恐怖與死寂，我們到滬杭火車站時，敵機一大隊又出動，在我們頭上空偵察，同時看見車站遺留着慘無人道的被炸遺痕，敗壁殘車，縱橫零亂，其中被強烈的日光蒸發起來，還有一股刺鼻的血腥。

到了江邊碼頭，平日沿江的渡口，十分熱鬧的，有數千間民房比櫛着的，現在已變成了斷垣殘壁的一片瓦礫塲，一條江邊路也埋在瓦礫叢中認不清楚了。旁邊的江南造船所也遭了刼難，江邊還有一艘被炸沉的大輪船，有一個船夫指示我們在八月二十六日上午十時被敵機投下二個炸彈，注定了牠沉淪的命運。

我們渡江的人數很多，正在渡江的時光，從北市有三架敵機飛來，但繞到塘橋上空時依然回去，我想假使敵機在我們渡江時用機關槍來掃射的話，除了投黃浦之外，沒有躲避的辦法。

過江到了周家渡，那時的上南小火車過去一小時一班的，現在每天祗有三班，上午七點八點各一班，下午四點鐘一班，我們是包定一列車，所以在十點鐘起開到周浦鎮，以前我在周浦鎮常常回家途中路過，並沒有停留，這天在公園一帶跑了個圈子。周浦鎮敵機沒有來轟炸過，但許多有錢的人，感覺敏銳，生命寶貴，有的逃到上海去，有的遷到鄉間去了。

當天晚上我先同孫雲達兄沿着塘新公路未完成的路基，步行至沈莊鎮，離周浦鎮六里，先到鎮長的家裏，接洽找一所房子，預備給我們指揮部住的，在鎮西先看了有一所，認爲不滿意，後來在離鎮一里路的獨家村朱孝廉家裏决定住下來。到了晚上，所有部隊已分批出發，指揮部的人員也到了沈莊。

我們在迅速中將房屋安排好，三間房屋中西邊一個朱孝廉的書房做指揮官辦公室，中間是總辦公室，東邊是宿舍，當塲開始辦公起來。

九秋天氣，早夜溫涼，中午還暖和，在緊張的工作中特別討厭的是白天的蒼蠅，成羣結隊同我們搗蛋，晚上就是蚊蟲來襲擊你一下，驅之復來，除將牠殲滅才安定，這兩樣使人最憎恨的東西，眞像我們當前敵人的行動。

在閒散的時光，到鄉村中去散步，或者同幾個鄉農閒話桑麻，眞是好像進了桃源仙境，但震耳的砲聲不時打破人的幻夢，也使許多鄉農縐了眉說：「時世將亂到什麼樣子？」他們談起東洋人咀咒與憎恨，但不知道抗戰的意義，他們只希望能够安居樂業。

居停家有二個小孩子，看見我們空了常常來玩，我給他們做了一個釣竿，在他們後邊河裏釣魚，不時釣幾條小魚給他們的貓吃，居停家境況很充實，堆塲新穀，有好幾大墩，食糧是無需外求的。同時一家人都很勤儉耐勞，家境的所以充實就建築在這個條件上，對于我們的留住在他們家裏，是不十分歡迎的；這是怕軍人的傳統觀念。

沈莊鎮上的羊肉，是浦東有名的。我們不時在黎明到鎮上去吃羊肉麵。鎮太小了，市面寥落，郵政局也沒有，祇有一個代辦所。上海來的報紙到十點多鐘可以看到，是報販用脚踏車送來的。

我們到了沈莊鎮，給大團鎮的王艮仲兄知道了，就約我們到大團鎮去。在上海的時光，爲了別動隊的事，我們也一度接洽過的。他並派自己的汽船到沈莊來接我們，由馮國楨先生代邀，于是在十月一日的午後，指揮官馮先生和我三個坐了汽船到大團去。大團離沈莊四十二里路，小汽船走了三小時，中經下沙新塲鎮。

大團鎮是我的第二故鄉，我在大團鎮上過了十九年由童齡孤露，到少年艱苦的生活。我原籍是在周浦東瓦屑村的。從小就搬到大團鎮，我的母親至今住在鎮上。在南滙縣屬大團是富庶的大鎮，僅亞于周浦。

王艮仲兄是南滙地方事業最熱心負責的青年，也是大團鎮上的世家，在他家後邊薄構園庭之勝。疏朗有致，雅淡宜居。我們去的那天，他約了幾位南滙縣黨部及地方上的人物，大家隨意閒談，在抗戰中南滙縣壯丁的服役，建築東海濱防禦工程是很努力的。在東海沿王公塘一帶，天天動員五千人，自川沙縣境起至奉賢縣境止約八十華里，設有守望所百座，每所派壯丁四人，在四十八小時中輪值守望。在該處的駐軍紀律不甚好，有一個兵士將某壯丁支配出去服役後強姦了它的妻子，結果給營長予以槍決，風紀因此比較整飭了些。軍隊風紀的好壞，給予民衆的印象是關係很大的。我們也談了些這回赴浦東來的使命與任務，當然需要與地方人士合作。晚上承艮仲兄歡宴，酒量甚宏的夏履之兄也在座，過去在新塲鄭玉藹堂裏我們曾經痛飲過，自我到了上海在謀餬其口的奔波中相見的機會也少了，履之兄對于地方事業也很熱心，與艮仲兄堪稱南滙的二美，地方上是需要負責的人物。

深夜我們依舊坐汽船回去，我到了大團的家門沒有時間回去，祇託人帶了一個口信給母親請安，到了沈莊碼頭上，趙參謀已等候在那裏，是爲了奉到南橋張總司令的電話，請指揮官到南橋去，于是當夜他們到周浦鎮，預備明晨返滬，由滬杭公路轉南橋去。

張總司令啟示我們別動隊的任務：在沒有正規軍的地方，由別動隊担任戒備，遇到敵人就抵抗，同時立刻報告駐軍，待正規軍來救援後，別動隊退回後方。但事實上別動隊與正規軍同樣看待，在大場我們別動隊還爲正規軍掩護撤退，以致有一大隊完全犧牲！

十月七日天風雨愁人，我們踏着泥濘的道路，開始向奉賢舊城前進，因爲我們的指揮部爲便利與總司令部聯絡起見，就搬到奉賢舊城。

這座破舊故城，是明朝戚繼光防倭寇之亂時築的，現在數百年歷史的重演，又到了倭寇侵略我們的時候了，我們到這個故城來很有歷史的意義，爲找房子在風雨中跑來跑去費去了不少時間，最後在南門廖宅住了下來。

廖宅是奉賢世家，比較沈莊寬敞幽雅得多了。居停廖先生待我們不速之客也很客氣，有時來談談國家時事，晚上有電燈，比較沈莊點火油燈光明得多了，同時討厭的蠅蚊二種也絕跡。

奉賢舊城，因爲縣政府搬到南橋，所以市面很冷落，區公所與司法機關佔據了舊日縣政府衙門，東西南北四門沒有多少時間就可以走遍，在西門有頂大石橋與船埠。東門因與海塘外交通要道的關係，有一段小市街。北門有佛閣廟，在城牆下可看見幾十畝的蘆花，足抵杭州的西溪，南門在黃昏中可以看夕陽古道的海塘。在東門與南門沿欽公塘，天晴時可以開駛汽車，我們指揮官用私人名義，向上海雲飛汽車行借了一輛汽車，停在南門居民家裏，遇有緊要的事可直駛拓林銜接滬杭公路至南橋，或到閔行渡江後回上海。

一天，我們有事到大團去，沿了海塘經南四團北駛，汽車不能直接到大團鎮，須在離大團東三里的海潮寺停下，再步行到鎮上，我們的汽車在海塘上駛過，看的男女很多，他們在鄉間從來沒有看到過汽車，也許認為一種奇觀。

在鎮上拜訪了幾個舊時師友，但有的已經變成了腐化分子與新土豪劣紳了。在區公所裏也去坐了一刻，于鬚翁寫的存善堂額依然無恙，但也舊了。這會有機會到家去拜望母親，但時間的關係，談話祇有一刻鐘就忽忽的離開了。到如今浦東已經淪陷，我的母親還沒有出來，消息傳來很平安，可以使游子心頭安慰的。

南滙，自我們第四大隊開往駐紮後，我們去檢閱了一次，那天在夏履之兄家午宴，夏宅是南滙一所最漂亮的房子，後來在我們退出後聽說被焚去了一半，不知道確否。希望這個消息不証實才好！我們當時在那大門外還攝了一張照片。可惜在戎馬倉皇中沒有冲洗就遺失了。

南滙在我小的時光也曾去旅行過，是去看顧旬侯的重游泮水。同時名勝地的香光樓，係明董玄宰當年在此讀書寫字的地方，我們也去過，現在往事如煙，煙也給風吹散，一點印象都沒有。這會也沒有機會再去。

十一月六日敵機狂炸奉賢城的時光，我沒有在奉城，是在四日由海塘經公路往上海去，接洽公事的。在拓林東有戚繼光的將臺一座，已經敗落的危立在海塘旁土墩上，想起這位民族英雄很使人感動，不料在我經過後的明天，就有敵軍在毗連拓林不遠的金山衛登了陸。我經拓林至閔行浦江舊有的渡輪已沒有，祇有小划子擺渡，在閔行鎮被炸市房走廊下，還有未經收殮的殘肢廢腿血肉糊模，使人看見了慘然！閔行自抗戰開始，被敵機投過五十餘枚炸彈，市況慘淡，我們想進午餐跑了好幾家菜館才有，許多商店都已關了大門，當晚回到上海，依然一片喧嚷的人海潮，緊張與頹廢，麻醉與享樂，充滿了這個大都市。

我接洽了公事過了夜到五日傍晚，就到南市高昌廟去渡江返奉賢城，在夜色蒼茫中過了江，小火車已經沒有，雇了一輛牛角車，不料半途上下起大雨來了，我們共有三個人，身懷鉅欵，小車因路溼泥滑不能推行，于是在沒有辦法中祇有沿了鐵路枕木步行，天又黑暗，路又不平，兼下大雨，身挾要件，三十六里路摸索前進費了二點五十分才走完，到周浦鎮黑漆一團，像一所暗無天日的地獄，用了許多方法，找到了一家小旅館，吃了些東西，聽堂倌談起知道白天周浦敵機來偵察過十三次，沒有投彈，鎮上的人有辦法的都向鄉間逃避了，那時我們的衣履都已盡濕，但祗好睡了一夜明天再設法了。

六日，我們爲趕路，七點鐘就起身穿着昨晚雨濕的衣衫，想去乘到奉賢的小汽船，不料因時局緊張已經停駛，沒有辦法只好雇一條小「網船」，船夫開價要三塊錢，我們也就答應，方在碼頭上船，警報已經來了，我們急忙促船夫快向奉城駛去。

在沒有離鎮多遠，敵機二架，突然在周浦投了一彈，其聲很震響，有一架飛機就在我們船上飛過，嚇得船夫急向蘆葦中去躲。但岸上有好多鄉民却在抬起了頭好像看西洋鏡。幸而沒有掃射機關槍，不然又將遭到無謂的犧牲。

船到新塲鎮，別條船上的人問我們：「什麼地方去？」我們告訴他們：「到奉賢舊城去。」他們都急急的說：「你們不必去，昨天城裏投了二十多個炸彈，城裏的人都在逃出來，也炸死了不少人哩」我們聽了這個消息，焦急着我們的指揮部不知道如何，在上海時沒有聽到這個消息。

急急向奉城前進，在離城九里的二橋，我們就停船，因爲看見兩旁岸上，都是攜老提幼，挑箱背袱的難民接連着向北走，問問他們城裏的消息，都說昨天炸死不少人，今天又在轟炸了，突然，六架敵機又自我們頭上飛過。

這樣，我們不能進城，船夫也不情願去了。我們就上岸借村莊上的人家給他一塊錢買飯吃，等天晚了再設法進城去。

黃昏中我們向奉城推進，看見最後一架敵機在南高橋鎮投了一個炸彈，我們到離城六里的頭橋，打聽我們指揮部有否出城，在慌亂中大家不知道，遇到第×××獨立旅的參謀長，他駐在南滙城內的，現在開赴南橋去，他問起我們指揮官，我答應他正在找尋，他說糟糕了，我們在頭橋沒有探訪到，于是繼續前進，途到河裏有船過就打聽，到離城沒有多少路途到了我們拉的船，也知道了指揮部的消息，始放下了心，原來在今天下午已經離城，昨天炸後還派隊員担任救護工作，今天城裏已慌亂得不像樣子，一千多囚犯也放了出來，在城內搬沿街沒有人管的商品物件，杭州灣敵艦的大砲，已打到奉城北門，將高聳城牆的佛閣廟打毀，倒下來壓死了十幾個出城避難的人，我們住的寥宅幸沒有炸去。

夜裏，在一個離城沒有多遠的村上暫駐了一刻，吃了二碗雲南大頭菜過的白飯，大家快慰都安全，我們住的那家是道士看見我們去很鬼鬼祟祟的，同時守衛的崗位來報告，後邊竹園裏有突放了幾個訊號，去搜索沒有人，我們爲避免不測計當夜開拔到二橋鎮去。天忽大風雨起來，我們在風雨中步行，小小的泥路，兩旁都是河道，大家互相呼着走與昨夜到周浦情況相同，不過這次人數比較多些，這種滋味平生還是初次嘗到，到半夜裏在徐姓家攤了稻草在地上沒有脫衣的睡交，門外大風雨依然飄打，好像給我們催眠。

明天又調換一個地方。是過去奉城區長家裏，指揮部召集各大隊長舉行了一次會議時局緊張中對于我們任務應如何配備，但我們的械彈還在上海沒有送來，大家心裏萬分焦急，好像斷了我們的生命線。

九日我們開拔到新塲鎮，在近鎮的靜修庵裏駐下，鎮上的居民送了一隻全猪和兩甕酒來慰勞，我們旣未有勞，不堪受慰，其實市民的意思請我們不要在鎮上同敵軍接觸，恐地方受到糜爛，當時我們予以採納。

十一日上海的幾枝破舊槍枝彈藥已送到，我們部隊分別出發，我依然留守在新塲鎮直到敵軍二百人到新塲鎮接觸後我們才退到大團鎮去。在新塲鎮上我們與敵軍搜索部隊在王皇港橋激戰了三小時，當然我們的器械不及他們，那時留在新塲的祇有三中隊，只二三十枝槍不能够持久抵抗，只好退下去。經過南滙的遭遇戰後，在南滙我們一大隊憑城而守，敵軍三百人圍攻激戰四小時，被他們由北門攻入，我們由東門退出，就自泥城集中，那個時光我們沒有好好的睡，時時在極度的緊張中，現在想起來眞好像做了一個惡夢。

在泥城角借了漁船四艘，一夜潮水，就飄到了餘姚，在杭州灣幸沒有遇到敵艦，不然也很危險的。渡黃浦江的時光有八百多人，後又徵集滿一千五百六十四人，現在飄海祇剩這幾個人，犧牲者犧牲了，傷的傷了，失散的失散了，思之黯然！

浦東的三個多月，我們二百多枝槍，五萬二千發子彈與敵人周旋，自己也笑自己太大膽了，我們在服從命令下這樣幹了，結果彈盡援絕，給養沒有，做了絕塞大漠中苦鬥的李陵。但決不投降，決不做漢奸。

過去，血紅的夢，幸沒有死，現在我還將投入抗戰的急流中。

二七，三，九。于香港鳳皇臺小樓

小東北巡禮

大上海淪陷後，浦東在敵人漢奸的蹂躪壓迫下，已經變成一個『小東北』，居住在租界裏的上海人，提到浦東總要打一個寒噤，誰也不敢冒險去看，所以浦東的一切，也不是浦西人所能明白的。

最近，因爲游擊隊的活躍，浦東一度爲敵人封鎖，但不久又告開放了，我被好奇心的慫恿，很想渡浦去看個究竟。恰巧有一個浦東朋友，回家去過廢曆年，我就跟他去做了一個亡國的順民，巡禮了一番。

一月廿七日下午二時，我同一個浦東金家橋的朋友在公共租界三馬路外灘的碼頭上下了到浦東去的渡船，同樣的渡船停泊着的很多，約模有十幾艘，每艘船尾都插着一面黃底當中有一紅綠太極圖的僞旗，還有一面卐字旗，一面日本旗，三面旗幟在冷風裏索索發抖，我不敢直視牠們。

到高廟去的渡資是每人三角，價錢實在貴，可是渡浦去的人還是那麼多，他們都是從浦東到上海來販賣蔬菜回去的鄉人，開船時間不一定，人擠滿了便開，不擠滿就得等，我站在那艘沒有櫈子，也沒有竹蓬的平日來駁運貨物的大木船裏，等了好久，船裏和船頭船尾都站滿了人，站得同沙丁魚疊在罐裏一樣再沒有半點空隙了，才同另外二艘渡船給一艘小汽輪慢吞吞地拖着走，猛烈的北風刮到船上，船裏的搭客沒有一個不冷得戰抖。

一個身穿駝絨，外面罩一件西裝短大衣，腰裏掛着一口大布袋的賣票員作威作福地在人叢中亂擠亂撞，咒罵着不曾在岸上買票的搭客，窮兇極惡的醜相，不免令人作嘔，我恰巧沒有在岸上買票，那傢伙擠到我面前，便厲聲責問我。

『你爲什麼不在岸上買票？』

『岸上的售票處呢？』本來，我知道到浦東祇有忍氣吞聲做順民，對于敵人漢奸的橫行是祇好逆來順受的，任何事祇得忍耐一下，可是到那時候實在有點忍不住了，所以就隨口反問他。

『岸上就是岸上，係沒有眼睛嗎。』

『岸上就是岸上，放屁，你是什麼東西』。我不由得火氣直冒地厲聲駡了他，當時心頭的怒火，早把安危那字完全燒燬了，現在想來覺得未免太冒險，也未免太不値得，但是一個有血有肉有心肝的人，怎麼受得這樣的閑氣，那曉得這傢伙到底不中用，給我這麼一來，他倒軟下了來，我想恐怕他也把我當成漢奸，當成比較有地位的漢奸了，所以才讓了我也未可知，一反面低聲下氣對我說。

『那末，先生，就補一張吧』。

我也就一句不響地摸出六角來擲給他，接回他一張船票。

黃浦江裏到處都是敵軍，也到處都是敵旗，他們的軍需船不斷地來往，巡邏小艇不顧一切地橫行，有一艘小艇故意從我們的船旁疾馳而過，頓時激起一陣大浪，船身顛仆得幾乎倒翻，浪花四濺濕了許多人的衣裳，幸而船尾沒有人失足落水，不然還不等於死了一頭猪，誰來管這種『小事』，船裏的乘客當然也沒有個敢作聲，祇好自認霉氣，把一切的苦痛與恥辱，忍耐在肚子裏。

偽組織的標語和青年團。

船到高廟，在市渡輪碼頭上岸，市渡輪碼頭本來建設得很好，但現在已給砲火燬壞了，船已不能並靠碼頭，須舖一塊長長的跳板。

岸上站着好幾個穿黑色制服的偽警察，胸前掛一塊黃布符號，帽子上也一條黃帶，正中有一顆五角星，他們是負責在碼頭搜查旅客的，所以他們的眼睛，狗眼一樣注視着每一個，好像可從每個人身上找出什麼來似的。

高廟本來是到川沙去的小火車的起點，市面是很熱鬧的，現在當然大非昔比了，原來在那裏的公安分局已被僞組織作爲警察分駐所，房屋上掛着太極旗，牆上貼一張白紙，上面寫『上海廟市面警察局分駐所』，從門外望進去，裏面是滿院荒草，一無所有。

店舖十之七八都關着門，祇有幾家小店還在開門營業，可是沒有生意，每家店前都掛着太極旗和日本旗，表示自己是不折不扣的順民，那些關閉的店舖門上，貼着一些標語，如『四海兄弟，世界大同』，『從速遷回復業，共享大道幸福』，『剷除國共兩軍，打倒國內軍閥』……等等，還不全是一些漢奸的老花樣，在標語中間隔着一張字跡寫得不像樣的僞『青年團』的佈告，大意是要人民使用日幣，不准違反，那班所謂的青年團，並不青年，全是一些當地流氓，他們穿着極齷齪短衣服有的還赤脚，胸前像警察一樣掛着黃布符號，在路上來來往往。

這種『青年團』的團員在高廟一帶至少有七八十，我一路所見，就有三四十名，他們三五成羣地來往走動，什麼事也不做，朋友告訴我，這些人祇有吃飯沒有工錢，他們要錢用就得向當地居民索詐或搶刼，於是浦東的居民，更加永無寧日了。

『稽征所』的稽索

在一家民房裏，設立着一個僞稽征所，門口白紙上寫着這麼幾個字：『上海市財政局高廟稽征所」，裏面有幾個穿短衣的所謂『稽征員』，看着路上來來往往的行人，如果你帶一點東西，他們就出來要你繳捐，據朋友說，鄉人挑一擔菜的捐稅是大洋五角，繳清後給一張收據放行，沒有錢就沒收東西，還看給他們辱罵毆打，但這收據到碼頭上又給他們收回，大概他們不願把自己醜態向外宣揚吧，不過鄉人如果袋裏不滿五角錢，那末可以讓價，三角，二角都可以馬虎過去，不過須得受他們一番凌辱，他如一只鷄須納稅三角至五角，一頭猪十元，一頭牛四十元，總之，一切都要捐，而且捐得很重，所以上海的物價，永遠不能壓平了。

除了拿到浦西去賣的蔬菜牲畜要繳捐之外，從浦西帶來的東西，也得繳捐，無論是衣被傢具或日用物品，我看見一個老太婆從上海背回兩條破棉被，他們要收捐一元，老太婆說沒有錢，就被兩個如狠如虎的人沒收了，結果那老太婆祇好摸出一元來交給他們，被頭方得贖回，像這樣強盜式的行爲，現在正在浦東的各到各處盛行着，居住在浦東的人，沒有一個不被騷擾得要命。

沿途戰跡及僞軍

我是從高廟到金家橋附近的一個小村子裏去的，約模有五六里路，本來可以坐小火車，可是現在小火車沒有一定時間開行，所以決定步行，也好看看沿途的光景。

一條大路同一條火車路並行着，路上人還熱鬧，他們都是從浦西買了過年的物品回來，大家都肩着，背着，提着一包包，一袋袋的東西，鄉人們不知道國事的嚴重，在敵人壓迫蹂躪下還要忙於過年，我看來實在心痛。

在東昌路口，站着五六個黃色軍服的僞滿軍，他們無精打彩地縮在電桿旁，戴帽子的人就都在他們面前脫帽致敬，有那個人還很恭敬向他們行了一個禮，這是敵人的統治下亡國順民必須有的禮節，否則就可吃幾下槍柄，幸而我不戴帽子，可以不必脫帽，致敬當然不甘心，便向這幾個做亡了國奴再來凌辱同胞的黃色人物瞥了一眼，匆匆走過了。

一路上田地早已荒蕪，日軍也看不到，據說，敵人根本沒有力量統治他們的後方，所以浦東只有極少的僞軍，如果沒漢奸，浦東還不仍是我們自己的天下，走到金家橋鎮上，便可看到可怕的戰蹟了，房屋大半都已炸毀，但有三五間屋子經已完全砌好了，一座小學校的洋房是敵機投彈的唯一的目標，所以前後左右都有深淺不一的大彈洞，房屋炸毀了一半，學生用的書桌椅子都埋在瓦礫裏，有一隻椅子都高高地擱在樹椏上，那是炸彈把它帶上去的。

一宿歸來

這天晚上，我就在朋友家裏住下，吃過晚飯就關了大門，因爲盜匪漢奸，公然搶刦，所以天還不曾黑大家都閉戶入睡了，我們覺得入睡太早了，便在昏黃的煤油燈下低聲閒談，知道浦東各鄉村，凡是被敵軍光顧的，女子都被姦汚，衣服，糧食，牲口，也給他們搶得一點不剩，漢奸們更助紂爲虐，尤其是那些『靑年團』，他們白天搜查行人，搶刦行人身上的飾物金銀，晚上便四出搶刦，所以整個浦東都充滿了恐怖。

第二天，我看情形這樣惡劣，決不能多留，所以早晨八點就順原路囘上海。

一路上很平靜，三三兩兩的小食攤，香烟攤，擺得很多，這些都是無法生活的良民，不能不做一點小本生意，我在一個攤子上買一包香烟，順便和那攤主談了幾句話，曉得他是個因戰爭而失業的工人，他說：

『本來我想到上海收容所裏去，可是收容所是中國人辦的，在那裏坐吃，是不應該的，所以還是在這裏擺個小攤，每天吃兩頓薄粥算了』。

這是一個多麼明理，多麼愛惜着祖國的人呀，像這樣流浪在敵人鐵蹄下饑餓着，忍耐着的正不知有多多少少，祇要不缺乏那樣的人，大上海總不會就此淪亡的。

淞沪抗战史料丛书

第一辑：上海抗日血战史 / 何天言编

第二辑：上海事变与报告文学 / 南强编辑部编

第三辑：上海市民地方维持会报告书 / 上海市民地方维持会编

第四辑：十九路军六十一师百廿一旅淞沪抗日战记 / 张励编

第五辑：淞沪御侮记 / 沃邱仲子著
挥戈录：上海战事记载 / 民声出版社编
十九路军血战抗日之真相 / 抗日急进会编

第六辑：上海抗战 / 贾开基编
淞沪血战面面观 / 刘子清编
空军抗战纪略 / 吴亮夫著
远东第一次空中大战记 / 战时读物编行社编

第七辑：沪难与日本 / 佚名著
淞沪和战纪事 / 佚名著

第八辑：战地摄影 / 李尊庸编
庙行镇战记 / 赵寒星编
淞沪抗日战役第五军战斗要报 / 佚名著
商务印书馆通信录国难特刊 / 商务印书馆编

第九辑：十九路军血战全史 / 高慎行编
一二八两路创痕 / 佚名著
一二八的一些纪念品 / 淞沪警备司令部编

第十辑：军中随笔 / 谢冰莹著
东战场上 / 华之国编
上海前线 / 李女编
大江南线 / 曹聚仁著
东线血战记 / 曹聚仁等著
别动队在浦东 / 郭兰馨著

第十一辑：沪战实录 / 杨纪著
上海抗日血战记 / 李剑翁编
淞沪抗日之血痕 / 詹宝光著

第十二辑：闸北七十三天 / 胡风主编
淞沪火线上 / 范长江主编
上海抗战记 / 郭沫若等著